Edgar Mitchell und Dwight Williams · Wege ins Unerforschte

Edgar Mitchell
in Zusammenarbeit mit
Dwight Williams

Wege ins Unerforschte

Die äußere und innere Reise eines Apollo-Astronauten

Aus dem Amerikanischen von
Thomas Niehaus

Lüchow

Titel der amerikanischen Originalausgabe:
THE WAY OF THE EXPLORER

This edition published by arrangement with G. P. Putnam's Sons
of the Putnam Berkley Publishing Group, Inc.

Die Deutsche Bibliothek – CIP-Einheitsaufnahme

Mitchell, Edgar:
Wege ins Unerforschte : die äußere und innere Reise eines Apollo-Astronauten / Edgar Mitchell. Aus dem Amerikan. von Thomas Niehaus. – 1. Aufl. – Freiburg i. Br. : Lüchow, 1997
ISBN 3-925898-77-8

1. Auflage 1997

Umschlaggestaltung: Peter Krafft Designagentur, Freiburg
Lektorat: Gerhard Juckoff
Korrektorat: Marion Gantenberg-Lang
Satz: Fotosetzerei G. Scheydecker, Freiburg i. Br.
Druck und Bindung: Freiburger Graphische Betriebe
Gedruckt in Deutschland
ISBN 3-925898-77-8

Danksagung

Alle Personen, die zu diesem Buch beigetragen haben, einzeln anzuführen, würde einen ganzen Band erfordern. Ich habe von allen, denen ich begegnet bin, gelernt, ob sie mich nun kritisierten oder eifrig unterstützt haben. Dafür bin ich ihnen dankbar, selbst wenn ich mir nicht jede Lektion freiwillig ausgesucht habe.

Vor allem möchte ich denen danken, die an die Idee glaubten, die zur Gründung des *Institute of Noetic Sciences* führte: Henry Rolfs (verstorben) und Zoe Rolfs, Richard Davis, Judith Skutch Whitson, Paul Temple, Phillip Lukin (verstorben) und John White; und denen, die etwas später hinzustießen, um die Idee weiterzutragen: Osmond Crosby, Brendan O'Regan (verstorben), Diane Brown Temple und Willis Harman.

Mein guter Freund und Mitstreiter Robert Staretz verwandte zahlreiche Stunden auf die Durchsicht bibliographischer Materialien und wurde nicht müde, das Manuskript immer wieder zu lesen, um es zu vervollständigen und zu verbessern. Ich bin ihm zutiefst dankbar. Mein Dank gebührt auch Peter Russell, daß er mich auf die Übersetzung des *Tao Te King* aufmerksam gemacht hat. Sheilah, meine Frau, und Adam, mein Sohn, haben liebevoll die Last getragen, die meine Arbeit mit sich brachte, wenn ich wochenlang im Arbeitszimmer am Computer tippte und mich außer zum Essen und Schlafen selten blicken ließ. Mit ihrer überschwenglichen Unterstützung, Liebe und Geduld, zu denen endlose Tassen Kräutertee kamen, halfen sie, aus der Vision eine Realität zu machen.

Besondere Würdigung verdient mein Kollege Dwight Williams, der es verstand, herausfordernde Ideen geschickt und lebendig zu formulieren.

Edgar Mitchell

Ein Buch dieser Art zu vollenden geht nur mit Hilfe von Freunden und Menschen, die einem sehr nahestehen. Am meisten bin ich meiner wunderschönen neuen Frau, Jennifer Hayes Williams, zu Dank verpflichtet; ihre Liebe zum geschriebenen Wort gab der Vision dieses Buches den nötigen Schliff.

Ich möchte auch Edgar Mitchell danken, der ein echter Futurist, Wissenschaftsgelehrter und amerikanischer Held ist. Über dreißig Jahre lang hat er über die Struktur des Universums nachgedacht, und die folgenden Seiten sind ein Beleg für sein scharfsinniges, brillantes Denken. Zudem bin ich seiner liebenswürdigen Frau Sheilah für ihre Gastfreundschaft während meiner Aufenthalte in Florida sehr verbunden.

Dank gebührt auch Rev. Don Wooge aus Osceola in Iowa sowie Azar Doyle, Rod Williams, Michael Durian, Sam Taliaferro, Trace und Leah Reddell, Peter Michaelson, Steve und Linda Kozler, Bruce Daley, Ellen Hedendal, Dick Gottsegen, John Brennan, Joanne Dodder, Tessa und Chelsea Williams und natürlich meinen Angehörigen Faith und J. R. Heikes.

Schließlich möchte ich mich bei Laura Yorke bedanken, die dieses außergewöhnliche Projekt in erster Linie auf den Weg brachte, und bei Kim Witherspoon, der besten Literaturagentin, die es gibt.

DWIGHT WILLIAMS

Meinen Kindern
und Enkelkindern,
in ihrem Bestreben,
diese Welt in einem etwas besseren Zustand
zu hinterlassen,
als sie sie vorgefunden haben.

Inhalt

Zu mir strömen von
allen Seiten die Dinge
des Weltalls unaufhörlich.
Alle sind sie an mich geschrieben,
und ich muß die Schrift
entziffern.

Walt Whitman:
Gesang von mir selbst

Betrachtungen aus dem
Dunkel des Alls

1

Im Januar 1971 bestieg ich ein Raumschiff und trat eine Reise in eine Welt an, die ohne Luft und wunderbar klar ist. Der Boden ist kahl und grau und der Horizont immer weiter weg, als es scheint. Es ist eine statische Welt, die nur Stille kennt. In ihrer Landschaft bekommt der Mensch eine andere Perspektive.

Während der fünfzehn Jahre vor jenem Augenblick, als mein Freund Alan Shepard und ich die Luke zur Mondfähre öffneten und die Leiter hinab zu der staubigen Oberfläche stiegen, waren meine Tage mehr oder minder so verlaufen, wie ich es geplant hatte. Aber nun schauten Millionen Menschen, die Hunderttausende von Meilen weit weg auf jener blau-weißen Erdkugel waren, zu, wie zum dritten Mal in unserer Geschichte zwei Männer auf der Oberfläche einer anderen Welt ihre Fußstapfen hinterließen. Es war jedoch keine Leistung eines einzelnen, einer Raumfahrtbehörde oder gar eines Landes. Es war vielmehr eine Errungenschaft unserer Spezies, unserer Zivilisation. Es waren Tage von großer Tragweite, außergewöhnlich in ihrer Kühnheit und außergewöhnlich in der Koordinierung geistiger und sonstiger Fähigkeiten, die das Unternehmen möglich machten. Als Alan und ich in jener Welt, die ohne Wasser ist, in einer Berggegend namens Fra Mauro unsere Arbeiten erledigten, wußte ich nicht, daß ich das Außergewöhnlichste an dieser Reise überhaupt erst noch begreifen mußte.

Erst nachdem wir wieder mit unserem Freund Stu Roosa in der Kommandokapsel *Kittyhawk* zusammen waren und mit etlichen Meilen pro Sekunde Richtung Erde zurückschlingerten, hatte ich Zeit, in der Schwerelosigkeit zu entspannen und nachdenklich jenen blauen Planeten zu betrachten, der wie ein Juwel in dem samtenen Dunkel schwebte, aus dem wir gekommen waren. Was ich dort durch das Fenster sah, war alles, was ich je gewußt, je geliebt und gehaßt, je ersehnt hatte, alles, was nach meiner einstigen Ansicht je gewesen war und je sein würde. Alles hing dort auf jener fragilen kleinen Erdkugel im Kosmos. Es war für mich eine großartige, mit einem Hochgefühl einhergehende Offenbarung, und wenn ich auf dieses Ereignis später zu sprechen kam, so tat ich dies mit Begriffen und Ausdrücken, die meiner Erziehung in West-Texas und in New Mexiko nicht fremder hätten sein können. Von jenem Augenblick an hatte sich mein Leben unwiderruflich verändert.

Was ich während der dreitägigen Rückkehr zur heimatlichen Erde erlebte, war so etwas wie ein überwältigendes Gefühl universalen *Verbundenseins.* Ich fühlte tatsächlich, was gerne als Ekstase der Einheit beschrieben wird. Mir kam in den Sinn, die Moleküle meines Körpers und die des Raumschiffs waren vor langer Zeit im Schmelzofen eines der uralten Sterne, die um mich herum am Himmel glühten, erzeugt worden. Und ich hatte das Empfinden, unsere Präsenz als Raumfahrer sowie die Existenz des Universums selbst war nichts Zufälliges, sondern ein intelligenter Prozeß. Ich nahm das All als ein in gewisser Weise bewußtes Universum wahr. Der Gedanke war so weitreichend, daß er damals unaussprechbar schien, und in einem großen Maße ist das heute noch so. Vielleicht ist alles, was ich gewonnen habe, ein größeres Verständnis und die Fähigkeit, es deutlicher auszudrücken. Aber selbst mitten in dem Erlebnis der Offenbarung kam es mir nicht so vor, als ob das Phänomen einen mystischen Ursprung oder sonst eine im Jenseits liegende Herkunft hätte. Ich hielt es eher für merkwürdig und aufregend, daß das Gehirn Informationen spontan umorganisieren konnte, um so ein fantastisches, seltsames Erlebnis hervorzubringen.

Als sich nach drei Tagen endlich die rot-weißen Fallschirme in der lebenspendenden Erdatmosphäre auffalteten und unsere Kapsel in den Ozean platschte, stand mein Leben vor einer Richtungsänderung. Ich wußte es damals noch nicht, aber es war so. Vor mir lag eine ganz andere Art von Abenteuerreise, die mehr als zwanzig Jahre meines Lebens beanspruchen sollte. Ich habe jenes Erlebnis oftmals mit einem Mikadospiel verglichen; innerhalb weniger Tage waren meine Lebensanschauungen wie Mikadostäbe in die Luft geworfen und verstreut worden. Sie aufzuheben und in irgendeinen Sinnzusammenhang zu bringen hat zwanzig Jahre gedauert. Jetzt kann ich es, glaube ich, so beschreiben, daß es einigermaßen verständlich ist. Ich denke, dieses Buch ist das Ergebnis beider Reisen.

Kurz nach der Rückkehr vom Mond erhielt ich zahlreiche Einladungen, um bei verschiedenen Anlässen Reden zu halten. In den Auditorien und

Vortragssälen überall im Lande stellte man mir immer wieder zwei Fragen. »Wie geht man im Weltraum auf die Toilette?« war die erste Frage, und die zweite lautete: »Was war das für ein Gefühl, auf dem Mond herumzulaufen?« Die erste Frage kam in der Regel von Kindern, weil sie es wirklich wissen wollten. Die zweite ärgerte mich sehr bald, weil ich darauf keine Antwort wußte. Es war zweifellos eine vernünftige Frage; schließlich war ich Astronaut, einer von zwölf Männern, die auf der Mondoberfläche herumspaziert waren. Die Leute wollten es natürlich wissen. Als ich dann endlich darüber nachdachte, was mich an der Frage so störte, kam ich auf den Gedanken, daß tief in meiner Psyche Emotionen steckten, die für mich nicht ganz zum Vorschein gekommen waren. Heute finde ich es interessant, daß ich mich überhaupt über die Frage aufregte. Aber so war es, und zwar aus einem ganz besonderen Grund: Irgendwie konnte ich die Gefühle, die ich hatte, als ich dort war, nicht wieder zurückholen, obwohl ich keine Schwierigkeiten hatte, meine Gedanken und Handlungen zu rekonstruieren.

Jahre zuvor begann ich meine Fliegerkarriere als Marinepilot. Damals habe ich mitten in der Nacht auf schwerer dunkler See riesengroße Düsenmaschinen auf ziemlich kleinen Flugzeugträgern, die nach dem Zweiten Weltkrieg umgebaut worden waren, zur Landung gebracht – eine Situation, in der das Leben buchstäblich von der Erfahrung abhängt, die man in der Praxis mit den Jahren zunehmend erwirbt. Es hing von der Intuition ab; es war reines *Gefühl,* mit dem man das Flugzeug lenkte, während man vorsichtig jede Kollision mit dem Deck zu vermeiden versuchte. Aber es war kein Gefühl, das in dem Moment irgendeine Emotion erzeugte. Jede Emotion mußte notgedrungen unterdrückt werden. Mir fehlte in den frühen Jahren das Verständnis, wie Intuition, Emotion und Intellekt miteinander in Beziehung stehen.

Schon bald nachdem ich mit den Vortragsreisen begonnen hatte, bat ich Dr. Jean Houston und Robert Masters, mit denen ich befreundet war, mich unter Hypnose zurückzuführen, damit ich vielleicht ein paar Dinge über mich erfahren konnte. Ich wollte wissen, warum ich mich nicht an die Gefühle erinnerte, die ich auf dem Mond hatte, und warum mich die Frage so sehr ärgerte. Letztlich wollte ich verstehen, was psychisch hochsensible und sehr intuitive Menschen erlebten und wie es ihnen bewußt wurde. Zunächst aber mußte ich mich mit mir selbst befassen – d. h. meine Wünsche, Bedürfnisse und Fehler untersuchen – und in aufrichtiger Weise mich selbst so beschreiben, daß ich sagen konnte: Ja, so bin ich. Damit begann eine mühsame Erforschung meiner eigenen inneren Erfahrungen.

Nach meinem Ausscheiden aus der NASA Anfang der siebziger Jahre gründete ich in Kalifornien das Institut für noetische Wissenschaften (*Institute of Noetic Sciences*). Es sollte eine Reihe von wissenschaftlichen Forschungsvorhaben finanzieren, die mir letztlich halfen, die komplexen Erkenntnisse aus meinen Erfahrungen im Weltraum besser zu analysieren. Seither hat das Institut große Erfolge gehabt, aber es ist manchmal auch nicht leicht gewesen, es davor zu bewahren, zu einer Kirche zu werden. Einige von den Leuten, denen ich im Laufe meines Lebens begegnet bin, haben so manche exzentrischen und dogmatischen Anschauungen über den Weltraum und den Kosmos vertreten. Und es gab zahlreiche Situationen, in denen man von mir anscheinend erwartete, ein Hoherpriester in irgendeiner Art von neuer Religion zu werden. Zwischen der Tatsache, daß zwölf Männer auf dem Mond waren und Jesus zwölf Jünger hatte, wurden völlig haltlose Verbindungen hergestellt. Hinzu kam, daß ich damals einen Bart trug, und die absurden Vergleiche schienen nicht einmal vor dem Reich des Messias haltzumachen. Von Anfang an war mir also klar, daß ich alles, was ich hörte, wußte oder zu wissen glaubte, mit Argwohn betrachten mußte. Ich erkannte bald, wie sich mein eigenes Weltbild auswirkte und welche mächtige Rolle die mit der Kultur herangewachsenen Vorstellungen und Überzeugungen generell spielten; ich mußte akzeptierte Denkweisen mit neuen Augen überprüfen. Nach der Rückkehr vom Mond sah ich vielleicht ein wenig klarer, inwieweit unsere traditionellen Verständnismodelle unsere Erfahrung heutzutage nicht mehr angemessen erklären. Wir brauchen etwas Neues in unserem Leben, d. h. revidierte Vorstellungen hinsichtlich Realität und Wahrheit. Die meisten von uns haben diese Akkumulation von Ideen, aus denen unser Weltbild besteht, eher durch externe Autoritäten gebildet als durch eigenes Bemühen und ursprüngliche Erkenntnis. Wir stecken mit unseren Anschauungen und Glaubenshaltungen immer noch in einer Krise. Ich will damit sagen, daß diese zweite Art von Reise nicht den Zweck hatte, einen weiteren Kult zu entwickeln (davon hat die Welt genug), sondern die Struktur von Realität, wie wir sie im ausgehenden zwanzigsten Jahrhundert an der Schwelle zu einer Raumfahrtzivilisation erleben, genauer und umfänglicher zu entschleiern.

Jenen, die damals um mich waren, erschien ich vermutlich als ziemlich unwahrscheinlicher Kandidat für diese zweite Art von Reise. Während des Koreakriegs war ich Pilot bei der Marine und danach für geraume Zeit Testpilot. Nach dem Sputnikflug 1957 entschied ich mich, die Laufbahn zu ändern, und wechselte ins Raumfahrtprogramm über. Die für einen Jetpiloten und Astronauten erforderliche Ausbildung verträgt sich irgendwie nicht mit dem, was einem modernen Schamanen abverlangt wird, und als einen solchen sehe mich heute eher. Das ist keine romantische Idee, sondern die Rolle, die ich als Erforscher gewählt habe, um das Universum besser zu verstehen, wenn ich schon das Privileg hatte, sie aus einem extraterrestrischen Blickwinkel zu sehen. Obwohl die Reise mich in ihrem Verlauf nach innen gekehrt hat, habe ich versucht, mir meinen wissenschaftlichen Sinn zu erhalten. Ich habe mein Handeln im Hier und Jetzt immer auf solide Grundlagen gestellt; ich wollte einfach Probleme lösen, weil sie da waren. Heute weiß ich, daß mein Leben zum Ziel hatte, Informationen zu entdecken und zu interpretieren, zunächst in den äußeren Räumen und nun in den inneren Räumen.

Im zwanzigsten Jahrhundert gelebt zu haben bedeutet, das außerordentliche Wunder und die außerordentliche Torheit der Menschheit mit eigenen Augen gesehen zu haben. Bislang hat es kein Jahrhundert gegeben, das solche hohen Leistungen und solche Tiefen der Zerstörung und Verzweiflung erreicht hat wie das unsrige. Es ist ein Jahrhundert der Entmystifizierung gewesen, ein Jahrhundert mit von Menschen erzeugten Wundern und Katastrophen.

Und die meisten davon hat vielleicht meine Generation gesehen. Wir haben gesehen, wie sich die Welt entwickelt hat, von den trostlosen Jahren der Großen Depression und des Zweiten Weltkriegs bis in das strahlende Nuklearzeitalter hinein, das über der leblosen Sandwüste des amerikanischen Westens aufging, wo noch vor wenigen Jahrzehnten Pancho Villa und Butch Cassidy herumgeritten waren. Der Fortschritt ist schnell und stürmisch verlaufen. Wir haben mit dem stummen Schrecken eines Krieges gelebt, der nie ausbrach, und führten dann in einem fernen Dschungel gegen einen stellvertretenden Gegner einen Krieg um eine Ideologie. Wir sahen zu, wie Menschen in den Weltraum geschossen wurden, ohne zu wissen, was sie dort finden würden; wir sahen sie auf dem Mond Berge besteigen, von wo aus ihre Bilder Millionen Fernsehapparate in Wohnzimmern, Kneipen, Geschäften und Küchen rund um die Welt erreichten. Wer meinte, daß das Zeitalter der Wunder längst vorbei war, hatte nicht aufgepaßt.

Was unsere Kinder nicht sehen werden, ist der Verlauf dieser Entwicklung, der sich deutlich abzeichnende Kurs, den sie nimmt; diese

Geschichte muß für sie in Büchern oder anderen Medien festgehalten werden. In den kommenden Jahrhunderten wird es keine Pferdepflüge oder Hochräder mehr geben. Unser Leben wird irgendwann zu Ende gehen, und es wird nur auf Zelluloid und Druckseiten, Magnetbändern oder digital aufgezeichnet sein als eine Art Artefakt – Höhlenzeichnungen aus dem zwanzigsten Jahrhundert. Die Religionen der Welt werden aufblühen und verwelken – oder bestehenbleiben, je nachdem ob sie sich der in ständiger Veränderung befindlichen Realität, die wiederzugeben sie geschaffen wurden, anpassen können oder nicht.

Selbst in unserer Zeit halten wir an der Idee des Übernatürlichen, des Dämonischen, des Göttlichen fest. Sie ist uns von Nutzen, wenn die Wissenschaft keine akzeptable Erklärung zu liefern scheint. Im Mittelalter gab es keine Wissenschaft, nur Religion. Seit René Descartes konnten beide ihre getrennten Wege gehen, so daß sie sich nicht ins Gehege kamen. Descartes war der Auffassung, daß die Welt der Gedanken und die Welt der Materie zweierlei seien. Aufgrund dieser dualistischen Philosophie war es möglich, daß sich die westliche Wissenschaft und Religion so entwickelt haben, wie wir sie heute kennen. Vierhundert Jahre lang überließ die Kirche die Wissenschaft den Wissenschaftlern, und die Wissenschaftler überließen die Religion den Theologen; seither haben beide mehr oder minder friedlich (mit ein paar bekannten Ausnahmen) nebeneinander existiert.

Es ist keine Übertreibung zu sagen, daß Descartes den Weg für Newton und die frühen klassischen Wissenschaftler ebnete, und viel später dann für Planck, Einstein, Bohr und zuletzt für das neue Modell der Quantenmechanik. Erst dieses neue revolutionäre wissenschaftliche Modell stieß wieder durch den Schleier der Religion. Diese beiden Bereiche menschlichen Denkens dürfen nicht nur eine Koexistenz im Geist des Wissenschaftlers und des Theologen führen, sondern müssen integriert werden – einfach weil es so offenkundig ist, daß sie *zusammenpassen.* Früher oder später werden sie unvermeidlich wieder miteinander in Einklang kommen, zumal sich herausgestellt hat, daß das wissenschaftliche Modell durchaus in der Lage ist, seine eigenen Fehler aufzudecken. Meiner Auffassung nach ist die Evolution so sehr vorangeschritten, daß wir jetzt ein großes Maß an bewußter Kontrolle in unserem eigenen Evolutionsprozeß übernehmen müssen. Denn es ist in der Tat so, daß die menschliche Willenskraft ein wesentlicher Grundzug der Natur ist.

Ich gehöre zu den bislang noch ganz wenigen Menschen, die die Erde aus dem Blickwinkel eines Außerirdischen gesehen haben. Es gibt dort kein Oben und Unten, kein Ost oder West im Himmel. Die Erde ist lediglich ein wunderschöner blauer Punkt inmitten einer weiten, mit hell leuchtenden Himmelskörpern punktierten Leere. Wir bewohnen gerade einen davon, einen der bestorganisierten zwar – soweit wir es wissen. 1971 war die Erde vom Firmament aus ein friedlicher und harmonischer Anblick. Natürlich war es nicht ganz so, wie es schien – immerhin gab es auf ihr einen Konflikt, der unser aller Überleben bedrohte. Wir hatten Waffen aufeinander gerichtet und waren bereit, das Leben, wie wir es kannten, von einem Augenblick auf den anderen zu vernichten, und gerade begannen die Umweltkrisen sich ins öffentliche Bewußtsein zu drängen. Diese wie Pilze emporschießenden Gefahren haben ihre gemeinsame Wurzel meiner Ansicht nach in einem widersprüchlichen, überholten und mangelhaften Denken und Handeln.

Ich meine, das menschliche Schicksal ist nach wie vor ungewiß und die Zivilisationsschicht nach wie vor überaus dünn. In meinem Glauben an ein intelligentes Universum und aufgrund meiner Einsicht in das absurde und tragische Schicksal, das uns bevorstehen kann, habe ich mich gefragt, ob wir für unser eigenes Überleben vorbereitet sind oder nicht, ob unser eigenes kollektives Bewußtsein schon hoch genug entwickelt ist oder nicht. Unser Universum scheint dadurch zu lernen, daß es einfach stur ausprobiert. Inzwischen verstehe ich aber, daß wir einen bestimmten Grad von Kontrolle über den Evolutionsprozeß haben und unseren eigenen Kurs beeinflussen können. Bewerkstelligen läßt sich dies nur, indem wir die Art und Weise hinterfragen, wie wir über Bewußtsein und das Universum denken.

Der folgende Bericht stellt eine Herausforderung dar. Aufgrund der darin vorkommenden Gedanken aus verschiedenen wissenschaftlichen und religiösen Fachgebieten wird dem Leser eine gewisse Mühe abverlangt. Im Kern geht es darum, zu einer Synthese wissenschaftlicher und religiöser Denkweisen zu kommen, einen Austausch zwischen beiden zustande zu bringen, damit sich die Struktur des Universums vollständiger offenbart. Zunächst halte ich es jedoch für notwendig, etwas über mich selbst zu sagen und dadurch meine Beweggründe für den ungewöhnlichen Verlauf meines Lebens – eigentlich sollte ich sagen, meiner *zwei* Leben – deutlich zu machen. Das erste, so sehe ich es heute, wurde in dem Interesse gelebt, eine Reise im physischen Sinne zu unternehmen, während das zweite von einer spirituellen und intellektuellen Suche erfüllt war und immer noch ist. Es bedurfte *beider* Seiten, glaube ich, um zu den Schlußfolgerungen zu gelangen, die ich aus der

Summe meiner Erfahrungen in bezug auf das Wesen von Realität gezogen habe. Die Ergebnisse habe ich in ein Modell verarbeitet, ein *dyadisches* Modell, das das Universum, wie ich es erfahren habe, so genau beschreibt, wie es mir möglich ist.

Der Bericht ist nicht pädagogisch gemeint, und meine Schlußfolgerungen basieren lediglich auf einem Vorschlag zu einem Modell der Realität, das in meinen Augen eine breitere Anerkennung verdient. Erforderlich beim Lesen des Buches ist ein gehöriges Maß an geistiger Aufgeschlossenheit und eine Bereitwilligkeit, abstrakte Gedankenwelten und geheimnnnisvolle Ideen zu untersuchen. Vor allem aber ist es beim Lesen ganz ratsam, sich als Teil eines in unentwegter Entwicklung befindlichen Universums zu sehen und als Außerirdischer, so wie ich mich sah, als ich vor 25 Jahren im Weltraum schwebend um mich blickte.

Weites Land

2

Meine Mutter wollte, daß ich entweder Priester oder Musiker werde. Ihrem Naturell nach war sie eine Künstlerin und nur notgedrungen eine Farmerin. Sie hielt nicht viel vom Kriegführen, und das habe ich vermutlich nie vergessen. Auch habe ich dieses Problem vermutlich von Anfang an zu lösen versucht.

Ich wurde mitten während der Großen Depression in eine für die damaligen Verhältnisse wohlhabende Familie hineingeboren, die in der staubigsten Gegend des Landes, in der Dust Bowl, auf einer Ranch lebte. In den Ebenen von Westtexas war das Leben eher hart und von kurzer Dauer, so sehr waren die Menschen dort den Gewalten des Lebens ausgesetzt. Es war eine besonders schwierige Zeit und das tägliche Leben primitiv. Meine Mutter und Großmutter waren Baptistinnen südlicher Prägung, und ihr Glaube verlieh ihnen die Hoffnung, daß mit harter Arbeit der Wohlstand wieder einkehren würde. Wie mein Vater zu sagen pflegte, waren wir nicht arm – nur knapp bei Kasse.

Meine zufälligen Kindheitserinnerungen sind glücklich. Es sind Bilder vom weit offenen Land mit windschiefen Hütten, die sich gegen den ständigen Wind lehnten, von Weizenfeldern, die unter einem Himmel so weit wie der Ozean wogten. Nach drei Jahren mißratener Weizenernten gingen die Mannsleute auf der Santa-Fe-Eisenbahnstrecke Bohlen verlegen, und unsere Familie zog sich auf eine Farm zurück, auf der ein Schindelbau mit drei Zimmern stand und Bad und WC im Freien waren. Männer wie Frauen betrachteten die Situation als temporäre Notlage, durch die man durch mußte.

Ein kleiner Wasserlauf floß durch die Prärie und schwemmte zu einem Teil der Farm gute Erde heran. In jenem Jahr baute mein Vater Baumwolle auf den 16 Hektar an, während meine Mutter meine kleine Schwester Sandra und mich aufzog. Auf dem Platz vor dem Haus stand ein ergrautes Buick-Coupé, Baujahr 1929, und hinter dem Haus waren die Remise und der Pferch mit Ackergäulen und einer Milchkuh. Ein Jahr später brachte mein Großvater die Familie in Roswell, New Mexico, wieder zusammen, unweit der Gegend, wo ein paar Jahrzehnte zuvor die Kriege um die Provinz Lincoln stattgefunden hatten. Mit kaufmännischem Geschick erwarb er allmählich eine kleine Viehherde, die nach und nach größer wurde und die Familie wieder wirtschaftlich sanierte.

Vom Zentrum des Städtchens her konnte man am Sonntagvormittag das Echo der Hymnengesänge hören. Es kam aus dem Gotteshaus mit einem weißen Kirchtürmchen. Vielleicht wurde mir die Gottesfurcht in dieser Umgebung beigebracht, weil es offenkundig schien, daß es allerhand zu fürchten gab. Aber ich kam aus einer Tradition, in der man auf sich selbst baute und seinen Instinkten vertraute. Es waren jene sagenhaften Werte, die zum »Wilden Westen« gehörten. Als ich dann ins Erwachsenenalter kam, war es vermutlich nur allzu selbstverständlich, daß ich genau wissen wollte, warum wir so in Furcht leben sollten. Mein Großvater jedenfalls tat es gewiß nicht. Er war überall in der Gegend als Bull Mitchell bekannt, weil er eine ganze Menge vom Viehhandel verstand. Manche der Viehzüchter, die später zu Reichtum gelangten (obwohl man es ihren verbeulten und vom Schweiß fleckig gewordenen Stetsonhüten nicht ansah), schickten von ihren häufigen Geschäftsreisen nach Argentinien und Brasilien Ansichtskarten nur mit der Adresse zurück: Bull Mitchell, New Mexico. Und gewöhnlich bekam er die Post. Das heißt, er war weithin bekannt, und für ein Kind war er unsterblich, nicht kleinzukriegen sozusagen. Vor allem aber war er furchtlos.

Von Anfang an zog es mich natürlich zur männlichen Seite der Familie hin. Ich erinnere mich, wie ich als Knabe einmal einer auf den zementierten Gehsteigen von Roswell sich entlangziehenden Spur aus roten Zedernholzspänen folgte, mal hierhin, mal dorthin, von meinem Großvater wie von einem Magneten angezogen, der zwanglos und vor sich hin schnitzend einen Nachmittagsbummel machte, wohin ihn ein Gespräch mit Freunden oder ein Viehgeschäft gerade führte. Er war das Zentrum und anscheinend der Schöpfer seines eigenen Universums.

Ich erinnere mich auch an die geräumige Karosse, die er in späteren Jahren besaß, einen 1946er Ford, und wie er damit zwischen allem hindurchfuhr, was so herumstand. Die einstmals stolzen, bauchigen Stoßstangen waren zerdellt und verbogen von der Angewohnheit meines Großvaters, auch durch Engen zu fahren, wo nur ein Pferd durchpaßte. Aber er meinte, daß er einen Anspruch darauf hatte, überall hinzufahren, wo er wollte, und daß der Wagen die verdammte Pflicht hatte, ihn dorthin zu bringen. Der Zustand der Karosserie sprach Bände über das Wesen meines Großvaters: ein Mann des neunzehnten Jahrhunderts, ins schwindelerregende zwanzigste Jahrhundert versetzt, ein Mann, der in einer Zeit geboren war, die es nicht mehr gab.

Eine knappe Meile weiter an der Straße, an der ich groß wurde, lebte ein Mann, mit dem ich mich in meiner Phantasie sehr befaßte, ein Mann von der Statur meines Großvaters. Jeden Tag, wenn ich die weiße Kiesstraße zur Schule ging, kam ich an dem stillen Haus vorbei, in dem ein verrückter Wissenschaftler leben sollte. Er war ein Wissenschaftler, der sich mit Raketen beschäftigte, und zwar der erste in Amerika: Robert Goddard. Dies war mitten in der trüben Zeit des Zweiten Weltkriegs, und auf der anderen Seite des Atlantiks arbeitete der Mann, der sein Nachfolger werden sollte, der Deutsche Wernher von Braun an den V-1- und V-2-Raketen, die im Bogen über den Ärmelkanal schossen, bevor sie detonierten, wenn sie auf die Innenstadt Londons trafen.

Goddards Haus war im allgemeinen ruhig. Er war kürzlich von Massachussetts hergezogen (manche sagen, nicht ganz freiwillig) und arbeitete jetzt in strenger Isolation an seinen Experimenten – fern von empfindlichen Bevölkerungskreisen und ihren Forderungen nach Ruhe und Sicherheit. Obwohl ich mich an keine Raketen erinnere, die leuchtend in den Nachthimmel stiegen, oder an das Zünden unbekannter neuer Brennstoffe, machten unter den Einheimischen von Roswell Geschichten die Runde – man erzählte sich von Feuer-und-Schwefel-Bränden am Himmel, von seltsamen Motoren und von einem stillen, zurückgezogenen Denker, der das alles zusammenstellte. Robert Goddard war, welchen Maßstab man auch anlegt, Teil der wissenschaftlichen Welt jener Zeit. Er war ein Mythos, und heute ist mir klar, wie sehr sein Leben im Widerspruch zu dem Rahmen verlief, in dem er sich wiedergefunden haben muß. Hier war ein Mann der Wissenschaft, jemand aus der weiten gottlosen Welt, die vor den Toren von Roswell lag. Aber wenn ich an seiner Farm vorbeikam, war es dort immer ruhig, während die Raketen von Wernher von Braun die Bewohner Londons weiterhin terrorisierten. Beide legten mit ihren Leistungen die Grundlagen für das, was nach der Detonation einer schrecklichen neuen Waffe unweit einer anderen Kleinstadt in New Mexico kommen sollte. Ich erinnere mich an das helle Glühen bei den ersten Probeversuchen im Testgebiet von White Sands, die merkwürdigen hirnartigen

Wolken, die sich in weiter Entfernung bildeten. Die Bombe, die den Krieg abrupt beendete und einen anderen, stillen, kalten Krieg in Gang setzte. All das überstieg natürlich mein Verständnis und meine Erfahrung, die ich zu der Zeit hatte. Ich hatte damals keine Ahnung davon, daß ich eines Tages meinem Nachbar für seine Arbeit sehr dankbar sein würde.

Mit dreizehn nahm ich einen Job am örtlichen Flughafen an. Ich machte Flugzeuge sauber, die mit ihren leichten Rahmen und lackierten Stoffüberzügen beinahe auseinanderzufallen drohten. Mit vierzehn machte ich in einem dieser Flugzeuge meinen ersten Alleinflug und erlebte zum erstenmal das Gefühl von Freiheit, das man nur im Sitz eines Flugzeugs findet: Losgelöstheit von der Erde. Und in dieser Zeit entwickelte ich mein eigenes Interesse an der Wissenschaft. Schon frühzeitig merkte ich, daß ich der geborene Ingenieur war. Ich kannte mich mit den Landmaschinen aus, die mir mein Vater erklärte, und mit den Flugzeugen, die mir die Piloten und Mechaniker erläuterten. Ich kam aus einer intelligenten Familie, die sich alles selbst beigebracht hatte. Man wollte, daß ich die beste Ausbildung bekam, die für sie erschwinglich war. Da wir uns nicht viel leisten konnten, würde es Opfer erfordern. Und ich hatte zudem das Glück, daß die Schullehrer auf dem Land ein besonderes Augenmerk auf einen Schüler richteten, von dem sie glaubten, er würde ihr Städtchen eines Tages verlassen. Und genau das machte ich 1948.

Die Leitung der Carnegie-Mellon-Universität muß gedacht haben, ein Cowboy aus New Mexico gäbe wohl eine exotische Ergänzung für ihre Studentenschaft ab. Und im Rahmen der Gesellschaft von Pittsburgh tat ich das wahrscheinlich auch. Obwohl ich im ersten Jahr nicht gerade glänzte, nahm ich das Studium doch ernst. Zuweilen sah ich mich so, wie ich glaubte, von den anderen gesehen zu werden: als einen Cowboy mit henkelförmig abstehenden Ohren und Heu zwischen den Zähnen; etwas einfältig, aber emsig bei der Sache. Und hin und wieder erfüllte ich ihre Erwartungen.

Damals nutzte ich meine Zeit voll aus. Ich belegte Zusatzkurse, schloß mich einer Studentenverbindung an, traf auf Louise, meine zukünftige Frau, verabredete mich oft mit ihr, und als mir langsam das Geld knapp wurde, ging ich zur Schichtarbeit in einer Stahlfabrik arbeiten, wo ich aus den ausgebrannten Hochöfen die Schlacke entfernte. Zusammen mit einem anderen Freund, der auch kein Geld hatte, zog ich Holzpantinen über meine Schuhe, kletterte ins Innere der auskühlenden Höhle, aber nur für ein paar Sekunden, um aus dem schwarzen Bauch heiße Schlackeklumpen herauszuhauen. Nach unserer Mitternachtschicht machten wir uns auf den Weg zurück ins Studentenheim, um etwas zu schlafen, bevor der Unterricht losging. Um das nicht allzulange machen zu müssen, beschleunigte ich mein Studium und war nach dreieinhalb Jahren fertig. Sobald ich das geschafft hatte, heiratete ich Louise und kehrte zur Ranch in New Mexico zurück, die inzwischen größer geworden war; zwei Farmen waren hinzugekommen, und zwei Handelsvertretungen für Landmaschinen.

Für einen jungen Mann waren es damals herausfordernde Zeiten. Der Konflikt in Korea spitzte sich allmählich zu, und es wurde klar gesagt, daß man sich entweder freiwillig zum Militärdienst melden konnte oder eingezogen wurde. Obwohl ich ein Leben beim Militär nicht in meinen Berufsplänen vorgesehen hatte, war es zu jener Zeit unvermeidbar. Ich wollte fliegen, und da ich verheiratet war, war dies nur bei der Marine möglich. Louise folgte mir daher bald nach San Diego, nachdem meine Grundausbildung fast zu Ende war. Anschließend brachen wir von neuem auf, dieses Mal nach Osten; Ziel war die Offiziersanwärterschule in Newport, Rhode Island. Unterwegs besuchten wir unsere beiden Elternpaare, und als wir am Heiligabend ankamen, hatten wir zwar wunderschöne Geschenkpakete von unseren Familien, die wir noch nicht geöffnet hatten, aber nicht mehr als 25 Cents in unseren Taschen. Wir teilten uns davon einen Hot dog und eine Tasse Kaffee und fuhren dann direkt zur Hauptstelle der Offiziersanwärterschule, wo ich meinen ersten Gehaltsscheck abholen konnte. Es war am Anfang nicht leicht für uns, aber wir waren unendlich hoffnungsvoll. Trotz der widrigen Umstände breitete sich vor uns die Zukunft mit einer Reihe freundlicher Aussichten aus.

Schon bald nach unserer Ankunft nahm Louise bei Singer eine Stelle an, wo sie Näherinnen ausbildete. Kurze Zeit später stellte sie fest, daß sie schwanger war. Sie tat ihr Bestes, um es zu verbergen, denn in jenen Tagen war es für eine Frau nicht ungewöhnlich, daß sie ihre Arbeit verlor, wenn sie ein Kind erwartete. Aber zusammen überlebten wir die sechzehn Wochen, in denen ich in der Ausbildung war und Louise zur Arbeit ging. Dann hieß es ein weiteres Mal aufbrechen, in einen Landesteil, wo wir beide noch nie gewesen waren – nach Pensacola in Florida.

Mit all unserer Habe auf dem Rücksitz und Louise im schwangeren Zustand fuhren wir im Mai durch die brütende Hitze des Südens. Wir hatten inzwischen gelernt, gleich frühmorgens bei unserer Ankunft in der Druckerei der Lokalzeitung vorbeizuschauen, um die Kleinanzeigen nach einer Mietwohnung zu durchstöbern. Pensacola war zu Kriegszeiten ein Trainingsstützpunkt, wo Hunderte von Paaren nach einem Dach über dem Kopf suchten, so wie wir. Aber schließlich fanden wir einen bescheidenen Platz, und nach ein paar Monaten kam im August, der im Süden so unbarmherzig heiß ist, unsere Tochter zur Welt, die wir Karlyn Louise nannten. Mit einemmal waren wir nicht mehr nur ein Paar, sondern eine Familie, und Louise gewann zu dieser Zeit den Eindruck, daß ihr Leben emotional mehr und mehr durcheinander geriet. Ich hatte gerade meine Ausbildung an der Pilotenschule angetreten, die vom Propellerflugzeug über den Düsenjet schließlich zu den Raketen führte. Und während all dem unterdrückte Louise ihre Sorgen im allgemeinen; entweder das, oder ich war zu versunken in die Vorgänge außerhalb von Haus und Familie, um es ihr anzumerken.

Von Anfang an zog es mich zur Flugtechnologie hin, und wie von einer geheimnisvollen Kraft getrieben, wollte ich an ihre äußerste Grenze vorstoßen; und man hieß mich dort willkommen. Vermutlich hatte es auch damit zu tun, daß ich ein Talent dafür hatte; es lag mir einfach, und ich konnte im Sitz eines Flugzeugs fühlen, daß dies mein Weg war. Es war ein besonderes Gefühl zu fliegen, so als ob das Flugzeug eine Erweiterung meines Körpers wäre, was mich zu einem guten Piloten machte. Es verlieh mir die Vorstellung, daß es einen größeren Zweck gab, den ich erfüllte, was natürlich immens befriedigte. Der Frau eines Piloten aber kann dieser Lebensstil Unbehagen oder Angst bereiten.

Ich begann meine Laufbahn als Marineflieger in einer AT-6, die damals das übliche Trainingsflugzeug der Marine war. Bis ich das Cockpit meines ersten Düsenflugzeugs bestieg, dauerte es noch eine ganze Weile. Wenn ich heute zurückblicke, erschien damals das Land mit dem Aufkommen der Nukleartechnologie, des Düsenantriebs und der Raketentechnik jung und neu, ja selbst die Welt erschien in hellen und bunten Farben, so als wäre sie auf das Außergewöhnliche eingestellt. Raumfahrt war lediglich der Traum einer Handvoll Wissenschaftler. Aber als ich den ersten Marinejet flog, war mir klar, wo ich hingehörte.

Nach meiner Ausbildung in Pensacola waren Louise, Karlyn und ich wieder unterwegs, zunächst zu einem weiterführenden Ausbildungsprogramm der Marine, dann zur Westküste, wo ich für die nächsten achtzehn Monate ein großes Propellerflugzeug, die P2V, flog. Wir erwarben unser erstes Haus auf den felsigen, nebelverhangenen Hängen von Whidbey Island im Bundesstaat Washington und ließen uns für die kommenden drei Jahre dort nieder. Das Leben beim Militär sagte mir insofern zu, als es mir das Fliegen erlaubte. Und ich wußte, daß Luft- und Raumfahrzeuge die künftigen Werkzeuge der Entdecker sein würden, so wie einst das Pferd und das Schiff. Vermutlich hegte ich sogar schon als Zwanzigjähriger den Traum, einmal zu den Entdeckungsreisenden zu gehören.

Drei Jahre lang flog ich im pazifischen Raum verschiedene Flugzeuge, die im Konflikt mit Korea und im kalten Krieg untergeordnete Rollen spielten. Es war eine spannungsgeladene Zeit, nicht nur für Amerikaner im allgemeinen, sondern auch für jene jungen Männer und Frauen, die in diese ziemlich abgelegene Ecke des Globus entsandt wurden. Gegen Ende meines ersten Einsatzes in Übersee wurde unser Flugzeug während eines nächtlichen routinemäßigen Patrouilleflugs etwa auf Höhe von Shanghai von Abfangjägern attackiert. Der Radarüberwacher an Bord unseres Flugzeugs meldete uns, daß sich zwei Jets in Angriffsposition schnell näherten. Irgendwie ahnte ich vorweg, was passieren würde – vielleicht war es Intuition, ein siebter Sinn –, denn in dem Moment, als ich die Steuerung nach vorn drückte und so die P2V zum Sturzflug brachte, sahen mein Kopilot und ich auch schon die hellen Leuchtspurgeschoße von einem der Düsenjäger über uns hinweggehen. Zu sagen, daß wir noch einmal mit heiler Haut davongekommen waren, würde die Bedrohung, der wir tatsächlich ausgesetzt waren, nur unzureichend wiedergeben. Aber das gehörte für viele der Männer in meiner Umgebung zur täglichen Routine. Ein Leben beim Militär kann bedeuten, daß man sich regelmäßig, wenn nicht täglich auf diese vage Fähigkeit der Intuition verläßt. Es schien sogar ein grundlegender Charakterzug jener Zeit zu sein: Es war, als ob sämtliche Ereignisse in rascher Abfolge eintraten und der Kurs eines Lebens sich nicht ohne Instinkt navigieren ließ. Unmittelbar nach meiner Heimkehr in die Vereinigten Staaten verlegte man mich nach San Diego zum Dienst auf einem Flugzeugträger und für einen neuen Einsatz. Kaum hatte Louise aus unserem Haus ein Zuhause gemacht, zogen wir ein weiteres Mal um.

3

Vieles am Militärwesen war in jener Zeit beunruhigend. Während der drei Jahre, als ich von verschiedenen Land- und Flugzeugträgerstützpunkten im Pazifik fliegen mußte, sah ich, was man weithin für die Zukunft der Kriegführung hielt. Von den Testorten auf einer kleinen Inselgruppe im Südpazifik, dem Kwajalein Atoll, beobachtete ich die Detonation von Atomwaffen, dieselbe Technologie, die den Himmel über dem Testgebiet von White Sands so außerordentlich hatte erglühen lassen, als ich noch ein Junge war. Der Anblick des dunklen Wolkenpilzes und die spürbare Freisetzung von soviel Energie waren mit einemmal schrecklich und angsteinflößend. Angesichts der damaligen politischen Landschaft brachte der eskalierende kalte Krieg um eine Ideologie apokalyptische Szenarien mit sich. Das war die häßliche Seite meines Berufs. Ich hoffte von Anfang an, daß es einmal überflüssig würde, aber es gab eine Aufgabe, und die würde ich erledigen, mit allem, was in meinen Kräften stand.

Nachdem ich ein Jahr damit verbracht hatte, von Flugzeugträgern aus zu fliegen, die im Pazifik stationiert waren, schickte man mich 1957 zu einem abgeschotteten Militärstützpunkt nördlich der Mojave-Wüste. Es sollte ein neues Abwurfsystem für Atomwaffen entwickelt werden. Marschflugkörper und Interkontinentalraketen gab es noch nicht. Im Bombenmagazin meines Düsenflugzeugs waren die Attrappen untergebracht, die in Militärkreisen als »Phantome« bezeichnet wurden, mit denen ich über dem einsamen Vorposten in der Wüste meine Runden drehte. Es waren der Form, Größe und Schwere nach genaue Nachbildungen der echten Nuklearwaffen. Wenn ich mit dem Düsenbomber mit maximaler Geschwindigkeit durch das blaße Blau des Himmels über der Wüste jagte, fünfzig Fuß über dem kahlen staubigen Boden, half ich an der Perfektionierung mit, um eine solche Bombe unter dem feindlichen Radar hindurchzuschmuggeln, dann mit ihr aufzusteigen, sie abzuwerfen und sich mit dem Flugzeug eilends in Sicherheit vor der Schockwelle zu bringen, die rundum alles verwüstete.

Die Jahreszeiten waren heiß und ohne Veränderung, so daß wir in kurzärmeliger Uniform unseren Dienst taten. Wir waren Testpiloten, vertieft in unsere Arbeit und ohne Wahrnehmung für die öde Landschaft um uns herum. Meine junge Familie, die auf dem Stützpunkt lebte, war von jeder wirklichen Zivilisation Hunderte von Meilen abgeschnitten. Es gab nur den Stützpunkt und rundherum Tausende Quadratmeilen Wüste. Oft trafen sich am späten Nachmittag Ehemänner und Ehefrauen bei irgend jemandem auf der Terrasse zum Grillen und Fachsimpeln, über das stets gleiche Wetter oder was man an einem Wochenende in Reno alles machen könnte. Die Männer und Frauen in meiner Umgebung waren ihrer Arbeit leidenschaftlich hingegeben, und deshalb war es einfach aufregend, mit ihnen zusammen zu sein. In dieser Hinsicht paßte ich zu ihnen, weil es um ernsthafte Forschung und Entwicklung ging: Wir waren dabei, Flugzeuge Dinge vollbringen zu lassen, für die sie nicht gebaut waren. Ab und zu jedoch stieg in der Wüste eine schwarze Rauchsäule auf und zeigte an, daß jemand abends nicht mehr nach Hause kommen würde.

Der übergeordnete militärische Auftrag hat mich nie interessiert. Ich konnte mich für die Details der Waffentechnologie begeistern, so daß ich in der Lage war, meinen Dienst zu tun. Aber die horrende Zerstörungsgewalt der Waffen war bedrückend, und ich wollte mein Ziel nicht in der Kriegstechnologie suchen, sondern in der Erforschung von Neuland. Ich spürte, daß ich im Kern meines Wesens ein Entdecker war. Wenn ich mit diesem Dienstauftrag fertig war, würde ich meine Karriere in eine andere Richtung lenken können, das wußte ich. Obwohl ich noch nicht genügend Flugstunden am Steuer einer Düsenmaschine hatte, wollte ich mich für das Astronautenkorps bewerben.

Aber bevor wir China Lake verließen, bekamen wir eine zweite Tochter, die wir Elizabeth nannten. Die Familie wurde größer, und wir waren wieder einmal unterwegs. Es verschlug uns nach Monterey in Kalifornien, wo ich an der Marineakademie zum erstenmal in meinem Leben in die Technik der Aeronautik einstieg und meine Erfahrungen im Flugzeugcockpit mit einer Menge neuer technischer Konzepte verband, die im Windkanal getestet wurden. Ich suchte mir auch noch andere Studienfächer aus, die außerhalb des üblichen Lehrplans für einen Testpiloten lagen, wie z. B. Russisch – dem Trend der damaligen Zeit entsprechend. Wissenschaft wuchs mit dem wirklichen Leben zusammen.

In jenen Jahren wurde mir klar, daß neue Technologien in der Erkundung des Weltraums eine herausragende Rolle spielen würden, und daß es nicht genügte, nur Pilot zu sein, wenn ich so weit kommen wollte; selbst Testpilot zu sein reichte da nicht aus. Ich mußte ein Raketenwissenschaftler werden, so wie Robert Goddard. Als das Ende der Schulung in Monterey absehbar wurde, streckte ich meine Fühler zur Ostküste aus, um einen zusätzlichen Lehrgang in Aeronautik und Astronautik zu absolvieren. Am *Massachusetts Institute of Technology* (MIT) fand ich ein Lehrprogramm, das mir zusagte. Letztendlich hatte es zum Ziel, einen Menschen in den Weltraum zu befördern. Es sollte zu einer Reihe von Missionen führen, die schließlich die Landung eines Menschen auf dem Mond und seine sichere Rückkehr zur Erde ermöglichen sollten. Indem ich meinen beruflichen Status bei der Marine änderte und die Ingenieurlaufbahn für Aeronautik einschlug, fand ich einen Kompromiß, von dem ich mir erhoffte, daß er für alle Beteiligten funktionieren würde, für mich selbst, meine Familie und die Marine. Also nahmen Louise und ich zusammen mit den Kindern die vertraute Routine eines Ortswechsels im Jahre 1961 wieder auf und zogen nach West Newton in Massachusetts, eine kleine Gemeinde außerhalb von Boston mit Mittelschichtbewohnern.

Im Mittelpunkt des neuen Studienprogramms stand ein buntes Spektrum von Fachgebieten, die noch nie zuvor im Zusammenhang untersucht worden waren. Es waren ganz neue Inhalte, über die man sich noch überhaupt keine Gedanken gemacht hatte, wie die Evolution von Sternen und Galaxien, die Optimierungstheorie, Bahnmechanik, Weltraumnavigation, Raketenantrieb, Inertialplattformen – abstruse Gebiete zur damaligen Zeit und oftmals mit primitiven, vereinfachenden Theorien verbunden. Keiner wußte die Antworten auf die Fragen, die gestellt wurden, so wie keiner wußte, was wir im Himmel antreffen würden. Es gab noch ähnliche Studienprogramme am *Cal Tech* und in Princeton, die genauso bahnbrechend waren, aber im großen und ganzen war es eine neue Wissenschaft, und rückblickend betrachtet schien unser Verständnis damals ziemlich naiv zu sein, so naiv, daß es schon rührend war. Gab es da draußen Leben, und wenn ja, war es uns wohlgesinnt oder feindselig? War es primitiv oder intelligent und zu einem bedeutsamen Grad entwickelt? Nur wer genügend Dreistigkeit oder Rücksichtslosigkeit besaß, stellte derartige Fragen, denn im Rahmen des konventionellen Wissens, das sich aus Wissenschaft und Theologie ableitete, hielt man an der Vorstellung fest, daß die Erde das biologische Zentrum des Universums wäre. Diese Naivität spiegelte sich ebenso in der populären Kultur jener Zeit wider. Es ist interessant zu sehen, wie die Filme der fünfziger und frühen sechziger Jahre das kindische Verständnis in Amerika in aller Offenheit und gepaart mit einer Spur Angst darstellten, so wie es in Wirklichkeit war. Für den Normalbürger war der Himmel gleich über uns. Heutzutage darüber zu lachen ist leicht und selbstgefällig. Man hatte ja nicht den Vorteil, im nachhinein alles besser zu wissen. Wir sahen nur das helle Licht einer neuen Entdeckung vor uns, dessen Quelle noch Jahre voraus in der Zukunft lag. Als ich ein Teenager war, hörte ich eines Tages die Meldung vom Absturz eines Raumschiffs nahe unserer Ranch in Roswell. In der Folge setzten wilde Spekulationen und Gerüchte ein, bis am nächsten Tag die offizielle Erklärung berichtigt wurde und die Regierung von einem abgestürzten Wetterballon sprach. Stimmte das? Solche Fragen zu stellen, das war teilweise das, was diese Zeit so wahnsinnig aufregend machte.

Am MIT begann ich in einem akademischen Forum etwas über Quantenmechanik und die Relativitätstheorie zu lernen. Allmählich wurde das Universum auf ganz andere Weise erklärt, als es das konventionelle Wissen der klassischen Physik tat, und auch gewiß ganz anders, als wir es durch unsere Sinne wahrnahmen. Ich begriff, daß jemand, der zum Mond reiste, wenn es uns eines Tages tatsächlich gelingen sollte, bei seiner Rückkehr zur Erde ein paar Mikrosekunden jünger wäre als sein Zwillingspartner, der hier geblieben war. Nur verstand ich noch nicht ganz, warum es am Grunde aller Materie kein einfaches, kohärentes Bild der physikalischen Realität gab. Obwohl man die Mathematik der neuen Physik lehrte, waren die größeren Probleme und die tieferen Implikationen, die die Theorien mit sich brachten, noch nicht bis zum normalen Professor für Ingenieurwesen durchgedrungen, selbst damals nicht. Man war noch Jahre davon entfernt, die Folgerungen aus diesen Vorstellungen voll und ganz zu verstehen.

In den Städten, die wir in diesen Jahren unseres Nomadenlebens besuchten, suchten Louise und ich uns örtliche Kirchengemeinden, wo wir Pastoren und Gemeindemitglieder fanden, die mehr oder minder so dachten und fühlten wie wir – das heißt, die sich Gedanken um die tieferen Fragen nach dem Sinn und Zweck des Lebens, des Schicksals, der Conditio humana machten. In West Newton fanden wir diesen Umgang in der Gesellschaft von Jim Remington, einem verheirateten jungen Mann in meinem Alter, Pastor der örtlichen Baptistenkirche.

An warmen Sommerabenden saßen Jim und ich oftmals draußen auf der Terrasse und führten endlose Gespräche über Willensfreiheit und Determinismus, über das Wesen Gottes, über die Struktur des Universums und über die neue Wissenschaft, die ich gerade kennenlernte, und wie sie neues Licht ins Dunkel bringen würde. Jim war ein ungewöhnlicher Mann in seinem Beruf; er war lebhaft an jedem Gespräch interessiert, das das christliche Dogma herausforderte. In seinen eigenen Anschauungen war er nie dogmatisch. Meiner Meinung nach hatte er eine ähnliche intellektuelle Geisteshaltung wie ich. Jetzt erst, als Erwachsener, lernte ich, daß es möglich war, mich in dieselbe Einflußsphäre zu begeben wie die eines Baptistenpredigers und dennoch meine geistige Unabhängigkeit zu bewahren. Ich merkte auch, wie meine frühe fundamentalistische Erziehung mein Denken geformt hatte, obwohl ich inzwischen auf dem besten Wege war, ein waschechter Agnostiker zu werden. Ich wußte, irgendwie war mein Geist fähig, dieses Paradox in sich zu tragen. Trotzdem bewahrte ich in mir noch viele Jahre lang eine verborgene Furcht vor Gott, eine Furcht, die durch den Restbestand meiner Erziehung auf mich einwirkte, ein sanftes, leises Flüstern, das mich vor der ewigen Strafe für Blasphemie und gelegentliche Respektlosigkeiten warnte. Es war das Gefühl, daß bereits im geäußerten Wort, vielleicht sogar im Gedanken, das Potential zur Verdammnis lag.

Aber das war mein eigener dunkler Hintergrund, den ich einfach ignorierte, wenn Jim und ich in der kühlen Abendluft beisammen saßen und wie die Gelehrten untersuchten, was denn unser Platz in dieser weiten Welt sei. Die Atmosphäre unserer bohrenden Fragen, so sagte ich mir im stillen, war hinreichend ehrerbietig für einen freundlich gesinnten Schöpfer.

Ich habe nicht immer ein Interesse an den Einzelheiten rätselhafter wissenschaftlicher Probleme gehabt. Während meiner Zeit am MIT war ich ein passabler Mathematiker. Die abstrakte Topographie der Wissenschaft war eine Landschaft, in der ich mich gerne bewegte, obwohl es schwerverständliche Bereiche gab, mit denen ich meine Schwierigkeiten hatte. Ich befand mich an einer der angesehensten Institutionen höheren Wissens, die es auf der Welt gibt. Ich arbeitete an einem Projekt, angeordnet von einem Präsidenten, der während meines dortigen Aufenthalts ermordet wurde, das insgesamt dem Interesse galt, einen Menschen auf dem Mond landen zu lassen. Dennoch lag mir nichts daran, die feineren kapillaren Regionen der Wissenschaft zu erforschen, sondern zog es vor, eher in die allgemeineren Probleme der Morphologie und Kosmologie einzutauchen. Es interessierte mich vor allem, wie die Dinge zusammenpassen. Die Mathematik war für mich einfach ein Instrument, eine Sprache, aber mit verschiedenen Methoden, um zu einer Beschreibung der Wirklichkeit zu kommen und damit zu ihrem besseren Verständnis. Realität war irgendwo in der Form einer komplizierten Landschaft vorhanden, um erkundet und verstanden zu werden. Aber ich traf auf diejenigen, die dachten, die Genauigkeit des mathematischen Ansatzes wäre wirklich in der Natur *eingebettet*. Sie glaubten, daß man allein durch Reduktion der Natur auf ihre bloßen Bestandteile und durch Aufdecken der inhärenten Mathematik wahre Einsicht in das Territorium bekommen könnte, das sie zur Erforschung ausgewählt hatten. Sie waren brillante Gelehrte, aber wir befanden uns an entgegengesetzten intellektuellen Polen. Etwas schien meine intellektuelle Vision anzustacheln, vielleicht meine eigene Intuition, die mich in eine andere Richtung lenkte. Auf ganz natürliche Weise entwickelte sich in mir ein Verständnis für Synthese, für die Beziehungen und Muster, die quer durch grundverschiedene Denkbereiche vorhanden sind; der ermüdende Prozeß intellektueller Haarspalterei lag mir ganz und gar nicht.

Das Leben zu jener Zeit war anregend und abwechslungsreich. Müde, aber glücklich kam ich abends vom Campus nach Hause, wo mich ein junger, lebhafter Haushalt empfing. Im letzten Sommermonat zogen wir uns an die Küste von Cape Cod zurück, und im Winter liefen wir Schlittschuh, auf einer provisorischen Eisfläche, die ich aus langen Brettern und einer Plastikplane angefertigt und mit Wasser aus dem Gartenschlauch angefüllt hatte. Die Teiche in der Umgebung galten als zu gefährlich für Kinder zum Schlittschuhlaufen. Zur damaligen Zeit machte ich mich einmal im Monat zu einem Marineflugplatz südlich von Boston auf und setzte mich ans Steuer einer Maschine, um ein gewisses Maß an Routine aufrechtzuerhalten. Mit Anbruch der Abenddämmerung befand ich mich wieder im häuslichen Schoß. Es waren gute Zeiten, in fast jeder Hinsicht, aber Louise und ich hatten immer mehr Schwierigkeiten miteinander, denn die stillen Traumata, die Frau eines Testpiloten zu sein, der den Ehrgeiz hatte, Astronaut zu werden, nahmen langsam zu. Und ich war zu dumm, zu beschäftigt und einfach zu unempfindlich, um ihre Lage zu verstehen. Es kam mir nie in den Sinn, während ich an meiner eigenen Rolle in dieser von

Männern dominierten Welt bastelte, daß ich viele der unnachgiebigen Charakteristika meines patriarchischen Großvaters an den Tag legte. Mein Militärdienst hatte sich aus den Umständen ergeben, aber unerwarteterweise hatte ich hier ein Zuhause gefunden; mit treuer Ergebenheit und Liebe unterstützte Louise meine Ambitionen und stabilisierte die Familie. Solche Träume, wie ich sie hatte, können vielleicht zu Ruhm führen oder die Frau zur Witwe machen. Aber Louise und die Kinder brauchten im stillen Stabilität und Ruhe.

Was genau ein Astronaut tat und was er eigentlich in dem weiten Neuland des Weltraums antreffen würde, war damals keinem Menschen bekannt, weder der breiten Öffentlichkeit noch uns in der Weltraumindustrie. Die Herausforderung war erhebend, aber der schiere Mangel an Gewohnheiten in unserem Leben war zuweilen eine Belastung. In keiner der Gemeinschaften, in die wir hineinschneiten und die wir nach Ablauf unseres Dienstauftrags genauso schnell wieder verließen, hatten wir je richtig Fuß gefaßt. Ich trieb meine Familie von einem Ort zum anderen, nur um mir vielleicht den exotischsten aller Träume zu erfüllen – ein Entdeckungsreisender in der letzten Hälfte des zwanzigsten Jahrhunderts zu sein. Was ebenso seltsam wie berauschend wirkte, war die Tatsache, daß dieser Traum zunehmend in meine Reichweite kam. Er erforderte nichts weiter mehr als eine genaue Planung meines weiteren Studiums, ein außerordentliches Maß an Flexibilität, harte Arbeit und eine angemessene Portion Glück. Immerhin gab es nie eine Garantie, daß ich es schaffen würde, und für eine Mutter und ihre Kinder bedeutete unser Lebensstil, immer wieder von Freunden und Spielgefährten Abschied zu nehmen.

Als mein Studium in Cambridge sich dem Ende näherte, war es wieder einmal Zeit, über die nächste Etappe dieses Unternehmens nachzudenken. Es gab sehr viele Wege, aber keine zuverlässige Karte. Schließlich bewarb ich mich für einen Posten bei der NASA im Bereich Flugsteuerung und Flugkontrolle, einfach weil ich wußte, ich könnte meinem Ziel, dem Weltraum, damit wieder ein Stückchen näher kommen. Und ein paar Wochen später wurde ich angenommen. Im Frühjahr packten wir wieder unsere Sachen in ein Auto und machten uns quer durchs Land auf den Weg nach Houston, wo die Raumfahrtbehörde sich dank einer klugen politischen Entscheidung von Präsident Lyndon Johnson fest niedergelassen hatte. Houston war die magische Stadt, wenn man den Astronautenberuf anstrebte. Aber als unsere ganze Familie schon nach Südwesten unterwegs war, mußte die Route abrupt geändert werden. Während unserer Stippvisite im Haus von Louises Mutter in Pittsburgh erreichte mich nämlich ein Telegramm.

Am Telefon informierte man mich dann, daß unser Ziel nicht mehr Houston war, sondern Los Angeles. Dort hatte das Militär sein eigenes Weltraumprogramm untergebracht. Captain Jack Van Ness, Leiter des Marineverbindungsamtes, wollte einen Stellvertreter mit Testpiloterfahrung und fundierter technischer Ausbildung. Es ging darum, die Entwicklung eines bemannten Orbitallabors zu unterstützen, das für militärische Überwachungsaufgaben eingesetzt werden konnte. Das Pentagon sah die Möglichkeit, den Weltraum militärisch zu nutzen, obwohl zwei Regierungen zuvor es Eisenhowers Absicht gewesen war, Menschen nur zum Zwecke der friedlichen Erforschung dorthin zu schicken. Während der fünfziger Jahre hatte das Militär lange Zeit große Anstrengungen und Kampagnen unternommen, um die Entwicklung in diesem Neuland zu kontrollieren. Präsident Eisenhower aber stellte die neue Weltraumbehörde unter eine zivile Leitung. Trotzdem fanden die Militärführer immer wieder Mittel und Wege, um vom Kongreß Gelder für ihre eigenen Lieblingsprojekte im Weltraum bewilligt zu bekommen. Und der Befehlskette nach war ich in ihr Programm einbezogen, nicht in das der NASA.

Nachdem wir von Louises verwitweter Mutter am nächsten Tag Abschied genommen hatten, ging es also statt nach Houston nach Los Angeles. Fünf Tage Fahrt brachten uns durch die wellige Prärie in den Westen, wo wir uns in einem Leben einrichteten, das sich nicht sehr von dem unterschied, das wir im Osten gehabt hatten. Eineinhalb Jahre arbeitete ich als Stellvertreter von Jack Van Ness, wobei ich die Entwicklungsarbeiten für den Orbiter und für seine Sensoren dirigierte und koordinierte. Es machte großen Spaß zu versuchen, die Arbeit und die Talente von so vielen verschiedenen Leuten zu der gemeinsamen Leistung zusammenzubringen, etwas so Innovatives und Anspruchsvolles wie ein bemanntes Labor zu bauen, das eines Tages die Erde umkreisen würde. In der Überwachungstechnik war ein Sprung nach vorn nötig, um die Sensoren entwickeln zu können. Aber ein bemanntes Raumlabor zu bauen war immer noch eine total verrückte Idee im öffentlichen Bewußtsein.

Nach eineinhalb Jahren harter Arbeit merkte ich, daß reine Managementfähigkeiten mich nicht der kreideweißen Welt im Himmel näher brachten. Die als Astronauten in Frage kommenden Kandidaten für das bemannte Raumlabor waren in den meisten Fällen aus den Reihen der Luftwaffentestpiloten ausgesucht worden. Die beiden einzigen aus der Marine selektierten Männer waren tollkühne Kampfpiloten, die beträchtlich jünger waren als ich.* Ich wußte, wenn etwas an meiner Ausbildung für den Mondflug im Wege stehen könnte, dann war es das Pensum an Einsätzen, weil ich in den letzten Jahren einfach zu wenig mit Düsenmaschinen geflogen war. Nach einiger Überredung half mir Jack Van Ness, daß ich der Aerospace Research Pilots' School am Edwards Luftwaffenstützpunkt in der Mojave-Wüste zugeteilt wurde. Der Leiter dieser Pilotenschule war kein geringerer als der legendäre Chuck Yeager.

Es gab dort eine endlose Liste exotischer Flugprogramme. Es war der Ort, wo die verwegensten Flugzeuge der Welt jeden Tag bis an ihre äußersten Grenzen geflogen wurden. Um ins Astronautenkorps aufgenommen zu werden, konnte es nicht schaden, zu dieser exklusiven Pilotengemeinschaft zu gehören. Die Familie konnte in Los Angeles bleiben, während ich an den Wochenenden zwischen Stützpunkt und Wohnsitz hin- und herpendelte. Die Kinder konnten zur Abwechslung einmal an ihren Schulen bleiben, und Louise konnte sich ein Zuhause einrichten.

Die Testpilotenschule in Edwards hatte vor kurzem ein Weltraum-Trainingsprogramm eingeführt. Die Zeiten wandelten sich für die Testpilotengruppe, und gab Auseinandersetzungen zwischen den älteren, an Steuerknüppel und Steuerruder gewöhnten Piloten und denen, die auf die neue Technologie schworen und nicht nur für das computerunterstützte Fliegen gebraucht wurden, sondern auch für Missionen in den Weltraum. Der traditionelle Stil in Edwards war ein sehr romantischer und maskulin geprägter, der sich darum drehte, schneller und höher zu fliegen, mehr und länger zu trinken und zu feiern, der Beste zu sein, dadurch daß man seinen Job richtig machte, egal was es war – und natürlich zu überleben. Die Mär, daß Astronauten kaum etwas anderes waren als dressierte Schimpansen, war Jahre zuvor durch den Stützpunkt gegeistert. Das begann sich während meiner Zeit zu ändern.

Die Piloten der alten Schule, großartig wie sie waren, klammerten sich an die Ganzheit von Flugzeug und aerodynamischer Steuermechanik, die ihre Aufgabe erfüllte, indem sie innerhalb der Atmosphäre auf

* Einer von ihnen, Leutnant Richard Truly, später Admiral Richard Truly, wurde später einer der administrativen Leiter der NASA.

die Kräfte der Natur reagierte. Nun kamen diese neuen Piloten mit ihrem Ehrgeiz daher, eines Tages über die Atmosphäre ganz hinaus zu »fliegen«. Die Zeit nahte, in der sie flügellose Maschinen mit Computersteuerung lenken würden, die sich durch Regionen bewegen könnten, wo es keine Luft gab, kein Oben oder Unten, Maschinen, die durch die Erdatmosphäre fallen würden wie ein Kanaldeckel. Obwohl Yeager diesen ehrgeizigen Astronauten die Grundlagen des Experimentalflugs beibrachte, wollte er mit dem Weltraumprogramm direkt nichts zu tun haben.

Die Unterkünfte in Edwards paßten zu der kargen Wüstenlandschaft. Typisch dafür waren die Quartiere für die Junggesellen, wo ich untergebracht war. Mit den gemeinschaftlichen Waschräumen und Toiletten ähnelten sie eher Barrackenkasernen. Die verkohlte Ruine der alten Fly-in Bar, die Pancho Villa einst aufzusuchen pflegte, gab dem ganzen Ambiente den Rest. Am Abend vermittelte ich ehrgeizigen Astronautenanwärtern meine eigenen Theorien zur Energieoptimierung und Weltraumnavigation und am Morgen ging ich in die Cafeteria, trank Kaffee und aß Doughnuts zum Frühstück und kletterte dann in die Kanzel eines Düsenflugzeugs, um den Tageseinsatz zu fliegen.

Obwohl es lange her war, seit ich diesen Ausbildungsweg gewählt hatte, waren es bis zu meinem 36. Geburtstag nur noch ein paar Wochen. Meine Zeit war gekommen. Ich brauchte den Telefonanruf von einem Mann namens Deke Slayton, der in Houston die Einsätze der Flugmannschaft leitete, und zwar bald.

Man wußte alles über mich – meine Ausbildung, meine Fähigkeiten als Pilot, aber vor allem wußte man von meiner Ambition, mich ihnen beim Raumfahrtprogramm anzuschließen. Ich hatte mich in jeder möglichen Weise durch Flugtraining und eine technische Ausbildung darauf vorbereitet, und ich hatte 36 Jahre gebraucht, um dieses Niveau an Erfahrung zu erreichen. Ich hatte Anerkennungen und frühzeitige Beförderungen bekommen. Ich hatte eine wunderbare Familie. In den letzten neun Jahre hatte ich klar gemacht, was ich in diesem Leben wollte. Aber ich brauchte den Anruf.

Sogar aus meiner Jugendzeit in den Ebenen von West-Texas konnte ich mich an dieses ungreifbare Gefühl erinnern, daß etwas Außergewöhnliches bevorstand, ohne genau zu wissen, was es war. Inzwischen wußte ich es: eine Reise zu der hell erleuchteten, von Kratern übersäten Welt, die um unseren Planeten kreist. Ich war felsenfest davon überzeugt, daß das Triebwerk jetzt vorhanden war, das mich oder einen anderen endlich dorthin bringen konnte. Ich spürte, daß es mir gelungen war, mich im Laufe der Jahre ziemlich genau an einen kritischen Wendepunkt in der Geschichte der Menschheit zu stellen. Aber das Telefon klingelte nicht.

Jedenfalls nicht bis zu dem einen Abend im späten Frühjahr 1966. Ich saß beim Abendbrot am Tisch mit meiner Familie in Los Angeles, als das Telefon läutete. Die wegen des Ferngesprächs etwas undeutlich klingende Stimme gehörte Deke Slayton. Er kam gleich zur Sache und sagte, daß er es gerne sähe, wenn ich für ihn arbeitete und nach Houston käme. Ich sagte auf der Stelle ja. Das Gespräch war kurz und bündig; es hatte etwas von fester Entschlossenheit an sich. Nachdem ich behutsam den Hörer aufgelegt hatte, dachte ich in Ruhe über die Neuigkeit nach. Dann ging ich zum Tisch zurück und sagte es Louise. Wir küßten und umarmten uns und nahmen die Mädchen in unsere Arme. Dann begannen wir ein weiteres Mal unsere Vorbereitungen für ein Leben in Texas, wo ich mich von nun an für eine sehr lange Entdeckungsreise rüstete, die mir heilig war.

Weiter Himmel

4

Der Umzug nach Houston war anders als unsere Ortswechsel davor. Diesmal war die Erwartungshaltung größer, und ich war voller Hoffnung, daß mein eigener Stimmungsaufschwung helfen würde, meiner Familie diesen Übergang leichter zu machen. Nichtsdestoweniger machte sich Elizabeth Sorgen, daß die neuen Besitzer unseres alten Autos vielleicht nicht gut darauf aufpassen würden. Karlyn, inzwischen fast dreizehn, fragte sich, wie ihre tropischen Fische die Reise überstehen würden.

Zu einem meiner Pendelflüge zwischen Los Angeles und Houston nahm ich auf dem Weg zum Flugplatz auf dem Beifahrersitz den Glasbehälter mit den exotischen Fischen mit. Dann schaffte ich die leuchtend bunten Geschöpfe in ihrer Wasserwelt in den T38-Jet und gurtete das Glas auf dem Rücksitz der Ausbildungsmaschine fest. Ein paar Minuten später schossen die Fische und ich in den blaßblauen Himmel über Südkalifornien und nahmen mit ein paar Meilen unter der Schallgeschwindigkeit Richtung auf Houston, die magische Stadt. Ich war daran erinnert worden, daß ich vor ein paar Jahren Louises Philodendron im Bombenmagazin einer P2V mitgenommen hatte, als ich das Flugzeug zu unserem neuen Bestimmungsort flog. Ich mußte wohl Karlyns Fischen den gleichen Gefallen tun.

Wir bauten in Houston in der Nähe des Raumfahrtzentrums ein neues Haus, da die Banken uns jetzt mehr entgegenkamen als früher. Obwohl wir stets mehr Geld zum Wohnen ausgegeben hatten, als das Militär an Wohnungszuschuß bezahlte, erschien der neue Platz wie eine herrschaftliche Villa. Es lebte sich gut; jeder Tag wurde von einem neuen Impuls angetrieben. Wir hatten das Empfinden, als würden wir von historischen Kräften weitergetragen. Die Weltraummissionen nahmen einen Teil der Abendnachrichten ein, und was wir im Fernsehen sahen, betraf das Geschehen in unserer eigenen Küche. Es war ein merkwürdiges Phänomen, das uns alle belebte. Am Cape und hier in Houston war die allgemeine Stimmung unserer Astronautengruppe wahnsinnig heiter; wir konnten es nicht fassen, für diese Arbeit obendrein bezahlt zu werden. Weder davor noch danach hatte ich je das Privileg, mit dermaßen brillanten und motivierten Menschen zusammenzuarbeiten wie in jenen Jahren mit den Leuten von der NASA.

Doch die Freude am neuen Beruf und der hektische Stundenplan mit Schulung, Training und technischen Aufgaben wurde noch vor Ablauf eines Jahres durch die rauhe Realität abrupt getrübt. Es war an einem Januarnachmittag, als ich nach einem Besuch von North American Rockwell, dem Hersteller der Apollo-Kommandokapsel, in der Abflughalle des Flughafens von Los Angeles ausgerufen wurde. Mir war schleierhaft, warum jemand mit mir im Flughafen Kontakt aufnehmen mußte. Am Telefon war das Büro von Deke Slayton, und ich erfuhr, daß in der Kommandokapsel am Cape ein Feuer ausgebrochen war. Gus Grissom, Ed White and Roger Chaffee waren tot. Das Feuer war durch ihre Kapsel gerast, die auf der Trägerrakete auf der Abschußrampe in Cape Kennedy saß. Drei von Amerikas Astronauten waren in den Flammen umgekommen.

Seitdem nannten wir dieses Unglück nur noch »das Feuer«. Aber jenseits des persönlichen Verlustes wartete eine bedeutende Aufgabe auf uns. Der Preis des Entdeckens, das wußten wir, wurde nicht nur mit Schweiß abgegolten, sondern mit Fleisch und Blut. Das Feuer entriß uns drei der besten Weltraumforscher, die die Welt damals hatte. Aber wir verstanden dadurch auch viel besser, welche Gefahr und welcher Schrecken in jedem Detail dieses Ausflugs zum Mond liegen konnte. Und noch waren wir auf der Erde.

Ein Vorteil, so grausam er war, ließ sich immerhin aus dieser Tragödie ableiten. Sie waren auf der Rampe gestorben, nicht in einem stillen Sarkophag, mit Tausenden von Meilen pro Stunde durch den luftleeren Weltraum schlingernd, für immer unerreichbar für unsere Ingenieure und Techniker hier auf der Erde. Die Leute, die mit der anschließenden Untersuchung zu tun hatten, würden sicherstellen, daß Gus, Roger und Ed ihr Leben nicht umsonst gelassen hatten. Es würde ein bitterer Segen daraus werden, ein Pyrrhussieg, der eines Tages in aller Stille zum Erfolg der nachfolgenden Astronauten beitragen würde. Aber eine Zeitlang herrschte nur Gram und Trauer. Ein paar Tage nach dem Feuer flogen Fred Haise, Ken Mattingly, Jerry Carr und ich die Formation »Vermißte Seelen« mit vier Flugzeugen über den Trauerfeierlichkeiten in Houston, während unsere Kameraden auf dem Nationalfriedhof von Arlington ihre letzte Ruhe fanden.

Da es eine politische Forderung gab, die etwas mit der Sowjetunion zu tun hatte, war die Öffentlichkeit in ungewöhnlicher Weise darauf vorbereitet, den Verlust von Leben im Interesse einer baldmöglichsten Landung eines Menschen auf dem Mond hinzunehmen. Es war der Wettlauf im All, die mildere Kehrseite des kalten Krieges. Heute ist diese Atmosphäre nicht mehr vorhanden, und wahrscheinlich würde eine derartige Katastrophe, zum Beispiel die Challenger-Explosion, die Stillegung eines Projektes für unbestimmte Zeit bedeuten, unabhängig von seiner Tragweite. Selbst im Falle des Feuerunglücks gab es eineinhalb Jahre lang keinen Start, bis die zugrundeliegenden Ursachen systematisch korrigiert waren. Mit denjenigen, die in die Fußstapfen der Apollo-1-Astronauten traten, trauerten wir um den Verlust und konzentrierten uns dann mit frischen Kräften auf jedes minutiöse Detail in den Aufgaben, für die wir die Verantwortung trugen. Unfälle konnten passieren, es würden Fehler gemacht werden, und es würden sicherlich Instrumente versagen, denn die Seele dieses Vorhabens war die Innovation, und es verrechnen sich selbst Menschen mit brillantem Verstand und äußerster Hingabe. Niemand war bisher auf dem Mond gewesen. Die Aufgabe war eine Kombination aus Fehlerlosigkeit, soweit es möglich war, und aus Vorbeugung, um einen Ausweg zu haben, wenn das Unerwartete eintrat. Die Gefahr, mit der wir konfrontiert waren, wurde auf eine einzige Zahl reduziert, die die Wahrscheinlichkeit darstellte, daß eine Reihe kritischer Teile gleichzeitig ausfallen würde. Zahlen haben, wenn man ihnen glaubt, etwas an sich, das Angstgefühle erstickt; und selbst wenn man ihnen nicht glaubt, ist es schwierig, über sie zu streiten.

Unsere inneren Empfindungen waren eine seltsame Mischung: zum einen der Drang, einen Berg zu besteigen, nur weil er da ist, zum anderen der einfache Wunsch, die Welt als einen besseren und großzügigeren Platz zu hinterlassen. Selbst angesichts dieses Verlustes war es für mich immer noch möglich, mir vorzustellen, worauf Admiral Byrd aus war, als er daranging, das Meer aus ewigem Eis zu erkunden, das die Erdpole bedeckte, oder was in Kolumbus vorging, als er eine Route einschlug, von der es noch keine Karten gab. Wichtiger aber war, daß ich anfing, das Projekt im größeren Rahmen als eine Sequenz im natürlichen Fortschritt unserer Zivilisation zu sehen, der uns irgendwann in die Weiten des Kosmos bringen würde. Die Weltraumbehörde NASA und ihre einzelnen Mitarbeiter waren ein Teil des Evolutionsprozesses der Menschheit, ein bedeutsames Rädchen im Getriebe, mit dem wir zu anderen Welten vorstoßen würden. Die Leute um mich herum würden die ersten unserer Spezies sein, die diese neuen Landschaften erkundeten; Ed, Roger und Gus gehörten ebenso zu diesem Prozeß, selbst im Tod. Obwohl der Flug zum Mond um des politischen Vorteils willen geplant war, schien dieses Unternehmen die Grundlage zu sein, um den nächsten Schritt zu tun und mehr über uns selbst und das Universum zu entdecken. Wir würden nicht nur die ersten Schritte in diesem Prozeß unternehmen, sondern auch mehr darüber erfahren, woher wir kamen, wenn wir die geheimnisvolle Welt erforschten, die seit Milliarden Jahren unseren Planeten umkreiste.

Mich interessierte die Frage, die sich wahrscheinlich jeder Mensch an einem Punkt in seinem Leben stellt: Was ist der Ursprung unserer Existenz? Wie kam es zu unserem Dasein? Wir wollen wissen, ob unsere Existenz irgendeinen größeren, umfassenden Sinn hat, und wenn ja, worin er besteht. Die Menschen haben über diese Fragen nachgedacht, seit sie irgendwie zu einer sinnvollen Betrachtung fähig waren. Letzten Endes war dies die treibende Kraft hinter den Raumfahrtprogrammen Mercury, Gemini und Apollo. Es gab diese Programme, weil man in Amerika dachte, sie könnten Antworten auf unsere Fragen liefern, und dafür war man bereit, Millionen Dollar auszugeben.

Ungeachtet der individuellen Motivation, am Apollo-Projekt mitzuarbeiten, zog es jeden, der dabei war, unwiderstehlich zu diesem außerordentlichen Abenteuer hin. Es bestand sozusagen die stille Übereinkunft, daß unsere drei Gefährten uns getadelt hätten, falls wir das ganze Projekt fallenlassen hätten, nur weil sie tödlich verunglückt waren. Denn von Anfang an schien es unwahrscheinlich, daß ein Projekt dieser Größenordnung verwirklicht werden konnte, ohne Leben zu opfern.

Wenn unsere fernen Nachkommen eines Tages zurückschauen und die Geschichte aller lebenden Materie betrachten, wird ihnen unsere Zeit, insbesondere in Hinblick auf die Apollo-Missionen, als dritter großer Übergang in der Entwicklung der Lebewesen erscheinen. Der erste große Übergang könnte als jener Moment definiert werden, in dem Meereslebewesen schließlich das Urmeer verlassen haben und sich auf dem trockenen Land bewegten; der zweite ist die Periode, als sich Lebewesen in die Erdatmosphäre begaben; und das dritte Stadium wird wahrscheinlich durch die Zeit bestimmt werden, in der wir den Planeten in der letzten Hälfte des zwanzigsten Jahrhunderts ganz und gar verließen.

Von einem anthropologischen Standpunkt aus gesehen muß die Erkundung des Weltraums nicht nur aus einfacher menschlicher Neugier betrieben werden, sondern auch deshalb, um das Überleben der Spezies im weiteren Verlauf zu sichern. Das zwanzigste Jahrhundert hat eine noch nie dagewesene Entwicklung und Verbreitung von großartigen Technologien gesehen. Eine ganze Reihe davon hat aufgrund von Konstruktion, Dummheit oder Mißbrauch ebenso die Fähigkeit, Leben zu zerstören wie Leben zu verbessern. Die Erforschung des Weltraums allein könnte uns die Möglichkeit geben, einen sterbenden Planeten zu verlassen, vorausgesetzt, wir gehen in der Zwischenzeit mit unseren Ressourcen weise genug um und überleben tatsächlich so lange.

Eine meiner ersten wichtigen Entscheidungen nach meiner Ankunft in Houston war, daß ich an der Mondfähre mitarbeiten wollte und das als meine technische Aufgabe wählte. Jede Woche flog ich mit einer T38 nach Bethpage auf Long Island, um bei Grumman mit Fred Haise bei der Konstruktion, Herstellung und Erprobung der Mondfähre mitzuwirken. Ich erinnere mich noch an den Schock, den ich bekam, als ich zum erstenmal einen Prototyp des Gefährts sah, das eines Tages auf dem Mond landen und von dort wieder abheben sollte. Ich fragte mich, ob wir es *damit* wirklich schaffen würden. Es erschien so unförmig, kopflastig und zum Fliegen völlig ungeeignet; es stand da wie ein Insekt aus dem Jenseits. Aber trotz seiner unkonventionellen Form sollte es sich als eine außerordentliche Flugmaschine erweisen. Niemand wußte, wie eine Mondfähre aussehen sollte, noch weniger, wie sie auf die Kommandos des Piloten reagieren würde. Aber dies war der Versuch einiger der besten technischen Köpfe in der Aeronautik und Astronautik, allen Ansprüchen gerecht zu werden. Als erstes bemanntes Gefährt, das nur für den orbitalen Flug konstruiert war, hatte es keine aerodynamischen Oberflächen. Es würde nicht zur Atmosphäre seines Heimatplaneten zurückkehren. Es war geplant, daß jede Mondfähre, nachdem sie die Piloten nach dem Andocken sicher wieder in die Kommandokapsel entlassen hatte, zum Mond zurückgeschossen werden sollte, um auf der von Kratern übersäten Oberfläche zu zerschellen. Den Aufprall würden seismologische Instrumente messen, die zuvor von Astronauten während ihres kurzen Aufenthalts dort aufgestellt werden mußten. Innovation gehörte zur täglichen Routine, denn es gab keine wirklich erprobte Vorlage für unser Tun.

Während der ersten Apollo-Missionen begegnete ich Wernher von Braun, dem aus Deutschland stammenden Nachfolger meines ehemaligen Nachbarn Robert Goddard in Huntsville, Alabama. Ich hatte bereits sehr viel über ihn gehört, darunter viel Kritisches zu seiner Vergangenheit. Aber ich lernte einen Menschen kennen, der ganz anders war als der geheimnisvolle Ruf, der ihm vorausging. Wie sich herausstellte, war Wernher ein friedlich gesinnter Mann, dem die Art und Weise, wie wir den Kosmos erkunden würden, sehr am Herzen lag, und er leitete das Team, das die Startrakete bauen würde, um uns dorthin zu bringen. Seine Leidenschaft für seine Arbeit war einzigartig. Allmählich erfuhr ich, daß vieles, was man ihm nachsagte, nur Gerede war, das auf falschen Informationen beruhte. Viele sahen in ihm einen mehr oder minder verkappten und insgeheim verstockten Nazi in den Diensten der US-Regierung, nicht den hervorragenden Ingenieur, der sich mit seiner Begabung in jungen Jahren von einem totalitären Regime hatte ausbeuten lassen.

Sein Leben war reicher, dramatischer, als ich es für möglich hielt. Es war wagnerianisch, opernhaft. Wernhers Karriere als Raketentechniker begann bereits in seiner Jugend, denn schon als Achtzehnjähriger wirkte er mit am Bau der deutschen Rückstoßrakete für den legendären Hermann Oberth. Als Hitler und seine Braunhemden an die Macht kamen, fand die kleine Gruppe von Ingenieuren finanzielle Unterstützung, da man im Dritten Reich den verrückten Traum hatte, eines Tages Menschen ins All zu schicken, um den Kosmos zu erkunden. Während der Kriegsjahre waren sie mit ihren Konstruktionsentwürfen für die A-1- und A-2-Raketen (von Hitler höchstpersönlich in V-1 und V-2 umbenannt) der Sowjetunion und den Vereinigten Staaten auf der Gegenseite um Lichtjahre voraus. Die amerikanischen Konstruktionspläne entstanden unter der Leitung des brillanten, aber eher einsiedlerischen Robert Goddard in New Mexico. Die V-1- und V-2-Raketen waren militärisch nicht sehr effektiv, weil sie keine sehr große Nutzlast an Sprengladungen transportieren konnten und nicht besonders genau waren. Hinzu kam, daß die Produktion nur langsam voranging, was den Argwohn der Militärs erregte. Schließlich wurde von Braun am 15. März 1944 von der SS verhaftet und der Sabotage des Raketenprogramms beschuldigt. Als der SS-Offizier gefragt wurde, worin die Sabotage bestünde, machte er geltend, daß von Braun die ganze Zeit Raketen gebaut habe, jedoch nicht für Kriegszwecke, sondern für den Flug ins All. Von Brauns Vorgesetzter, Walter Dornberger, aber erklärte, daß eine solche Arbeit nicht den Tatbestand von Sabotage ausmachte, und die SS ließ die Angelegenheit im Sande verlaufen. Letztendlich war die Situation ganz anders, denn von Braun und sein Team hatten aktiv – aber im geheimen – schon begonnen, Kontakt zu den vorrückenden Streitkräften der Amerikaner zu suchen.

Als es ihnen kurz vor Kriegsende schließlich gelungen war, wurde von Braun in die Staaten geschickt, dann ins Testgebiet von White Sands in New Mexico, nicht weit entfernt von meinem Heimatstädtchen Roswell. In den Jahren nach dem Krieg brachte er seinen Wunsch zum Ausdruck, die riesigen A-9- und A-10-Raketen zu bauen, deren Pläne seit Jahren in seiner Schublade lagen. Er war der Ansicht, daß diese gewaltigen Raketen enorme Nutzlasten und Menschen in den Weltraum transportieren könnten. Aber daran war das US-Militär natürlich nicht interessiert, ebensowenig wie seine früheren militärischen Vorgesetzten. Die Militärs wollten die beiden großen militärischen Technologien, die aus dem Zweiten Weltkrieg hervorgegangen waren, miteinander verbinden – den Raketenantrieb und die Atombombe. Sie wollten Interkontinentalraketen für den kalten Krieg. Die Erforschung des Weltraums mußte warten.

Ich merkte, daß von Braun nicht nur eine wissenschaftliche, sondern auch humanitäre Einstellung zu seiner Arbeit hatte. Seine Leistung beim Bau der Redstone- und Saturn-Raketen beruhte auf seiner Überzeugung, daß der Mensch den Kosmos selbst ergründen muß, daß wir uns nicht damit begnügen sollten, androide Vertreter an unserer Stelle zu entsenden. Aus den Gesprächen, die ich mit ihm in Alabama begann, lernte ich das generelle Wesen seines Geistes kennen. Er war nicht nur in der Wissenschaft der Raketentechnik brillant, sondern ungewöhnlich vorausschauend hinsichtlich so mancher Forschungsbereiche, über die konventionelle Wissenschaftler noch nicht einmal begonnen hatten, ernsthaft nachzudenken. Dies war es in gewissem Sinne, wovon sein Leben handelte. Es dauerte nicht lange, bis wir beide entdeckten, daß wir sehr vieles gemeinsam hatten. In einer so großen Organisation wie der NASA aber war die Bürokratie unweigerlich darauf ausgerichtet, solche Dinge kaputtzumachen und nach und nach die ursprüngliche Vision zu beschädigen. Ich bekam bald mit, daß Leute wie Wernher unter echter Verzweiflung litten, weil die Starrheit der zunehmenden Bürokratie jede Innovation erstickte. Wernher war ein Mensch, der ein entsprechendes Umfeld brauchte, um darin einen großen Traum zu verwirklichen.

Während der ersten Zeit, als das Raumfahrtprogramm gerade losging, kam in wissenschaftlichen Kreisen eine heftige Debatte auf. Sie begann etwa in dem Moment, als Alan Shepard in die *Freedom 7* stieg, die auf einer von Wernhers kleinen Redstone-Raketen montiert war, und damit zum erstenmal in eine suborbitale Bahn schoß. Der Streit drehte sich um die Frage, ob wir Menschen ins All befördern sollten, wofür Wernher eifrig eintrat, oder an unserer Stelle maschinelle Systeme einsetzen sollten. Diese Auseinandersetzung hat bis heute angehalten, denn mit jeder Haushaltskürzung und jedem tragischen Unglück kam sie von neuem auf den Tisch. Männer und Frauen einer so unerbittlichen Umgebung auszusetzen ist sowohl gefährlich als auch kostspielig, wohingegen maschinelle Systeme im Notfall natürlich geopfert werden können und weit weniger kosten.

Kurz nach dem Feuer von 1967 wurde darüber fieberhaft debattiert, und in den siebziger Jahren wurde die Frage aufgrund des Erfolgs der unbemannten Voyager-Projekte ständig wieder aufgeworfen. Es schien, als würde sie mit der Übertragung der Daten, mit jedem einzelnen Byte davon und mit jedem Foto, das hier auf der Erde empfangen wurde, mit jedem wunderbar surrealen Bild von den fernen Planeten, das die Sonde im Vorbeiflug aufnahm, immer wieder von neuem beginnen. Schließlich schien die Debatte 1986 mit dem Feuertod einer gesamten Shuttle-Crew entschieden. Warum sollte das Leben unserer besten Leute gefährdet werden, wenn maschinelle Systeme im wesentlichen dieselben Aufgaben nahezu genausogut und viel preiswerter erfüllen können?

Oftmals verschleierte die Ernsthaftigkeit der Standpunkte in der Debatte nur spärlich die Tatsache, daß die Zuteilung von finanziellen Mitteln die grundlegende Frage war. Die Verfechter von unbemannten Missionen hatten das Gefühl, die Betrogenen zu sein, sowohl bei den Mitteln als auch bei den Ehrungen. Sie ignorierten dabei die politische Realität, daß es einzig und allein die persönliche Identifikation der Öffentlichkeit mit diesem Abenteuer der Menschheit war, die es ermöglichte, daß überhaupt Gelder zusammenkamen. Durch die Erlebnisse der Astronauten flog die Öffentlichkeit mit ins All und spazierte mit ihnen durch andere Welten. Wenn wir die Männer und Frauen des Weltraumprogramms fragen könnten, die an vorderster Front ihr Leben gelassen haben, oder diejenigen, die es sicherlich noch tun werden, dann, so glaube ich, würden sie eine einfache Antwort geben: Wir sollten aus Gründen, die den menschlichen Geist wachsen lassen, weitermachen, einfach weil wir dazu in der Lage sind.

Meine eigenen Überlegungen zur Ergründung des Weltraums durch den Menschen haben sich mit den Jahren vertieft, da man in der Forschung sowohl auf dem Gebiet intelligenter Maschinensysteme als auch auf dem Gebiet des Bewußtseins Fortschritte gemacht hat. Die differierenden Gesichtspunkte von Astronauten, Wissenschaftlern und anderen, läßt man einmal die Finanzierungsfragen beiseite, haben im Grunde ihren Ursprung in sehr, sehr unterschiedlichen Ansichten über die Entstehung, Bedeutung und Bestimmung des Lebens. Letzten Endes ist es unser gemeinsames Bestreben, diese Fragen eines Tages in sinnvoller Weise zu beantworten.

5

Die Computertechnologie, die zur damaligen Zeit relativ jung war, verschaffte unserem Programm einen Vorsprung vor den sowjetischen Bemühungen, den Weltraum zu erobern. Die NASA machte sich die jüngsten Innovationen bei Leichtmaterialien und in der Mikroelektronik zunutze. Je kleiner und leichter man die Ausrüstung machen konnte, desto weniger Treibstoff verbrauchte die Rakete. Man konnte weiter, schneller und länger unterwegs sein. Die Sowjets waren ohne diese Technologien im Nachteil, so daß sie gewaltige Raketenantriebe entwickeln mußten, um die immensen Nutzlasten überhaupt hoch zu bekommen und die gleichen Aufgaben bewältigen zu können.

Computertechnologie war etwas, das ich ganz gut verstand. Schon während meiner praktischen Ausbildung nach dem Studium, die ein paar Jahre zurücklag, hatte ich damit zu tun gehabt. Ich wußte, wie Computer funktionieren, und verstand die Analogien, die Wissenschaftler zwischen dem Computer und dem menschlichen Gehirn sahen. Aber meine wachsende Faszination galt nicht allein der Computertechnologie, sondern an sich eher der Natur des Bewußtseins. Mein aufkeimendes Interesse war nur eine blaße Vision dessen, was noch kommen sollte. Das Mondlandeunternehmen schien einen ganzen Reigen von Ideen zur Bewußtheit zu bringen. Buckminster Fuller sagte einmal, daß man zuerst das Universum verstehen müsse, um die Conditio humana zu verstehen. Der Mystiker würde jedoch sagen, daß man die Conditio humana erst versteht, wenn man das Selbst verstanden hat. Ganze fünfzehn Jahre hat es gedauert, bis ich erkannte, daß beide Aussagen stimmen und auf dasselbe hinauslaufen. Zum damaligen Zeitpunkt begriff ich gerade im Ansatz, daß dieses Vorhaben vielleicht Teil eines großartigen Fortschritts in der Evolution war, wodurch wir den Prozeß, uns selbst zu entdecken, stärker vorantrieben. Ich erkannte in den winzigen Computerschaltkreisen eine Analogie zur Entwicklungsgeschichte unseres Bewußtseins. Die Computer-Hardware ließ sich mit dem Gehirn vergleichen, die Soft- und Firmware-Programme mit der mentalen Struktur, die von der Maschine Gebrauch machte. Während die Entwicklung des Gehirns in kosmischen Zeiteinheiten vonstatten geht, machten Computersimulationen sowohl von rechnergesteuerten als auch von mentalen Prozessen so rasche Fortschritte, daß jeder, der für die Entwicklung ein Auge hatte, verblüfft sein mußte. Auch wenn wir es damals nicht erkannten, so begab sich die Menschheit in den Weltraum, um in erster Linie sich selbst zu entdecken.

Im Dezember 1968 unternahmen wir den ersten Schritt hinaus ins All. Frank Borman, Jim Lovell und Bill Anders waren die ersten, die in der Menschheitsgeschichte den Umkreis der Erde verließen und sich zum Mond aufmachten. Sie sollten diese hell erleuchtete farblose Welt umkreisen und dann sicher zur Erde zurückkehren. Man hatte den Flug zeitlich vorgezogen, da es neue Erkenntnisse gab, die vermuten ließen, daß auch die Sowjets so weit waren, Menschen zum Mond zu schicken. Es war, wie gesagt, der erste Vorstoß des Menschen in die kosmischen Weiten. Sieben Monate danach, im Anschluß an die beiden Apollo-Flüge 9 und 10, betraten Neil Armstrong und Buzz Aldrin die Mondoberfläche, während Michael Collins über ihnen auf das Raumschiff aufpaßte. Das war im Juli 1969. Soweit wir wissen, betraten damals zum ersten Mal in der Geschichte unserer oder einen anderen Zivilisation Menschen einen anderen Planeten. Als Neil der Welt berichtete, daß die Fähre *Eagle* gelandet war, hatte das die gleiche Bedeutung wie jener unfeierliche, aber herausragende Strandungsversuch des ersten Meerestieres, das sich an Land begab, um im Trockenen zu leben! Im Laufe mehrerer Hundertmillionen Jahre zogen dann Lebewesen jeder Art durch die Wälder, Ebenen und Wüsten, weil die Ozeane, woher sie ursprünglich stammten, kein geeigneter Lebensraum mehr für sie waren.

Es schien nicht nur so, sondern es ist so, daß für die Menschheit ein Abenteuer begonnen hat, das sie in den Kosmos hinausführt, so wie jene ersten Amphibien einst lebende Materie überallhin in die trockeneren Regionen des hiesigen Planeten gebracht haben. Als die Bilder von den Astronauten von jener felsigen, leblosen Welt übertragen wurden, schienen die Menschen auf der mehr als eine Viertelmillion Meilen entfernten Erde entweder bewußt oder unbewußt zu begreifen, welche Bedeutung eigentlich in diesem Schritt lag, und die Astronauten selbst spürten über diese riesige und leere Distanz hinweg, daß die Menschen auf der Erde zuschauten, zugegen waren.

Nach sechsjähriger unfreiwilliger Abwesenheit von der Einsatzliste der Flugmannschaft, die er selbst mit aufgestellt hatte, bekam Alan Shepard im Frühjahr 1969 von Ärzten der NASA grünes Licht, das Fliegen wieder aufnehmen zu können. Bald nachdem Alan als erster Amerikaner mit der *Freedom 7* fünfzehn Minuten lang im All gewesen war, wurde bei ihm eine Innenohrerkrankung diagnostiziert, die ihn fluguntauglich gemacht hatte. Die als Ménièresyndrom bekannte Krankheit verursacht Übelkeit, Erbrechen und Schwindelgefühle. Bei vielen, die an dieser Krankheit leiden, gehen die Symptome zwar von selbst zurück, aber in den meisten Fällen läßt sich gegen die Schwindelanfälle und gegen die Beeinträchtigung des Gleichgewichtssinnes wenig ausrichten. Eine derartige Diagnose ist natürlich für jeden Piloten oder Astronauten das berufliche Aus.

Doch nach sechs Jahren war Alan, der sich einer riskanten, noch nicht erprobten Operation unterzogen hatte, offenbar geheilt. Er setzte alles in Bewegung, um sich beim Management der NASA einen Platz für einen Flug zum Mond zu sichern. Gordon Cooper ging gerade in Pension; zusammen mit Don Eisle und mir hatte er die Ersatzmannschaft für Apollo 10 gebildet, und damit waren wir vermutlich als erste Mannschaft für Apollo 13 vorgesehen. Alan hatte mit seiner Kampagne Erfolg; er konnte Coopers Platz einnehmen und berief Stuart Roosa und mich in sein Team. Stu kannte sich bereits gut mit der Kommandokapsel aus, und ich mit der Mondfähre.

Deke Slayton und das Management in Houston hatten ihre Zustimmung zu der Besetzung gegeben, aber ihre Entscheidung wurde von den Mächtigen an der Spitze der NASA aufgehoben. Sie waren der festen Überzeugung, daß Alan mehr Zeit für das Training brauchte, um die komplexen Schwierigkeiten einer Mondlandemission zu meistern. Man entschied, daß wir mit Jim Lovells Mannschaft für die Apollo-14-Mission tauschen sollten, die als Ersatz für Neil, Buzz und Michael auf Apollo 11 trainiert hatten, so daß der größere Rahmen des Flugplans eingehalten werden konnte. Natürlich waren wir alle enttäuscht, daß dadurch unsere Mondexpedition um mindestens sechs Monate hinausgeschoben wurde. Die Entscheidungen waren vernünftig, obwohl sie für das Ego eines hartgesottenen Testpiloten eher eine persönliche Beleidigung zu sein schienen.

Aber Segnungen kommen oftmals unangekündigt. Manchmal kommen sie als Mißgeschick verkleidet.

Im April 1970 stand in Cape Kennedy wieder einmal eine Trägerrakete mit einer Apollo-Kapsel obenauf startklar auf der Abschußrampe, um zwei weitere Amerikaner auf den Mond zu bringen. Ich gehörte zwar nicht dazu, aber es würde bald so weit sein. Die bevorstehende Arbeit ließ jetzt keine Neidgefühle zu. An jenem Tag hatten wir einen weiteren einwandfreien Start, dann ein fehlerloses Manöver zum Einlenken in die translunare Bahn, und alles sah danach aus, daß drei meiner Freunde ihre Mission voll erfüllen konnten. Sowohl für die Mannschaft auf dem Boden als auch für die Mannschaft im All war der Weltraumflug schon fast zur Routine geworden. Drei Tage lang hörte ich mir im Kopfhörer den glücklichen Verlauf der Dinge an, während ich an der Konsole im Kontrollzentrum von Houston saß. Die Telemetrie auf dem Bildschirm vor mir zeigte, daß sämtliche Systeme reibungslos funktionierten. Dann meldete einer der Astronauten, daß aus dem Versorgungsteil ein seltsames Geräusch kam, ein dumpfes »Bumm«. Im selben Moment sah ich, wie vor mir auf dem Monitor die Systemparameter gleichzeitig ins Schaukeln gerieten und die Werte auf niedrigstes Niveau abfielen. Ob Brennstoff, Strom, Batterie, Sauerstoff – alles schien sich im luftleeren Raum des Alls verflüchtigt zu haben. Dann hörten wir Jack Swigerts Stimme, der mit stoischer Selbstbeherrschung meinte: »Houston, ich glaube, wir haben ein Problem.«

Als ich mich im Kontrollraum umsah, schien jeder zuerst seine Sinne zu prüfen, dann die Daten. Niemand hatte eine Ahnung, was passiert war. Vielleicht nichts außer einem Telemetrieausfall. Nach zweimaligem Überprüfen der Systeme wußten wir jedoch, daß es sich um keinen Irrtum handelte. Eine entsetzliche Spannung ging durch den Raum. Die Informationen, die durch das elektronische Labyrinth flackerten, waren nicht falsch. Nein, die Daten stimmten, etwas war schiefgegangen, schrecklich schiefgegangen.

Innerhalb weniger Minuten hatten wir das Problem herausgefunden. Im Versorgungsteil hatte sich so etwas wie eine Explosion ereignet. Wir alle wußten, wie ernst das war. Es könnte sein, daß Jim Lovell, Jack Swigert und Fred Haise es nicht zurück schafften; diese Möglichkeit war sehr real. Ihr ursprüngliches Ziel war Fra Mauro, eine zerklüftete Region auf dem Mond, aber an eine Mondlandung war jetzt nicht mehr zu denken. Wir konnten höchstens hoffen, sie nach Hause zurückzuholen, ehe ihnen etwas ausging, ohne das sie die Rückreise nicht überleben würden.

Mit dem Training, das einem als Testpiloten im Laufe der Jahre in Fleisch und Blut übergeht, verfestigen sich ganz eigenartige Gedanken- und Verhaltensmuster, die in Notsituationen in den Vordergrund rücken. Man verliert jeden Zeitbezug. Man denkt nur noch daran, eine Reihe ganz einfacher, klarer Feststellungen zu machen und entsprechende Fragen dazu zu stellen: Etwas stimmt mit der Kiste nicht; was ist als erstes zu tun, was als zweites, was als drittes? Was ist nötig, um dieses eine winzige Problem zu lösen? Kein Händeringen, keine Spur von Panik aufkommen lassen. Gelassen und überlegt agieren und zwischendurch im stillen beten, daß alles gutgeht. Das Ganze wird lediglich zu einer intellektuellen Übung; es steht nicht das Leben eines Freundes auf dem Spiel – so scheint es im Vakuum der Zeit zumindest zu sein. Als ich die Telemetrie auf dem Bildschirm sah, wußte ich, daß uns dreien, Al, Stu und mir, dieses möglicherweise schreckliche Schicksal erspart geblieben war. Der Gedanke war irgendwo in meinem Hinterkopf. In den nächsten vier Tagen kam es darauf an, wie wir das Flugsystem manipulieren könnten. Das Leben dreier Menschen hing davon ab, wie gut und wie rasch jeder von uns im Bodenkontrollteam in der Lage war, Tausend kleine Probleme zu erkennen und zu lösen.

Vielleicht beteten Stu, Al und ich etwas inniger, weil wir wußten, wie leicht es uns hätte treffen können, dort oben in einem tödlich verwundeten Raumschiff zu sein, am Rande des Erfrierens oder einer Kohlendioxydvergiftung, mit Tausenden von Meilen pro Stunde auf dem Weg ins weite All. Das Metallgehäuse würde zu ihrem Sarkophag werden, wenn es uns nicht gelänge, aus der Mondfähre *Aquarius* eine Kombination aus Rettungsboot und Hilfstriebwerk zu machen und zudem die Kommandokapsel *Odyssey* intakt zu halten für das Manöver zum Wiedereintritt in die Erdatmosphäre. Die Mannschaft war zweihunderttausend Meilen weit weg, als es zu der Explosion kam, und es war klar, daß sie erst um den Mond herum mußte, ehe sie den Rückweg zur Erde antreten konnte. Im Weltall kann man nicht einfach anhalten und umkehren.

Das Raumschiff befand sich nicht auf einer Bahn, von der es von selbst zur Erde zurückgekehrt wäre. Das bedeutete, daß wir die Triebwerke für ein Bahnmanöver zünden mußten, bevor die Kapsel hinter den Mond flog, um eine Bahn zu erreichen, die nach drei Tagen die Erdbahn entsprechend schnitt. Es war jedoch offensichtlich, daß der Stromkreis, der das Haupttriebwerk kontrollierte, durch den Unfall beschädigt und nicht mehr sicher war, wenn er überhaupt noch funktionierte. Wenn das Zünden der Triebwerksdüsen nicht präzise durchgeführt wurde (wenn die Triebwerke entweder zu lange brannten oder nicht lange genug oder überhaupt nicht), dann würden *Aquarius* und *Odyssey* leise und unwiederbringlich ins Weltall hinaustreiben, ein Geisterschiff, das durch den kosmischen Ozean segelte. Die Wahrscheinlichkeit war groß, daß Amerika drei weitere Astronauten verlieren würde.

Die Computer und das Landetriebwerk von *Aquarius* – vom Landen auf dem Mond umprogrammiert zur Notfunktion eines Rettungsbootes – führten das Manöver jedoch einwandfrei aus. Als die drei hinter dem Mond vorbeiflogen, durch die tiefe Dunkelheit hindurch, konnten sie keine Verbindung zu Houston halten, weil die kalte Gesteinsmasse im Weg war. Eine Zeitlang empfing man im Kontrollzentrum und überall auf der Welt kein Signal mehr von dem einsamen Raumschiff im All. Während wir zuvor noch die lebhaften, aber müden Stimmen unserer Kollegen gehört hatten, war jetzt nichts als Schweigen. Sobald sie den Mond umrundet hatten, wobei ihre Bahn durch die Anziehungskraft des Mondes gekrümmt wurde, sollten sie wieder Verbindung mit dem Kontrollzentrum aufnehmen. Bis dahin fragte sich jeder von uns, ob durch die lautlose Dunkelheit optimistische Stimmen zu uns dringen würden.

Nach einer Stunde jedoch wurde der Sprechkanal aktiv. Es war alles gut verlaufen, und sie waren auf dem Weg nach Hause. Es war so gut gegangen, daß das nahezu perfekte Bahnmanöver nur einer bescheidenen Korrektur anderntags bedurfte, um die Flugbahn zu verbessern. Jetzt galt es allerdings, die lebenserhaltenden Notwendigkeiten wie Wasser, Treibstoff und Batteriestrom zu strecken. Wenn dies gelänge, dann hatten die drei eine vernünftige Chance, es wenigstens in die Nähe der Erde zu schaffen. Es schien, als wäre von allem gerade ausreichend vorhanden, was sie für einen dreitägigen Flug zurück zur Erde in schrecklicher Kälte brauchten, obwohl noch niemand genau wußte, wie die Aufgabe zu bewältigen war. Um es zu ermöglichen, mußte in genialer Weise improvisiert werden.

Unterdessen hatte die Nachricht, daß Apollo 13 in Gefahr war, sich über die ganze Welt von Tokio nach Detroit und nach Tel Aviv verbreitet. Die Welt hoffte und betete – und schaute zu. Während der Nachtwachen verbrachte ich meine Zeit, abgesehen von ein paar Stunden Schlaf, im Simulator für die Mondfähre, testete vorab den Manöverablauf und dachte mir Prozeduren aus, anhand derer sich die Triebwerke eventuell manuell steuern ließen, sollte irgendein Folgefehler in den Computern der Mondfähre eintreten. Ken Mattingly arbeitete nebenan im Simulator für die Kommandokapsel und führte ähnliche Tests durch.

Vier Tage lang arbeitete man im Kontrollzentrum und im Apollo-13-Raumschiff sämtliche Details durch, um herauszufinden, was alles getan werden mußte, um drei Astronauten nach einer Explosion wie dieser auf die Erde zurückzubringen. Am 17. April 1970 war es dann soweit. Nach dem Vorbeiflug an ihrem Ziel und insgesamt fast sechs Tage langer Reise durch die schwarze Leere des Weltraums glitt die Mannschaft schwerelos in die Kommandokapsel und bereitete den Wiedereintritt in die Erdatmosphäre vor, ohne sich ganz sicher zu sein, ob das elektronische Gehirn der *Odyssey* nach einem so langen Schlaf in der Kälte »aufwachen« würde und ob die Fallschirme richtig aufgingen. An jenem Tag verließ ich den Simulator und kehrte auf meine Position im Kontrollraum zurück. Meine Arbeit war im wesentlichen getan.

Nach einigen ängstlichen Minuten ohne Kommunikation, als die Kapsel im Sturz durch die Atmosphäre ihre Feuerprobe machte, ehe sie im Ozean landete, hörten wir im Kontrollzentrum ihre Stimmen wieder, und nach einigen Augenblicken sahen wir auf dem großen Monitor, daß die drei rot-weißen Fallschirme wunderschön aufgegangen waren. Den erwachsenen Männern standen die Tränen in den Augen, als sie das Drama glücklich zu Ende gehen sahen. Die Astronauten waren gerettet und einigermaßen wohlauf.

Ich erinnere mich, wie ich aus meiner Abgespanntheit wie aus einer Trance heraustrat. Plötzlich kam wieder Leben in die Welt um mich herum. Wenige Minuten später konnten wir auf dem Bildschirm sehen, wie ein Helikopter über der Kapsel schwebte und Schwimmer in den Ozean hinabgelassen wurden. Schließlich öffnete sich die Luke an der mitten im Südpazifik treibenden Raumkapsel. Gleich würden drei dankbare, wenn auch schwer enttäuschte Weltraumerforscher herauskommen. Dessen konnten wir uns in Houston alle sicher sein.

6

Nach dem Desaster von Apollo 13 wurde die Maschinerie bei der NASA in Gang gesetzt, um die Ursache der Explosion festzustellen und zu korrigieren. Die Mission mit Apollo 14 mußte fehlerfrei verlaufen; die amerikanische Öffentlichkeit würde keine weiteren Unglücke mehr in Kauf nehmen. Wir waren bereits auf dem Mond gewesen. Wenn die NASA weiterhin finanzielle Mittel vom Kongreß bekommen wollte, dann mußten wir dafür sorgen, daß ab jetzt alles ganz leicht erschien.

Während man der Aufgabe nachging, die Ursache der Explosion zu beseitigen, setzten Al, Stu und ich unsere Vorbereitungen für den Flug fort, bis zu dem nur noch neun Monate Zeit waren. Fra Mauro, die zerklüftete Mondregion, wo Apollo 13 ursprünglich hätte landen sollen, wurde nun als planmäßiger Landeort für Apollo 14 festgelegt. Verstandesmäßig versuchten wir zwar, die Ähnlichkeiten zwischen unserer und ihrer Mission von uns fernzuhalten, aber die rauhen Realitäten bei der Erforschung des Weltraums ließen sich nicht verdrängen. Was uns gedanklich am meisten beschäftigte, war die Aufgabe, unsere Vorbereitung auf die Arbeiten umzustellen, die eigentlich Apollo 13 erstmals hätte ausführen sollen. Denn jeder Flug baute auf den Erfahrungen der vorangegangenen Missionen auf und vergrößerte dann unser Wissen ein bißchen. Unsere Mission sollte das erste Mondlandeunternehmen werden, das eher wissenschaftlich ausgerichtet war als darauf, die Techniken des Weltraumflugs zu etablieren. Dennoch war auch geplant, daß wir statt des langsameren Hinterherkreisens im direkten Steigflug zu der Kommandokapsel zurückkehrten, nachdem wir die Mondoberfläche verlassen hatten. Es sollte demonstriert werden, daß es nicht nötig war, der Kommandokapsel eine Mondumlaufbahn lang »nachzujagen«, sondern daß die Mondfähre durchaus mit einem einzigen Antriebsstoß nach oben geradewegs zu ihr hinfliegen konnte. Das sollte natürlich wertvolle Zeit sparen, was letztlich darauf hinauslief, weniger Treibstoff und andere Verbrauchsstoffe mitführen zu müssen.

Alans Aufgabe war besonders heikel. Den Umgang mit zwei neuen

Raumschiffen von Grund auf zu erlernen, neben unseren missionsspezifischen Operationen, und das alles innerhalb von achtzehn Monaten, nötigte Respekt ab. Er besaß jedoch eine enorme Auffassungsgabe und war ein fähiger Kommandant.

Es war eine aufregende Zeit, und jeder Tag war wie ein Wunder. Endlich war ich auf dem Weg zum Mond. Doch trotz aller Aufregung und des prall gefüllten Zeitplans gab es noch andere Dinge, an die ich denken mußte. In den Wochen vor dem Starttag spürte ich, wie in mir ein ganz unerwartetes Interesse an jenen intellektuellen und philosophischen Vorstellungen aufstieg, das mich seit den Abenden mit Jim Remington in Massachusetts nicht mehr losgelassen hatte. Im Mittelpunkt der Fragen, die ich mir stellte, stand die Beziehung zwischen den physikalischen und spirituellen Seiten des Seins. Ich fragte mich, wie in diesem riesigen Kosmos, zu dessen Erforschung wir uns aufmachten, diese beiden Aspekte zusammenkämen. Die Mondmissionen mußten mehr sein als ein fliegerisches Bravourstück, mehr als eine gewagte politische Herausforderung. Ich wollte wissen, aus welchen fundamentalen Gründen wir überhaupt dorthin wollten. Warum inspirierte es die Vorstellungskraft? Was in unserem Wesen trieb uns, soviel aufs Spiel zu setzen? Größere Fragen als diese, dachte ich, konnte man sich nicht stellen. Im Endeffekt liefen sie alle auf eine hinaus: Würden unsere irdischen Standpunkte diesem schönen neuen Zeitalter standhalten, oder würden sie sich einfach als die Mythen eines beschränkten Geistes erweisen? Die Untersuchung dieser Frage war meiner Ansicht nach der wesentliche Kern, um den es bei der Erforschung des Weltalls ging. Der Drang der Menschheit, sich in den Kosmos hinauszubegeben, basierte im Grunde auf unserem Versuch, den Kosmos auf ganz konkrete Weise zu verstehen. Wir wollten ins All *reisen* und aus erster Hand erfahren, wie dieses Universum entstanden ist und was diesem Universum strukturell zugrunde liegt.

Was meine Neugier trieb, schien klar; bislang war mein Leben zum Teil ein Versuch, die paradoxe Beziehung zwischen Wissenschaft und Religion zu klären – vielleicht wegen meiner konventionellen und etwas religiös geprägten Erziehung und vielleicht auch weil ich als Erwachsener mich vorwiegend intellektuellen und wissenschaftlichen Beschäftigungen hingegeben hatte. Die üblichen Realitätsmodelle, mit denen ich aufgewachsen war, erschienen allmählich etwas klein – zu klein, um diese scheinbare Dichotomie unterzubringen. Es war unwahrscheinlich, daß der Himmel sich irgendwo gleich außerhalb der Erdatmosphäre befand, wie die traditionelle Denkweise es glauben machen wollte.

Ich war nicht der einzige, der in diesem Dilemma steckte, wie sich an der Geschichte zeigte, die mir Jahre später ein russischer Kollege erzählte. Juri Gagarin, der erste sowjetische Kosmonaut, war nach seiner Rückkehr aus dem All von Chruschtschow mahnend daran erinnert worden, daß man besser daran täte, auch wenn er Gott im Weltraum wahrscheinlich gesehen habe, dies den Leuten nicht zu sagen. Und als Gagarin auf einer seiner anschließenden Reisen durch die Welt in Rom mit dem Papst zusammentraf, habe dieser ihn gebeten, auch wenn er Gott im Weltraum wahrscheinlich *nicht* gesehen habe, dies den Leuten nicht zu sagen. Die Geschichte wurde von einem schallenden Lachen begleitet, das nur der bodenständige Humor eines Russen hervorbringen kann.

Mein Interesse an der Lösung dieses Problems nahm damals eine unerwartete Wendung. Freunde von mir hatten dafür gesorgt, daß ich von Joseph Banks Rhine und seinen Forschungen an der Duke-Universität erfuhr, mit denen er sogenannten paranormalen Phänomenen auf die Spur kommen wollte. Es dauerte nicht lange, bis ich entdeckte, daß es eine reiche Literatur mit Berichten herausragender Gelehrter über hundert Jahre Forschung auf dem Gebiet paranormaler Phänomene gab. Durchdrungen vom Dogma der gängigen Wissenschaftslehre hatte ich beim Lesen dieser Berichte zuweilen ein beklemmendes Gefühl, so wenig glaubhaft erschienen die experimentellen Ergebnisse. Aber die Neugier war stärker. Die mir vertraute Theologie behauptete, daß die Ereignisse wirklich waren, aber entweder hatte der Teufel seine Hand dabei im Spiel, oder es fügte sich so auf göttliche Weise – jedenfalls waren sie nicht von dieser Welt. Die spirituellen und physikalischen Realitäten schienen gerade in diesem Phänomenbereich zusammenzutreffen; hier war die Schnittstelle, wo es stattfand. Wenn es stimmte, daß »übernatürliche« Phänomene *passierten*, dann konnten die wissenschaftlichen Implikationen daraus nicht tiefgreifender sein. Andernfalls war das Universum bei weitem nicht so geheimnisvoll, wie ich bis dahin gedacht hatte, und der Aberglaube weitaus vorherrschender.

Soweit ich das sagen konnte, gab es dennoch wenig oder gar kein ernsthaftes modernes wissenschaftliches Bemühen, die Gültigkeit solcher angeblichen Phänomene zu untersuchen, wenn man von einer Handvoll Wissenschaftler absah. Die meisten Wissenschaftler behaupteten, daß man kurz vor der Lösung der grundlegenden Fragen stehe, wie das Universum aufgebaut sei. Ihrer Meinung nach war ein vollständiges Verständnis der Grundprinzipien nur eine Frage der Zeit.

Jeder, der als ernsthafter Forscher ein offenes Interesse an psychischen Studien zeigte, riskierte folglich, zur Zielscheibe des Spotts und als Wissenschaftler verstoßen und vergessen zu werden. Doch die überall in den Kulturen der Welt anzutreffenden Anschauungen und Überzeugungen hinsichtlich geheimnisvoller spiritueller Begebnisse waren für mich nicht so einfach als abergläubischer Unsinn beiseite zu schieben. Die Existenz zweier dominanter Gedankensysteme (die Wissenschaft auf der einen Seite, die Mystik auf der anderen) und ihr scharfer Konflikt stellten für mich eine Situation dar, die ich nicht ignorieren konnte, schon gar nicht, da das Problem für weiterreichende Fragen von erheblichem Belang schien.

In den Monaten vor dem Start von Apollo 14 hatte sich eingebürgert, daß die Crew von Zeit zu Zeit ein oder zwei Tage frei bekam, um an einem versteckten Ort auszuspannen. Bei einer dieser Gelegenheiten flog ich mit einem Freund in seiner Privatmaschine auf die Bahamas zum Tauchen. Während meines Aufenthalts traf ich mit Edward Boyle zusammen, einem Arzt, der am Herzinstitut von Miami forschte. Unsere zufällige Begegnung hätte zu keinem besseren Zeitpunkt stattfinden können.

Bei einem Abendessen stellte er mich seinem Freund Dr. Edward Maxey vor, der ebenfalls Arzt war und sich für das Bewußtsein in seiner ganzen Bandbreite interessierte. Dr. Boyle war im großen Umfang an Experimenten mit Überdruckkammern beteiligt, bei denen eine Umgebung mit hochverdichtetem Sauerstoffgehalt zur Therapie der Caissonkrankheit angewendet wird, eine Druckluft- oder Dekompressionskrankheit, die vor allem bei Tauchern auftritt.* Wir besuchten uns mehrmals und sprachen darüber, wie bestürzt wir insgeheim über die phobische Abneigung der wissenschaftlichen Gemeinschaft gegen die Untersuchung paranormaler Phänomene waren. In der Gesellschaft dieser Ärzte hatte ich das überzeugende Gefühl, mit sehr belesenen, erfahrenen und kompetenten Wissenschaftsvertretern zu sprechen. Irgendwie empfand ich, daß mit ihnen möglicherweise etwas bewerkstelligt, irgendeine neue geistige Sphäre aufgetan werden konnte.

---

* Die Caissonkrankheit ist ein schmerzhafter Zustand, der dadurch hervorgerufen wird, daß infolge eines zu schnellen Nachlassens des Außendrucks Stickstoffbläschen im Blut und im Körpergewebe frei werden. Taucher, die sich mit Atemgeräten in große Wassertiefen hinabbegeben, werden oftmals von dieser Krankheit befallen, wenn sie zu schnell aufsteigen.

Und so war es auch.

Aus unseren Diskussionen kam uns eine Idee – etwas, das wir auf eigene Faust machen würden und das Licht in unsere Wißbegier für diese vernachlässigten Forschungsbereiche bringen könnte. Wir dachten, daß sich hier eine ungewöhnliche Gelegenheit zu einem telepathischen Experiment bot. In der Vergangenheit hatten Parapsychologen herausgefunden, daß die Entfernung zwischen zwei Versuchspersonen keine Auswirkung auf die Ergebnisse hatte. Zudem schien bei telepathischen Verbindungen zwischen Übertragung und Empfang keine Zeit dazwischenzuliegen. Was Dr. Maxey, Dr. Boyle und ich wissen wollten, war einfach folgendes: Konnte man auch zu Ergebnissen kommen, wenn die Entfernungen größer waren als die auf der Erde meßbaren? Wir hatten die seltene Gelegenheit, es bei einer Entfernung von fast 400 000 Kilometern herauszufinden, also zwanzigmal weiter, als je zwei Menschen von einander entfernt waren, wenn man einmal von den vorangegangenen Apollo-Flügen absah.

Weil es aber ein persönliches, spontanes Experiment war, mußten wir die Pläne äußerst geheim halten. Es war zwar harmlos, aber die Presseleute, vor denen es am Cape nur so wimmelte und die nach allem Verwertbaren Ausschau hielten, würden unsere Bemühungen nur unverhältnismäßig aufbauschen, sollten sie davon Wind bekommen, und sicherlich würde man bei der NASA jedes Abweichen vom genehmigten und erprobten Weg bei einem Flug zum Mond mißbilligen. Wenn etwas Interessantes dabei herauskommen sollte, könnte es immer noch zu einem späteren Zeitpunkt in angemessener Weise in einer Fachzeitschrift veröffentlicht werden. Aber unser Hauptinteresse war persönliche Neugier.

Jedesmal, wenn ich von einer Besprechung zwischen den drei Eds, wie wir uns nannten, nach Cape Canaveral zurückkehrte, bereitete ich mich geistig gestärkt und für jede Menge neuer Details gewappnet auf die Mission vor, die jetzt unmittelbar bevorstand. Bei der NASA war das Augenmerk nun auf Alan, Stu und mich gerichtet und auf unsere Vorbereitung für eine der kühnsten Reisen, die je unternommen wurden. Nach der Landung auf dem Mond sollten Alan und ich von der Mondfähre aus zu Fuß eine Meile zu einem Krater gehen, der durch einen Meteoriteneinschlag entstanden war, und auf die Kuppe klettern sowie unterwegs Gesteinsproben sammeln und dokumentieren.

Trotz der Vorkommnisse während des Apollo-13-Flugs machte sich wohl keiner von uns wirklich Sorgen über ein lebensbedrohliches Unglück. Wenigstens was mich betraf, so waren meine Gedanken vornehmlich auf eines konzentriert: nicht aus Unüberlegtheit einen Fehler zu begehen, der die Mission gefährden oder die Mannschaft in eine komplizierte Situation bringen könnte. Beim Flug ins All ist das Überleben ein Aspekt, mit dem sich ein Astronaut oder eine Astronautin bereits zu Beginn der Karriere auseinandersetzt. Von Anfang an werden die Ziele zunehmend eng gefaßt; zielstrebig versucht man, so gut wie möglich auf jede Aufgabe vorbereitet zu sein, die sich einem während einer solchen entscheidenden Reise stellt.

Je näher der Startzeitpunkt rückte, desto mehr wuchs in der Bordmannschaft und in den Teams in Florida und Houston die Zuversicht – und das Gefühl, eine Einheit zu sein. Wir schienen mit einem gemeinsamen Geist an die Arbeit zu gehen, als ob jeder einzelne in die Anatomie eines größeren Organismus eingebunden war. Ungefähr eine Woche vor dem Start schienen wir vollends bereit zu sein. Wir fühlten uns auf dem Höhepunkt, ähnlich einer Sportmannschaft, die so eingespielt ist, daß sie das Gefühl hat, unschlagbar zu sein. Die Strenge der Vorbereitungen schlug jedoch oft in absurde Ausgelassenheit um.

Am Tag vor dem Start waren wir in Quarantäne, zum Schutz vor irdischen Krankheitserregern. Wie futuristische Gefangene waren wir hinter Glas eingesperrt, als unsere Familien und hochgestellte Persönlichkeiten kamen, um uns eine gute Reise zu wünschen. Kirk Douglas und Henry Kissinger gingen soeben weg, als meine Familie eintraf. Durch die Glasscheibe verabschiedete sich Louise in ihrer reizenden und charmanten Art, ohne sich die ängstliche Sorge anmerken zu lassen, die sie, wie ich rückblickend weiß, mit Sicherheit hatte. Karlyn, mit siebzehn Jahren inzwischen eine reife, altkluge Göre, stieg aus der Limousine aus und traf mit Kirk Douglas zusammen. Wie ich später erzählt bekam, stellte sie sich gleich mit einem Händeschütteln vor und ging dann zu Dr. Kissinger weiter, um ihn kurzerhand in ein Gespräch über die Weltpolitik zu verwickeln. Elizabeth folgte dem Beispiel ihrer Schwester, indem sie Douglas mit einem dramatischen Knicks begrüßte, aber hinzufügte: »In *Spartakus* haben Sie mir nicht gefallen« und sich dann Karlyn anschloß.*

---

* Kissinger war so beeindruckt, daß er nach unserem Flug, als wir im Weißen Haus Präsident Nixon und seine Gattin trafen, Karlyn und Elizabeth auf einen Plausch in sein Büro einlud. Zum Glück mußten wir ja nicht nach Hollywood, um mit Kirk Douglas eine Tour durch die Filmstudios zu machen.

Dann kam der Morgen des 31. Januar 1971. Die Abschußrampe von Apollo 14 hob sich leuchtend weiß vor Floridas dunklem Horizont ab, wo am Neumondhimmel bald das Tageslicht heraufbrechen würde. Als die Systeme aktiviert und auf Betriebsgeschwindigkeit gebracht wurden, war spürbar, daß etwas zum Leben erwachte. So viele kluge Köpfe hatten sich so sehr darauf vorbereitet, so lange Zeit so viel Umsicht und Aufmerksamkeit aufgebracht, und jetzt war er erreicht, der absolute Höhepunkt all jener außerordentlicher Anstrengungen. Darin gipfelte die Geschichte des Menschen; dies war die Zielmarke, dahinter winkte nur noch die Leere des Todes. Eine Apollo-Rakete bei Nacht, im Schein des weißen Flutlichts, fertig zum Start in eine andere Welt, aus der sie wieder zurückkehren sollte, war ein Anblick, der das Blut in Wallung brachte.

Am Morgen des Starttages war nach dem Aufstehen das traditionelle Frühstück angesetzt, mit Deke Slayton, Tom Stafford, der die Astronautendienststelle leitete, Dr. Robert Gilruth, unserem Boß in Houston, der uns so ans Herz gewachsen war, Alan, Stu und mir und unserer Ersatzcrew mit Gene Cernan, Ron Evans und Joe Engle. Es herrschte eine heitere, bemerkenswert fröhliche Stimmung. Wir alle wußten, was zu tun war, bis ins kleinste Detail, und jetzt stand die Reise also unmittelbar vor uns. Die Begeisterung schien so groß zu sein, daß sie unterdrückt werden mußte, damit wir uns konzentrieren konnten. Wir scherzten, um die Spannung abzubauen; vielleicht gehörte es sich nicht, bei solch einem erregenden Anlaß allzu vergnügt zu sein. Nach dem Frühstück gaben wir unsere Urinproben ab, unterzogen uns einer medizinischen Untersuchung durch die NASA-Ärzte und begannen mit dem Anlegen der Raumfahrermontur. Im Startkomplex war der Countdown schon seit geraumer Zeit im Gange, und plötzlich war das Gefühl da: Es war wirklich geworden, wir waren auf dem Weg ins All.

Nachdem wir in unseren Anzügen steckten und mit dem Voratmen fertig waren, begann die Prozedur zum Einstieg in die Kapsel.* Im Aufzug ging es hinab zu den Kleinbussen, die uns zur Rampe fahren sollten. Unten im Gang hatte sich eine aufgeregte Menschenmenge eingefunden; Familienangehörige, hochgestellte Persönlichkeiten und Mitarbeiter säumten die Absperrungen. Bald wären wir drei Außer-

---

* Während des Voratmens nahmen wir reinen Sauerstoff auf, um unsere Körper auf die verminderten Druckverhältnisse in den Kabinen des Raumschiffes einzustellen.

irdische; wir sahen äußerlich danach aus und fühlten uns auch innerlich so. Der laute Applaus wurde durch den Raumanzug und durch den Helm gedämpft, und es entstand der surreale Eindruck, nun etwas vor den Augen der Öffentlichkeit zu tun, was so oft im geheimen geprobt worden war. Als wir die Raketenplattform erreichten und mit dem Aufzug hochfuhren, überkam mich das Gefühl, daß Rakete und Aufsatz etwas Lebendiges waren. Es war keine Maschine mehr, sondern eine lebendige Erweiterung eines jeden, der in dieses Mammutprojekt einbezogen war. Am Schwenkarm, der zu der offenen Luke ging, begrüßte uns Guenter Wendt mit seinen Leuten und half uns beim Einstieg, so wie bei jedem Start seit Alans erstem Mondflug. Dann wurden wir Teil der größeren Anatomie des Raumschiffs. Wir waren jetzt ganz eins mit ihm.

Der riskanteste Teil beim Flug ins All war erreicht. In den sich hinziehenden Stunden des Countdowns werden sämtliche Systeme im einzelnen immer wieder auf ihre Betriebstauglichkeit akribisch überprüft. Mitten in diesen Prozeß hinein erschien am Horizont die violette Färbung einer Gewitterfront. Von Zeit zu Zeit schaltete sich im Kopfhörerteil das Radio mit den Wettervorhersagen lokaler Wetterdienste und eigenen Voraussagen ein. Schließlich näherte sich der Sturm, und dann klatschte auch schon der Regen gegen die Flanken der Rakete. Eingezwängt und in aller Stille warteten wir ab. Die Zeit verstrich nur langsam, aber bald zerteilten sich die Wolken um die Abschußrampe und lösten sich über dem Atlantik auf. Eine dünne Mondsichel erschien wie in Erwartung unserer Ankunft. Nach vierzig Minuten, die wir tatenlos und schweigend zubrachten, hörte ich Alans Stimme, der etwas in den Kopfhörer rief, um mich aufzumuntern. Das Gewitter war vorbei, es konnte also losgehen.

Noch einmal wurde eine letzte kurze Überprüfung der Systeme durchgeführt, um sicher zu sein, daß wir genau wußten, an welcher Stelle in der Startprozedur wir stehengeblieben waren. Der Countdown wurde wieder aufgenommen, und es ging auf Null zu. Die Spannung begann von neuem, und dieses Mal war die Atmosphäre unerträglich geladen, obwohl die Umgebung so vertraut war. Ich konnte hören, wie mein Herz gegen die hektische Aktivität der elektronischen Stimmen im Kopfhörer ankämpfte. Auf diesem Träger aus Metall und Treibstoff saß eine kleine Hülse, die die menschliche Fracht enthielt. Bald würde das Triebwerk losdonnern, mit einem so gewaltigen Schub, wie keiner von uns es je zuvor erlebt hatte. Mehrere Millionen Liter

Treibstoff würden sich entzünden. Ein Ruck, eine gewaltige Vibration, ein Stoß, und drei Menschen würden diese Welt verlassen.

Aber dies waren Gedanken und Emotionen, die unterdrückt werden mußten, jetzt da über die Sprechverbindung der Stand des Countdowns in gewissen Zeitabständen mitgeteilt wurde, bis die letzten zehn Sekunden einzeln abgezählt wurden. Die Triebwerke zündeten, und es folgte ein sanftes Rumpeln. Dann fingen die Sitze zu wackeln an, während die Triebwerke ihre ungestüme Kraft zur Wirkung brachten. Es gab keinen Irrtum mehr: Wir waren drei Menschen, die den Heimatplaneten verließen.

Die Reise ins Vakuum

7

In drei Tagen würden wir in einer anderen Welt ankommen. Dieser bedeutungsschwere Gedanke kam uns gleichzeitig mit dem Beginn des Rumpelns, das mehr zu spüren als zu hören war. Im selben Moment erfolgte die Zündung des Treibstoffs, und langsam hob die Rakete von der Plattform ab. Am Druck, der infolge der zunehmenden Beschleunigung auf uns einwirkte, merkten wir, daß wir uns in Richtung Himmel bewegten. Die Instrumententafel bestätigte es.

Sobald der Rettungstower weggesprengt war, hatten wir freie Sicht auf die Küste, die Karibik und die sanfte Ausbuchtung von Süd- und Nordkarolina. Der Horizont senkte sich an den Enden, so daß die eigentliche Erdkrümmung erkennbar wurde. Nachdem die erste Stufe ausgebrannt war und zur Erde stürzte, zog die dunkle Terminatorlinie vorbei, die Grenze zwischen Tag und Nacht. Die Sicht verdunkelte sich, und wir tauchten nach einer kurzen, von der Aberration bewirkten Dämmerung in die Finsternis ein. Wir wurden regelrecht ins All katapultiert, bis wir mit beschleunigter Geschwindigkeit eine Umlaufbahn im Abstand von etwa 160 Kilometern zur Erde erreichten und in relativer Sicherheit waren. Unterdessen war auf eine Menge Instrumente und technischer Einzelheiten zu achten. Erst als wir eine sichere Position im Orbit hatten und sämtliche Systeme überprüft waren, hatten wir einen Moment Zeit, uns zu entspannen und Puls und Blutdruck sich normalisieren zu lassen. Danach konnten wir den Helm und die Handschuhe vom Druckanzug abnehmen.

Innerhalb weniger Minuten waren wir im All angekommen, in der riesigen, weiten Sphäre, wo angeblich das Himmelreich lag, wie man mir einst beigebracht hatte. Obwohl das All ein Vakuum ist, ist es genauso schön und seltsam wie alles, was ein Kind durch seine starke Vorstellungskraft sich vor Augen rufen kann. Es entstand ein Gefühl von Unwirklichkeit wegen der fehlenden Schwerkraft und angesichts der Finsternis, die von glitzernden Sternen durchsetzt war, deren überwältigendes Leuchten unser Raumschiff umgab. Mir fiel auf, daß der

Himmel nicht einfach über der Erde war – er war unter ihr und überall um uns herum, wie ein Schleier, der den Heimatplaneten vierundzwanzig Stunden am Tag unsichtbar umhüllt, bis hinaus an den Rand des Universums. Zunächst dominierte die Erde das Blickfeld, aber ganz allmählich, während wir uns auf die kahle, graue Welt vor uns zubewegten, die noch eine kleine Kugel war, sah ich, daß unser Planet ja nur einer von unzähligen Himmelskörpern ist. Dennoch war die zarte Schönheit der Erde für die Sinne überwältigend. Sie zog das Auge einfach an, forderte ungeteilte Aufmerksamkeit während der verstohlenen Blicke aus dem Fenster. Bis etwas schiefging.

Die Mission war kaum drei Stunden alt, als wir wenige Minuten nach einem fehlerfreien Manöver, das uns in eine translunare Bahn brachte, auf der wir uns mit 11,2 Kilometern pro Sekunde von der Erde entfernten, plötzlich erfahren mußten, daß unsere Aussichten auf eine Mondlandung gefährdet waren. Stu versuchte, die Kommandokapsel *Kittyhawk* an die Mondfähre *Antares* anzudocken, die sich immer noch in der dritten Stufe der Saturn IVB befand, schaffte es aber nicht. Aus irgendeinem Grund funktionierte der Kopplungsmechanismus nicht. Wenn dieses relativ alltägliche Manöver nicht klappte, dann würde man die Aufgabe der Apollo 14 darauf beschränken, um den Mond zu fliegen, Fotos zu machen und unverrichteter Dinge zur Erde zurückzufliegen, und das nach all den sorgfältig geplanten Vorbereitungen für eine Erkundung der Mondoberfläche. Im Flugsimulator hatte Stu sich zum Ziel gesetzt, mit dem geringstmöglichen Verbrauch an Treibstoff anzudocken, aber jetzt, unter echten Bedingungen, verhinderte irgend etwas das Festklinken der Mondfähre an der Spitze der Kommandokapsel.

Beim ersten Versuch stieß Stu direkt von vorne an *Antares* an, aber die Fangvorrichtungen wollten einfach nicht einrasten; beim zweitenmal stieß er wieder direkt von vorne an, aber es tat sich nichts. Mit jedem Versuch verbrauchten wir wertvollen Treibstoff, der für andere geplante Operationen während des Unternehmens vorgesehen war. Stu setzte mit der Kommandokapsel ein paar Fuß zurück und hielt Position zu der Trägerstufe, in der *Antares* steckte. Unterdessen besprachen wir mit dem Flugkontrollteam in Houston mögliche alternative Vorgehensweisen.

Wir meinten, daß vielleicht etwas abgebrochen oder durch den Gewitterregen Feuchtigkeit in die Mechanik eingedrungen und gefroren war. Der Gedanke, daß etwas derartig Simples die Mondlandung vereiteln könnte, tat spürbar weh. Ein an einer Kleinigkeit gescheiterter Traum. Wenn wir es nicht schafften, daß die Andockmechanik automatisch funktionierte, müßten wir uns etwas einfallen lassen, um es manuell zu bewerkstelligen, selbst wenn wir, als letzter Ausweg, dazu vielleicht in unseren Raumanzügen die Kapsel verlassen und die beiden Raumfahrzeuge von Hand zusammenkoppeln müßten. Für diese Idee konnte sich Houston jedoch überhaupt nicht erwärmen. Denn selbst wenn es jetzt auf diese Weise funktionierte, was würden wir beim nächstenmal machen, wenn wir uns nach unserem riskanten Ausflug zur Mondoberfläche wieder mit Stu in der Mondumlaufbahn zusammenschließen mußten? Houston war nicht auf ein solch improvisiertes Wagnis vorbereitet, und schon gar nicht, wenn wir in der Mondumlaufbahn wären und außerhalb des Raumschiffs im freien Raum agierten; für uns drei allerdings war das Risiko an diesem Punkt gar keine Frage.

Seit den beiden ersten Versuchen war inzwischen etwa eine Stunde vergangen, in der viel nachgedacht und debattiert worden war. Da übermittelte uns Gene Cernan in Houston eine andere Idee. Stu könnte es noch einmal probieren, doch sollte Alan dann einen bestimmten Schalter verstellen, um den Andockfühler aus dem Weg zu bekommen, damit die entscheidenden Riegel festschnappen könnten. Stu versuchte es also von neuem. Beide Raumschiffe wurden wieder ganz gerade aufeinander ausgerichtet. Alan betätigte den Schalter, und nach einem Moment ungewisser Stille hörten wir dieses Mal das wunderschöne Klicken, mit dem sich die Riegel lösten, einrasteten und die beiden Raumschiffe zusammenschlossen. Fürs erste konnte die Reise zum Mond ungestört fortgesetzt werden. Das Unternehmen war durch Improvisation gerettet, ohne Leben aufs Spiel zu setzen.

Drei Tage lang flogen wir durch das All, das wie ein unendlicher Abgrund erschien. Wir hatten eine Geschwindigkeit von etlichen Kilometern pro Sekunde und machten unterwegs nur eine winzige Bahnkorrektur, um sicherzustellen, daß wir punktgenau hinter dem Mond ankamen, um dann in die Mondumlaufbahn überzugehen. Mit jedem Tag, der verstrich, auch wenn diese Zeitrechnung hier willkürlich war, wurde der Mond im Fenster immer größer und die Topographie der Krater deutlich erkennbar. Der Anblick bekam allmählich eine surreale Schönheit.

Im All zu reisen erfordert intensive Konzentration während langer Zeitabschnitte, durchsetzt mit vereinzelten hochdramatischen Momenten, wenn entweder ein Triebwerk gezündet werden muß oder ein Problem auftaucht. Berufsflieger sprechen von Stunden-intensiver-Langeweile-unterbrochen-von-Momenten-reiner-Angst. Der Weltraumflug war und ist immer noch zu neu, um wirkliche Langeweile aufkommen zu lassen. Es ist keine Übertreibung zu sagen, daß man nie weiß, wie es ausgeht, wenn ein Triebwerk gezündet wird, und der Erfolg der Mission immer auf dem Spiel steht. Das war besonders bei den frühen Weltraumflügen so.

Als es die wiederverwendbaren Weltraum-Shuttles noch nicht gab, war jedes Fluggerät neu und im Weltraum unerprobt. Anders als bei den erdgebundenen Flugzeugen gibt es keine Gelegenheit für Testflüge. Ohne höchst präzis ausgeführte Triebwerkszündungen könnte ein Raumschiff eine Bahn einschlagen, auf der es ins weite All hinausschießt, in die Erdatmosphäre eintaucht oder direkt in einen Himmelskörper wie den Mond rast, der kein Pardon kennt. Die Vorbereitung auf ein Bahnmanöver und das damit verbundene Zünden von Triebwerken ist eine sehr ernste Angelegenheit, und Stu verkündete vorher jedesmal: »Meine Herren, Zeit, wieder schweißnasse Hände zu bekommen.«

Aber ich hatte mir ja noch eine andere Aufgabe vorgenommen, die nicht auf dem Programm stand. Und es wußten nur vier Leute auf der Erde davon. Jeden Abend, wenn die Mannschaft versuchte, sich bei null Schwerkraft schlafen zu legen und es in der Kabine ruhig wurde, nahm ich mir regelmäßig einen Moment Zeit und holte meine Schreibunterlage hervor mit einer Tabelle mit Zufallszahlen und den durch Dr. J. B. Rhyne populär gewordenen fünf *Zener*-Symbolen: Quadrat, Kreis, Stern, Kreuz und Schlangenlinie. Danach begann ich ohne Umschweife und ganz für mich allein mit dem einfachen Experiment, das Ed Boyle, Ed Maxey und ich ausgedacht hatten. Nicht einmal Alan und Stu wußten, was ich vorhatte.

An insgesamt vier Abenden, zweimal auf dem Weg zum und zweimal auf dem Weg vom Mond, ordnete ich einem der Symbole eine zufällige Zahl zwischen eins und fünf zu und brachte dann die Symbole anhand einer Tabelle mit Zufallszahlen, die ich aus einem Mathematikschulbuch kopiert hatte, in eine wahllose Reihenfolge. Dann konzentrierte ich mich jeweils fünfzehn Sekunden lang auf ein Symbol. Zwischenzeitlich versuchten meine Kollaborateure in Florida, Hunderttausende von Kilometern durch leeren Raum von mir getrennt, die Symbole in derselben Reihenfolge aufs Papier zu bringen, wie ich sie auf meiner Schreibunterlage zusammengestellt hatte. Jeder von uns hatte eine Spalte mit 25 leeren Plätzen, in die wir die Symbole eintrugen, während ich unterwegs war. Wenn ich am »Abend« mit dieser siebenminütigen Aufgabe fertig war, begab ich mich in die Hängematte, die ich mit einem Reißverschluß zuzog. Am »Morgen« nahm dann alles wieder seinen gewohnten Gang, ohne daß ich weiter an das Experiment dachte.

Nach drei Tagen, in denen wir über 380 000 Kilometer zurückgelegt hatten und nun mit langsamerer Geschwindigkeit in die Mondumlaufbahn einflogen, bestiegen Alan und ich die Mondlandefähre, sagten Stu Lebewohl und bereiteten das Abkoppeln vor. Stu brachte uns bis auf etwa sechzehn Kilometer über der Mondoberfläche herunter; von dieser Umlaufbahn aus würden wir uns mit der Mondfähre herunterlassen. Dann kehrte Stu durch den luftleeren Raum in eine Umlaufbahn von hundert Kilometern über der Mondoberfläche zurück, von wo aus er jene kahle, leblose Welt kartographieren sollte.

Obwohl Alan und ich ein paar tausend Meter über den höchsten Monderhebungen kreisten, konnten wir die bekannte graue Landschaft deutlich erkennen. In ihrer äußersten Kargheit war sie auf eine gespenstische Weise vertraut. Es gab Berge und Täler, eine Sonne am Himmel und zum erstenmal seit drei Tagen ein relatives Oben und Unten. Die winzige Erde in der Ferne sah wie ein Satellit des Mondes aus. Aber sonst gab es kaum noch Ähnlichkeiten mit allem, was wir bis dahin gekannt und gesehen hatten. Keine Flora, nichts, was der Härte und Schroffheit der Landschaft weiche Konturen hätte geben können. Hier herrschte ein allgegenwärtiger Nachthimmel über dem Land. Ohne Atmosphäre verlieh die Sonne der Landschaft eine unwirkliche Klarheit. Wir hatten den Eindruck, wenn wir die Luke öffnen und hinauslangen würden, könnten wir mit unseren Fingern über die zerklüftete Mondoberfläche fahren.

Hinsichtlich unserer Aufgabe spürten wir einen gedämpften Optimismus. Wir wußten, daß wir uns über dem richtigen Areal befanden, denn unter uns konnten wir den Kegelkrater und die gesamte Topographie der Fra-Mauro-Region sehen, die jetzt in den lunaren Sonnenaufgang rückte. Aus dem Fenster von *Antares* sah sie genauso aus, wie wir sie uns vorgestellt hatten. Schweigend flogen wir über diese seltsame Welt hinweg, und mit einemmal dachte ich, daß dieselbe Sonne an diesem Morgen über dem Atlantik aufging. Es kam mir wie ein Wunder vor.

Als wir die Grenze zwischen Hell und Dunkel passierten und in die Mondnacht tauchten, knappe eineinhalb Stunden vor Beginn unseres Landeanflugs zur Mondoberfläche, stellte sich erneut ein Problem ein. Wir entdeckten, daß das Computerprogramm, das die Landung automatisch steuerte, falsche Informationen erhielt und dadurch ein Signal erzeugte, das den Landevorgang gleich zu Anfang abbrechen würde. Hinzu kam, daß wir in Kürze hinter dem Mond in eine Phase treten würden, wo keine Kommunikation mit Houston bestand, wir also von unserer lebenswichtigen Verbindung abgeschnitten waren und ohne Information und Unterstützung vom Kontrollzentrum auskommen mußten. Ein weiteres Mal mußten wir vorsichtig, akkurat und sehr schnell einen Weg zur Umgehung eines Problems finden, das den geplanten Ablauf der Mission bedrohte. Von den eineinhalb Stunden jedoch, die wir zur Lösung des Problems in diesem Fall zur Verfügung hatten, waren wir eine Stunde im Rücken des Mondes und damit außerhalb der Funkverbindung.

Am anderen Ende, in Houston, wo es zwei Uhr morgens war, arbeitete man unterdessen fieberhaft an dem Problem. Wir hofften, wenn wir aus dem Schatten des Mondes herauskamen, daß man in Houston Prozeduren fertig hätte, mit denen sich das Problem umgehen ließe, wahrscheinlich ein korrigiertes Computer-Update. Aber damit war es längst nicht getan. Nachdem die Sprechverbindung wiederhergestellt war, hatten wir genau zehn Minuten bis zu Beginn der Landephase, um alle Systeme zu überprüfen, die letzten Navigationsdaten einzugeben und das korrigierte Update per Hand in die Computer zu laden. Wegen des eingeschränkten Treibstoffverbrauchs spielte die Zeit gegen uns. Wir konnten es uns einfach nicht leisten, noch einmal um diese zerfurchte Welt zu kreisen, ohne dann größere Veränderungen in unserem vollgepackten Zeitplan vornehmen zu müssen.

Durch die Umprogrammierung des Computers, die wir mit Hilfe der Anweisungen aus Houston manuell ausführten, erreichten wir zwar, daß das falsche Signal ignoriert und kein Abbruch des Landeprogramms ausgelöst wurde, wenn das Triebwerk zündete, aber das hatte auch einen Nachteil. Um die Mission fortsetzen zu können, gaben wir ein System auf, das im Notfall die Landung automatisch abbrechen und uns auf einen einzigen Knopfdruck hin in eine sichere Aufwärtsbahn bringen würde, sollte während des Sinkflugs oder unmittelbar nach dem Aufsetzen etwas Unvorhergesehenes eintreten. Ohne diese Automatik müßten wir in solch einem Fall eine Reihe von Aufgaben manuell erledigen, da uns der Computer dafür nun nicht mehr zur Verfügung stand.

Wie so oft haben Systemfehler die Tendenz, sich auszubreiten. Weil wir die Automatik der Abbruchkontrolle lahmgelegt hatten, konnte der Computer während unseres Absinkens nicht mehr die von der Mondoberfläche ausgehenden Radarsignale erkennen und verarbeiten. Ohne diese Daten konnten wir unsere Höhe nicht mehr instrumentell überprüfen, und der Blick aus dem Fenster konnte uns auch nicht helfen, da wir buchstäblich auf dem Rücken lagen und nur auf einen grandiosen Sternenhimmel blickten. Besonders beunruhigend an der Situation war, daß ausgerechnet die Fra-Mauro-Region ein ziemlich zerklüftetes Gebiet mit vielen Erhebungen, Senken und Kratern ist. Selbst wenn unsere Landung perfekt verliefe, wären wir auch weiterhin ohne automatisches Sicherheitssystem, das für uns in einer heiklen Lage zweifellos von Vorteil wäre. Aber im Augenblick war etwas anderes vorrangiger, denn unseren Vorschriften nach durften wir ohne Radar eine bestimmte Höhe über den bekannten Berghöhen nicht unterschreiten, und diese kritische Höhe erreichten wir bereits innerhalb der nächsten ein, zwei Minuten.

Wir beeilten uns mit unserer Arbeit und ließen immer wieder den Blick über die Kontrollinstrumente schweifen, in der Hoffnung zu erkennen, was das Radarsystem am Abmessen der Oberfläche jener von Meteoriteneinschlägen übersäten Gegend hinderte, auf die wir im schnellen Sinkflug zusteuerten. Ich erinnere mich noch an das ungewöhnliche Gefühl, das ich damals hatte, ein Losgelöstsein, wie ich es bereits früher gelegentlich empfunden habe, bei dem alles Persönliche in den Hintergrund tritt und die Gedanken sich einzig und allein auf die erforderlichen Aufgaben richten. Gefühle und Emotionen waren überwunden; es gab nur noch den Körper, mehr nicht, der automatisch die Aufgabe erfüllte, der nach einem Ausweg aus einem Dilemma suchte, der wie eine Erweiterung des Computers vor mir funktionierte. Ich befand mich wie in Trance. Dann fiel mir etwas ein. Aus einem tiefen Winkel meines Gedächtnisses kam mir der Gedanke, daß das Radar nach der Umprogrammierung der automatischen Landeabbruchkontrolle vielleicht zurückgesetzt werden müßte und es dazu nur zwei rasche Möglichkeiten gab. Aber welche zuerst versuchen? Genau in dem Moment, als hätte man meine Gedanken gelesen, meldete sich Houston mit dem richtigen Kommando; Alan drehte einen Schaltkreisunterbrecher zurück, das Radar rastete ein, und wir konnten sehen, daß die empfangenen Daten stimmten. Wieder einmal war die Mission mit Houstons Hilfe gerettet, dieses Mal um Haaresbreite vor dem Landen.

Wir verlangsamten unseren Sinkflug und bewegten uns dann wie ein Helikopter vorwärts. Der felsige Horizont des Mondes kam herauf, und die zerfurchte graue Oberfläche zeigte ihre feine Struktur, die nur von nahem zu erkennen ist. Dann sahen wir den Kegelkrater. Nachdem wir eine Stelle geortet hatten, an der ein sanftes Aufsetzen möglich schien, flogen wir langsam mit *Antares* heran. Wir waren mit der Fähre jetzt so nah über dem Boden, daß die Triebwerksdüsen den geheimnisvollen Mondstaub aufwirbelten und wegbliesen. Die Landschaft veränderte sich. Wir kamen hinab in eine lautlose und leblose Welt, an einen Ort, wo sich nichts rührte. Das einzige, was sich bewegte, war unsere Landefähre. Sonst schien alles so bewegungslos dazuliegen wie vor Urzeiten. Schließlich berührten die Landekissen von *Antares* den weichen Mondboden, und die Triebwerke schalteten sich aus. Alan Shepards und Edgar Mitchells Landefähre stand auf dem Mond. Wir waren da: zwei Außerirdische in einem sehr fremden Land.

8

Während solch dramatischer Ereignisse tauchen Erleichterung und Freude nur kurzzeitig auf, als sanfte, kribbelnde Gefühlsausbrüche. Nachdem die Schaltsysteme des Raumschiffs gesichert und für einen Notstart umkonfiguriert waren, grinsten Alan und ich uns vor Entzücken bloß an, mehr nicht. In der Kabine wurde es still, während wir auf ein Geräusch warteten, das uns irgendwie eine vermeintliche Sicherheit vermittelte. Wir waren auf dem Mond und im Augenblick sicher. Aber die Freude wurde gleich von Vorsicht und Alarmbereitschaft verdrängt. Man spürt eine besondere Wachsamkeit, die man sich mit allem, was man an Bewußtseinsklarheit in solchen Momenten hat, bewahrt. Diese Fähigkeit ist einer der lebenswichtigen Mechanismen, die uns die Jahre hindurch am Leben erhalten haben; so einen Mechanismus verrät man nicht, indem man sich in unnützem Feiern ergeht, nicht einmal, wenn man auf dem Mond gelandet ist. Nachdem wir den Zustand unserer Fähre anhand unserer entsprechenden Checklisten überprüft und mit Houston die Statusberichte ausgetauscht hatten, konnten wir mit den Prozeduren zur Öffnung der Luke beginnen, um anschließend das schützende Innere der *Antares* zu verlassen.

Auf dem Plan standen zwei viereinhalbstündige Ausflüge. Dabei sollten wir die Flagge aufstellen, die Fernsehausrüstung und wissenschaftliche Instrumente aufbauen, Gesteins- und Bodenproben sammeln, Hunderte von Fotos machen und dann zu Fuß zum Rand des Kegelkraters hinaufmarschieren. Von dort, glaubten wir, hätten wir einen ausgedehnten Blick auf die uralten Folgen eines katastrophalen Meteoriteneinschlags, durch den vor einer Milliarde Jahren die Mondoberfläche mit Schichten von Gesteinstrümmern bedeckt wurde. Der Kraterrand hatte einen Durchmesser von über dreihundert Metern.

Es ist ein dramatischer Unterschied, ob man eine Landschaft von einem Fenster aus betrachtet oder ob man sich in sie hineinbegibt. Geht man in eine Landschaft hinein und wandert man zwischen ihren Hügeln und Tälern, wird man Teil ihrer Topographie, Teil ihrer Geschichte. Alan öffnete die Tür an der Mondfähre und stieg die Leiter zur staubigen Oberfläche hinab. Ich folgte ein paar Minuten später. Dabei hatte ich das Gefühl, wir waren mit einemmal in diesem Land heimisch. Die Stille schien uns zu sagen, daß die Landschaft seit Millionen Jahren auf unsere Ankunft gewartet hatte.

Obgleich auf dem Mond wegen der reduzierten Schwerkraft das Gefühl von »unten« nicht so deutlich vorhanden ist, bewegt man sich ohne Zweifel auf der Oberfläche einer anderen Welt – einer ungemein fremden und schönen Welt. Ihr schauriger Anblick ist fast zuviel für die Sinne. Die Formen und die Kahlheit der sonnendurchfluteten Landschaft sind dramatischer als ähnliche geologische Formen auf der Erde, die durch die atmosphärische Streuung des Lichts weicher erscheinen. In diesem Land, das nie ein Geräusch gekannt hat, herrscht eine erschreckende Stille. Jenseits des gewölbten Glases, das ein paar Zentimeter vor meinem Gesicht war, breitete sich ein unendliches Vakuum aus.

Bevor wir unseren Ausflug beginnen konnten, gab es einiges zu tun. Beim erstenmal war eine thermonukleare Anlage aufzubauen, die in den kommenden Jahren zahlreiche wissenschaftliche Instrumente mit Strom versorgen sollte, und außerdem die Fernsehstation, die an eine riesige, über 400 000 Kilometer entfernte Zuschauermenge auf dem schönen blau-weißen Planeten, der am schwarzen Himmel undeutlich zu sehen war, übertragen sollte, wie wir auf dem Mond vorankamen. Die Zeit verging stets rasend schnell. Lange Checklisten mußten durchgegangen werden, um sicherzustellen, daß nichts übersehen wurde. Unsere Präsenz hier hatte den amerikanischen Steuerzahler Millionen von Dollar gekostet, eine Tatsache, die keiner von uns beiden vergaß. Jede Minute war berechnet und verplant. Daran dachten wir jedesmal, wenn ein verklemmter Riegel oder ein anderes widerspenstiges Teil ein paar Sekunden vom Zeitplan wegnahm. In der Zwischenzeit hielten wir unser Staunen zurück oder gaben es zumindest nur im Flüsterton preis.

Nach unserem ersten »Tag« auf dem Mond versuchten wir, die künstliche »Nacht« durchzuschlafen. Da ein Mondtag 28 Erdtage hat, bricht der Abend so gut wie nie an. Als für uns der erste Arbeitstag vorüber war, kehrten wir in die Mondfähre zurück, schlossen die Jalousien und schlüpften in unsere Hängematten, die, eine unter der anderen, überkreuz angebracht waren. Danach versuchten wir zum erstenmal auf dem Mond zu schlafen.

Wir wußten, trotz unserer Erschöpfung kämen wir bestenfalls in kurzen Momenten zum Schlafen, da wir auf einer leicht abschüssigen Stelle gelandet waren. Wegen des Abhangs und des verringerten Gefühls für das »Unten« bestand immer der Eindruck, daß die Mondfähre kurz vor dem Umkippen war. Bei nur einem Sechstel der normalen Gravitation, die an unserem Körpergewebe zog, hatten wir das Phantomgefühl der Instabilität. Das verführte die Vorstellungskraft dazu, mit sich selbst durchzugehen, obwohl wir vom Verstand her wußten, was die Ursache für jenes merkwürdige Gefühl war und daß unsere Lage recht stabil war. Aber wenn *Antares* tatsächlich umkippte, wären wir zweifellos auf dem Mond gestrandet, für den Rest unseres dann kurzen Lebens, denn Sauerstoff und andere lebenswichtige Vorräte reichten gerade für ein paar Stunden. Solche Gedanken erzeugten ihre eigene seltsame, subtile Energie, wenn die Ruhezeiten kamen und der Geist entspannte. Nervöse Halbträume tauchten auf. So verbrachten wir die Nacht mehr oder minder damit, auf das kaum vernehmbare Geräusch zu hören, das ab und zu auftrat, wenn ein Mikrometeorit gegen unsere nicht gerade robuste Heimstatt schlug. Dabei wendeten wir in Gedanken insgeheim das Wissen hin und her, daß wir die einzigen zwei Lebewesen auf dieser leblosen Welt waren. Das Wissen, daß ein Überleben nicht garantiert war, vermischte sich mit der Erregung, die ersten zu sein, die diesen Ort erkundeten. Zwei Extraterrestrische hatten sich in ihrem Raumschiff schlafen gelegt.

Als es nach ein paar Stunden Zeit war aufzustehen, wußten wir, daß im Mittelpunkt unseres Tages ein Marsch zum Rand des Kegelkraters stand. Wir würden einen Ausblick gewährt bekommen, den kein Mensch je gehabt hatte: auf einen uralten Mondkrater, 220 Meter tief und 330 Meter im Durchmesser. Diese spannende Erwartung verdrängte die allgemeine Müdigkeit, die durch die schlaflose Nacht verursacht war. Wir zogen wieder unsere Spezialausrüstung für draußen an, verminderten den Luftdruck in der Kabine der *Antares* und traten in diese seltsam beleuchtete Welt hinaus, wo das Sonnenlicht schwarze Schatten warf. Dann konsultierten wir unsere Checkliste und machten uns auf den Weg zum Rand des Kegelkraters, dessen Kuppe am östlichen Horizont zu sehen war.

Antares blieb zurück, umgeben von einer ganzen Reihe wissenschaftlicher Geräte, die wir dort plaziert hatten. Bei uns war unser modularer Ausrüstungstransporter, das erste Fahrzeug auf Rädern auf dem Mond. Steinzeittechnologie schien hierfür der passende Begriff zu sein. Es war eine Art Schubkarre, die wir hinter uns herzogen, eine Rikscha mit einer einzigen Deichselstange. Von Zeit zu Zeit schauten wir uns um und sahen die silbrige Spur der beiden Räder zu den Spinnenbeinen der *Antares* zurücklaufen. Im seltsam grellen Gegenlicht der Sonne sahen die Radspuren wie die schleimigen Pfade von Schnecken auf der Erde aus. Die ganze Szene war absolut jenseitig, auf gespenstische Weise vertraut und gleichzeitig nicht vertraut.

Sich auf dem Mond zu Fuß zu bewegen war eine Erfahrung, die mehr Probleme aufwarf, als man vorher gedacht hatte – gewiß komplizierter, als man es sich vorstellen konnte, wenn man bloß die hochaufgelösten Fotos der Oberfläche studierte, nach denen wir uns jetzt richteten. Die von Kratern zerschlagene Oberfläche war mehr gewellt, als erwartet, so daß die auf den Fotos klar erkennbaren Orientierungspunkte verborgen blieben. Das war eine böse Überraschung. Obwohl der Boden im Gebiet des Landeplatzes relativ eben war, hatten die ineinander übergreifenden Krater oftmals zwei Meter hohe Ränder gebildet, die die Sicht auf die Orientierungspunkte verstellten. Wie sich herausstellte, war das genaue Einhalten eines Kurses mit der Ausrüstung, die wir zur Hand hatten, ebenso unmöglich wie eine exakte Standortbestimmung, die das Geologenteam in Houston eigentlich von uns erwartete. Wegen der Nähe des Horizonts auf diesem kleinen Planeten und der unwirklichen Klarheit der Landschaft vor uns infolge des Vakuums bekamen Distanzen etwas sehr Plastisches. Jetzt, da wir uns auf der Mondoberfläche befanden, waren unsere gewohnten Einschätzungen von Entfernungen einhundert Prozent daneben. Objekte schienen typischerweise halb so weit entfernt, wie sie in Wirklichkeit waren. Und es gab noch andere Probleme. Die steifen Druckanzüge sperrten sich gegen jede komplizierte Bewegung, während wir Proben sammelten und dokumentierten und Bodenexperimente durchführten. Wir waren Erdlinge in einer Welt, die ihre eigenen Dimensionen besaß.

Um den sanften Hang hinaufzukommen, mußten wir richtig klettern. Wir waren jetzt mehr als doppelt so weit von unserer Mondfähre entfernt wie alle unsere Vorgänger. Dennoch war es erst die Hälfte der Wegstrecke bis zur Kuppe. Außerdem lagen wir mehrere Minuten im Zeitplan zurück. Der Verlust dieser wertvollen Minuten infolge der vergeblichen Suche nach Orientierungspunkten und das erschöpfende Klettern verursachten natürlich auch einen Anstieg unserer Herzfrequenz; deshalb nahmen die Vorräte im Lebensversorgungssystem schneller ab. Aber es würde schon klappen – nur etwas langsamer, als der strenge Plan es vorsah. Die Tatsache, daß wir mit der Arbeit trotz der Hindernisse gut vorankamen, tröstete uns. Ein Trost war auch, in nicht so weiter Ferne unter uns *Antares* kauern zu sehen und notfalls einen sicheren Zufluchtsort zu haben.

Während wir langsam voranhüpften, einerseits merkwürdig heiter, andererseits frustriert, fiel mir plötzlich ein ganz besonderer Punkt in der Landschaft auf, von dem ich dachte, daß wir an ihm schon vorbeigekommen waren. Mit grimmigem Widerstreben sagte ich Fred Haise in Houston, daß all unsere zuvor gemeldeten Positionen zweifelhaft waren. Während unser Herzschlag raste und unsere Lungen den wertvollen Sauerstoff in unser Blut pumpten, den wir über 400 000 Kilometer durch den Weltraum transportiert hatten, wurde unsere Frustration immer größer. Houston konnte uns nicht viel sagen, also setzten wir unseren Aufstieg fort. Zuweilen trugen wir das Transportermodul, weil es in der reduzierten Schwerkraft gefährlich über das unebene Gelände hüpfte. Von der Kuppe des Kegelkraters war die ganze Zeit nichts zu sehen.

Minuten später durchdrang Freds Stimme die Stille. Durch die weite Leere hindurch hörte sie sich schwer und feierlich an. Wir wußten, er würde uns bitten umzukehren. Soweit wir der Karte aber entnehmen konnten und nach dem, was wir über uns sahen, konnte die Kuppe des Kraterrands nicht mehr weit weg sein. Wir baten, nein, flehten fast um etwas mehr Zeit. Weder Alan noch ich konnten das einfach so aufgeben, was da vor uns war. Schließlich waren wir deshalb hier. Wenn wir jetzt umkehrten, sähen wir es nie mehr. Houston schien Verständnis zu haben. Es vergingen ein paar Minuten mit schwerem Atmen, und dann erhielten wir die glückliche Nachricht, daß man uns eine zusätzliche halbe Stunde gewährte, in der wir versuchen konnten, den Kraterrand zu erreichen. Ärztlicherseits verlangte man in Houston nur, daß wir uns eine Minute ausruhten, weil man auf dem Bildschirm sah, wie unsere Herzen rasten.

Nach einer kurzen Pause nahmen wir den beschwerlichen Aufstieg wieder auf. Den Ausrüstungswagen trugen wir wie eine Bahre zwischen uns. Obwohl es verlockend war, das Ding einfach stehenzulassen, brauchten wir die wertvollen Filme, Werkzeuge und den Stauraum für die Proben, wenn wir auf der Kuppe angekommen waren. Ohne das Gefährt wären wir leichter vorwärtsgekommen, aber wir wußten, daß die Geologen in Houston verrückt danach waren, Gesteinsproben von den Volkswagen-großen Felsen, die auf dem Kraterrand herumlagen, in die Hände zu bekommen. Das war Wissenschaft und der höhere Zweck der Mission.

Während wir den Marsch fortsetzten, überkam mich plötzlich eine Welle obskurer Gefühle. Die ganze Schönheit schien eine tiefe, dunkle Emotion hervorzurufen. Ich sehnte mich nach etwas, merkte ich – vielleicht nach einem dieser kostbaren Momente, in denen ich einfach innehalten könnte und für mich wäre, um auf die Landschaft einer uralten Welt zu blicken, deren Geschichte eher in Zeiträumen von Milliarden Jahren gemessen wird als in Etappen von Hunderten, Tausenden oder selbst Millionen Jahren. Ich sehnte mich danach, einen Augenblick Zeit zu haben, um über meinen eigenen Platz auf ihr und auf der Erde, die in unserem Zenit stand, nachzudenken. Diese Sicht veränderte auf magische Weise die Perspektive und ermöglichte neue Standpunkte. Aber Alan und ich mußten ständig schauen, daß wir vorankamen. Es gab eine Menge zu tun, und es mußte ein Berg auf dem Mond erklommen werden, dessen Kuppe irgendwo vor uns lag.

Kaum waren die ersten Minuten von unserer Gnadenfrist vergangen, als die Stimme von Fred Haise erneut durch die heftigen Atemgeräusche drang. Er bat uns, anzuhalten, zu prüfen, an welcher Stelle wir uns gegenwärtig befanden, und die erforderlichen Aufgaben zu erledigen. Danach sollten wir uns auf den Rückweg machen. Diesmal gab es keinen Widerspruch mehr. Mürrisch und frustriert machten wir unsere Arbeit. Unsere Herzen pochten in unseren Ohren gegen das Stimmengewirr im Kopfhörer an. Ehe wir den Rückweg begannen, nahmen wir uns einen ganz kurzen Moment Zeit und schauten von unserem erhöhten Punkt aus über das flache Land der Fra-Mauro-Region. Auf der kahlen Ebene unter uns war *Antares* zu sehen. Da wir den Rand des Kraters nicht zu sehen bekämen, verweilte ich ein paar Sekunden, um mir das Landschaftsbild einzuprägen. Auf dem Rückweg hatten wir noch zwei Stopps vor uns, um weitere Proben einzusammeln. Trotzdem ging es für Alan und mich von jetzt an zur Erde zurück.*

Wie die Känguruhs hüpften wir den Hang hinab und sprangen mit Riesensätzen durch die Leere, die den Mond umgibt. Es war nur eine schwache Schwerkraft, die uns am Boden hielt. Innerhalb kurzer Zeit hatten wir die zusätzlichen Aufgaben erledigt. Alan nahm sich noch

* Später sahen wir anhand von Fotos, daß wir tatsächlich nur wenige Meter vom Kraterrand entfernt gewesen waren. Das aufgeworfene wellige Terrain jedoch verhinderte die Sicht darauf.

die Zeit für einen famosen Golfschlag, und ich für einen weniger berühmten Speerwurf. Anschließend kletterten wir in unsere Mondfähre zurück, verstauten die Proben und trafen die Vorbereitungen für den direkten Aufstieg zur Kommandokapsel, mit der Stu irgendwo im Orbit hing. Bis er die richtige Position erreicht hatte, war alles an Bord in Ordnung gebracht. Als Stu dann über uns war, betätigten wir den entscheidenden Knopf und schoßen wie im Fahrstuhl nach oben. Der Staub und das Gestein, die der Düsenstrahl aufwirbelte, würden zu Boden fallen und so Jahrmillionen lang liegenbleiben. Als Alan und ich sahen, wie die Mondoberfläche dahinschwand, bekamen wir seltsamerweise Heimweh nach dieser Welt. Wir würden nie mehr hierherkommen.

9

Nachdem wir den Startzeitpunkt sorgfältig festgelegt und koordiniert hatten, flogen Alan und ich von der Oberfläche des Mondes direkt zur Kommandokapsel hoch. Schweigend näherten wir uns dem prächtigen, metallisch glänzenden Raumschiff, und einen Moment lang kam die alte Befürchtung vom letzten Andockversuch wieder auf. Nur Stu konnte uns nach Hause bringen. Sollten wir gar einen Spaziergang im All machen müssen? Oder würde das Andocken überhaupt mißlingen? Solche Fragen dienten dazu, nicht völlig überrascht zu werden. Aber kaum hatten wir den ersten Versuch gemacht, da hatte Stu unsere Raumfähre auch schon fest eingefangen.

Im Weltraum kann man mit bloßem Auge etwa zehnmal mehr Sterne sehen als auf der Erde, weil keine Atmosphäre da ist. Auch sind vertraute Objekte ungefähr zehnmal heller. Vor dem kalten schwarzen Hintergrund scheinen Sterne und Planeten zu glühen. Man bekommt den Eindruck, im Kosmos eingehüllt zu sein, wenn man um sich herum das prächtige stille Glitzern der Milchstraße und der Galaxien jenseits davon sieht. Während des Heimflugs durch die unendliche Leere befanden wir uns im sogenannten Barbecue-Modus. Wir drehten uns wie im Grill, um an allen Seiten des Raumschiffs den gleichen thermischen Effekt zu haben. Unmerkbar wurde die Erde mit der Zeit größer. In den ruhigen Stunden vor den von uns als »Nacht« bezeichneten Schlafphasen holte ich in alter Gewohnheit meine Schreibunterlage hervor und führte das mit meinen Freunden in Florida verabredete Experiment aus. Danach glitt ich in einen leichten Schlaf. Ein ungreifbares Gefühl von Genugtuung, Geborgenheit und Wohlbefinden überkam mich, ein Gefühl, wie ich es seit mehreren Tagen nicht mehr erlebt hatte.

Eine wunderbare Stille zog in die Kabine ein, das befriedigende Nachglühen, das man spürt, wenn man seine Sache gut gemacht hat. Der größte Teil meiner eigenen Arbeit war vollbracht; ich mußte nur noch die Bordsysteme überwachen, die perfekt arbeiteten. Jetzt hatte ich

Zeit, in Ruhe über die Reise nachzudenken. Ich konnte mich in der Schwerelosigkeit ausruhen und durch den Ausguck zusehen, wie der Himmel langsam vorbeistrich. Mein Geist sank in jenen Ruhezustand, nach dem ich mich auf unserem Fußmarsch zum Rand des Kegelkraters so sehr gesehnt hatte. Ich empfand eine unendliche Gelassenheit und innere Ruhe, und während ich zum Fenster hinausschaute, kam ich immer mehr ins Staunen. Aber von dem, was kommen sollte, deutete sich nichts an.

Vielleicht war es der Effekt einer sich ständig drehenden Umgebung, der Orientierungsverlust oder das dauernde Umorientieren, während in dem kleinen Fenster der Raumkapsel Himmel und Erde abwechselnd auftauchten und wieder verschwanden. Vielleicht war es die Atmosphäre von Geborgenheit und sicherer Zuflucht nach einem zweitägigen Streifzug in eine erbarmungslose Umgebung. Aber das glaube ich nicht. Die Empfindung war ganz und gar fremd. Irgendwie fühlte ich mich in etwas viel Größeres eingebunden, das über mich hinausging, etwas viel Größeres noch als der im Fenster sichtbare Planet. Etwas unfaßbar Großes. Noch heute staune ich darüber.

Zahlreiche Gedanken und Gefühle, die ich damals hatte, haben einen alchimistischen Prozeß hinter sich. Das Nachdenken darüber und das Verarbeiten von auflebenden Erinnerungen hat vielleicht geholfen, die verborgenen Seiten eines so sonderbaren Ereignisses zu beleuchten. Aber die ganze Szenerie ist nach wie vor so lebendig, als habe sie seither nichts von ihrer Klarheit eingebüßt. Sie taucht in meiner Erinnerung außerordentlich deutlich auf. Damals wurde mir zum erstenmal bewußt, daß der Planet, den ich im Fenster sah, viel Streit und Uneinigkeit unter der blau-weißen Atmosphäre barg – eine Tatsache, über die seine friedliche und einladende Erscheinung hinwegtäuschte. Auf einer kleinen Halbinsel Südostasiens wurde unter einem dünnen Laubdach ein brutaler Bürgerkrieg geführt. Und dieser Krieg forderte die Aufmerksamkeit eines anderen Landes, das sich mit seinen unsichtbaren Grenzen auf der anderen Seite des Planeten befand. Als ich dann über die Erde hinaus sah und das größere Bild in seiner ganzen Pracht vor Augen hatte, erkannte ich mit einemmal, daß das Universum nicht so beschaffen ist, wie man mich gelehrt hatte. Ich war bestürzt. Ich hatte es so verstanden, daß jene Himmelskörper in ihrer Verschiedenheit von uns getrennt sind und sich relativ unabhängig bewegen. Dieses Verständnis war plötzlich zerstört. Anstelle dessen stieg eine neue Einsicht in mir auf, mit der sich ein Gefühl allgegenwärtiger Harmonie verband – ein Verbundenheitsgefühl mit all den Himmelskörpern, die unser Raumschiff umgaben. Einige der wissenschaftlichen Fakten über die Evolution der Sterne bekamen eine neue Bedeutung.

Dies war keine »religiöse« oder jenseitige Erfahrung, obwohl es vielfach versucht wurde, ähnliche Ereignisse in solch eine Form zu gießen. Es war auch keine völlig neue wissenschaftliche Einsicht, die mir plötzlich bewußt geworden war. Es war nur ein Zeiger, ein Wegweiser, der die Richtung zu neuen Perspektiven und zu einem umfassenderen Verständnis angab. Der Mensch ist Teil eines kontinuierlichen Entwicklungsprozesses, und dieser ist grandioser und intelligenter, als die klassische Wissenschaft und die religiösen Traditionen es bislang richtig beschreiben konnten. Ich war Teil eines natürlichen Prozesses, der größer war, als ich es früher begriffen habe, ein Prozeß, der mich von allen Seiten umgab, während die Raumkapsel mit mir 400000 Kilometer weit durch das leere schwarze All flog.

Zwar war dieses neue Gefühl wie eine Illusion, seine volle Bedeutung lag irgendwie im dunkeln, aber es hatte eine heimliche Autorität, die mich im Innersten bewegte. Hier war etwas Mächtiges, etwas, das einem Leben eine andere Richtung geben konnte. Ich fragte mich, ob Stu und Alan es ebenso erlebten, ob sie die Tiefgründigkeit dieser Umgebung spürten, aber sie waren mit anderen Aufgaben beschäftigt und ließen sich nach außen hin nichts anmerken. Irgendwie fühlte ich nie den Drang, sie danach zu fragen.

Die Moleküle unserer Körper, von mir, von Stu und von Alan, die Moleküle dieses Raumschiffs, die Moleküle der Welt, von der ich gekommen war und zu der ich jetzt zurückkehrte, sie alle waren vor Milliarden Jahren im Schmelzofen einer uralten Generation von Sternen, wie sie uns umgaben, entstanden. Das bedeutete plötzlich etwas. Es betraf mich jetzt persönlich und ergriff mich. Unsere Präsenz hier, außerhalb des Bereichs unseres Heimatplaneten, beruhte nicht auf einem Zufall der Natur oder auf der kapriziösen politischen Marotte einer technologischen Zivilisation. Sie war vielmehr eine Erweiterung desselben universellen Prozesses, aus dem unsere Moleküle hervorgegangen sind. Ich erlebte das, was man als Ekstase der Einheit beschrieben hat. Ich *sah* nicht nur die Verbundenheit, ich *fühlte* sie, und ich erlebte sie durch Empfindungen. Ich war überwältigt von dem Gefühl meiner körperlichen und geistigen Ausdehnung in den Kosmos hinein. Die Beschränkungen und Begrenzungen von Fleisch und Knochen fielen weg. Mir wurde klar, daß dies eine biologische Reaktion meines Gehirns war: Es versuchte, die Informationen über die wunderbaren und großartigen Prozesse, die ich von diesem privilegierten Blickwinkel aus betrachten durfte, neu zu ordnen und ihnen Bedeutung zuzuteilen. Obwohl ich heute meine damaligen Gefühle, Empfindungen und Emotionen besser artikulieren kann, sind Wörter immer irgendwie ungenügend. Meiner Überzeugung nach ist es immer eine unaussprechliche Erfahrung gewesen, und das wird es wohl immer bleiben.

Drei Tage nach unserem Rückmarsch vom Kegelkrater gelangten wir in die Erdumlaufbahn und ließen uns in einer fieberhaften Hektik durch die Schichten der lebenspendenden Atmosphäre hinab. Wie erwartet fiel die Kommunikation durch den Wiedereintritt in die Erdatmosphäre vollkommen aus. Während dieser Phase herrschten an der Außenseite der Raumkapsel Temperaturen von über 2200 Grad Celsius. Dann falteten sich über uns die rot-weißen Fallschirme auf; wir waren von unserer Reise zurück und plötzlich wieder Erdbewohner. Mit uns brachten wir eine wertvolle Fracht an Filmmaterial, Gestein, experimentellen Daten und geistigen Eindrücken von einer anderen Welt. Und wir hatten überlebt. Wir schwangen noch einige Minuten hin und her, denn Fallschirm und Kapsel wirkten wie ein Pendel, bevor wir mit dem abkühlenden Hitzeschild voraus in den Pazifik platschten, in Sichtweite der wartenden Bergungsmannschaften. Während des Auf und Ab in den Wellen überprüften wir noch einmal unseren eigenen Zustand. Dann schalteten wir in unserem Raumschiff alles aus und warteten auf die Bergungsschwimmer, die die Schlauchboote fertigmachten, den Ausstieg öffneten und uns die biologischen Masken gaben, die die Welt vor jeglichen mysteriösen Viren schützen sollten, die uns auf dem Mond infiziert haben könnten.* Wenige Minuten nach unserer Wasserung schwebten wir bereits in einem Hubschrauber über dem grauen Deck der USS *New Orleans*.

Als wir mit unseren Schätzen vom Mond in Houston ankamen, gerieten die Geologen des Mondlabors in Ekstase. Wie geplant, hatten wir mehr Gesteinsproben und Daten zusammengetragen, als aus den vorangegangenen Expeditionen insgesamt vorhanden waren – alles in allem fast einhundert Pfund. Drei Wochen lang arbeiteten wir in Quarantäne mit den Geologen und taten unser möglichstes, um bei allem

* Bei unserer Mondmission wurde die Quarantäne zum letztenmal eingesetzt, da man herausfand, daß der Mond ein vollkommen toter Planet ist.

zu helfen, bei der Feststellung, wo wir die Proben im einzelnen gesammelt hatten, bei den Nachbesprechungen mit dem Flugpersonal und natürlich beim Verfassen der Berichte. Als ich endlich eine Gelegenheit hatte, rief ich Ed Maxey an, um die Ergebnisse unseres geheimen Experiments zu bekommen. Ich stand auch mit Dr. Rhine in telefonischer Verbindung. Er bot freundlicherweise an, sämtliche Bögen mit den Originaldaten der Teilnehmer zu übernehmen und in seinem Labor eine statistische Analyse des Experiments zu machen. Und das, obwohl es nur 150 Werte gab – eine ziemlich kleine Anzahl, verglichen mit den Tausenden von Durchläufen, die unter seiner Regie stattgefunden hatten. Außerdem schlug er vor, noch ein weiteres Labor hinzuzuziehen, um ein unabhängiges Kontrollergebnis zu haben.

Wir entschieden uns für Dr. Karlis Osis in New York, der ein sehr bekannter Forscher auf dem Gebiet war. Bereits eine erste einfache Voranalyse zeigte uns, daß wahrscheinlich sehr interessante Ergebnisse herauskämen. Falls die Prozedur zur Durchführung des Experiments fehlerfrei war (was sie war, wie sich herausstellte), dann, so schlug Dr. Rhine vor, sollten die Resultate sofort veröffentlicht werden – egal ob sie positiv oder negativ waren. Immerhin war es kein Null-acht-fünfzehn-Experiment; daß es im All, in einer völlig neuen Umgebung, durchgeführt worden war, verlieh ihm eine besondere Bedeutung. Er bot sogar an, an einem wissenschaftlichen Beitrag mitzuschreiben und diesen in der Juni-Ausgabe des *Journal of Parapsychology* zu veröffentlichen. Es waren inzwischen jedoch schon Kräfte am Werk, die unsere Arbeit in den Augen der Öffentlichkeit schlechtmachen sollten, Kräfte, die dem Projekt eher einen sensationellen Anstrich gaben als einen wissenschaftlichen – oder überhaupt keinen. Solche Kräfte lassen sich vorher schwer erkennen.

In den letzten Wochen vor dem Start zum Mond, als Ed Maxey, Ed Boyle und ich das Experiment im Detail ausarbeiteten, hatte Ed Maxey die Idee, einen professionellen und anerkanntermaßen übersinnlich begabten Mann mit einzubeziehen. Das war durchaus vernünftig, denn wir wollten eine Mischung aus ganz gewöhnlichen Leuten und solchen mit übersinnlichen Fähigkeiten und Erfahrungen. Ich hatte also nichts dagegen, daß wir ihn hinzunahmen, da ich glaubte, daß der private, geheime Charakter unserer Arbeit respektiert würde. Doch leider war es für den guten Mann nicht leicht, sich nach meiner Rückkehr aus dem All noch zurückzuhalten, und er ließ unser Projekt zu den Reportern durchsickern. Das Resultat war entsetzlich.

Überall im ganzen Land war in fast jeder größeren Zeitung die Rede von heimlichen übersinnlichen Experimenten während des Apollo-14-Mondflugs. Von Berlin bis nach Beijing zerfetzten aufmacherische Schlagzeilen ein Projekt, ohne zu wissen, was dabei wirklich herausgekommen war. Und weder ich noch irgend jemand anders konnte etwas dagegen tun.

Eines Morgens während der ersten Woche in Quarantäne saßen Alan und ich am Frühstückstisch, als er in einem Stapel Zeitungen einen Artikel mit der Überschrift fand: »Astronaut macht ASW-Experiment während Mondflug.« Beim Lesen mußte er kichern, denn er war überzeugt, daß irgendein einfallsreicher Reporter sich diese absurde Geschichte zusammengereimt hatte. Er lehnte sich über den Tisch, um mir davon zu erzählen, und krümmte sich vor Lachen. Nach einem verlegenen Schweigen teilte ich Alan mit, daß ich tatsächlich dieses Experiment gemacht hatte. Er sah verdutzt auf. Aber einen Augenblick später, so schien es mir, sah ich eine Art Freude in seinen Augen aufblitzen, während er sich stumm seinem Frühstücksteller zuwandte. Das Thema kam zwischen uns nie wieder zur Sprache.

Die Resultate des Experiments hatten es in sich. Aber sie mußten richtig verstanden werden. Durch das Prisma der statistischen Wahrscheinlichkeit betrachtet, waren es profunde Ergebnisse – deswegen für die Fachwelt überraschender als für den Mann auf der Straße. Sie machten in vielfacher Hinsicht die Prozesse deutlich, die dabei mitwirkten. Aber die Presse schien nur an der Schlagzeile interessiert zu sein: ASTRONAUT MACHT ASW-EXPERIMENT WÄHREND MONDFLUG. Falsche Informationen gab es im Überfluß. Irgendwie kam die Meldung heraus, daß das Experiment negativ ausgegangen war oder sich als bedeutungslos herausgestellt hatte, während in Wirklichkeit die Resultate völlig mit den Tausenden von Experimenten übereinstimmten, die sowohl vor als auch nach unserem Flug in den Laboratorien auf der ganzen Welt durchgeführt wurden. Allem Anschein nach bewirkten selbst große Distanzen von Hunderttausenden von Kilometern keine Veränderung dieses geheimnisvollen Kommunikationsmittels.

Die Ergebnisse unseres Versuchs im All legten den Schluß nahe, daß eine gewisse Art von Kommunikaton während des Experiments zustande gekommen war, die nicht auf dem konventionellen Übertragungsweg ablief. Beim Vergleich der vier Kombinationsserien, die ich während der Reise zusammengestellt hatte (zwei an zwei Tagen auf dem Hinweg und zwei an zwei Tagen auf dem Rückweg), mit den sechs Kombinationsserien der Teilnehmer hier auf der Erde zeigte sich, daß wir für die Tage, an denen ich das Experiment tatsächlich ausgeführt hatte, im Ergebnis etwas vorliegen hatten, was als »Psi-missing«* bekannt ist, und für die anderen Tage exakt das, was man als »Zufallsresultat« bezeichnet.** Bei den Fällen von »Psi-missing« gab es eine statistische Wahrscheinlichkeit von eins zu dreitausend, daß die Resultate durch Zufall zustande gekommen waren.

»Psi-missing« ist in der Parapsychologie gut dokumentiert. Sein Auftreten hängt von den Überzeugungen der Versuchspersonen ab. Dr. Gertrude Schmidler hat vor vielen Jahren Ereignisse dieser Art gründlich untersucht und den Begriff »Schaf/Ziege-Effekt« geprägt – Schaf ist jemand, der mit seiner positiven Trefferquote weit über den Zufallsergebnissen liegt und geglaubt hat, das erreichen zu können, und Ziege ist jemand, der nicht geglaubt hat, irgendwelche Ergebnisse erzielen zu können, aber es trotzdem tut, und zwar einfach dadurch, daß er mit seinen Treffern bedeutend *unterhalb* der Zufallsquote bleibt. Wenn man z.B. die Ergebnisse einer Serie von Münzwürfen erraten soll und bei 100 Würfen 75mal richtig rät oder bei 100 Würfen 75mal falsch tippt, dann wären beide Ergebnisse statistisch gesehen gleichermaßen bedeutsam und würden etwas darüber aussagen, was man während des Versuchs geglaubt hat. Was wir nicht kontrollieren konnten, war der Einfluß einer kulturell bedingten Voreingenommenheit (worüber inzwischen zahlreiche Bücher erschienen sind), die den individuellen Überzeugungen jener Reporter und Herausgeber eigen war, die alles für die Öffentlichkeit interpretierten und ihre eigenen Meinungen verbreiteten. In der klassischen Physik spielt es keine Rolle, was der einzelne glaubt. In diesem Wissenschaftsbereich jedoch spielt es durchaus eine Rolle, und zwar eine grundlegende, wie ich später entdecken sollte.

Die NASA-Verwaltung bestrafte mich nie für das Projekt. Viele, die im Raumfahrtzentrum arbeiteten, kamen sogar in mein Büro, wenn auch etwas verstohlen, und erkundigten sich nach dem Experiment. Aber unterschwellig mißbilligten fast alle, die bei der NASA in leiten-

---

* »Psi-missing« bezeichnet nicht das Fehlen von Psi, sondern ein »negatives« Wirksamwerden von Psi-Kräften oder übersinnlichen Fähigkeiten. (Bonin: *Lexikon der Parapsychologie*).

** Die Ergebnisse des Experiments wurden in der Juni-Ausgabe des *Journal of Parapsychology*, Jahrgang 1971, veröffentlicht.

den Positionen waren, derartige Studien – bis auf Wernher von Braun. Eines Tages, nachdem ich die Quarantäne hinter mir hatte, kontaktierte er mich privat und sagte mir, daß er verstand, worum es mir ging. Er deutete die Möglichkeit an, einige der NASA-Ressourcen zu benutzen, damit wir solche Projekte durchführen könnten. Er bat mich, alles zusammenzufassen und aufzulisten, welche von den Einrichtungen, Instrumenten und Leuten der NASA für bestimmte Untersuchungen des Bewußtseins in Frage kommen könnten, an denen wir beide interessiert waren. Bevor es jedoch dazu kam, schied Wernher leider aus der NASA aus und ging in die Privatindustrie, tief enttäuscht darüber, daß das Budget für die Weltraumunternehmen reduziert wurde. Nach Apollo 17 waren keine Mondlandemissionen mehr vorgesehen, und eine Expedition zum Mars sollte es auch nicht geben. Die amerikanische Öffentlichkeit hatte genug. In absehbarer Zukunft bestand kein Bedarf für den Bau der gewaltigen Raketen, die man brauchte, um den Menschen im Sonnensystem überall hinzubringen. Also ging Wernher einfach.

Nach der Quarantäne hatte ich eine sechsmonatige Verpflichtung gegenüber der Direktion der NASA, für Öffentlichkeitsarbeiten bereitzustehen. In dieser Zeit gab es Besuche in ausländischen Hauptstädten, bei der Pariser Luftschau, bei Ausbildungsgruppen und bei Politikern, die das Budget bewilligten und daher genügend Einfluß bei der NASA hatten, einen Astronauten kommen zu lassen, um sich mit ihm im Wahlkreis zu zeigen. Ich hatte mich auch in die Ersatzmannschaft für Apollo 16 berufen lassen, weil ich wußte, daß ich zum letzten Mal einer Raumfahrercrew bei der NASA zugeteilt wurde, wenn ich nicht zehn Jahre lang warten wollte, bis der Shuttle fliegen sollte. Für den Staat am Boden Dienst zu tun erschien mir einfach nicht reizvoll.

Bei der NASA herrschte 1971 eine turbulente Atmosphäre, während zugleich eine bürokratische Trägheit Einzug hielt. Zehn Jahre zuvor hatte Präsident Kennedy die Nation mit seinem Auftrag, bis zum Ende der Dekade einen Menschen auf den Mond zu bringen, herausgefordert. Während dieser Auftrag in erster Linie aus politischen Gründen verkündet worden war, war er keineswegs unbefristet und schloß keine Expeditionen ein, mit denen man die Erkundung des ganzen Sonnensystems begonnen hätte. Das Jahrzehnt war zu Ende; man war mit dem Projekt rechtzeitg fertig geworden und unter dem Budget geblieben. Nun war Geld das große Hindernis, und mehr oder weniger durch Unterlassung entschied das amerikanische Volk, daß die nächste Epoche der Weltraumerforschung noch nicht bevorstand.

Aufbruch zu
inneren Welten

10

Seit meiner Jugend habe ich in gewisser Weise zwei Leben gelebt und mich in zwei verschiedenen Welten zu Hause gefühlt. Mein erster Lebensabschnitt war der Erkundung der physischen Welt gewidmet. Es war eine Zeit, in der ich viel herumkam und *lebte*. Schließlich gelang es mir, so weit von Zuhause wegzugehen, wie ich nur konnte. Aber kaum war ich mit meiner seltsamen Erkenntnis vom Mond zurück, begriff ich, daß diese Phase meines Lebens sich einem natürlichen Ende näherte. Vielleicht hatte auch ich genug gehabt, wie die amerikanische Öffentlichkeit 1971. Nichts, was ich auf der Erde tun könnte, ließ sich mit dem Erlebten wirklich vergleichen. Zu versuchen, um des Erforschens willen zu erforschen, würde sich wegen der Redundanz schnell totlaufen. Nachdem ich so weit weg gewesen war, erschienen alle anderen Ziele wie blaße Schatten einer grandioseren Reise, die ich bereits hinter mir hatte.

Irgendwie zog es meine Aufmerksamkeit nach innen, tief in das unermeßliche Reich unendlich kleiner Räume. Immer deutlicher trat die Erfahrung hervor, sich über den eigenen Körper hinaus ausdehnen zu können, die ich während unserer Rückkehr vom Mond persönlich erlebt hatte. Sie mußte eine Bedeutung haben und mehr sein als ein bloßes Hochgefühl, eine erhöhte Bewußtheit, Gipfelerfahrung oder wie immer man es erklären könnte – obwohl ich selbst den letzten Begriff häufig gebrauchte, um es zu beschreiben. Die Erfahrung war zu intensiv und veränderte meine Sensibilität zu umfassend. Irgendwie war sie sehr konkret, aber ich war danach einfach völlig verwirrt. Es war etwas Außergewöhnliches geschehen, und ich wußte nicht, was.

Während die vom Kongreß bewilligten Mittel für das Apollo-Programm ausliefen und die Missionen zum Mond in den frühen siebziger Jahren ein vorzeitiges Ende fanden, wandte ich mich den verwandten, größeren Fragen über die grundlegende Natur dieses »Bewußtseins« zu, das uns Menschen eigen ist. Die am meisten vernachlässigten Gebiete der Bewußtseinsforschung lagen in den Bereichen der mysteriösen Geisteszustände, in denen es zu Epiphanien und übersinnlichen Ereignissen kommt. Durch Lesen tastete ich mich sozusagen an eine befriedigende Erklärung heran. Ich wußte, es gab etwas, das einer ernsthaften Untersuchung wert war, wenn die Sache in einer Weise angegangen werden konnte, die sich vom traditionellen Vorgehen unterschied. Ich wollte mit dem Wesen dessen vertraut werden, was hinter dem Phänomen der Geistesfunktion beim Menschen steckt – nicht unbedingt mit der Neurophysiologie, sondern eher mit dem gesamten Prozeß, der uns unsere Evolution so, wie sie verlaufen ist, erlaubt hat. Die Frage, wie sich das Denken entwickelte, schien noch grundlegender als die Frage, wie sich das Leben entwickelte, auch wenn die wissenschaftliche Tradition es anders haben wollte. Der Grund für meine vorschnelle Gewißheit war ganz einfach: Wenn das Phänomen der Psychokinese*, wie es in der religiösen und mystischen Literatur protokolliert wird, überhaupt irgendeine Gültigkeit besaß, dann war die wissenschaftliche Doktrin, die man *Epiphänomenalismus* nennt, ein fehlerhaftes Konzept.

Als Epiphänomenalismus bezeichnet man die Auffassung, daß das Bewußtsein lediglich ein Nebenprodukt des physiologischen Prozesses und mithin sekundär ist. Das Bewußtsein hat keine Kraft oder Macht, physiologische Abläufe zu beeinflussen, denn es ist das Ergebnis der Evolution unserer physischen Körper. Der Epiphänomenalismus ist auch ein Dogma der gängigen Wissenschaftslehre. Dieser Denkweise nach kann der Geist keine Kontrolle über die Maschine oder das physische Universum übernehmen, obwohl meine Erfahrung auf dem Rückweg vom Mond etwas anderes anzudeuten schien. Es mußte eine bestimmte Beziehung geben zwischen der intuitiven Erfahrung einer Epiphanie und den merkwürdigen Ergebnissen aus der Untersuchung der verschiedensten Phänomene durch die Parapsychologie. Vor mir ausgebreitet war die unermeßliche innere Landschaft einer großenteils unerforschten Welt.

Der Begriff *Epiphanie*, in der Bedeutung einer intuitiven Erkenntnis, bezeichnet deutlich meine Erfahrung, so wie auch das griechische Wort *Metanoia*, das einen Wandel, sogar eine neue Richtung im Denken beinhaltet. Aber keines der beiden Wörter beschreibt das Vorkommnis in geeigneter Weise, für sich genommen nicht und zusammengenommen

* Psychokinese ist ein Vorgang, bei dem feste Materie durch geistige (oftmals nicht-lokale) Mittel bewegt oder beeinflußt wird.

auch nicht. Sie schienen die Bedeutung zu umschreiben, ohne sie im Grunde zu berühren. Aber es beschäftigten mich auch noch andere Fragen. Ich wollte wissen, wodurch meine Erfahrung in erster Linie verursacht wurde, wo ich sie in dem riesigen Schema der Dinge einordnen sollte. Und natürlich wollte ich wissen, ob andere ähnliche Erfahrungen gemacht hatten.

Die Beantwortung der letzten Frage würde wahrscheinlich ein Jahrzehnt dauern, und selbst dann wäre sie eher indirekt. Ingenieure und Testpiloten waren noch nie bekannt dafür, daß sie Innenschau betrieben und sich eloquent und einem inneren Impuls folgend ausdrückten; selbst wenn ich also die richtigen Fragen gewußt hätte, die ich hätte stellen müssen, wäre ein solch direktes Vorgehen unergiebig gewesen. Aber es ist auffällig, daß viele von den Pionieren im All nach ihrer Rückkehr anfingen, offen eine subtilere Seite ihrer Persönlichkeit zum Ausdruck zu bringen. Einige Astronauten, unter ihnen bekanntermaßen Jim Irwin und Charlie Duke, gingen ganz in ihrer religiösen Berufung auf; Alan Bean und Alexei Leonow, ein Kosmonaut, fanden ihren Ausdruck in der Kunst. Rusty Schweikart beschäftigte sich während seiner anschließenden Karriere lange Zeit mit Umweltanliegen und sprach häufig in überzeugender Weise über Themen, die mit meinen eigenen Interessen eng verbunden sind. Al Worden veröffentlichte einen Gedichtband. Ich fand es interessant, daß mit Ausnahme von Worden alle diese Amerikaner Piloten der Mondfähre gewesen waren, was ihnen auf dem Rückweg zur Erde etwas mehr Zeit zum Nachdenken gelassen hatte.* Und im Lauf der Jahre sollte ich lernen, daß auch im alltäglichen Leben ein tieferer Sinn gefunden werden kann. Man muß nicht zum Mond reisen, um diese Erfahrung zu machen. Im undurchschaubaren Chaos des Alltags kommen einem mitten in der Nacht, in der Dusche, in Träumen Ideen. Manchmal harmonieren sie miteinander, werden zu einem Ganzen, ungeachtet dessen, in welcher Reihenfolge sie ursprünglich hervorquollen. Sie sind die kleinen alltäglichen Epiphanien des Lebens. Und bisweilen können sie ein Leben für immer verändern und formen.

In den Wochen und Monaten nach dem Mondflug widmete ich mich der Literatur über das Wesen religiöser Erfahrungen. Zudem zog ich das sehr begrenzte wissenschaftliche Angebot heran, das neben den religiösen und mystischen Werken bestand und sich mit dem Wesen des

---

* Al Worden war Pilot der Kommandokapsel.

menschlichen Bewußtseins befaßte. Ich traf mich auch mit bekannten übersinnlich begabten oder hoch intuitiv veranlagten Männern und Frauen, um mit ihnen darüber zu sprechen, was es war, das sie in ähnlichen Momenten wie ich erlebt hatten. Nach wochenlanger Beschäftigung mit dieser Arbeit wußte ich, daß ich auf etwas gestoßen war, aber auf was genau war mir immer noch schleierhaft. Zuweilen meinte ich, vor der Lösung eines grandiosen Geheimnisses zu stehen.

Ich wußte, intuitive Erkenntnisse, außersinnliche Wahrnehmungen (ASW) und Epiphanien sind nur unterschiedliche Mittel zum Erhalt von Informationen. Als Ingenieur verstand ich Information einfach als Energiemuster; daß Epiphanie und Metanoia natürliche Phänomene sind, war also einleuchtend. Außerdem wurde mir allmählich klar, daß diese Phänomene religiösen Mystikern und Agnostikern gleichermaßen vertraut sind, wenn man sie im Sinne von Information betrachtete und sich überlegte, wie ein entwickelter Organismus (der Mensch) damit umgeht. Ich dachte, daß es Ähnlichkeiten geben könnte zwischen diesen Arten der Informationsverarbeitung und der Weise, wie Energie und Impuls in der Natur gesteuert werden. Wenn man dahinterkäme, mit welchen Mitteln es geschieht, so wäre das von kaum zu überschätzender Bedeutung: Wir würden dann nämlich begreifen, wodurch eine solche gefühlsmäßige Einsicht zustande kommt, die trotz ihrer Flüchtigkeit ein Leben verändern kann. Meiner Meinung nach hätte die Wissenschaft hier nachforschen sollen, aber niemand schien ernsthaft versucht zu haben, Antworten auf solche Fragen zu finden.

Mystiker bezeichnen solche Ereignisse als »religiöse Erfahrungen«. Wissenschaftler sprechen das Thema kaum an, da sie subjektive Ereignisse gänzlich scheuen. Was ich auch las, nichts schien die Essenz dessen, was ich wissen wollte, zu erfassen. Ich merkte, daß ich selbst dem Denken eine neue Struktur geben mußte. Gleichzeitig wollte ich einen Widerspruch zu den Methoden der Wissenschaft vermeiden und dennoch Erfahrungen, die von mystischen Traditionen seit Jahrtausenden überliefert worden waren, nicht außer acht lassen. Immerhin konnte ich nicht stillschweigend davon ausgehen, daß eine der beiden Vorgehensweisen, sich mit solchen Ereignissen zu befassen, sei es die religiöse oder die wissenschaftliche, zwingend die richtigen Antworten ergab.

Entscheidend für meine eigenen Forschungen war ein Klassiker mit Fallstudien spontaner Expansionserfahrungen, nämlich das um die Jahrhundertwende entstandene Buch von Dr. R. M. Bucke *Kosmisches*

Bewußtsein. Langsam war ich überzeugt, daß Epiphanie ein in jedem Menschen latent vorhandenes Ereignis ist. Sie hat es der Menschheit in einem hohen Maße ermöglicht, ihr Denken zu entwickeln, indem existierende Ideen plötzlich miteinander verschmolzen wurden. Während Mystiker die großen schockierenden Erkenntnisse für ein übernatürliches Phänomen hielten, war ich mir ziemlich sicher, daß sie ganz natürlich, sogar normal waren – vielleicht plötzlich auftretende Merkmale einer andauernden Evolution. Jeder kennt dieses starke, himmlische Aha-Erlebnis, wenn man für einen kurzen Augenblick die größere Struktur eines Problems erblickt, einen Widerspruch im eigenen Denken auflöst oder den großartigen Aufbau des Universums erkennt. Der Idee nach kann Epiphanie als eine plötzlich einsetzende Gestaltung oder Umgestaltung von Informationen angesehen werden, wobei auf der Stufe des bewußten Erkennens eine neue Einsicht entsteht. Ich glaube, genau das war auf meiner schicksalshaften Reise vom Mond passiert. Mit der Zeit war ich mir dessen ganz sicher. Aber ich konnte wirklich nicht sagen, daß es eine »religiöse« Erfahrung war.

Es ist etwas ganz anderes zu sagen, ein Evolutionsprodukt (wie das Gehirn) gestaltet seine Informationen spontan um, um auf der Stufe des bewußten Erkennens eine neue Einsicht hervorzubringen, als davon auszugehen, daß das, was man plötzlich begreift, das Wort Gottes ist. In einer Gesellschaft, die tief in traditionellen religiösen und kulturellen Überzeugungen steckt, ist die letztere Betrachtung solcher Ereignisse natürlich die verbreitetere und allgemeinere. Ich wollte nur wissen, warum und wie es dazu kommt. Ich wollte eine profanere, eher wissenschaftliche Antwort.

Bucke berichtete in seinen Fallstudien, daß diese spontanen Ereignisse nicht nur zu einem weiteren Horizont, einer Erfahrung inneren Friedens und Wohlergehens führten, sondern auch ein unerschütterliches Gefühl der Unsterblichkeit, begleitet von Glückseligkeit, mit sich brachten. Das war eine ziemlich präzise, aber profane Beschreibung meiner eigenen Erfahrung. Es wäre vermutlich ganz leicht gewesen, in einen Erklärungsversuch zurückzufallen wie: »Ich habe das Antlitz Gottes berührt.« Aber ich fand an einer solchen Metapher keinen Gefallen, und sie stimmte buchstäblich nicht. Ich war überzeugt, es waren natürliche Ereignisse, keine übernatürlichen oder magischen, obwohl gewiß wunderschöne und sehr tiefgehende. Die Ekstase, die ich erlebt hatte, war irgendwie eine natürliche Reaktion meines Körpers auf das überwältigende Gefühl des Einssein. Ich sah, wie meine

Existenz unabänderlich verbunden war mit der Bewegung und Formation der Planeten, Sterne und Galaxien – der unwiderrufbaren Folge der Explosion eines unendlichen heißen und dichten Punktes im Zentrum des Universums vor Milliarden Jahren.

Der menschliche Wille ist wie das menschliche Verhalten selten vorhersagbar und noch viel weniger vorherbestimmt. Ich mußte in meinem Leben Zehntausende von Entscheidungen treffen, und jede hätte mich auf einen anderen Weg gebracht. Mein eigener Wille hatte mir eine Frau und Familie gegeben, mich zur Marine gebracht und schließlich ins All. Der menschliche Wille kann auch die Schwierigkeiten schaffen, mit denen wir im Leben zu tun haben; Ende 1971 brachte er die Trennung und schließlich die Scheidung von Louise, während aus dem neuen Interesse eine Besessenheit wurde. Er brachte die Agonie, die mit der Trennung von geliebten Menschen einhergeht, wenn solche schwierigen Entscheidungen gefällt werden. Die Form eines individuellen Lebens scheint von einem launenhaften Stift gezeichnet zu werden, denn wir können nie zur Gänze wissen, welche Konsequenzen unsere Entscheidungen haben werden.

In der gleichen unvorhersagbaren Weise könnte der kollektive menschliche Wille die Menschheit wahrscheinlich eines Tages weit in den Kosmos hinausbringen. Doch um selbst mir zu demonstrieren, daß der Wille real und nicht bloß eine herrliche Illusion ist, wie der wissenschaftliche Determinismus verkündet, mußte erwiesen sein, daß diese Doktrin des Epiphänomenalismus falsch ist. Hierin lag die Problematik meiner Verwirrung und zugleich der Schlüssel zur Lösung; dieser Eckstein wissenschaftlichen Denkens war es nämlich, der meine ureigene Wahrnehmung verzerrte. Auch wenn das Konzept des Epiphänomenalismus oberflächlich betrachtet harmlos erscheinen mag, so führt es doch zur Newtonschen Idee, daß das Schicksal des Universums nur durch die Gesetze der Physik vorherbestimmt und daher vollkommen vorhersagbar ist. Damit läßt es der menschlichen Intentionalität keinen Raum. Das aber impliziert, daß wir Menschen keine wirkliche Kontrolle über unser Leben haben, sondern nur den vorherbestimmten Lauf unseres Schicksals erfüllen, wie er von den unveränderlichen Gesetzen der Physik diktiert wird.

In den Monaten nach unserer Rückkehr vom Mond fing ich an, mich in die mystische Literatur der östlichen und westlichen Religionen einzulesen. Allerdings war ich bei der Auswahl meiner Lektüre vorsichtig. Ich gab den esoterischen Standpunkten den Vorzug vor den exoterischen (institutionellen). Am meisten interessierte mich die »religiöse« Erfahrung oder Epiphanie, die außerhalb des kirchlichen Einflusses und Dogmas vorkommt. Eines Tages hatte ich dann eine Idee, die in den folgenden Jahrzehnten weiter gedeihen sollte. Mit mageren finanziellen Mitteln gab ich eine Studie an ein qualifiziertes Forscherteam in Auftrag, um einige Fakten über esoterische Praktiken in verschiedenen Weltkulturen auszugraben. Dabei kamen ein paar interessante Entdeckungen heraus, die den wesentlichen Kern dieser Epiphanie zu beschreiben schienen. Was die Alten, die in der Sanskritsprache Indiens schrieben, als klassisches *savikalpa samadhi* (vergl. Kap. 21) darstellten, war im wesentlichen das, was ich meiner Meinung nach erfahren hatte. Im östlichen Denken ist dieses Phänomen ein Moment, in dem ein Mensch immer noch alle Dinge als voneinander getrennt erkennt, aber dieses Getrenntsein als reine Illusion versteht. Mit den Dingen eins zu sein ist die Realität, an der sich alle anderen Realitäten messen, und genau das beginnt man plötzlich zu begreifen.

Ich erinnerte mich noch ganz lebhaft daran, wie getrennt und voneinander abgesondert mir die einzelnen Sterne und planetarischen Körper auf dem Rückweg vom Mond vorkamen, daß ich aber gleichzeitig wußte, ein intimer Teil desselben Prozesses zu sein. Diese Erinnerung ragt aus der Erfahrung am meisten heraus und umschreibt ziemlich genau das, was ich empfand. Seit der Ära Newtons hat die klassische Wissenschaft physische Objekte als voneinander getrennte Körper beschrieben. Zu demonstrieren, daß sie auf der Stufe atomarer Strukturen zusammenhängen und miteinander verbunden sind, davon war man 1971 noch ein Jahrzehnt entfernt. Irgendwie ahnte ich, daß in der Newtonschen Wissenschaft dieser Fehler steckte, aber zu der Zeit gab es so gut wie keinen experimentellen Beweis dafür. Trotzdem war ich zuversichtlich, daß das Rad der Wissenschaft, so langsam es auch sein mochte, sich eines Tages weiterdrehen würde.

In idealistischen Philosophien, in denen Bewußtsein *die* grundlegende Realität ist, spricht man, sobald etwas anderes als die fundamentale Einheit aller Dinge wahrgenommen wird, von einem Dualismus, einer Abtrennung vom Ursprung des Daseins – von der Gottheit. Trennung verursacht Schmerz, und Wiedervereinigung erzeugt aus selbigem Grund ein gesteigertes Glückseligkeitsgefühl. Deshalb versprechen sämtliche großen religiösen Traditionen Ekstase und Verzückung, wenn die Wiedervereinigung mit dem Ursprung der Existenz erreicht wird.

Moderne Psychiater und Psychologen aber stoßen auf ein ähnliches Phänomen. Wenn der Mensch es schafft, sich mit sublimierten und dissoziierten Erinnerungen wieder anzufreunden und in Einklang zu kommen, hört der Schmerz auf, die Heilung setzt ein, man fühlt sich wohler und empfindet größere Freude. Mit anderen Worten, die Überbrückung oder Heilung von Dualismen verhilft einem dazu, eine größere Perspektive und ein Gefühl der Ganzheit zu gewinnen. Im umgekehrten Fall stimmt es ebenso: Eine größere Perspektive und ein Gefühl der Ganzheit zu gewinnen kann nämlich gleichfalls als Überwindung des Dualismus interpretiert werden. Auch das scheint dann ein gesteigertes Wohlempfinden mit sich zu bringen.

Deshalb sind Epiphanien, sofern aus ihnen ein Wandel im Denken resultiert, freudige Erfahrungen. Sie sind im wesentlichen Heilungen der Dualität. Nichts anderes hatte ich erfahren, oder zumindest kam es mir immer mehr so vor. Es gab da nicht nur ein Gefühl, mit dem Kosmos eins und ganz zu sein, sondern mit einemmal auch ein friedliches Aussöhnen mit einer Dualität, der Kluft nämlich zwischen meiner religiösen Erziehung in jungen Jahren und meiner späteren wissenschaftlichen Ausbildung. Diese neue Ebene des Verstehens erzeugte ein starkes Gefühl inneren *Wissens*, so wie man etwas mit seinem ganzen Körper gefühlsmäßig versteht und auch vom Kopf her weiß. Ich sah auch, wie sich derselbe Prozeß weniger dramatisch im Alltag vollzog. Selbst ein so gewöhnlicher Prozeß wie das Lernen, bei dem das Gehirn neue Informationen zusammenfügt und synthetisiert, ist ein verwandtes Phänomen. Man muß nicht zum Mond fliegen oder einen Berg erklimmen, um die Erfahrung einer Epiphanie oder Metanoia zu machen. Wir alle erfahren sie auf bescheidene, alltägliche Weisen. Wenn wir die Verbindung zwischen unserer Stimmung und dem, was wir zu Abend gegessen haben, herstellen, dann ist selbst das eine kleine Epiphanie. Die Natur verfährt so, um unser Verständnis weiterzuentwickeln. So erhellend diese Analyse für mich war, sie paßte jedoch nicht in die materialistische Philosophie der Wissenschaft, noch lieferte sie einen Aufschluß darüber, warum und wie es dazu kam, daß der menschliche Organismus in dieser Weise funktionierte. An der Sache mußte mehr dran sein.

11

Beim Versuch, mit derartig verwirrenden Momenten klarzukommen, bringt man seine eigene Geschichte mit ein. Schließlich ist die Wahrnehmung der Erfahrung subjektiv.

Während ich eine Zeitlang ziemlich rigoros die Literatur durchackerte, dachte ich über meine eigene Entwicklung und religiöse Erziehung nach. Ich erkannte, wie diese frühen formenden Jahre das, was ich in einem neuen Licht zu sehen versuchte, überschatten konnten, wie meine eigene Geschichte von einer Kultur durchdrungen war, die meine Sicht färbte. Meine Jugend war traditionell christlich, voller wunderbarer alter Mythen, durch die mein moralisches Empfinden weitgehend festgelegt war. Und es gab die kulturellen Mythen des alten Westens, insbesondere die Mythen aus den Pionierzeiten, die vom Urgroßvater an den Großvater, dann an meinen Vater und schließlich an mich weitergegeben worden waren. Es waren Mythen in Form von Geschichten, die vom Vertrauen in sich selbst erzählten, von den heldenhaften Taten an vorderster Front, von Sünde und Erlösung, der Beziehung zwischen Gut und Böse, und fast immer paßte eine väterliche Gottheit auf alles auf. Es waren Geschichten, aus denen Lehren gezogen wurden, Geschichten, die die Urteilsbildung auf subtile Weise formten.

Es waren auch Geschichten, die meine eigene Interpretation, wie der menschliche Geist und das Universum von Grund auf strukturiert sind, in besonderer Weise prägen und ihr eine spezielle Richtung geben konnten. Obwohl die Mythen, die meine Entwicklung in den frühen Jahren formten und steuerten, für mich als jungen Mann nützlich waren, erkannte ich doch, wie ungenügend sie waren, um die Fragen zu erklären, die ich jetzt stellte. Trotzdem waren sie immer noch das Prisma, durch das ich die Welt um mich herum zu deuten versuchte. Sie waren eine Basis, die der Anpassung bedurfte. Ich brauchte einen neuen Mythos, eine neue Geschichte zur genaueren Beschreibung einer größeren Welt, einer Welt, die von Milliarden anderen Welten umgeben ist. Es mußte eine Geschichte sein, die zum zwanzigsten Jahrhundert paßte. Außerdem war mir klar, daß ein Mythos, wenn er neu ist, stets den Stempel der Wahrheit trägt.

Im Herbst 1972 gab ich das, was ich in den zwanzig Jahren davor gemacht hatte, radikal auf. Ich trennte mich vollkommen von der NASA und fing an, meine ganze Zeit jenem unendlich weiten Forschungsfeld zu widmen, über das nachgedacht wird, seit der menschliche Geist zur Selbstreflexion fähig ist. Ich wollte das Bewußtsein in seiner gesamten Bandbreite erforschen. Ich war der festen Ansicht, daß Bewußtsein als wissenschaftliches Forschungsfeld sämtliche menschlichen Aktivitäten umfaßt. Es paßt genau in den Zwischenraum, wo Wissenschaft und die verschiedenen kulturellen Traditionen mit ihren jeweiligen Betrachtungsweisen der Welt auseinanderklaffen. Mystische Traditionen gehen implizit oder explizit davon aus, daß das Bewußtsein das Fundamentale ist. Die wissenschaftliche Tradition (der Epiphänomenalismus) setzt explizit voraus, daß es zweitrangig ist. Es schien mir so zu sein, daß die wissenschaftliche Untersuchung dessen, was Bewußtsein ist, eine Vereinheitlichung dieser beiden gegensätzlichen Betrachtungsweisen bedeutete und somit der einzige ganzheitliche Weg war, um Antworten auf die Fragen zu bekommen, wer wir Menschen wirklich sind, wie wir hierherkamen, wohin wir gehen und warum. Doch schon bald merkte ich, daß der Begriff *Bewußtsein* unterschiedliche Bedeutungen in unterschiedlichen Sprachen und kulturellen Traditionen hat.

Ich begann unendlich hoffnungsvoll und mit nur zwei grundlegenden Annahmen. Die erste war, daß wir es mit Ereignissen zu tun haben, die sich wahrscheinlich durch natürliche Prozesse erklären lassen, und die zweite war, daß jede menschliche Erfahrung für den Wahrnehmenden Gültigkeit besitzt bzw. real ist. Fraglich ist lediglich die Interpretation oder *Bedeutung*, die der Erfahrung gegeben wird. Wenn tatsächlich übernatürliche oder paranormale Ereignisse dabei im Spiel waren, so käme das beizeiten ans Licht. In Gang kommen sollte dieses Projekt mit Hilfe einer gemeinnützigen Stiftung, die mir ein unabhängiges Forschen und Lernen erlauben sollte. Die akademische Welt würde gegenüber diesen Interessen nicht sehr aufgeschlossen sein, aber ich wußte, daß diese Fragen ihrer Natur entsprechend auf multidisziplinäre Weise angegangen werden mußten. So entstand die Idee des *Institute of Noetic Sciences*, des Instituts für noetische Wissenschaften.

Anfangs hatte ich eine Organisation vor Augen, die nicht sosehr ein *Ort* war, sondern eher ein geistiger Zustand. An einem solchen Institut sollten Wissenschaftler aus allen Fachgebieten und qualifizierte Laien mit ähnlichen Interessen zusammenkommen können, um Fragen, Erkenntnisse und Meinungen untereinander auszutauschen und diese Themenbereiche, die ihnen so sehr am Herzen lagen, zu untersuchen und darüber zu schreiben. Das Forum sollte nicht im traditionellen Sinne akademisch sein. Es hätte zudem noch den Zweck, bei der Finanzierung wichtiger Forschungsvorhaben zu helfen, die wahrscheinlich sonst kein Geld aus gängigen Quellen erhielten. Dies erforderte natürlich einen steuerbefreiten Status und verläßliche Sponsoren. Am Anfang schien es keine unüberwindbare Aufgabe zu sein.

Im Herbst 1972 führte eine vielversprechende Serie von Telefongesprächen und Bekanntmachungen des Projekts zu einem Treffen mit einem philanthropischen Paar, das damals in Kalifornien lebte. Nach den ersten Gesprächen versprachen sie eine jährliche Summe von 600 000 Dollar, da sie überzeugt waren, daß die Arbeit, die wir vorhatten, von großer Bedeutung war. In den folgenden Wochen nahm ich Kontakt zu einem kleinen Kreis von Leuten auf, von denen ich dachte, sie könnten diese Sache wirklich ins Rollen bringen, und sie reagierten im allgemeinen auch mit grenzenloser Begeisterung. Wir organisierten ein längeres Zusammensein an einem ruhigen Ort, um die Pläne abzuschließen und die Aufstellungen für die Budgets und Programme zu machen. Die Zukunft schien rosig.

Im Januar, nachdem alles in die richtige Richtung zu gehen schien und die Mitarbeiter ihre Stellen antraten, machte ich dann einen letzten Besuch bei unserem Möchtegern-Sponsorenpaar, nur um festzustellen, daß ihr Finanzimperium ins Wanken geraten war. Sie erklärten mir, daß ihre Dachgesellschaft unerwartet Bankrott erklärt hatte und die Zuwendungen, die sie versprochen hatten, jetzt nicht mehr in Frage kämen. Da hatte unser Institut also gerade seine Pforten geöffnet, und schon war die Hauptquelle für seine finanzielle Unterstützung weg.

In diesen schwierigen Zeiten eignete ich mir eine neue Maxime an: Vertraue auf den Prozeß. Finanzielle Mittel aufzutreiben, so merkte ich mit der Zeit, sollte immer ein Problem sein, aber das war kein Grund, um aufzugeben. Mit festem Glauben und unerschütterlicher Beharrlichkeit würden die Mittel immer hereinkommen, so daß wir den nächsten Schritt tun könnten. Die Anfangsjahre des Instituts waren sehr bescheiden; das Personal bestand in erster Linie aus mir, Anita Rettig, ein paar Teilzeitkräften und aufopferungsbereiten freiwilligen Mitarbeitern. Anita und ich waren eng befreundet, seit ich mich von Louise getrennt hatte, und wir widmeten uns beide dem Projekt.

Es war eine rastlose und auf ihre Weise aufregende Zeit. Die Tage waren von einer Art Idealismus erfüllt, der uns ins weite Unbekannte vorwärtstrieb. Um die Rechnungen, die wir uns aufluden, zu begleichen und die paar Gehälter auszubezahlen, floß alles, was ich an Vortragshonoraren und gelegentlichen Spenden von ein- oder zweitausend Dollar von interessierten Seiten auftreiben konnte, in das Institut. Allmählich kam eine Anzahl von Leuten zusammen, die den Kern eines Vorstands und einen professionellen Mitarbeiterstab bildeten, und es wurden mehrere Projekte in Angriff genommen. Währenddessen mußten Anita und ich ständig improvisieren. Anita hatte eine Begabung für die Öffentlichkeitsarbeit und kannte sich im Bereich der Medien gut aus. Es gelang ihr, das Institut ins Fernsehen und in die Zeitungen zu bekommen, was letztendlich auch zu Einkünften führte. Die Spenden, die das Institut am Anfang erhielt, betrugen weniger als ein Viertel dessen, was jeden Monat gebraucht wurde. Aber in jenen Tagen, als alles anfing und es eigentlich nur Anita, mich und einen minimalen Mitarbeiterstab gab, schienen wir es ab und zu mit einem Wunder zu tun zu haben.

An einem regnerischen Vormittag hielt ein klappriger VW-Bus vor den großen Scheibenfenstern des Büros. Eine junge Frau Anfang Zwanzig kam an die Tür und erkundigte sich über das Institut – was wir vorhatten, wie wir es zu bewerkstelligten gedachten und warum. Wir unterhielten uns ein paar Stunden, und als sie dann aufstand, um zu gehen, fragte sie, ob ich für ihr Kind ein Autogramm auf ein Foto schreiben würde. Während ich das tat, schrieb sie einen Scheck aus, übergab ihn mir und war genauso plötzlich weg, wie sie aufgetaucht war. Als der Kleinbus davonfuhr, sah ich auf den Scheck; er lautete auf 25 000 Dollar. Monate später erfuhren wir, daß sie geerbt hatte und ihr Geld für gute und humanitäre Zwecke spenden wollte (es waren schließlich die frühen siebziger Jahre). Sie war sich sicher, daß das bei uns der Fall war. Dank solcher Synchronizitäten konnten wir weitermachen.

Aber wir mußten nicht immer auf Wunder vertrauen, es gab auch andere Möglichkeiten, Mittel zu beschaffen. Im Herbst nach der Eröffnung des Instituts nahm ich Kontakt zu Wernher von Braun auf, der immer noch in der Privatwirtschaft arbeitete, und fragte ihn, ob er in San Francisco bei einem abendlichen Empfang, der mit einer Spendenaktion für das Institut verbunden war, einen Vortrag halten würde. Es wären eine Menge anderer Redner anwesend, aber er sollte die programmatische Rede halten. Er war ganz gespannt und willigte sofort ein. Der Abend wurde ein Erfolg, sowohl was unsere PR betraf als auch finanziell, auch wenn man kritisierte, daß es zu viele Reden und zu wenig Unterhaltung bei dieser Zusammenkunft gegeben habe. Aber herauskamen fast 20 000 Dollar. Wieder einmal sah es so aus, als ob unsere Pforten ein Weilchen länger aufbleiben konnten.

Geld ist etwas Seltsames. Es besteht immer die Versuchung, eine Organisation in etwas zu verwandeln, was nie beabsichtigt war, nur um sie am Leben zu halten. Dieses zersetzende Phänomen ist allen unterfinanzierten Unternehmungen gemein, und es war immer meine Befürchtung, daß das Institut seinen Idealismus verlöre, wenn wir uns allzu enthusiastisch auf die Kapitalbeschaffung um der Kapitalbeschaffung willen versteiften. Das *Institute of Noetic Sciences* wurde gegründet, um ernsthafte wissenschaftliche Arbeit zur Erforschung dieses schwer bestimmbaren Phänomens, das wir Bewußtsein nennen, zu betreiben, und nicht, um sich bloß selbst zu verewigen. Wir mußten uns diese Situation tagein, tagaus vor Augen halten und mit dem Dilemma fertig werden, wenn wir weiterhin eine Legitimation haben wollten. Wir hatten Erfolg, aber am Anfang kam uns unser Idealismus teuer zu stehen.

Bis zum heutigen Tag bin ich stolz auf die Forschungen, die wir in diesen Anfangsjahren gesponsert haben. Sie waren allesamt ihrer Zeit voraus, und viele galten damals als total abgehoben. Aber alle legten ein solides Fundament für die Zukunft. Dr. Carl Simonton, ein Onkologe, der gerade seinen Militärdienst abgeleistet hatte, interessierte sich dafür, welchen Einfluß individuelle Einstellungen und Denkprozesse auf Kranke, insbesondere Krebskranke, haben. Mit der Unterstützung einflußreicher Vorstandsmitglieder gelang es uns, Simonton bei seinem Forschungsprojekt finanziell unter die Arme zu greifen. Brendan O'Regan, ein Biochemiker, der damals am Forschungsinstitut in Stanford arbeitete, brachte uns dazu, uns auf Gesundheitsfragen im allgemeinen zu konzentrieren. Er leitete Projekte zur Zusammenführung von Noetik und Medizin und initiierte die ersten Forschungen auf mehreren solchen Gebieten im Gesundheitsbereich, u. a. die Untersuchungen über die Wirksamkeit von Meditation und Akupunktur. Heutzutage gilt seine Arbeit als Pionierleistung und unerreicht auf ihrem Gebiet. Brendan wurde 1975 Vizepräsident am Institut und war als solcher für die Forschung zuständig; in dieser Eigenschaft arbeitete er mit unermüdlicher Hingabe bis zu seinem frühzeitigen Ableben im

Jahre 1992.* Wir waren auch von Dr. Elmer und Dr. Alyce Greens Arbeit zum Biofeedback begeistert.

Während das Jahrzehnt seinen Lauf nahm, forderte die schonungslose Aufgabe, das Institut zu betreiben, allmählich ihren Tribut. 1974 hatten Anita und ich geheiratet, und ihre Kinder aus einer früheren Ehe waren inzwischen im College-Alter. Karlyn stand kurz vor dem Ende ihres Studiums, und Elizabeth war noch mittendrin. Wie alle Eltern wissen, kostet die Ausbildung Geld. 1978 und 1979 mußte ich mich darauf konzentrieren, dieser Notwendigkeit nachzukommen. Ich versuchte daher, Leute einzustellen, die den Traum am Leben erhalten konnten, wobei ich beabsichtigte, so bald wie möglich wieder ganztags für das Institut zu arbeiten. Zusammen mit Brendan O'Regan hatte ich Dr. Willis Harman getroffen, der damals ebenfalls am Forschungsinstitut in Stanford arbeitete. Nach einem Überredungsfeldzug durch unsere Vorstandsmitglieder übernahm er schließlich die Leitung unseres Instituts. Diane Brown (Temple) kümmerte sich ein paar Jahre lang um die administrativen Details, bis Winston Franklin, der ehemals die Kettering-Stiftung geleitet hatte, überredet werden konnte, sich uns anzuschließen. Schließlich war uns eine glückliche Kombination von wissenschaftlicher Arbeit, vernünftiger Finanzierung und solider Administration gelungen. Mit dem ausgehenden Jahrzehnt war ich dann in der Lage, weiter den Vorsitz unseres vielfältigen und aufopferungswilligen Vorstands zu führen und mich gleichzeitig um die familiären Bedürfnisse zu kümmern. Ich wußte jedoch noch nicht, daß sich etwas Überraschendes anbahnte.

Mit diesem tüchtigen und einflußreichen Vorstand wurde ein Programm zur Mitgliedschaftserwerbung auf die Beine gestellt, und bald begannen immer mehr Menschen sich für die Arbeit des Instituts zu interessieren. Ende 1980 hatten wir ungefähr zweitausend Mitglieder. Wir brachten mehr Publikationen heraus, um besser über Entwicklungen berichten zu können, und stellten zusätzliche Leute ein. Aber einflußreiche Vorstandsmitglieder tendieren auch dazu, Projekte zu unterstützen, die ihren eigenen Interessen entsprechen; und je breiter das Betätigungsfeld wurde, desto besorgter wurde ich, daß wir unseren Fokus verlieren könnten. Es konnten Mittel beschafft werden, um sol-

* Seine Arbeit *Spontaneous Remission: An Annotated Bibliography*, die er zusammen mit Caryle Hirshberg verfaßt hatte, wurde 1993 vom *Institute of Noetic Sciences* veröffentlicht.

che Phänomene wie das »Channeling«, das Leben nach dem Tode – wenn es das gab – oder »Wunder« zu erforschen, und ein paar Mitglieder des Vorstands meinten, daß das Institut sich mehr in eine spirituelle oder mystische Richtung orientieren müßte. Daran hatte ich wenig Interesse und war manchmal nicht gerade diplomatisch, wenn ich meine eigene Meinung dazu äußerte. Ich hielt diese anderen Themen für peripher; das waren nicht die fundamentalen Fragen, um die ich mich all die Jahre bemüht hatte. Meiner Meinung nach standen sie einer direkteren Betrachtung durch die Wissenschaften nur im Wege, bei der die zugrundeliegenden elektromagnetischen und quantenmechanischen Wirkungsweisen von Gehirn und Körper aufgedeckt werden könnten. Wenn wir wüßten, wodurch unsere Bewußtheit und unser Denken wirklich hervorgerufen werden und wie sie sich entwickelt haben, würden sich die Antworten auf diese anderen Fragen von selbst ergeben.

In der Zwischenzeit begannen zentrifugale Kräfte sich auszuwirken. Wie bei allen jungen Organisationen gab es zunehmend heftigen Ärger und Kummer, der überstanden werden mußte. Am Ende bezahlte ich für meinen Starrsinn. 1982 wünschte der Vorstand ein breiteres Programm, das den individuellen Interessen näherkam, und verschwor sich, einen neuen Vorsitzenden zu wählen. Plötzlich erfuhr ich, daß ich abgelöst worden war. Ich zog mich eine Weile zurück, um die Emotionen abkühlen zu lassen, und war in einer Hinsicht erleichtert, nämlich frei zu sein von der administrativen Belastung, eine wachsende Organisation zu führen. Aber ich war natürlich auch verletzt.

Mein Leben kam deswegen nicht gerade zum Stillstand, sondern wurde nur hektischer, da ich mehr Zeit mit privaten Dingen verbrachte. Außerdem dachte ich nicht daran, meine Forschungen aufzugeben, denn die Fragen hatten sich mir unauslöschlich eingeprägt. Morgens und abends setzte ich meine eigene private Forschung fort. Man braucht nicht unbedingt ein Labor, um über die Beschaffenheit des Universums nachzudenken. Es genügt ein Zimmer mit einem Fenster und vielleicht ein, zwei Büchern.

12

Von den ersten Tagen des Instituts an war mir klar geworden, daß es in den traditionellen Denkstrukturen – soweit sie die Rollen von Evolution und Intentionalität betrafen – zwei entscheidende Probleme gab, die die westliche Sichtweise von Realität zu verzerren drohten; so konnte man zumindest argumentieren. Als ein generelles Prinzip des Universums war Evolution bereits anschaulich bewiesen worden, allerdings erst in diesem Jahrhundert. Hinzu kam, daß es von fundamentalistischen und traditionellen Denkern noch nicht akzeptiert war. Der verbleibende Schlüssel lag in der menschlichen Intentionalität. Ihre stärkste Ausprägung fand sich in den gültigen Beweisen von der Überlegenheit des Geistes über die Materie. Wenn sich herausfinden ließe, daß diese Form der Intentionalität mystisches Wissen bestätigte und sie eine generelle menschliche Fähigkeit ist, dann wären Determinismus und Epiphänomenalismus eindeutig überholte Ideen. Dies schien sicherlich ein folgerichtiger, einfacher Gedankengang zu sein, und so versuchte ich auf eigene Faust herauszufinden, was sich aus dem vorliegenden Material ergeben würde – ob es für die traditionelle Sichtweise sprach oder für irgendeinen neuen »Mythos« unserer Existenz. Ich mußte jedoch lernen, daß einfach und leicht nicht synonym sind.

Es waren fundamentale Hürden zu überwinden. Die wirklich zentralen Ideen hinsichtlich Evolution und menschlicher Intentionalität mußten neu beleuchtet werden, wenn man den Epiphänomenalismus bestreiten wollte. Bis zu diesem Jahrhundert akzeptierten die konventionellen Gelehrten aller Richtungen, daß das Universum im Grunde im Ruhezustand sei und Veränderungen wie Schaumkronen auf einem ansonsten tiefen, unbeweglichen, unveränderlichen Ozean nur an der Oberfläche aufträten. Erst als Edwin Hubble in den zwanziger Jahren entdeckte, daß sich das Unversum ausbreitete, stellten die Wissenschaftler die Theorie auf, eine Art »Urknall« habe alles in Gang gesetzt, die sie dann verifizierten. Die Folge dieser Entdeckung war, daß man in der Evolution ein generelles Gesetz für das Universum sah. Der Darwinismus hatte die Tür aufgemacht, enthielt aber ein entscheidendes Manko: Die Entwicklung von Leben als Folge geistloser, wahlloser Mutation war unwahrscheinlich, es mußte vielmehr durch intelligente und intentionale universale Prozesse entstanden sein. Die abstrakte Vorstellung eines dynamischen, sich kontinuierlich verändernden Universums, zu dem unsere Welt gehört, zerbrach einen wesentlichen Grundstein in den meisten herkömmlichen Denkstrukturen.

Sowohl die Wissenschaft als auch die meisten religiösen Traditionen haben die Bedeutung der menschlichen Intentionalität negiert. Der Wissenschaftsphilosophie nach ist sie im Grunde eine Illusion, da die Realität nur durch die Bewegung von Teilchen und Energie in Übereinstimmung mit den Gesetzen der Physik bestimmt wird. Falls das tatsächlich der Fall wäre, dann *wäre* Bewußtsein natürlich nur ein zweitrangiges Produkt der universalen Prozesse.

Kulturelle Überlieferungen, deren Ursprünge in der mystischen Erfahrung liegen, weichen davon nur in der Ursache ab, nicht jedoch in der Wirkung. Das Universum wird von übernatürlichen göttlichen Eliten beherrscht, und wenn Menschen sich Linderung in ihrem Leid wünschen, müssen sie, um eine Änderung zu bewirken, ein göttliches Wesen anflehen. Werden positive Ergebnisse erzielt, so deshalb, weil die Gottheiten zufrieden sind oder Mitgefühl haben, und es passieren »Wunder«. In den meisten Stammesmythologien dienen launenhafte, zürnende oder liebende, auf alle Fälle aber unabhängig denkende Götter dem gleichen Zweck wie die Gesetze der Physik und Biologie, derer sich die Wissenschaft bedient. Im einen wie im anderen Fall soll für eine bestimmte Ordnung in einem ansonsten rätselhaften Universum gesorgt werden. Auf diese Weise wird die Welt begreifbarer. Leider haben die Gesetze der Wissenschaft einen ebenso dunklen und rätselhaften Ursprung wie die Götter.

Betrachtet man ein beliebiges Phänomen, das ein Paradox enthält, ergeben sich aus der Sammlung der gewonnenen Daten größere neue Wahrheiten. Es werden Muster, Ereigniskurven sichtbar.

Ich entdeckte, daß das gleiche zutrifft, wenn man die Geschichte der menschlichen Zivilisation untersucht.

Es wird sehr deutlich, daß geistige Prozesse beim Menschen, mißt man die Fähigkeiten und den Wissensstand unserer Spezies, in einem unglaublichen Maße zunehmen. Im Laufe der Zeit haben sich unsere Kenntnisse und Fähigkeiten exponentiell erweitert. Das heißt, sie haben sich über immer kleiner werdende Zeiträume hinweg verdoppelt, und zwar seit Beginn der Menschheitsgeschichte.

Man überlege einmal, daß in all den Millionen Jahren, seit in den Meeren unseres Planeten die ersten Organismen ins Leben kamen, es vielleicht erst ab den letzten 50 000 Jahren gesprochene Sprachen gibt, die an die Komplexität moderner Sprachen herankommen. Anhand von anthropologischem Material läßt sich vermuten, daß der lange Weg der Sprachentwicklung vor ein bis zwei Millionen Jahren mit einer Veränderung der Kehlkopfposition an der Schädelbasis des Menschen begonnen haben könnte.* Gewiß gab es die Grunzlaute von den Vorgängern des Menschen und den Primaten, das Heulen von Hunden, die Pfeiftöne von Delphinen und Walen. Und bestimmte Verhaltensweisen wie Paarungsrituale vermitteln gleichfalls Information an andere, aber im großen und ganzen gab es keine präzise orale Sprache. Sprache ist eine noch nicht lange zurückliegende Innovation in einer ansonsten unendlichen Stille, die fünfzehn Milliarden Jahre, bis in die Zeit des Urknalls, zurückreicht.

Von den vergangenen 50 000 Jahren gibt es erst seit den letzten 5000 Jahren eine Schriftsprache. Erst seit den letzten 3000 Jahren sind wir Menschen in bedeutender Weise selbstanalytisch. Erst vor ein paar Jahrhunderten schuf Gutenberg die erste Druckerpresse, und erst seit dem letzten Jahrhundert ist der Mensch in der Lage, Nachrichten mit elektrischen Mitteln zu übertragen. Unser eigenes Jahrhundert wird für alle Zeiten wegen drei der beachtlichsten menschlichen Errungenschaften in Erinnerung bleiben: die Spaltung des Atoms, der Flug ins All und die Entwicklung des Computers. Wir leben gegenwärtig gleichzeitig im Atomzeitalter, im Weltraumzeitalter, im Informationszeitalter und im Computerzeitalter. Alle vier sind natürlich in der Menschheitsgeschichte ohne Beispiel.

Wichtiger aber ist, daß der Zeitraum, innerhalb dessen die Zahl der Neuerungen und größeren Entwicklungen sich verdoppelt, auf nur wenige Jahre zusammengeschrumpft ist, und der Zeitraum, innerhalb dessen die Menge der verfügbaren Information sich verdoppelt, auf nur wenige Monate. Nicht einmal mehr eine Menschengeneration betragen in meinem eigenen Leben die Zeiträume, in denen die Erdbevölkerung und die Transportgeschwindigkeiten sich verdoppeln.

---

* Nach Ansicht des Sprachwissenschaftlers Noam Chomsky liegt der Ursprung der Sprache kaum 250 000 Jahre zurück.

Das Erschreckendste an dieser Geschichte ist die außerordentliche Kürze, bis etwas selbst Geschichte ist. Der beschleunigte Wandel und der Einfluß des Menschen auf das Aussehen des Planeten beweisen uns allen täglich aufs neue, daß die Intentionalität des Menschen eine gewaltige Kraft ist und daß die Evolution sehr wohl tätig ist. Sie ist auch *zunehmend unter intentionaler Kontrolle des Menschen.* Obwohl es dermaßen augenfällig ist, drückt man sich vor den ungeheueren und unausweichlichen Fragen: Wo war die Intentionalität in der Zeit vor dem Menschen? Was ist für die nächsten Jahrhunderte zu erwarten? Wie wird unsere Zivilisation in einhundert, in zweihundert, fünfhundert Jahren aussehen? H. G. Wells sagte einmal, die Geschichte des Menschen scheine immer mehr zu einem Wettlauf zwischen Bildung und Katastrophe zu werden. Natürlich müssen diese Bedrohungen eines Tages zu Ende gehen, entweder in Form einer sozialen Katastrophe oder durch diszipliniertes menschliches Handeln, wenngleich nur letzteres akzeptabel sein sollte. Letztlich versprechen wir uns von unseren Technologien, den Planeten, wenn er eines Tages stirbt, verlassen zu können.

Der vielleicht entscheidendste Aspekt unserer eigenen Evolution ist der Grad unserer Fähigkeit zur Selbstreflexion. Und auch diese hat ihre eigene kurze Geschichte. Eine der bedeutungsvollsten Entwicklungen seit Beginn der Geschichtsschreibung vollzog sich ungefähr im sechsten Jahrhundert v. Chr. mit dem Leben von drei außergewöhnlichen Menschen, die nahezu Zeitgenossen waren, jedoch ohne voneinander zu wissen. Jeder von ihnen sann unabhängig und mit großer gedanklicher Klarheit über das Geheimnis des Seins nach.

Gautama Buddha, der Begründer des Buddhismus, Zarathustra, der Begründer der persischen Geheimlehre, und Laotse, der die Weisheit Chinas früherer Perioden zusammenfaßte, um sie ins *Tao Te King* einfließen zu lassen – sie alle arbeiteten anscheinend relativ isoliert voneinander. Doch von ihnen stammen die ersten Aufzeichnungen eines kritischen, selbstreflexiven, analytischen Denkens über das Wesen des Geistes und des Seins.

Sehr interessant fand ich beim Lesen, daß es bis dahin keine strenge Form der Selbstbesinnung gegeben hatte. Die primitiven Grabkultgegenstände in den Höhlen der Neandertaler sind die frühesten dokumentierten Hinweise auf eine Beschäftigung mit Prozessen nach dem Tod. Die Neandertaler können sich vor 100 000 Jahren allerdings nicht mit bedeutungsvollen introspektiven Überlegungen befaßt haben, denn dafür war ihre Sprache nicht ausgebildet genug. Aber plötzlich kam es ab ca. 600 v. Chr. weltweit zu diesem allgemeinen Phänomen. Vier unterschiedliche Kulturen, die chinesische, indische, persische und griechische, stellten ähnliche intellektuelle Überlegungen über das Wesen des Menschen und die Rolle des Geistes an. Gleichwohl zogen sie unterschiedliche Schlußfolgerungen und betonten unterschiedliche Aspekte in den mentalen Eigenschaften des Menschen. Es war, als ob die Entwicklung des menschlichen Bewußtseins plötzlich überall auf der Welt eine neue Stufe der Wißbegier und Erkenntnis erreicht hatte.

Im Jahre 399 v. Chr. wurde Sokrates vor die Wahl gestellt, entweder Athen zu verlassen und ins Exil zu gehen oder zum Tode verurteilt zu werden, weil er, einfach gesagt, zu viele unangenehme Fragen geäußert hatte. Er entschied sich schließlich für den Tod, um ein Märtyrer für das Recht auf freies Forschen zu werden, und genau das wurde er auch. Weit und breit galt Sokrates als jemand, der die Philosophie vom Himmel herabgeholt hatte, und die Stadtväter befürchteten, er würde mit seinen Fragen selbst die Götter nicht verschonen. Wahrscheinlich verstand die Regierung Athens, daß es ziemlich schwierig ist, mit dem Fragen aufzuhören, wenn man einmal damit angefangen hat. Doch der Geist war bereits aus der Flasche, und in den nächsten 2400 Jahren sollte der Mensch sich unter jedem Aspekt sowie in seinem Kontext innerhalb dieser sonderbaren Welt, in der er sich befand, kritisch analysieren.

Die Entwicklung von Sprache – die gesprochenen, die geschriebenen sowie die künstlichen Maschinensprachen – verläuft parallel zu dem Anwachsen unserer Technologien und unseres bewußten Gewahrseins. Mit dem geschriebenen Wort entstand für uns sozusagen ein erweitertes Gedächtnis zur Nutzung durch unseren Sehsinn. Wir können heute die klassischen Stücke von Homer, die uralte Geschichte der Sintflut, wie sie in der Genesis, dem ersten Buch Mose, steht und das *Gilgamesch-Epos* lesen, und wir können revolutionäre Dokumente wie die Verfassung der Vereinigten Staaten hervorbringen, um uns zu regieren. Vor nicht allzu langer Zeit haben wir durch die Erfindung von Geräten zur Tonaufzeichnung ein erweitertes Gedächtnis für den Hörsinn geschaffen und danach mit Multimediasystemen das Gedächtnis für alle Sinne gleichzeitig erweitert. Davor gab es keine von Menschenhand geschaffenen Mittel, um die menschliche Erfahrung für die direkte Verwendung in der Zukunft festzuhalten. Die Speicherung von

Informationen über Erfahrungen ist jedoch für jedes evolutionäres System unbedingt erforderlich. Es stellt sich also die Frage: Welche Mittel hat die Natur? Ein natürliches Mittel, für das die Natur sorgte, um Informationen für den späteren Gebrauch einzuordnen und zu erhalten, ist der genetische Kode. Ich vermutete bereits, daß es noch andere Mechanismen geben könnte. Aber darauf komme ich später noch zu sprechen.

13

Wenn ich auf mein bisheriges Leben zurückblicke, meine ich, man könnte es als eine winzige Metapher für den Verlauf ansehen, den die westliche Zivilisation durch die Jahrtausende genommen hat. Das heißt, mein Leben und der Fortschritt der Zivilisation haben Ähnlichkeiten in ihrer Form. In diesem Jahrhundert gab es schnelle und dramatische Fortschritte, und meine Generation hat den größeren Teil seiner Beschleunigungskurve in Richtung eines globalen Übergangs zu sehen bekommen. Es kann sein, daß wir die letzten sind, die dieses außerordentliche menschliche Drama miterleben, da eine derartige Beschleunigung einfach nicht beibehalten werden kann.

Wenn ich meine karge Herkunft betrachte, die in den Ebenen von West-Texas in einer bäuerlichen Familie liegt, deren Lebensunterhalt vorwiegend aus manueller Arbeit herrührte, von motorlosen Gerätschaften und Haustieren unterstützt, dann überwältigt mich das gefühlsmäßig. An solch einem einfachen Ort in so einer einfachen Zeit angefangen und soviel gesehen zu haben ist mir oft unbegreiflich. Und wenn ich über die ersten frühzeitlichen Ackerbauern auf dem Planeten nachdenke und mir vor Augen halte, wie weit wir als Zivilisation heute gekommen sind, finde ich den Fortschritt gleichfalls erstaunlich. 1930 spielte die Reise ins All noch nicht einmal eine bedeutsame Rolle in der Science-fiction-Literatur, aber vierzig Jahre später sollte ich in einem Raumschiff unterwegs sein, das zwei Menschen bis auf die Oberfläche des Mondes brachte, während über uns das Schwesterschiff den Mond umrundete.

Die Evolution der Menschheit hat im weitesten Sinne einen ähnlichen Fortschritt gemacht. Wir entwickelten uns von einer primitiven Spezies mit begrenztem Wissen, mit dem wir Werkzeuge herstellten, zu einer Zivilisation, fähig, Maschinen zu bauen, die Atome spalten oder Zauberkästen mit Bild und Ton erfüllen können. Chronologisch befindet sich unsere Zivilisation aber immer noch in ihrer Kindheit; in geologischer Zeitrechnung ist sie gerade vor ein paar Jahren von den

Bäumen gestiegen. Als Spezies scheinen wir noch immer jung und unreif zu sein, ohne Blick für die Zukunft, nicht gerüstet für unsere eigene Entwicklung, deren Richtung wir nicht einmal sehen. Es mangelt uns in dieser Hinsicht an jedwedem nachdenklichen, konsensfähigen Urteilsvermögen, um das, was wir bewußt wollen, in die richtigen Bahnen zu lenken, denn wir sind uns nach wie vor nicht sicher, ob wir überhaupt Willen besitzen oder nicht.

Ende 1972 fing ich an, solche Gedanken ernster zu nehmen, als es in rascher Folge zu einer Reihe sonderbarer Geschehnisse kam. All das passierte merkwürdigerweise, als ich mich gerade darauf einstellte, der NASA den Rücken zuzukehren und die Pforten zum Institut zu öffnen. Es waren in meinen Augen keine reinen Zufälle, sondern eher Begebenheiten, die der rätselhaften Kadenz der Synchronizität unterstehen.

Im Herbst jenen Jahres reiste ich nach Little Rock in Arkansas, um auf einer Tagung vor einer Gruppe von Leuten zu sprechen – eines meiner ersten Engagements dieser Art. Es versprach ein besonderer Anlaß zu werden, da meine Mutter, die in Oklahoma wohnte, kommen wollte, um mich zu sehen. Sie hatte damals ernsthafte Probleme mit ihren Augen infolge eines Glaukoms, und ohne ihre Brille war sie, rechtlich gesehen, in der Tat blind. Mit den Jahren waren ihre Brillengläser immer stärker und dicker geworden, da sie eine operative Korrektur für zu riskant hielt. Und inzwischen konnte sie ohne Brille wirklich nichts mehr sehen.

Während der Konferenz begegnete ich einer Reihe bemerkenswerter Männer und Frauen, darunter einem Mann namens Norbu Chen. Norbu war Amerikaner und hatte die früheste Form des tibetanischen Buddhismus studiert, die von alten schamanistischen Praktiken Tibets noch reichlich durchdrungen war. Er war ein kleiner, beweglicher Mann, hatte frühzeitig graues Haar bekommen, ließ sich nicht durchschauen und war immer streitlustig. Außerdem behauptete er von sich, ein Heiler zu sein. Eines Abends, nach einem ganzen Tag mit Vorträgen, stellte ich Norbu meiner Mutter vor, die zu der Zeit Anfang Sechzig war.

Ich hatte ein zweifaches Interesse. Zum einen wollte ich herausfinden, was es mit Norbu Chen auf sich hatte, ob etwas Echtes dahintersteckte oder ob es nur Geschwätz war, und zum anderen wollte ich, wenn möglich, natürlich meiner Mutter helfen, obwohl ich höchst skeptisch war. Meine Mutter, die ihr ganzes Leben lang eine strenggläubige Christin war, hatte präzise und traditionelle Vorstellungen darüber, wodurch der Geist in die Lage versetzt werden konnte, auf Materie heilenden Einfluß auszuüben – nämlich entweder durch die Hand Gottes oder durch die des Teufels. Dazwischen gab es nichts. Norbu, der sich natürlich für keinen der beiden hielt, war völlig überzeugt, daß er helfen konnte. Er versprach nichts, sondern meinte nur, daß wir es versuchen und sehen sollten, was passierte. Ich war äußerst gespannt und meine Mutter immerhin keine Spielverderberin bei der ganzen Sache. Auch sie räumte ein, daß ja etwas Gutes dabei herauskommen könnte.

Anderntags trafen Norbu und ich meine Mutter in meinen Hotelzimmern, wo wir unter uns waren. Er bat sie, auf einem Stuhl Platz zu nehmen, ihre dicke Brille abzulegen und sich zu entspannen. Ich schaute vom anderen Ende des Zimmers aus zu, während dieser sonderbare asiatisch geschulte Mann tat, was er seinen Worten nach schon seit vielen Jahren machte. Ich wurde Zeuge, wie meine Mutter in einen Zustand tiefer Entspannung verfiel. Nachdem sich Norbu durch Singen eines sonderbaren Mantras in eine meditative Trance (wie er behauptete) gebracht hatte, glitten seine Hände schwebend über den Kopf meiner Mutter und hielten über ihren Augen inne. Es schien ihrerseits eine unausgesprochene Akzeptanz, ein stummes Vertrauen in diesen Mann vorhanden zu sein, dem sie bis zu diesem Wochenende noch nie begegnet war.

Nach ein paar Minuten sagte Norbu leise und sanft, daß er fertig sei und sie am besten zu Bett ginge, sich gut ausschliefe und sich schone, so als hätte sie eine größere Operation hinter sich. Als Kost schrieb er ihr Traubensaft und Brühe vor. Während ich dasaß und zusah, war in mir die Hoffnung, daß ich soeben etwas ganz Außergewöhnliches miterlebt hatte. Ich wollte, daß sich etwas getan hatte, aber gleichzeitig versuchte ich, der unparteiische, klinische Beobachter zu sein und meine Erwartungen nicht hochzuschrauben. Jedenfalls mußte ich nicht lange auf die Ergebnisse warten. Um sechs Uhr am nächsten Morgen kam meine Mutter in mein Zimmer geeilt und rief: »Ich kann sehen, mein Sohn, ich kann sehen!«

Ohne eine Pause zu machen und mir Zeit zu geben, mich zu besinnen, belegte sie ihre Behauptung, indem sie mir mit der Brille in der Hand aus ihrer abgegriffenen Bibel vorlas. Dann sagte sie noch einmal in einem etwas ruhigeren Ton: »Ich kann sehen. Dem Herrn sei Dank, *ich kann sehen!*« Sie ließ ihre Brille auf den Boden fallen und zerdrückte die dicken Gläser unter ihrem Schuhabsatz zu Scherben. Es erübrigt sich zu sagen, wie beeindruckt ich war.

Ich versuche weder mit dieser noch mit einer anderen anekdotenhaften Geschichte die Zweifler zu überzeugen. Das wird nur gelingen, wenn der »aufgeschlossene« Skeptiker sich selber die Mühe macht, sich derartige sonderbare Phänomene (wenigstens für den westlichen Geist sonderbar) anzusehen und sorgfältig zu untersuchen, ohne voreingenommen zu sein durch traditionelle Interpretationen. Dies war keine Wissenschaft, aber was mich betraf, so zeigte es immerhin an, wo ich persönlich gründlicher sondieren mußte. Alles, was ich sagen kann, ist, daß es sich genauso abgespielt hat.

Danach erlebte ich das tiefsitzende Erstaunen, das einen befällt, wenn man Zeuge von etwas ganz Außergewöhnlichem war. Dies war ein Ereignis, das ich nicht erklären konnte; aber ich konnte es auch nicht leugnen. Ich wußte, die Reaktion meiner Mutter war echt, *sie* war keiner Täuschung, was ihre Sehkraft betraf, aufgesessen. Sie hatte ihre Sehkraft wirklich wieder und fuhr mit dem Auto Hunderte von Kilometern ohne ihre Gläser allein nach Hause zurück.

Nach diesem Erlebnis war ich hinreichend beeindruckt, so daß ich Chen einlud, nach Houston zu kommen, um selbst ein paar Dinge von ihm zu lernen. Nach ein paar Wochen kam er und blieb viele Monate, in denen ich nicht nur den Heiler Norbu, sondern auch den Menschen Norbu kennenlernte. Es war nichts sonderlich Bemerkenswertes an ihm. Er war nicht sehr kompliziert, sondern lediglich jemand mit einer ganz speziellen Fähigkeit zum Heilen, die er nicht entsprechend erklären konnte.

Wenige Tage nach meiner Rückkehr nach Hause lernte ich eine weitere Lektion, die ich nicht so schnell vergessen sollte. Nachdem meine Mutter einige Tage lang ihrer Alltagsroutine nachgegangen war, ohne auf Kontaktlinsen oder eine Brille angewiesen zu sein, weil sie nahezu perfekt sehen konnte, rief sie mich an und fragte, ob Norbu ein Christ sei oder nicht. Sein Name, das war ihr klar, stammte aus einer asiatischen Kultur, und die deckte sich sehr wahrscheinlich nicht mit ihrem geliebten Glauben, wie sie vermutete. Obwohl ich es ihr nicht sagen wollte, blieb sie hart. Sie wollte unbedingt wissen, woran der Mann glaubte, der es ihr ermöglicht hatte, wieder zu sehen. Ungern, weil vielleicht nichts Gutes ahnend, sagte ich ihr, daß Norbu tatsächlich kein Christ war, und im selben Moment war ihrer Stimme deutlich anzumerken, wie tief und schmerzlich sie das bedauerte.

Sie beharrte nun darauf, daß ihre neue Sehkraft nicht das Werk des Herrn war, sondern von den dunklen Mächten dieser Welt stammte. Sie war sich absolut sicher, daß Norbu, da er einen anderen Glauben hatte, ein Werkzeug des Bösen sein mußte. Ich konnte sagen, was ich wollte, und ihr mein eigenes profanes Verständnis solcher Phänomene erklären, soviel ich wollte, sie ließ sich einfach nicht davon abbringen. Die weitgehende Verbesserung ihres Augenlichts war das Werk des Teufels. Stunden später ging das Geschenk verloren, und sie brauchte wieder eine starke Brille.*

Dieser Vorfall bedrückte und fesselte mich zugleich. Das Bedrükkende daran war, daß eine so unglaubliche Heilung zurückgewiesen werden konnte und daß meine Mutter aus Angst um ihre Seele diese persönliche Entscheidung getroffen hatte. Aber zugleich war es faszinierend, und die Tatsache, daß eine solche Abfolge von Ereignissen überhaupt vorkommen konnte, hinterließ einen umwerfenden Eindruck. Wie konnte ich nur so ignorant gegenüber einer so wichtigen Sache gewesen sein? Es veranlaßte mich, andere Leute wie Norbu zu suchen, und zeigte mir deutlich, daß ich etwas mehr darüber in Erfahrung bringen mußte, welche Rolle der Glaube in unserem Leben spielt und welche Kraft er hat. Was immer das in klinischer Hinsicht bedeutete, klar war, daß das innere Leben, das subjektive Leben, von fundamentaler Bedeutung war. Das war etwas, womit sich die Wissenschaft nicht befaßte; ich selbst hatte dem wenig Aufmerksamkeit geschenkt.

Gleichzeitig aber erkannte ich, daß Vorsicht nötig war. Obwohl ich in der Folge zahlreichen Heilern mit ähnlichen Fähigkeiten begegnete, stieß ich auch auf viele Schwindler. Aus Erfahrung lernte ich mit den Jahren, daß Gesundheit und Wohlbefinden sich aus der gesamten Lebensweise ergeben. Ein Allheilmittel gegen Krankheiten gibt es nicht bei Heilern, nicht in der allopathischen Medizin, nicht in der homöopathischen Medizin, nicht in der Chiropraktik, nicht in der Ernährungsweise und dergleichen, obwohl diese alle helfen können.**

---

* Seltsamerweise unterzog sich meine Mutter nie einer Augenoperation. Trotzdem wurden ihre Augen im Lauf der Jahre besser, so daß sie kurz vor ihrem Tod weniger starke Gläser trug als in der Zeit, bevor sie Norbu begegnet war.

** Mir ist klar geworden, daß man zunächst einen gelassenen und friedlichen inneren Zustand kultivieren und Verantwortung für das eigene Wohlergehen übernehmen muß. Erst dann können solche von außen kommenden Hilfen wirklich effektiv sein.

Wenn ich auf jene Zeiten zurückschaue, sehe ich, wie naiv ich war. Noch jahrelang unterschätzte ich die Kraft, die der Glaube in unserem Leben hat, was daran lag, daß ich von meiner klassischen wissenschaftlichen Bildung ganz durchdrungen war. Es verwirrte mich nach wie vor, daß Glauben überhaupt etwas beeinflussen konnte. Aber vermutlich war im großen Maße auch Naivität die treibende Kraft hinter meiner Gründung eines Instituts, wo diese Forschung, die ich für wichtig hielt, betrieben werden konnte. Meiner Meinung nach würden andere Wissenschaftler, wenn sie derartige echte Phänomene in kontrollierten Umgebungen selbst zu sehen bekämen, einsehen, daß es sich zumindest lohnte, weitere Untersuchungen anzustellen, und es angesichts der Aussichten aufregend finden. Aber es waren unsichtbare Schleier vorhanden, die solch ein ungehemmter Idealismus nicht sehen konnte. Ungläubiger Zweifel war einer davon, wie sich herausstellte.

Es war damals meine Meinung, und ich meine es heute immer noch, daß ungläubiger Zweifel einen daran hindert, das, was man nicht sehen möchte, zu sehen. Mein Glaube an die Rationalität der Wissenschaft machte mich gegen die gleichermaßen rationalen Konsequenzen blind, die mit dem Zweifel einhergehen. Damals hatte ich immer noch die Vermutung, daß Bewußtsein eine nicht-physikalische Komponente haben könnte, Fähigkeiten, die sich physikalischen Gesetzen nicht zuschreiben ließen. Aber wahrscheinlicher war, daß es physikalische Prinzipien gab, die noch entdeckt werden mußten. Was immer die Antworten waren, sie würden eines Tages sicherlich durch eine rationale, gründliche Untersuchung dieser Fragen ans Licht kommen. Dies waren keine übernatürlichen Ereignisse, sondern natürliche, die sehr wohl innerhalb des wissenschaftlichen Forschungsbereichs lagen, und wenn sie tatsächlich Gültigkeit besaßen, hätte es auf die Wissenschaft revolutionäre Auswirkungen. Aber damit müßte sich auch die Art und Weise verändern, wie wir Religion, Philosophie, den Staat und uns selbst in diesem Universum sehen, und die Werte, an die wir uns im täglichen Leben halten. Leider gab es herzlich wenige, die das Forschungsfeld ernst nahmen, da sich etliche eminente Wissenschaftler im vergangenen Jahrhundert bereits ihre Zähne an diesen Fragen ausgebissen hatten.

Aber erneut sollte es auf meinem eigenen Forschungsweg zu einer Synchronizität kommen.

Im selben Jahr wurde ich einem anderen übersinnlich veranlagten Menschen vorgestellt. Es war ein 25jähriger Israeli namens Uri Geller.

Uri war damals noch völlig unbekannt. Er lebte in Israel, wo Dr. Andrija Puharich auf ihn aufmerksam wurde. Puharich war ein amerikanischer Physiker mit einem Hang zu einem etwas weltfremden idealistischen Denken, der sich allerdings mit einer Reihe medizinischer Erfindungen einen Namen gemacht hatte. Er suchte wie ich nach Antworten auf verwirrende menschliche Phänomene. Nachdem er Uri in Israel monatelang beobachtet hatte und Zeuge seiner außergewöhnlichen Fähigkeit in den Bereichen von Telepathie und Psychokinese geworden war, rief er mich an und fragte, ob ich daran interessiert sei, ein paar ernsthafte, kontrollierte Forschungen in einem Labor in Amerika zu arrangieren.* Ich sagte unter der Voraussetzung zu, daß ich persönlich ein paar Voruntersuchungen machen konnte, um mich zu vergewissern, daß es sich lohnte. Wieder einmal schlug mein eigener Skeptizismus durch.

Andrija behauptete, daß er einige wahrhaft erstaunliche Demonstrationen von Telepathie, Hellsichtigkeit und Psychokinese beobachtet habe, zugleich mit einem sehr breiten Spektrum an Ereignissen, die als parapsychologische Phänomene betitelt werden. Er betonte, daß es die überzeugendsten waren, die er je gesehen hatte, und daß wir Uris unglaubliche Fähigkeiten unbedingt unter die Lupe nehmen müßten. Jahre später sollte Geller mit vielen Wissenschaftlern arbeiten und im weiteren Verlauf ein bescheidenes Vermögen machen, indem er für Öl-, Gas- und Mineralgesellschaften arbeitete und erfolgreich mit der Wünschelrute nach Vorkommen suchte, die tief im Erdinnern liegen. Die Tatsache, daß solche Gesellschaften Fehlleistungen schlecht bezahlen, belegt immerhin Gellers übernatürliche Fähigkeit als Wünschelrutengänger. Aber 1972 war er gerade ein junger, mittelloser Israeli, der seinen obligatorischen Militärdienst hinter sich hatte und behauptete, er habe diese Leistungen seit seiner Kindheit vollbracht, ohne anfangs überhaupt zu merken, wie außergewöhnlich sie waren – ein Merkmal, das ich später noch häufig antraf. Nach unserer ersten Begegnung, die mehrere Tage dauerte, war ich hinreichend überzeugt (in der Tat überwältigt), daß seine Fähigkeiten echt waren und nicht einfach Effekthascherei oder Zaubertricks. Ich begann auf der Stelle, mich um finanzielle Fördermittel zu kümmern, die ich durch Judith Skutch und Henry Rolfs, die später im Vorstand des Instituts saßen, zu bekommen hoffte, sowie um die Vorbereitungen für Labortests. Geller willigte ein

* Er erkundigte sich auch in ganz Europa nach interessierten Wissenschaftlern.

und kam im späten Herbst nach Stanford ins dortige Forschungsinstitut in der Nähe von San Francisco, um an einer Reihe von Experimenten teilzunehmen, die seine parapsychologischen Fähigkeiten unter unserer Aufsicht demonstrieren sollten. Ein Team von Wissenschaftlern sollte die Arbeit leiten und die Resultate beobachten. Ich dachte, damit könnte ein echtes Interesse unter etablierten Wissenschaftlern ausgelöst werden, vorausgesetzt, Uri konnte seine Behauptungen unter Beweis stellen. Aber es war nicht Uri, der uns enttäuschen sollte.

Der Schlüssel zu gutem wissenschaftlichen Arbeiten auf diesem Gebiet liegt stets darin, das Experiment ganz unter die Kontrolle der Forscher zu stellen und sich an Testprozeduren zu halten, die in keiner Weise auf ein Ergebnis abzielen und einfach oder doppelt abgesichert sind, so daß keiner der Beteiligten Vorinformationen über den möglichen Verlauf hat. Da man es im Grunde mit subjektiven Ereignissen zu tun hat, ist es generell effizienter, die Testperson einfach demonstrieren zu lassen, was sie am besten kann, und dann strenge Protokolle zu entwickeln, die auf die Fähigkeit abgestimmt sind. In diesem Geist der Kooperation und offenen Untersuchung gingen Geller und ich die Sache an. Er war sogar damit einverstanden, nicht, wie sonst bei ihm üblich, durch Effekte auffallen zu wollen.

Die Wissenschaftler, die das Experiment vor Ort betreuten, waren Dr. Harold Puthoff und Russell Targ, beide weithin anerkannte Physiker am SRI (*Stanford Reseach Institute*), die sich auf konventionelleren Wissenschaftsgebieten einen Namen gemacht hatten. Aber auch sie waren überzeugt, daß diese Sache eine Untersuchung wert war. Sie entwickelten zahlreiche der Experimente, die wir zur Überprüfung von Uris Fähigkeiten durchführten. Mehrmals wurden sie von Dr. Wilbur Franklin von der Universität Kent unterstützt, der als Metallurge eine Vielzahl der Materialien untersuchte, die in den Experimenten verwendet wurden. Jeder von ihnen hatte bereits einige Zeit an parapsychologischen Forschungen gearbeitet und hatte also Erfahrung mit dieser Art von Forschung. Targ war auch ein talentierter Amateurzauberer, so daß das, was die Kritiker zuallererst behaupteten – nämlich daß »der ganze übersinnliche Kram« nur reiner Zirkus sei –, nicht verfing.

Der Forscher versucht zunächst immer, die Gültigkeit des Ereignisses zu überprüfen. Nach der Validierung aber beginnt die wichtige Arbeit mit der Suche nach Hinweisen auf die Mechanismen, die diese Phänomene auftreten lassen, um eine Theorie zu konstruieren, mit der sich weiterarbeiten läßt. Ein Experimenttypus, den Puthoff und Targ entwickelten, läuft unter dem Begriff *Fernerkennung*, wobei wahllose »Ziele« herausgesucht werden und die Testperson (in diesem Fall Uri) das unbekannte Objekt beschreiben soll.* Wissenschaftler von außerhalb wurden gebeten, diese Ziele auszusuchen und ihre Auswahl in einem versiegelten Umschlag abzugeben, von denen dann einige wahllos selektiert wurden. Uri, der sich ganz allein in einem Raum befand, wo er isoliert war und keine Information erhalten konnte, sollte die Plätze beschreiben. Wir stellten fest, daß er das konnte.

Fast jedesmal, wenn Uri ein Ziel genannt bekam, zeichnete er prompt auf – und zwar gut erkennbar –, was sich dort befand. Diese Art von Experiment wurde doppelt abgesichert, so daß niemand die korrekte Lösung kannte, ehe die Tests abgeschlossen und von unparteiischen Beobachtern überprüft waren. Bei manchen Variationen dieses Experiments wurde ein Faradayscher Käfig benutzt, der normale elektromagnetische Signale abhält. Puthoff und Targ führten das gleiche Experiment im weiteren mit Dutzenden von anderen Leuten durch, von denen die einen angeblich übersinnliche Fähigkeiten besaßen, die anderen nicht. Am Ende zeigte sich, daß fast jede Person, sofern sie gewillt und ein bißchen geschult war, signifikante Resultate erzielen konnte. Das stützte die Idee, daß es sich nicht nur um eine natürliche, sondern auch um eine allgemein verbreitete Funktion handelt.

In nachfolgenden Untersuchungen wurde auch festgestellt, daß die Gehirnwellen bei zwei voneinander getrennten und durch einen Faradayschen Käfig isolierten Personen synchronisiert werden können. Ein Lichtstrahl, impulsartig in die Augen der einen Person gesendet, verursachte in der Regel ein bestimmtes EEG-(Elektroenzephalogramm) Muster. Allein dadurch, daß die zweite Person an die erste dachte, empfing sie plötzlich das gleiche Muster. Irgendwie schien zwischen den beiden eine Art Kommunikation vorzukommen, die unseres Wissens nach nicht möglich war.**

Eine weitere Version des gleichen Experiments war ein Telepathietest, der mit einem angeschlossenen EEG durchgeführt wurde. Er erwies sich in statistischer Hinsicht als signifikant. Ein paar hundert

* Die Experimente zum Phänomen der Fernerkennung wurden voneinander unabhängig durchgeführt; über die Ergebnisse haben die Forscher in ihrem Buch *Jeder hat den 6. Sinn* berichtet.

** Die Testergebnisse wurden später von einer Anzahl von Wissenschaftlern in verschiedenen wissenschaftlichen Labors überall im Lande verifiziert.

Millisekunden bevor die empfangenden Personen antworteten, wiesen ihre Gehirnwellen eine deutliche Veränderung auf. Bis die Information im bewußten Gewahrsein ankam, war ungefähr eine halbe Sekunde, seit die unterbewußten Prozesse das Signal erhalten hatten, vergangen. Ein ganz ähnliches Resultat kommt heraus, wenn man Tests mit den fünf normalen Sinnen macht; auch bei diesen hinkt die bewußte Aufnahme zeitlich hinter der unbewußten Verarbeitung von Signalen hinterher.

In unserem anfänglichen Plan mit Uri wollten wir alle seine speziellen Fähigkeiten testen, insbesondere die, die eine starke psychokinetische Komponente aufwiesen, da sie am seltsamsten waren und sich innerhalb des existierenden Wissenschaftsrahmens am schwierigsten erklären ließen. Zu seinem Markenzeichen gehörte die Fähigkeit, gewöhnliche Metallgegenstände wie Gabeln und Löffel zu verbiegen. Natürlich war eines der Testziele, dies zu überprüfen und den Vorgang sowohl mit einer Video- als auch mit einer Filmkamera festzuhalten. Aber als wir auf einem Tisch einen Löffel unter eine Glasschüssel legten, stellte sich heraus, daß er ihn nicht verbiegen konnte. Als wir ihn den Löffel jedoch anfassen ließen, erklärte er uns, wie dieser in seiner Hand dem Anschein nach »verformbar« wurde. Doch das war für Wissenschaftler, die auf andere Forschungsbereiche spezialisiert waren, im allgemeinen nicht überzeugend. Sie behaupteten, Uri habe bloß ungewöhnlich starke Finger und könne mit seinem besonderen Griff Metall verbiegen, oder er habe irgendein unbekanntes Lösungsmittel an den Fingern, das das Metall weich mache. Niemand aber kannte ein solches Lösungsmittel, das sich in der Weise verwenden ließe. Auch die Ärzte in der Gruppe konnten nicht erklären, wie er das Metall so geschickt verbiegen konnte, daß daraus eine ordentliche kleine Spirale wurde, schon wenn er es mit einem einzigen Finger berührte. Die Einwände aber hörten nicht auf, und zuweilen waren die Erklärungen weiter hergeholt als der Vorfall selbst und schienen kaum mehr zu sein als an den Haaren herbeigezogene Scheinbegründungen.

Am überzeugendsten waren für mich die von mir untersuchten vielen Kinder, die Geller beim Löffelverbiegen im Fernsehen zugesehen hatten. Kurz nach den Tests am SRI trat Uri in einer Reihe von Fernsehsendungen auf, in denen er seine Kunst vor den Kameras vorführte. Bald nach den Sendungen riefen mich außer sich geratene Eltern an und berichteten, daß ihre Kinder ebenso Löffel verbogen. In welcher Ecke der Welt sich Uri gerade befand, konnte ich gewöhnlich daran erkennen, von wo die Eltern anriefen, um mir zu sagen, daß ihre Kinder das Familiensilber demolierten.

Ich fuhr zu zahlreichen Familien im ganzen Land; manchmal hatte ich meine eigenen Löffel dabei oder ich nahm aufs Geratewohl einen aus dem Küchengeschirr der Familie. Gewöhnlich war es ein Junge unter zehn Jahren, der den Metallgegenstand an der engen Stelle des Griffs leicht anfaßte, während ich ihn am Griffende zwischen Daumen und Zeigefinger hielt. Meistens dauerte es nicht lange, bis der Löffel sich langsam verbog, indem sich der Griff zweimal um 360 Grad spiralig verdrehte. Was Geller im Fernsehen vorgeführt hatte, wurde perfekt nachgemacht. Es war kein Trick, kein Zaubermittel im Spiel; es waren nur unschuldige Kinder (mit normalen Kinderfingern), die noch nicht gelernt hatten, daß es nicht funktioniert.* Die offenkundigen Fälle häuften sich ständig und ließen vermuten, daß diese sonderbaren Befähigungen etwas ganz Natürliches und wahrscheinlich eine allgemeine Erscheinung bei Menschen sind, auch wenn sie nur latent und selten manifest sind. Möglicherweise, dachte ich, sahen wir die evolutionäre Herausbildung eines Merkmals oder das Überbleibsel eines früheren, das im Schwinden begriffen war.

Während der sechs Wochen, in denen wir mit Uri formale Experimente ausführten, kam es auch zu unglaublich vielen Ausfällen von Instrumenten und zu ganz sonderbaren Begebenheiten, die niemand ohne weiteres erklären konnte. Ein Videogerät, zu dem er gar keinen Zugang hatte, verlor plötzlich ein Antriebsrad, das sich später im Nebenraum wiederfand. Plötzlich war Schmuck weg, der dann in einem verschlossenen Safe lag, dessen Kombination Uri nicht gekannt haben konnte. Von solchen Vorfällen gab es buchstäblich Dutzende. Keiner konnte erklären, was vor sich ging, obwohl wir alle unsere Lieblingstheorien hatten. Die Vorkommnisse erinnerten an »Poltergeist«-Effekte, von denen durch die Jahrhunderte hindurch immer wieder berichtet wurde und die zahlreiche moderne Forscher mit emotional gestörten Individuen, oft Erwachsenen, in Verbindung gebracht haben. Aber trotz der Geräteausfälle waren wir in ziemlich vielen Experimenten am SRI erfolgreich.

---

* In England führte Professor John Hasted, Vorsitzender des Fachbereichs Physik am Birbeck College in London, ebenfalls ausgiebige Experimente mit Kindern durch, wie auch der Physiker Ted Bastin. Beide fanden zahlreiche Kinder, die das Metall, ohne es anzufassen, verbiegen konnten.

In einem Experiment hatten wir auf einem Tisch ein Kugellager unter einer Glasschüssel aufgestellt. Wir wollten sehen, ob Uri imstande war, das Kugellager zu bewegen, ohne es oder den Tisch zu berühren. Und wir wollten natürlich das Experiment auf Videoband aufzeichnen. Als wir Uri unsere Absicht erläuterten, ging er lässig zum Tisch und legte eine Hand über das Glas, bis er ab und zu fluchte, weil der grau glänzende Kugelring auf dem Tisch sich nicht von der Stelle bewegte. Während die Wanduhr vor sich hin tickte und das reparierte Videogerät im Hintergrund vor sich hin schnurrte, wollte sich das Kugellager partout nicht von der Stelle rühren. Erst als Uri seine Augen schloß und sein Gesicht zum Himmel hob, begann es zu rücken und dann mal in die eine, mal in die andere Richtung zu rollen. Als seine Konzentration anscheinend nachließ, wurde es langsamer und stand dann still. Endlich hatten wir eine beweiskräftige Bandaufnahme.

Als wir uns noch einmal ansahen, was wir alle persönlich gesehen hatten, stellten wir erleichtert fest, daß der Vorgang innerhalb des Blickfelds der Kamera fein säuberlich eingefangen worden war. Es war nichts schiefgegangen. Aber immer noch begegneten unsere Kollegen in der Wissenschaft der Sache mit Skepsis, als sie sich ansahen, was alle anderen, die selbst dabei waren, für überaus eindrucksvoll gehalten hatten. Zornesröte überzog ihre Gesichter, und manche machten sofort kehrt und wollten nie wieder zu uns ins Labor kommen. Sie warfen Uri vor, ein Schwindler zu sein, und uns anderen, daß wir Dummköpfe seien, die nicht merkten, daß man ihnen etwas vorgaukelte. Aber ihre Vorwürfe waren Trotzreaktionen auf die solide wissenschaftliche Arbeit, die geleistet worden war, und ich glaube, sie wußten es auch. Sogar einige zufällig im Gebäude anwesende Feuerwehrleute wurden unmittelbare Zeugen der positiven Resultate und wiesen dann das, was sie persönlich gesehen hatten, erbost ab.

Mit etwas Erfahrung in dieser Sache lassen sich Scharlatane und Hochstapler, von denen es natürlich eine Menge gibt, eigentlich ganz leicht ausmachen. Geller jedoch gehörte nicht zu dieser Sorte, obwohl es häufig vorkam, daß er innerhalb der strengen Kontrollen, die wir ihm auferlegten, keine positiven Resultate hervorbrachte; aber das hatte eher damit zu tun, daß ihm unsere aufgezwungenen Anforderungen einfach nicht behagten.

14

Erst 1973 begann ich langsam zu verstehen, warum normalerweise rational denkende Menschen in der besagten Weise reagierten, wenn sie manche der Experimente selbst miterlebten und sich das von uns sorgsam gesammelte Beweismaterial ansahen. Ich bin seit damals der Meinung, daß es auf das persönliche Glaubenssystem zurückzuführen ist, das sich jeder von uns im Laufe seines Lebens aufbaut. Dieses psychologische Konstrukt besteht in Wirklichkeit nur aus gespeicherten Informationen, die wir mit den Jahren zusammentragen und zu einer »Geschichte« mit sowohl bewußten als auch unterbewußten Komponenten verweben. Wir verwenden es, um damit unsere Realität darzustellen. Die Summe der Informationen und die Bedeutung, die wir ihnen zumessen, leiten sich zu jedem Zeitpunkt aus all den Erfahrungen, manchmal auch aus scheinbar unbedeutenden, ab, die wir bis dahin angesammelt haben. Unsere Überzeugungen und Ansichten lassen uns die Welt in einer für jeden von uns einzigartigen Weise sehen, denn es ist ganz unmöglich, jeden Schritt auf der Reise durchs Leben zu duplizieren. Das ist der Ursprung unserer »Geschichte«.

Wir sublimieren häufig Informationen und ihre Bedeutungen im Unterbewußtsein, obwohl sie weiterhin unser Denken und unser Verhalten beeinflussen. Was immer unsere Überzeugungen und Ansichten sind, wir werden sie wahrscheinlich stets als Wahrheit ausgeben und als permanent und absolut betrachten, da die sich in unserem Inneren darstellende Realität die einzige Abbildung der Wirklichkeit ist, die wir kennen. Wenn unsere gegenwärtigen Überzeugungen durch neue Informationen herausgefordert werden, attackieren wir diese reflexmäßig, damit die alten Ansichten unversehrt bleiben. Zu erfahren, daß man im Irrtum ist, ist für uns etwas Unerträgliches. Ängste werden wach, und es kommt zu der typischen primitiven Flucht-oder-Kampf-Reaktion. Unsere Überzeugungen sind uns angenehm vertraut, so wie alte Schuhe. Ich erlebte, wie Wissenschaftler die von Uri vorgeführten Phänomene auf einer bestimmten Bewußtheitsstufe als Realität erkennen konnten, aber auf einer anderen Bewußtheitsstufe sogleich als Bedrohung abwiesen. Das erinnerte an einen Wissenschaftler, der vor Jahren einmal die Arbeit von J. B. Rhine mit der Feststellung kritisierte, daß er es nicht einmal glauben würde, wenn es wahr wäre.

Vor dem letzten Jahrhundert bewegte sich das Leben in einem Tempo, das man in Lebensspannen und Jahrhunderten messen konnte. In jeder Kultur wurden die fundamentalen Überzeugungen und Ansichten der Welt den Kindern vor der Pubertät und meistens durch die Familie eingeflößt. In einer vorwiegend ungebildeten und nur langsam sich wandelnden Welt reichten die auf Mutters Schoß erlernten Überzeugungen ein Leben lang aus. Selten mußten die jungen Leute ihre einmal erworbene Deutung der Welt den neuen Gegebenheiten um sich herum anpassen. Es gab keinen Wunsch nach Veränderung, weil man kulturelle Überzeugungen für absolutes Wissen hielt; die schulmäßige Erziehung verstärkte diese Grundlage noch und fügte lediglich Kleinigkeiten hinzu. Aber in der sich rasch wandelnden Welt von heute genügt dieser Prozeß nicht. Was man in der Vergangenheit glaubte, auch wenn es seinerzeit als absolute Wahrheit galt, das tun wir heute als alten Mythos und mittelalterlichen Aberglauben ab. Wir vergessen gerne, daß unsere Vorfahren aufrichtige und intelligente Leute waren, die die rätselhafte Welt um sich herum zu verstehen versuchten. Nur hatten sie nicht das Rüstzeug, über das wir heute verfügen. Wir vergessen auch gerne, daß wir heutzutage nicht alle Antworten haben, denn noch ist die Suche nicht zu Ende.

Heute wissen wir, daß die Entwicklung des individuellen Glaubenssystems schon vor der Geburt beginnt, auch wenn es zu der Zeit ein ganz und gar unbewußter Vorgang ist. Geräusche, Empfindungen und Gefühle werden schon während der Uterusphase gespeichert. Selbst wenn ein Baby sich um die Nahrungsaufnahme bemüht und schließlich die Brustwarze seiner Mutter entdeckt, entwickelt es sein Glaubenssystem. Die Mutter wird als sanft, warm und nährend empfunden und bekommt vom Kind eine Bedeutung zugewiesen – ein sich aus vielen kleinen Handlungen, Bewegungen und Empfindungen formendes Muster aus Information. Während des Heranwachsens verliert das Kind diese Information über seine Erfahrungen mit ihr nie. Die Erinnerungen werden meistens im Unterbewußten und für immer festgehalten, manchmal in gekürzter Form oder Kontur, weit über die Zeit hinaus, in der die Mutter in der Lage ist, seine Bedürfnisse zu stillen. Und so akkumulieren sich unser ganzes Leben lang unsere Überzeugungen von einem Augenblick zum anderen und von einer Erfahrung zur anderen. Moderne Untersuchungen zeigen, daß manche Erinnerungen bis ins feinste Detail behalten werden, während andere nur flüchtig und einige überhaupt nicht bewahrt werden. Die emotionale Auswirkung einer Erfahrung und die Bedeutung, die ihr im Augenblick des Erlebens zukommt, sind Faktoren, die entscheiden, wie viele Einzelheiten in unser Langzeitgedächtnis einsinken.

Das führt zu dem Argument zurück, daß das, was wir glauben, unsere Abbildung von Realität ist. Wir nehmen Realität nicht unmittelbar wahr, sondern nur die von unseren Sinnen dem Gehirn allzeit präsentierten Informationen, die dann mit den vorhandenen, erinnerten Erfahrungen verglichen werden und Bedeutung bekommen. Da diese Abbildung die *einzige* Realität ist, die wir Menschen kennen, machen wir häufig den Fehler zu denken, daß unsere Abbildung die Realität *an sich* ist, obwohl sie tatsächlich nur ein unvollständiges, aus dem Gedächtnis wiedergegebenes Bild ist.

Dadurch entsteht nun ein Problem. Sämtliche Regelsätze und Versuchsanordnungen in der Wissenschaft sind auf äußere Messungen und Validierungen hin konzipiert. Es gibt innerhalb der strengen Wissenschaften gar keine Regelsätze und Versuchsanordnungen zur Erforschung subjektiver Ereignisse. Die Wissenschaft meidet überhaupt jegliche subjektiven Daten. In Fachkreisen spricht man von Erkenntnistheorie oder *Epistemologie,* wenn man sich auf solche Regelsätze bezieht. Allerdings gibt es keine geeignete Epistemologie für die Erforschung subjektiv erzeugter Phänomene, insbesondere solcher, die eine seit langem etablierte physikalische Theorie in Frage zu stellen drohen.

Dr. Willis Harman, der schließlich Leiter des *Institute of Noetic Sciences* wurde, wies genau auf diesen Aspekt hin, da es sich hierbei um ein Glaubwürdigkeitsproblem für die moderne Forschung handelt, wenn sie sich mit übersinnlichen Ereignissen befaßt. Traditionell hat sich die Wissenschaft mit der »objektiven« Realität auseinandergesetzt, indem sie die Newtonsche Ansicht akzeptierte, daß Materie unabhängig vom Geist untersucht werden könne. Harman hat in den vergangenen Jahren begonnen, das zu ändern, indem er Vorschläge gemacht hat, was eine geeignete Epistemologie enthalten müsse. Das ist besonders wichtig, weil sämtliche Beobachtungen im wesentlichen subjektive Ereignisse sind. Es gibt tatsächlich keine im reinsten Sinne des Wortes objektiv beobachtbaren Ereignisse. Alle Beobachtungen sind letztlich subjektive Informationen, die in unserem Gehirn systematisch geordnet werden und eine aus unserem akkumulierten Glaubenssystem resultierende Bedeutung erhalten. Wiederholbare Muster von Beobachtungen und Messungen werden jedoch für »objektiv« erachtet, obwohl sie tatsächlich nur einen Konsens darstellen, bei dem die Beobachter auf der Grundlage eines Glaubenssystems vorgehen, über das zwischen ihnen eine Übereinkunft besteht. Wenn die Wissenschaft jemals vollständig verstehen will, wie das Universum strukturiert ist, muß sie mit einbeziehen, warum und wie es dazu kommt, daß wir »wissen«. Und natürlich ist die subjektive Erfahrung das Entscheidende daran.

Wegen dieses Epistemologieproblems und des enormen Zweifels seitens der überprüfenden Wissenschaftler wurde von der Arbeit am SRI vieles, das noch größeres Erstaunen hervorgerufen hätte, nie publiziert. Mit dem Peer-Gruppen-Verhalten der zeitgenössischen Wissenschaft wird eine Politik verfolgt, die die Arbeit abseits der Hauptströmungen hemmt und fast immer sicherstellt, daß sie ignoriert wird.* Es gab in der Tat einige Personen, die in der Folge damit Karriere machten, Geller zu entlarven, obwohl sie meiner Meinung nach nur ihre eigene Selbsttäuschung verstärkten. Es ist ein Scheinargument, wenn man einen möglichen Weg zur Simulation eines Ereignisses findet und damit beweisen will, daß es so, wie dargestellt, nicht hat eintreten können. Die einzelnen Wissenschaftler, die hinter unserer Arbeit standen, sahen sich einer heftigen und erregten Kritik ausgesetzt, und es wurde sogar das SRI kritisiert, weil es sich als Institution dafür hergegeben hatte. Dennoch wurde dort anschließend eine beträchtliche Forschung auf diesem Gebiet geleistet, allerdings unter strengster Geheimhaltung, da es sich um Programme für verschiedene Nachrichtendienste im Auftrag der Regierung handelte. Das rührte zum Teil daher, daß die damalige Sowjetunion in den sechziger und siebziger Jahren ein recht aktives und effektives Programm zur Erforschung übersinnlicher Kräfte hatte, mit dem Ziel, die Ergebnisse eventuell für nachrichtendienstliche Aktivitäten einzusetzen. Es waren eben die Breschnew-Jahre des kalten Kriegs.**

* Thomas Kuhn bespricht in seinem ausgezeichneten Buch *Die Struktur wissenschaftlicher Revolutionen* genau, wie es angesichts vernachlässigter oder verworfener experimenteller Ergebnisse trotzdem zu Paradigmenverschiebungen kommt.

** Nach der Arbeit mit Geller bat man mich, dem damaligen Leiter der CIA, Botschafter George Bush, etwas über unsere Aktivitäten und die Resultate zu berichten. In späteren Jahren traf ich mit mehreren russischen Wissenschaftlern zusammen, die nicht nur zu ähnlichen dokumentierten Ergebnissen wie wir gekommen waren, sondern während der Breschnew-Ära auch aktiv »übersinnliche« Techniken gegen die Vereinigten Staaten und ihre Verbündeten eingesetzt hatten.

Unter den höchst sonderbaren Vorkommnissen in dieser Zeit mit Uri Geller und Norbu Chen gab es einige persönliche Erlebnisse, die zu meinem eigenen Verständnis enorm beitrugen.

Norbu Chen hielt sich immer noch in Houston auf, als ich aus Kalifornien zurückkehrte. Auf seine Frage, wo ich gewesen sei, sagte ich ihm, daß ich mit Uri am SRI experimentiert hatte. Er schien etwas vor den Kopf gestoßen. Norbu hatte wie wir alle ein Ego, das nicht gerne übergangen werden wollte. Er meinte, wenn ich Psychokinese *wirklich* sehen wollte, dann sollte ich meinen massiven Goldring, den ich trug, abnehmen und locker in der Hand halten. Ich tat, was er sagte, woraufhin er sich konzentrierte und mit einer Hand mehrmals über meine geschlossene Faust strich. Schließlich bat er mich, meinen Ring anzusehen.

Was noch vor zehn Sekunden ein hübsches Goldgeschmeide mit eingefaßtem Geburtsstein gewesen war, war jetzt verbogen, verdreht und unmöglich zu tragen. Er hatte den Ring nicht berührt, und ich hatte ihn nur lose gehalten; aber jetzt sah er aus, als wäre er in einen Schraubstock geraten. Norbu Chen verfügte eindeutig über ganz besondere Kräfte.

Ich hätte Norbu beim nächsten Mal gerne mit zum SRI genommen, doch es fehlte an Mitteln, um wenigstens eine Experimentreihe zu finanzieren, von einer zweiten ganz zu schweigen. Außerdem waren die Kontrollbedingungen, die eingehalten werden mußten, um die Resultate veröffentlichen zu können, in ihrer Härte und Unflexibilität schlichtweg nicht zumutbar. Sie hätten Chen genauso frustriert, wie sie Geller gehemmt hatten. Und im übrigen würden unsere Ergebnisse, egal wie gut und stichhaltig sie sein mochten, von Wissenschaftlern ohnehin nicht anerkannt werden, so daß es in jedem Fall keine gute Idee zu sein schien, Norbu nach Kalifornien mitzunehmen.

Als ich das nächste Mal mit Geller zum SRI kam, war ich allerdings besser vorbereitet. Irgendwie konnte ich den Augenblick schon vorausahnen, wenn etwas Bedeutendes bevorstand. Ich lernte auch, dem ganzen Drumherum etwas von seiner einschüchternden, hemmenden Wirkung zu nehmen, so daß Geller sich wohler fühlen konnte. Da er von sich behauptete, nicht nur Psychokinese, sondern auch Telekinese (die Fähigkeit, einen Gegenstand mit geistigen Mitteln zu transportieren) vollbringen zu können, forderte ich ihn eines Tages heraus, eine Kamera wiederzufinden, die wir im Februar vor fast zwei Jahren auf dem Mond weggeworfen hatten. Ihre Seriennummer war irgendwo in den NASA-Akten verzeichnet; ich kannte sie nicht. Sollte diese Kamera plötzlich auftauchen, wäre es natürlich ein gültiges telekinetisches Phänomen. Zumindest ich würde wissen, daß es Gültigkeit besitzt. Irgendwie schien davon eine Flut von sonderbaren Geschehnissen ausgelöst zu werden.

Wenige Tage nach dieser Herausforderung saßen wir im SRI in der Cafeteria, und Uri bestellte sich zum Nachtisch eine Schale Eiskrem, die die Kellnerin ihm nach ein paar Minuten brachte. Nach dem zweiten oder dritten Bissen hörten wir Uri einen Schmerzenslaut von sich geben. Wir sahen, daß seine Lippe blutete. Aus seinem Mund holte er ein Häppchen Eis, aus dem etwas Metallenes hervorschaute. Er reichte mir das Ganze, und ich wusch es in meinem Wasserglas ab, vor den Augen der sieben oder acht anderen, die mit uns am Tisch saßen. Es war ein Miniatur-Jagdpfeil aus Silber, der auf einer ebenfalls aus Silber hergestellten Miniatur eines Langhornschafes befestigt war, eine Art Abzeichen, das jemand, der vielleicht ein begeisteter Bogenschütze ist, als Krawattennadel oder Medaillon getragen haben könnte. Ich war mehr als verblüfft und überhaupt nicht auf etwas derartiges vorbereitet; ich erkannte den Gegenstand nämlich wieder.

Obwohl ich diesen Sport nie ausgeübt hatte, hatte ich vor Jahren einmal eine Krawattennadel mit solch einem Emblem geschenkt bekommen, und zwar auf einer Handelsmesse an einem Stand, der Sportartikel für das Bogenschießen ausstellte. Kurz danach aber verlor ich das Ding zusammen mit einem ganzen Kästchen voller Krawattennadeln und Manschettenknöpfen auf einer meiner häufigen Reisen nach Cape Kennedy, als ich noch für Apollo 16 arbeitete. Das lag nun schon ein Jahr zurück – lange bevor ich überhaupt von Uri Geller gehört hatte.

Wir kicherten alle nervös über das, was sich gerade zugetragen hatte, und gingen dann an unsere Arbeit zurück. Doch die Seltsamkeiten hörten nicht auf. Während ich in einem kleinen Laborraum einen Moment allein war, hörte ich, wie draußen auf dem Fliesenboden etwas Metallenes aufschlug. Ich drehte mich um und sah gerade noch, wie Dr. Puthoff etwas Kleines und Glänzendes aufhob. Er wußte nicht, was es war oder wo es herkam; es schien einfach aus dem Nichts gefallen und vor seinen Füßen gelandet zu sein. Als er es mir gab, sah ich, daß es die Spange war, die zu dem Abzeichen gehörte, das in der Eiskrem war. Sogar die kaputte Lötverbindung paßte, obwohl die beiden Dinge noch zusammen waren, als ich sie zum letztenmal gesehen hatte. Es wurde richtig unheimlich.

Puthoff und ich lachten etwas nervös und gingen ins Labor, um an der Apparatur zu arbeiten, die wir für ein Experiment an einem anderen Nachmittag brauchten. Wir standen gerade am Labortisch, als wir zwischen uns undeutlich etwas auf den Boden fallen sahen. Nach einem Moment der Verwirrung bückte ich mich und hob es auf. Es war eine perlenbesetzte Krawattennadel, die ich von meinem Bruder nach seinem Militärdienst in Okinawa geschenkt bekommen und in demselben verlorengegangenen Kästchen aufbewahrt hatte. Innerhalb einer halben Stunde hatten sich drei von Edgar Mitchells verlorenen Gegenständen telekinetisch wieder eingefunden. Aber nicht die Kamera. Es waren erstaunliche Phänomene. Nur wollte die anerkannte Wissenschaft nach wie vor nichts davon wissen.

Derartige wunderliche Ereignisse waren typisch für das, was und wie sich in jenem Herbst am SRI alles abspielte. Oft waren diese Vorkommnisse für eine spezielle Person von tiefer Bedeutung, da in ihnen im allgemeinen etwas Persönliches war, so wie bei meinen Krawattennadeln. Diejenigen, die zugegen waren, staunten darüber, aber es waren keine wiederholbaren Ereignisse (also keine gute Wissenschaft). Es ist wichtig, darauf hinzuweisen, daß meine Krawattennadeln anscheinend nicht von irgendwoher kamen, sondern vielmehr einfach *erschienen.* Ich suchte nach etwas, womit sich das Phänomen vergleichen ließe, und erkannte schließlich, daß es nicht anders war als das Verhalten eines Elektrons, das von einer Bahnebene um den Kern herum zur anderen springt, ohne den Raum dazwischen zu durchqueren. Das war die einzige Analogie, die mir einfiel. Von meinem eigenen wissenschaftlichen Studium her wußte ich, für welch große Konsternation diese Tatsache unter den Wegbereitern der Quantenphysik in den zwanziger Jahren gesorgt hatte. Es erhob sich somit die Frage: Könnte es möglich sein, daß wir ein Quantenspringen auf einer Makrostufe gesehen hatten?*

Im Frühjahr 1973 traf ich Uri in New York, um ihn zur »Jack Paar Talkshow« zu begleiten, bei der er im Fernsehen auftreten sollte. Wir waren beide überrascht, als Paar während der Sendung unerwartet mehrere große Stahlnägel von den Assistentinnen überreicht bekam.

---

* In England beobachtete John Hasted auch Kinder, die zu diesem Phänomen fähig waren. Er verglich es mit den sogenannten »Quanten-Tunneleffekten«. Er berichtete von einer Serie von Experimenten, bei denen es zwölfmal vorkam, daß die Kinder Testobjekte sowohl in als auch aus versiegelten Laborbehältern unter kontrollierten Bedingungen teleportierten.

Paar schloß sie so in seine Faust ein, daß nur die Enden gerade noch hervorschauten, und fragte Uri, ob er sie verbiegen könne. Ohne zu zögern und auf ganz dieselbe Weise, wie Norbu mit der Hand über die meine gestrichen hatte, in der mein Ring war, so legte auch Uri seine Hand über die von Paar und konzentrierte sich. Kurz danach bat er Paar, nachzusehen, der seine Hand aufmachte und ganz fahl im Gesicht wurde. Einer der Nägel war am spitzen Ende um etwa zwanzig Grad gekrümmt, während noch vor wenigen Augenblicken alle ganz gerade gewesen waren. Vor Verlegenheit schwiegen alle, und auch in den restlichen Minuten wurde kaum darüber gesprochen. Wenigstens war es von einer Kamera genau festgehalten worden.*

Während meiner letzten Tage in Houston bat ich mehrere Ärzte zuzusehen, wenn Norbu seine »Wunder« vollbrachte. Dr. Ed Maxey aus Florida und eine Anzahl von Stabsärzten der NASA leisteten Mithilfe bei der Überprüfung von Aufzeichnungen und bei der Beobachtung von Ereignisabläufen. Ein Ereignis war besonders ergreifend, da es Anita Rettig betraf und ihr Interesse anregte, mir beim Aufbau des Instituts zu helfen. Ein paar Monate später heirateten wir, und die Verbindung überdauerte zehn wundervolle hektische Jahre. Sie hatte damals eine schwere Nierenerkrankung, aufgrund derer ihr eine Serie von Dialysebehandlungen drohte. Ihre letzte Rettung vor einem Krankenhausaufenthalt war, sich von Dr. Maxey nach Houston fliegen und dort von Norbu behandeln zu lassen, womit sie sich auch einverstanden erklärte.

Sie kam blaß und nervös an, begann aber entschlossen mit der Traubensaftdiät, die Norbu ihr verordnete. Unterdessen kamen die Doktoren zusammen, prüften ihre Krankheitsberichte und beobachteten, wie Norbu seine Behandlung einleitete. Er wußte von ihrer Krankheit nichts und hatte anfangs weder Zugang zu ihr noch zu ihren Krankheitsreporten. Aber schon nach kurzer Zeit stellte er eine richtige Diagnose, wie die Ärzte bestätigten. Im folgenden erzählte er ihr vertraulich, wie und wann es bei ihr zum erstenmal zu dem Problem gekom-

---

* Bekannte Physiker aus den USA, Großbritannien, Dänemark, Frankreich und Deutschland haben mit Erfolg Geller und/oder »Geller-Kinder« getestet. Sie kamen 1977 in Island zusammen, um über ihre Ergebnisse zu berichten und ihre Theorien zu vergleichen. Da sie das, was sie herausgefunden hatten, in Fachzeitschriften nicht veröffentlichen konnten, stellten sie einen eigenen Band zusammen. Er erschien unter dem Titel *The Iceland Papers* mit einem Vorwort des Physikers und Nobelpreisträgers Brian Josephson.

men war. Nur Anita kannte die Geschichte ihrer Krankheit, aber sie bestätigte später, daß es sich tatsächlich so zugetragen hatte, wie Norbu es sagte. Nachdem er sich ungefähr zwanzig Minuten in seine meditative Trance begeben hatte, ordnete er an, daß sie die Nacht über schlafen sollte. Am anderen Tag, so sagte er, könnte sie nach Hause fliegen. Aber sie müßte sich dann noch ein paar Tage lang sehr schonen und weiterhin Traubensaft trinken. Ihre Krankheit war mit einemmal verschwunden und eine Dialyse nicht erforderlich. Ungefähr zwei Jahre später ließ Anita sich von einem angesehenen Internisten in San Francisco eingehend untersuchen; von einer Nierenerkrankung fand er keine Spur.

Unter den übersinnlich begabten Menschen, denen ich begegnet bin, waren Uri Geller und Norbu Chen die beeindruckendsten, aber sie waren doch nur die ersten, die mir solche starken Effekte vorführten. Der augenscheinliche Beweis für ihre Stärke lag meiner Auffassung nach in der breiten Spanne von sonderbaren Fähigkeiten, die sie auf Wunsch entfalten konnten, wobei sie völlig konsistente Ergebnisse zeitigten, trotz der – zuweilen auch unsinnigen – Beschränkungen, die wir ihnen im Namen der Wissenschaft auferlegten. Damals war ich wochenlang sowohl mit Chen als auch mit Geller eng zusammen; so bekam ich Einblicke, was für Menschen sie waren.

Sie waren weder teuflisch noch göttlich, sondern einfach zwei gewöhnliche Sterbliche, allerdings mit eindrucksvollen Begabungen ausgestattet, die sie laut Wissenschaft gar nicht besitzen konnten. Der eine wie der andere freute sich über sein Können und war über die Zweifel und öffentlichen Kontroversen enttäuscht. Sie halfen mir jedoch, Dinge zu enthüllen, die ich wissen mußte, und setzten einen rigorosen Standard, an dem sich diese menschlichen Fähigkeiten allgemein messen ließen.

Nach den ersten Erfahrungen mit Chen und Geller fand ich rund um den Globus immer wieder Leute, die ihre sonderbaren Fähigkeiten wirksam einsetzen konnten. Ihre Erklärungen, woher sie ihre Begabung hatten, entsprachen generell ihren kulturellen Überzeugungen und Glaubensinhalten. Die einen gehörten religiösen Orden an, andere lebten an zurückgezogenen Orten und wiederum andere in eher »primitiven« Kulturen. Einige, die aus dem westlichen Kulturkreis stammten, trauten sich nicht, offen über ihre Erfahrungen zu sprechen, aus Angst, sich lächerlich zu machen – oder, was noch entscheidender war, aus Angst, ihren Lebensunterhalt zu verlieren. Wir verbrennen zwar keine Hexen mehr, aber wir bestrafen sie weiterhin.

Ich verlor bald mein Interesse daran, weitere Daten dieser Art zu sammeln. Ich wollte mich lieber zurückziehen und versuchen, selbst an einem Modell zu basteln, wie der Geist solche Effekte hervorbringen und sich dennoch mit dem detaillierten Bild einer physischen Realität vertragen konnte, das die Wissenschaft immer weiter entschleierte. Gleichzeitig konnte ich nicht die Erkenntnisse ignorieren, die über die Jahrhunderte von Heiligen bei der Erforschung der Bewußtseinsräume gemacht worden waren, allerdings ohne daß sie die wunderbaren Vorteile der modernen Wissenschaft zur Verfügung gehabt hatten.

Beim Nachdenken über diese Ereignisse bekamen die schwierigen Fragen, die auf dem Rückweg vom Mond aufgetaucht waren, wieder mehr Geltung. Ich erinnere mich, wie ungemein klar gewisse Wahrheiten im Weltraum erschienen, Wahrheiten, die innerhalb der Erdatmosphäre irgendwie verschleiert wurden. Im All erschien es so offenkundig, daß die Prozesse des Universums in ihrem innersten Wesen und in harmonischer Weise verbunden sind. Doch mit dem Lärm und Tumult des täglichen Lebens, und sozusagen auf Höhe des Meeresspiegels, war das nicht so ersichtlich. Unser Verständnis von übersinnlichen Ereignissen, in denen ich auf beispielhafte Weise einen Schlüssel erkannte, um zwischen Geist und Materie eine Brücke zu schlagen, und die Art und Weise, wie wir mit derartigen Ereignissen umgehen, all das war nie in das Gesamtbild mit eingebracht worden, weil man die Ereignisse entweder für übernatürlich oder für fingiert hielt. Ich wußte, daß sie echt waren; aber unsere beiden großen Denksysteme, Wissenschaft und Religion, waren mysteriöserweise nicht dazu in der Lage, das Thema entsprechend anzugehen. Die fehlerhaften Schlußfolgerungen in unserem kulturellen Glaubenssystem kamen aus fehlerhaften Annahmen und Auslegungen sowohl in der Wissenschaft als auch in der Religion. Wissenschaft und Religion entwickelten sich aus den düsteren Winkeln der Geschichte zu einer Zeit, als die Fundamente des Wissens noch sehr brüchig und dünn waren. Beide hatten Grundlagen, die von unseren Vorfahren weiterentwickelt wurden, in ihrem Bemühen, aus der mysteriösen Welt, die sie umgab, ein Bild zu formen, ein Bild, an dem wir heute noch arbeiten, um es klarer, weiter, vollständiger zu machen. Und dabei benutzen wir viele derselben fehlerhaften Hypothesen. Diese Erkenntnis bestärkte mich nur in meiner Entscheidung, kein kulturelles Dogma für bare Münze zu nehmen, sondern jede Erfahrung nochmals mit neuen Augen zu prüfen.

Mir wurde allmählich klar, daß wir es nur mit zwei Grundkategorien von Ereignissen zu tun hatten statt mit einer ganzen Litanei, die Parapsychologen sich einst ausgedacht und verwendet haben (etwa die, die sich mit außersinnlicher Wahrnehmung, Telepathie und Hellsichtigkeit befassen). Wenn ich diese Begriffe höre, die eine sonderbare oder abnorme Fähigkeit bezeichnen sollen, zucke ich heute noch zusammen. Die beiden wesentlichen Kategorien beziehen sich auf aktive und passive Verwendungen von Energie und stehen im Zusammenhang mit unseren alltäglichen Bewußtseins- und Intentionalitätsfunktionen. Jemand, der ruhig, entspannt und aufnahmebereit ist, kann für die Energie um sich herum empfänglicher und bewußter werden. Menschen, die von Natur aus darin begabt und/oder ausgebildet sind, spüren die Energiemuster, die sowohl von innen als auch von außen kommen, mehr als andere. Die Kategorien wie Telepathie, Hellsichtigkeit und dergleichen sind lediglich Kennzeichnungen für eine bewußtere Wahrnehmung von Energiemustern, seien es nun solche, die auf natürliche Weise vorkommen, oder solche, die künstlich erzeugt werden.

Intentionalität ist der aktive Prozeß, durch den man eine Aktion zu beabsichtigt oder wünscht. Aktion erfordert die Bewegung von Energie oder deren Transformation – etwas, was wir in unserem Leben jeden Augenblick machen. Psychoaktive Menschen haben entweder von Natur aus oder durch Aneignung ein größeres Aktionsspektrum; sie können mit ihrem Geist mehr Aktionen intentional oder direkt in Gang bringen. Mehr und mehr erkannte ich, daß das alles war, was es an diesen ungewöhnlichen Prozessen in begrifflicher Hinsicht an Kompliziertheit gab. Psychoaktivität ist lediglich ein Mittel, um mit Energie umzugehen. Allerdings gehören viele Fähigkeiten dazu, wenn man sich darin übt, den Prozeß besser anzuwenden; und zu erklären, wie er sich in die Theorie der Physik einfügt, ist eine Schwierigkeit für sich. Es ist auch immer noch ein großes Rätsel, wie das Gehirn diese Meisterleistungen vollbringt.

Von Anfang an vermutete ich, daß für die Anwendung dieser Fähigkeiten keine anderen moralischen oder ethischen Regeln gelten als im Falle einer gewöhnlichen Bewußtheit und Intentionalität, wie sie im Alltagsleben vorkommen. Das heißt, die nötige moralische und ethische Stärke ist keine andere als die, die im Glaubenssystem des Anwenders vorhanden ist. Psychoaktive Menschen können wie alle anderen Menschen wunderbar und wie Heilige sein oder gemein und teuflisch. Die beteiligte Energie ist nur durch ihre quantenmechanischen Eigenschaften bestimmt. Es ist wie mit der Elektrizität; sie kann den Toaster oder einen elektrischen Stuhl versorgen. Es bedarf keiner speziellen, von einer übernatürlichen Autorität kommenden Legitimation. Und genau deshalb verlangen praktisch alle etablierten esoterischen Traditionen auf der Welt, daß zuerst Selbstdisziplin geübt und »spirituelle« Werte erworben werden, die die Manifestation übersinnlicher Fähigkeiten erlauben, wenn sie sich auf natürliche Weise zeigen. Dahinter steckt die Idee, daß jemand, der über solche Fähigkeiten verfügt, mitfühlender und weiser sein sollte. Die älteren Riten wie das afrikanische Voodoo oder die schamanistischen Praktiken südamerikanischer Indianer setzen die Fähigkeiten routinemäßig ein, gegen Feinde wie für Freunde. Das moralische Verhalten ist das, was das eigene Überleben wie das Überleben des Stammes erfordert.

Vor Jahren untersuchte Puharich einen Fall einer angeblichen schamanistischen Blutrache gegen die Angehörige eines südamerikanischen Indianerstammes. Sie war wegen eines Familienstreits ausgestoßen und verbannt worden; um dem Bannspruch des Schamanen zu entgehen, war sie aus dem Dorf geflohen. Aber ihre Flucht nützte anscheinend nichts, denn kurz danach zeigten sich bei ihr am ganzen Körper bis tief unter die Haut Dutzende von winzigkleinen nadelartigen Splittern, die chirurgisch entfernt werden mußten und ein Geflecht von Narben hinterließen. Trotzdem kehrten sie eine Zeitlang wie aus heiterem Himmel immer wieder.

Nach allem, was ich von glaubwürdigen Wissenschaftlern gesehen und gehört hatte, war ich mir sicher, daß diese höheren Stufen von Psychoaktivität in unserer Spezies sehr wahrscheinlich latent vorhanden und Teil unserer Evolution sind und langsam an die Oberfläche kommen. Wenn aber in unserem Glaubenssystem kein Platz für diese natürlichen Fähigkeiten ist und sie von früh an unterdrückt werden, werden sie sich natürlich nicht zeigen; dem Individuum steht einfach zuviel Dogma im Weg. Der Physiker Max Planck hat vor fast einhundert Jahren gesagt, daß neue Ideen sich nicht dadurch durchsetzen, daß die Zweifler überzeugt werden, sondern dadurch, daß diese allmählich aussterben.

Unsichtbare Realitäten

15

Nach diesen Erfahrungen mit meiner Mutter, Chen und Geller war mir klar, daß nicht nur die individuelle Lebensanschauung, sondern auch die individuelle Intention bei der Formung unseres Lebens eine große, wenn auch stumme Rolle spielen. Offensichtlich hatte meine Mutter die Intention gehabt, sich heilen zu lassen, jedoch nicht von Kräften, vor denen sie Angst hatte, weil sie in ihnen etwas Schlechtes sah. Geller hatte angestrengt versucht, meine Kamera zurückzubringen, es aber nicht so ganz geschafft. Chen war darauf bedacht, andere zu heilen, und hatte bei der Demonstration seiner Fähigkeiten leider meinen Ring deformiert.

Derartige Ereignisse haben in deterministischen Theorien über die Natur, man mag sie drehen und wenden, wie man will, einfach keinen Platz, da im alten System der Wissenschaften sowohl Wille als auch Intentionalität bestritten werden. Meine Erfahrungen mit Kindern, die Psychokinese anwandten, halfen auch nicht, die übernatürlichen Theologien zu bestätigen, außer Gott war am Schaltpult eingeschlafen und hatte den Laden Luzifer überlassen. Das bedeutete, daß die Antworten in Bereichen des Natürlichen lagen, wahrscheinlich in der Quantenmechanik und irgendeiner neuen Theorie des Geistes.

Die Geschichte der Quantenmechanik in diesem Jahrhundert ist besonders für die Vorstellungen, die man sich vom Bewußtsein macht, von Bedeutung. Oberflächlich betrachtet mag es seltsam und verwirrend erscheinen, daß die Beschaffenheit von subatomaren Teilchen und Licht mit Geistesfunktionen in Beziehung gebracht werden konnte. Aber wenn wir Bewußtsein in seiner Gesamtheit eines Tages tatsächlich verstehen werden, dann muß es mit unserem Wissen, wie das Universum aufgebaut ist, zusammenpassen. Die Quantenmechanik ist der Schlüssel zu einer sonderbaren und unsichtbaren Welt, auf die sich alles, was wir wissen, stützt.

Dank der Quantenmechanik und allgemeinen Relativitätstheorie sind uns die universalen Prozesse sowohl auf atomarer als auch auf kosmischer Stufe heutzutage bestens verständlich. Da es sich aber um zwei unvollständige Modelle handelt, gibt es zwischen ihnen auch Konflikte. Von der Zeit des Descartesschen Dualismus bis zur späteren Philosophie des Materialismus war Bewußtsein für die wissenschaftlichen Hauptströmungen etwas völlig Uninteressantes; erst seit kurzem besteht wirkliches Interesse. Erst als sich die Theorie der Quantenmechanik herausbildete und als stichhaltig erwies, zeigte sich, daß Bewußtsein nicht mehr ignoriert werden konnte. Es schien manche der fundamentalen Teile zu dem Puzzle beizusteuern, das Physiker und Kosmologen zusammenzusetzen versuchten.

Das Bestreben einzelner Wissenschaftler, sich in ihren Ansichten von der Newtonschen Realität zu entfernen und sich der Quantenrealität zu nähern, war ähnlich schwierig wie die Anpassung unserer Weltanschauung an die schnellen Veränderungen im zwanzigsten Jahrhundert. Das Drama beginnt immer dann, wenn wir merken, daß etwas an unserer Welt nicht so ist, wie wir es uns gedacht haben.

Newton stellte sich das physikalische Universum als deterministische Maschine vor, die unerbittlich auf irgendein Ziel zusteuerte, das Gott im Sinn hatte. Das Universum war einfach vorhanden. Es war absolut und der Mensch nur ein passiver Beobachter, der die physikalischen Gesetzmäßigkeiten entdecken mußte, um das Universum vollständig zu verstehen und dadurch Gottes Geboten besser Folge zu leisten. Erleuchtung bedeutete in diesem System einfach den Glauben an Gott und das vollständige Wissen, wie seine Schöpfung, das physikalische Universum, funktioniert.

Mitte des neunzehnten Jahrhunderts hatte eine streng materialistische Philosophie, angetrieben von Darwins Evolutionstheorie, die meisten europäischen und amerikanischen Intellektuellen in ihren Bannkreis gezogen. Der spirituelle Teil von Descartes' Dualismus wurde aufgegeben. Anfang dieses Jahrhunderts verschwand die Philosophie fast von den Universitäten, da Wissenschaftler zu glauben begannen, daß alle Probleme des physikalischen Universums kurz vor der Lösung standen.

Diese Wissenschaftler waren der Meinung (tatsächlich waren sie aber der absoluten Überzeugung), daß die greifbaren Substanzen der Natur wie Fels und Baum fundamentale physikalische Eigenschaften besaßen, die sich nach Länge, Gewicht, chemischer Zusammensetzung und dergleichen messen ließen. Maße bezogen sich auf die Erscheinung von Dingen. Energie war keine fundamentale Eigenschaft, sondern eine, die sich aus der Beschreibung natürlicher, in Bewegung befindlicher Körper mathematisch ableiten ließ.

Dann stellte Einstein plötzlich die These auf, Licht sei sowohl Welle als auch Teilchen. Das ebnete den Weg für eine neue Physik, die Quantenphysik, die das ganze Jahrhundert lang Physiker beschäftigt und unser modernes wissenschaftliches Denken ganz und gar revidiert hat. Die Geschichte der Quantenphysik (und im geringeren Umfang der Relativitätstheorie) ist im Grunde die Entdeckung, daß Materie, die sich in Bewegung befindet, nicht Energie *besitzt,* sondern Energie *ist.* Im gewissen Sinn ist Materie der Tod von freier Energie, was allerdings nur eine ihrer Möglichkeiten ist, sich in physikalische Realität zu verwandeln. Mit dem Aufkommen dieser Idee wurde unser einstiges Verständnis von Materie zusammen mit unseren entsprechenden Denksystemen auf den Kopf gestellt.

Die Erkenntnis, daß Energie von fundamentalerer Bedeutung ist als ihre Erscheinung in Form einzelner Materiestückchen, ist ein quälender Prozeß gewesen, der erst jetzt seinen Weg ins öffentliche Bewußtsein findet. Das Erscheinungsbild von Dingen ist scheinbar immer »realer« als die unsichtbare Welt, aus der sie hervortreten. Bevor wir alles entdeckt haben, was es zu entdecken gibt, werden wir sehen, daß »wissen« auch nicht etwas Zweitrangiges, sondern etwas Fundamentales ist. Zunächst jedoch ist es wichtig zu verstehen, was überhaupt mit »wissen« gemeint ist.

Seit Newton haben Wissenschaftler und Mathematiker sich den »Geist« nicht ernsthaft angesehen, sondern in das Reich der Theologie abgeschoben. Sie glaubten, die Natur sei eingebettet in die Mathematik und die Gesetze der Physik – in absolute Ordnungsregeln, die ihrer Entdeckung harrten. Der Geist wurde als zweitrangiges Phänomen betrachtet, das sich fortentwickelte und dem Menschen schließlich die Möglichkeit gab, die Absolutheiten zu entdecken. Andererseits hat der Mystiker immer geglaubt, das Bewußtsein sei das Fundamentale und innere Visionen, Stimmen und Einsichten seien Absolutheiten und als solche zu nehmen, sozusagen Botschaften aus dem großen Jenseits, deren Bedeutung offenkundig war. Als Folge dieser historischen, wenn auch künstlichen Trennung von Standpunkten wurden die Anschauungen über die Natur des Universums immer verwickelter, komplexer und schwieriger miteinander vereinbar. Es gibt eine Menge Paradoxa, wobei das gesamte Gebäude unseres Wissens auf zwei brüchigen und schwankenden Fundamenten steht.

Heutzutage erfordern mathematische Modelle der Realität ein multidimensionales Universum und eine nicht faßbare Quantenrealität, um ein vollständiges Bild zu ergeben. Interpretationen der Quantenmathematik durch die besten Wissenschaftler setzen eine Phalanx von Beobachtern voraus, um die Wellenfunktion des Universums in den existierenden Status »kollabieren« zu lassen. Mystische Modelle brauchen eine Geisterwelt, eine zum Himmel aufsteigende Hierarchie von Engeln, Göttern und Halbgöttern und eine zur Hölle absteigende Stufenleiter, so wie in Dantes *Göttlicher Komödie* dargestellt. Die wissenschaftlichen wie die religiösen Modelle scheinen etwas überstrapaziert zu sein, da sie unerhörte Behauptungen aufstellen müssen, um die Rätsel unserer Welt zu erklären. Als ich darüber nachdachte, fragte ich mich, was wohl passiert wäre, wenn die Hersteller unseres Apollo-Raumschiffs sich während der Planungsphase nicht laufend gegenseitig konsultiert hätten. Nichts hätte zusammengepaßt, wenn sie am Ende die verschiedenen Teile zusammengebaut hätten. Wissenschaft und Religion hatten, was die Schnittstelle betraf, ein ähnliches Problem.

Aber es gibt alternative Modelle der Realität, und schon bald nach meiner Rückkehr vom Mond begann ich, mein eigenes Modell aufzustellen. Wenn wir nämlich einräumen, daß gewisse Geistesattribute für das Universum fundamental sind, wobei die Mathematik eine Schöpfung des Geistes ist, und der Mystiker einräumt, daß Visionen, Stimmen und Einsichten einfach Informationen sind, die der Geist interpretieren muß, dann, so erkannte ich, bricht die künstliche, aber historische Trennung von Geist und Materie mit einemmal zusammen, die meisten der auf beiden Seiten vorkommenden Paradoxa verflüchtigen sich, und der Dualismus ist aufgelöst. Das Universum beginnt wieder so auszusehen wie das, in dem wir leben. Und es ist die Geschichte der Quantenmechanik, die Licht in diese Fragen bringt.

Vor Jahrhunderten nahm eine große Debatte Form an, also lange vor der Zeit, die wir heute mit der Entstehung der Quantenphysik in Verbindung bringen. Zu Zeiten Galileos hatten Astronomen aus Sand gefertigte Glaslinsen, mit denen sie die Welt um sich herum anguckten. Sie sahen, wie die Instrumente Licht lenken und Gegenstände vergrößern konnten. Was diese ersten Astronomen und frühen Denker verwirrte, war die Tatsache, daß sich Licht mathematisch ganz einfach als Welle beschreiben ließ. Seit den späten griechischen Denkern jedoch war man der Auffassung gewesen, daß Licht korpuskular war oder

Ähnlichkeit mit Teilchen hatte, und von Galileo bis Newton hielt sich der Streit darüber drei Jahrhunderte lang. Mal hatte die eine Seite die Oberhand, mal die andere, aber immer nur eine Zeitlang, bis die Gegenseite neue Entdeckungen gemacht hatte, die ihrer Argumentation Glaubwürdigkeit verschafften. Im Jahre 1880 schien die Sache dann durch James Clerk Maxwell und seine Theorie des Elektromagnetismus ein für allemal erledigt. Danach war es so gut wie sicher, daß Licht Ähnlichkeit mit Wellen besaß. Natürlich blieb es nicht dabei.

Mit der Entdeckung des photoelektrischen Effekts durch Philipp Lenard Ende des letzten Jahrhunderts und mit der Lösung für das Problem der quantisierten Wärmestrahlung durch Max Planck begann das Pendel wieder zu Newton hin auszuschlagen und denen recht zu geben, die glaubten, daß Licht aus Teilchen bestünde. Einstein, 1905 noch ein Unbekannter, war es dann, der die Idee von der Welle mit der vom Teilchen vereinigte und anhand der Mathematik zeigte, daß Licht in kleinen Energiemengen auftrat, die später Photonen genannt wurden, von denen ein jedes ein zur Frequenz des Lichts proportionales Energiequantum besitzt. Licht, wie überhaupt jede Strahlung, hatte beide Eigenschaften, nämlich die von Wellen *und* die von Teilchen. Einstein hatte Vorstellungen zusammengeführt, die zuvor als getrennt galten.

Ein paar Jahre später erklärte Louis de Broglie, daß nicht nur Licht, sondern *sämtliche* Materie auf subatomarer Ebene sowohl Wellen- als auch Teilcheneigenschaften besäße. Das heißt, er zog im Grunde die damalige Auffassung, was Materie eigentlich sei, in Frage. Atome waren schließlich nicht wie Pingpongbälle. Das brachte uns zu der sonderbaren neuen Welt der Quantenphysik, eine unheimliche Welt, die so erstaunlich und mysteriös ist, daß selbst Einstein und Planck bis an ihr Lebensende Schwierigkeiten damit hatten, sie zu akzeptieren.

Die Doppelnatur von Materie als Teilchen und Welle ist die Grundlage der Quantenphysik; wir sprechen heute von der *Welle/Teilchen-Dualität.** Seit Newton hat man Wellen und Teilchen genau definierbare und meßbare Attribute zugewiesen, obwohl die Eindeutigkeit der Merkmale jeweils ganz verschieden ist. Man kann sagen, daß Teilchen eine bestimmte Position, Masse, Geschwindigkeit und einen bestimmten Drall haben. Ihr Impuls und ihre Energie sind natürlich berechenbare Merkmale. Wellen haben jedoch keine Masse, keine definitive

* Heutzutage wird in fast jedem Physikschulbuch das inzwischen klassische Doppelspalt-Experiment beschrieben, das die Welle-/Teilchen-Dualität demonstriert.

Position, keinen bestimmten Drall. Aber sie haben eine Polarisation, eine zur Frequenz proportionale Energie und eine konstante Geschwindigkeit (die Lichtgeschwindigkeit). Diese unterschiedlichen Attribute und ihre Maße waren seit je für zahlreiche Physiker Anlaß zur Konsternation. Wie können solche unterschiedlichen Konzepte unter einen Hut gebracht werden?

Noch bevor die Quantentheorie aufgestellt wurde, löste Einstein ein kritisches Problem mit dem Postulat, daß die Energie, die ruhender Materie äquivalent ist, das Produkt aus deren Masse und der zum Quadrat erhobenen Lichtgeschwindigkeit sei, ein Konzept, das in seiner berühmten Gleichung $E = mc^2$ Ausdruck fand. Mit Hilfe dieser Gleichung konnte die Energie von Wellen auf die von Teilchen bezogen werden: Energie (Welle) ist gleich Masse (Teilchen) multipliziert mit dem Quadrat der Lichtgeschwindigkeit. Als man auf seiten der Physiker genauer hinsah, wie die Unterschiedlichkeiten in den anderen meßbaren Attributen zu behandeln waren, kamen allerdings noch mehr Rätsel auf. Daraus resultierten mehrere fundamentale Prinzipien und zwei bedeutende Paradoxa, die nach fast einem Jahrhundert immer noch für Verwirrung sorgen.

Zwei dieser fundamentalen Prinzipien sind die *Komplementarität* und die *Unschärfe*. Das Komplementaritätsprinzip besagt, daß die Eigenschaften von Teilchen und Welle sich nicht gegenseitig ausschließen, sondern sich gegenseitig ergänzen, indem es beider bedarf, um die Grundlagen der Natur zu messen. Komplementarität spezifiziert, welche Eigenschaften von Materie gemeinsam gemessen werden können und bei welchen das nicht geht. Es wäre so, als beschriebe man Äpfel und Heugabeln mit derselben begrenzten Gruppe von Adjektiven.

Nehmen wir beispielsweise an, daß Äpfel in erster Linie nach ihrem Nährgehalt und Heugabeln in erster Linie nach der Menge Heu, die sie fassen können, gemessen werden. Wir wissen, daß Äpfel und Heugabeln jeweils meßbare Größen und Gewichte haben. Natürlich haben Heugabeln einige von den Eigenschaften, aus denen sich Nahrung zusammensetzt, aber nicht viele. Ein Apfel könnte ein paar Halme Heu tragen, aber nicht viele. Wenn wir also Äpfel besprechen, ist die Kapazität der Heuaufnahme nicht grundlegend; und wenn wir Heugabeln besprechen, ist die Ernährung nicht grundlegend. Würden Wissenschaftler plötzlich entdecken, daß scheinbar unterhalb der Stufe, auf der die Dinge für uns sichtbar sind, alle Natur statt aus Teilchen und

Wellen aus winzigkleinen Äpfelchen und Heugäbelchen bestünde, dann hätten wir ein Problem. Unsere Instrumente sind darauf geeicht, Gewicht, Größe, Nährgehalt und Heuaufnahmekapazität zu messen. Sie messen Äpfel und Heugabeln nicht unmittelbar, sondern nur manche ihrer meßbaren *Eigenschaften.*

Höchstwahrscheinlich jedoch bestünde das Bild, das wir im Kopf haben, auch aus Äpfeln und Heugabeln, wie wir sie im täglichen Leben sehen, nur in winzigkleinen Ausgaben. Wenn wir in einem Experiment einen geringen Nährwert ermitteln können, bringt das Meßinstrument dann damit den Apfelteil der Natur zum Vorschein oder einen Restteil der Heugabel? Oder spielt das überhaupt eine Rolle, wenn man einmal von dem Bild absieht, das wir mit den Augen wahrnehmen, und als das wir uns die Dinge auch in Wirklichkeit vorstellen? So gesehen, müssen wir also Nährgehalt und Heuaufnahmekapazität als *komplementäre* Attribute betrachten, solange wir an die Vorstellung gebunden sind, daß Äpfel und Heugabeln das sind, wonach wir suchen.

Das Beispiel mit den Äpfeln und Heugabeln wurde nicht ohne Grund gewählt. Obwohl Teilchen und Wellen eine vernünftigere Basis zu sein scheinen, um die Grundlagen der Natur zu beschreiben, sind alle derartigen Beschreibungen, die von der Makrowelt der täglichen Existenz ausgehen, nur Symbole, die wir uns ausgesucht haben, um unsere Abbildung von Realität wiederzugeben. Die grundlegende Basis unserer Existenz besteht sicherlich nicht aus kleinen Äpfelchen und Heugäbelchen. Aber kleine Teilchen und Wellchen sind möglicherweise auch nicht gerade die besten Beschreibungen.

Diese Idee der komplementären Erscheinung von Dingen hat ihre Wurzeln im Vorgang des *Wissens* und nicht in den Vorgängen der *Existenz* selbst. Um etwas zu wissen, müssen wir zunächst das, was wir beobachten, bezeichnen, danach qualitative Attribute wie Größe, Gewicht, Farbe, Schönheit etc. zuweisen und schließlich Wege festlegen, die beschreiben, wieviel von der jeweiligen Eigenschaft vorhanden ist. In der Wissenschaft wird »wieviel« durch numerisches Maß definiert. In der Umgangssprache gebrauchen wir Adverbien. Wir können eindeutig feststellen, daß Mathematik eine linguistische Geistesschöpfung ist, kein der Natur innewohnendes Charakteristikum, denn sie hängt davon ab, in welcher Weise wir der Natur Kennzeichnungen zuweisen und diese anschließend quantifizieren. Wellen, Teilchen, Äpfel und Heugabeln sind die blauen und roten Linien auf der Landkarte, nicht die Straßen und Autobahnen selbst.

Das Konzept von Wellen und Teilchen mit den zugeordneten Maßeinheiten ist die beste Metapher aus der Makrowelt, die wir gegenwärtig haben, um die physikalischen Grundlagen der Realität zu beschreiben, da wir Energie, die beiden gemeinsam ist, nicht so ohne weiteres anschaulich machen können.* Anfang dieses Jahrhunderts verstanden Wissenschaftler sogar noch weniger als wir heute, wie Gehirn und Geist Informationen aufnehmen und umsetzen – das heißt, wie es dazu kommt, daß wir wissen, was wir wissen. Doch die Erforscher der Quantentheorie erkannten, daß in der unsichtbaren Welt der Quanten intellektuelle Fallen verborgen lagen. Sie warnten uns immer wieder, daß wir uns nicht auf die visuell wahrgenommenen Bilder ihrer zugrundeliegenden Realität stützen, sondern nur den Messungen von Eigenschaften vertrauen sollten, die sich aus Experimenten und Messungen ableiten ließen. Während diese Warnung einerseits eine der intellektuellen Fallen zu vermeiden half, stellte sie andererseits eine weitere auf, die damit zusammenhängt, welche Bedeutung Messungen haben, eine Frage, die immer noch Kontroversen verursacht.

Das *Prinzip der Unschärfe* legt im einzelnen dar, daß komplementäre Variable nicht gleichzeitig mit der gleichen Präzision gemessen werden können. Es bestimmt auch, inwieweit die Genauigkeit der Messung (und somit unser Wissen) begrenzt ist. Die in der Physik nicht so Bewanderten stoßen sich oft an der Vorstellung, daß die Genauigkeit einer Messung ihre Grenzen hat; sie glauben nämlich, die gewünschte Genauigkeit sei mit besseren Instrumenten oder Techniken erzielbar. Doch das ist nur die normale Schlußfolgerung aus der irrigen Ansicht, daß Wellen und Teilchen eindeutig unterschiedliche Dinge repräsentierten, was nicht der Fall ist. Daran werden bessere Instrumente nichts ändern.

Probleme entstehen auch, wenn wir in Betracht ziehen, was Messungen in dieser winzigen Größenordnung erfordern. Wir müssen daran denken, daß mindestens ein einzelnes Lichtphoton nötig ist, um ein Teilchen aufleuchten zu lassen und dadurch zu messen. Und wissen heißt in der Wissenschaft messen. Die Energie, die dem Teilchen durch den Akt des Beobachtens zukommt, verändert die Eigenschaften des Teilchens und macht seinen zukünftigen Zustand unscharf. Diese Tatsache muß bei der Messung berücksichtigt werden. Im Laufe der Ge-

* Seit vielen Jahren gebrauchen Physiker den Begriff *Welltikel*. Aber auch das ist nur eine abstrakte Bezeichnung für Energie.

schichte wurde mitunter argumentiert, daß die Ursache der Unschärfe nicht allein der Versuch ist, etwas zu wissen und in Erfahrung zu bringen, sondern daß es hauptsächlich der damit verbundene Vorgang ist, der die Quantenprozesse der Natur beeinflußt. Es stimmt zwar weder das eine noch das andere, aber es ist gerade diese Interpretation, mit der das Cartesische Gebäude, das auf der Trennung von Geist und Materie beruht, zu bröckeln beginnt.

Die verwischte Linie zwischen Existenz und Wissen sollte durch diese Interpretation noch konfuser werden und zu mehr Paradoxien führen. Manche modernen Lehrbücher stellen immer noch widersprüchliche Standpunkte heraus, die die Verzweiflung derjenigen wiedergeben, die die Quantentheorie zu interpretieren versuchen. Es hat sieben Jahrzehnte, d.h. bis in die neunziger Jahre, gedauert, um sich Klarheit darüber zu verschaffen, sieben Jahrzehnte, in denen experimentelle Nachweise geliefert wurden und das Verständnis dafür zunahm, wie der Geist mit Informationen umgeht. Was ich hier wiedergebe, stützt sich nur auf die Analyse von Denkprozessen, auf die Analyse von Bewußtsein und auf die Analyse von Information. Es wird jedoch durch die experimentell gewonnenen Daten aus der Physik erhärtet.

Es fiel mir auf, daß die Prinzipien der Komplementarität und Unschärfe sich gleichermaßen und in derselben Weise auf zwei Methoden anwenden lassen, mittels derer jeder von uns beobachtet: die sensorische oder äußere Erfahrung und die innere, subjektive Erfahrung. Diese beiden Beobachtungsweisen ergänzen sich insofern, als beide notwendig sind, um unser Bild von der Realität zu vervollständigen. Dennoch haben sie unterschiedliche Charakteristiken und gelten nicht gleichermaßen für alle Beobachtungen. Die äußere Erfahrung erreicht ihren Höhepunkt in der wissenschaftlichen Methode und zeichnet sich durch Spezifizität, Präzision und Detailliertheit aus; sie macht sehr häufig von der Sprache der Mathematik Gebrauch und wird intellektuell erfaßt und verstanden. Die höchste Form hingegen, in der sich die subjektive Erfahrung ausdrückt, ist die sich jeglicher Beschreibung entziehende mystische Erkenntnis. Gekennzeichnet ist die subjektive Erfahrung durch holistische Muster, Mangel an Präzision, aber tiefempfundene Gewißheiten. Sie muß notwendigerweise durch Metaphern, Analogien, archetypische Bilder und durch die Künste ausgedrückt werden; sie hat eine emotionale Wirkung. Die Vorstellung, daß Wissenschaft und Religion sich gegenseitig ausschließende Ausdrucksformen sind, weil das Gewicht jeweils auf einem anderen Beobachtungsmodus liegt, hat nicht mehr Gültigkeit als die Idee, daß Wellen und Teilchen getrennte physikalische Dinge sind. In beiden Fällen sind Komplementarität und Unschärfe maßgebend, und in beiden Fällen ist es der Geist, der der Erfahrung Bedeutung verleiht.

Die Formulierung der Prinzipien und die mathematische Darstellung von Komplementarität und Unschärfe für Beobachtungen im Quantenbereich führte zu der Vorstellung, daß wir zwischen den Messungen von Welle/Teilchen-Attributen nicht präzise wissen können, wie die Attribute sich verhalten. Wir können nur wissen, daß Wellen/Teilchen gewissen Gesetzen gehorchen, etwa der Erhaltung von Energie und Impuls. Der Wert der anderen Eigenschaften zwischen den Messungen läßt sich dagegen nicht erkennen und muß als wahrscheinliche Größe spezifiziert werden. »Wissen« kann man nur, indem man mißt.

Einige Theoretiker gehen so weit, daß sie sagen, eigentlich existiere zwischen Messungen nichts außer einer Wahrscheinlichkeit. Mit dieser Interpretation bleibt nur die Landkarte übrig, das Land selber ist verschwunden. Ein gleichwertiger Fehler wäre die Annahme: Weil ein Pilot durch Wolken fliegt und den Erdboden nicht sieht, existieren keine Berge.

Es gibt zwei wesentliche Methoden, um die wahrscheinlichen Eigenschaften von Welle/Teilchen zu verfolgen und zu berechnen, wobei die sogenannte *Schrödingersche Wellengleichung* von Physikern in der Praxis am häufigsten verwendet wird. Diese Wellengleichung besteht aus Gliedern, die die zu berücksichtigenden Eigenschaften repräsentieren. Eine Besonderheit daran ist, daß bestimmte Glieder der Gleichung, wenn sie mit sich selbst multipliziert werden, die Wahrscheinlichkeit wiedergeben, daß die meßbaren Eigenschaften einen bestimmten Wert haben werden. Manche sehen das, was sich zwischen den Messungen durch Raum/Zeit bewegt, eher in der Wellenfunktion als im Welle/Teilchen selbst.

Zum Beispiel gibt es, wie sich berechnen läßt, bei einem dicht verschlossenen Glas mit Wasser eine kalkulierbare Wahrscheinlichkeit, daß ein Wassermolekül durch die Glaswände entweichen und sich dann außerhalb des Gefäßes befinden wird. Deshalb erfordern gefährliche Substanzen wie radioaktive Materialien häufig dickwandige Bleibehälter – um die Wahrscheinlichkeit zu reduzieren, daß sehr viel entweichen wird. Da alle Materie die Eigenschaften der Quantendualität besitzt, gibt es auch eine kalkulierbare Wahrscheinlichkeit, daß einem der Ehepartner, den man zu Hause in Los Angeles zurückgelassen hat, in New York in die Arme läuft, wenngleich diese Wahrscheinlichkeit sehr gering sein mag. Aber bis das Ereignis eintritt, das heißt, bis die Beobachtung (Messung) tatsächlich gemacht wird, kann man nur seine wahrscheinlichen Werte wissen. Findet die Messung statt, dann ist der Wert des Attributs bestimmt, und die Wellengleichung mit ihren Wahrscheinlichkeiten »kollabiert« sozusagen zu einem wirklichen Ereignis mit einer Wahrscheinlichkeit von »1«.

In der klassischen Newtonschen Physik hielt man es für möglich, wenn man den Aufenthaltsort und die Geschwindigkeit aller Teilchen im Universum zu einem gegebenen Zeitpunkt wüßte, ihre zukünftigen Positionen zu berechnen und Vorhersagen für alle Zeiten machen zu können. Es schien daher auch möglich zu sein, eines Tages die Zukunft akkurat vorherzusagen, denn man glaubte, in einem Universum zu leben, das von den bestechend einfachen, deterministischen Gesetzen der Newtonschen Physik gesteuert wurde. Unser Leben, das Wetter, Ereignisse, ja selbst der weitere Verlauf des Universums unterlägen eines Tages einer definitiven Vorhersagbarkeit. Doch machen Wellen/Teilchen, die zwischen Messungen beliebig viele Wahrscheinlichkeitswerte für ihre Position und Geschwindigkeit in Raum/Zeit annehmen können, das Universum viel interessanter, mysteriöser und aufregender als eines, das durch seine einfache Determination besticht – und vermutlich weniger durchschaubar ist. Allerdings läßt sich mit einem Universum von Wahrscheinlichkeiten nicht die Intentionalität erklären.

Einstein, der von den Mängeln des klassischen Determinismus noch nicht überzeugt und zugleich von der frustrierenden Vorstellung geplagt war, daß man über die zugrundeliegende Struktur und Bewegung von Materie in dem Raum/Zeit-Interval zwischen Messungen nichts aussagen konnte, ersann verschiedene »Gedankenexperimente«, um die Gültigkeit der Quantentheorie zu untersuchen.

Der jahrzehntelange Gedankenaustausch zwischen Einstein und Niels Bohr bestätigte, wie wertvoll solche intellektuell genau analysierenden Experimente für das Aufdecken von Fehlern und Irrtümern waren. Da Ereignisse auf atomarer Ebene zu klein waren, um sie direkt beobachten zu können, brauchte man Denk- und Vorstellungsvermögen, um sowohl physikalische als auch gedankliche Experimente zu kreieren und zu durchdenken. Die Folge war, daß die feine Linie zwischen äußerer und innerer Realität, zwischen physikalischen Experimenten und Gedankenexperimenten sich noch mehr zu verwischen begann. Die Technologie brauchte Jahre, um überhaupt nachzukommen und die mit den Gedankenexperimenten verbundenen Finessen auch physikalisch zu testen. Eines dieser Gedankenexperimente ist in unserem Fall hier von besonderer Relevanz, da es die »übernatürlichen« Seiten der Natur illustriert.

Stellen wir uns vor, daß zwei Protonen, die von einer Quelle ausgesandt werden, in unterschiedliche Richtungen davonsausen, dabei vor sich hin purzeln und kullern. Die wahrscheinlichen Werte der Eigenschaften eines jeden einzelnen Protons ließen sich mit einer gesonderten Schrödingerschen Wellengleichung beschreiben. Die attributiven Werte der beiden Teilchen müssen zueinander korreliert bleiben, da die Teilchen demselben Prozeß entstammten und den Erhaltungsgesetzen gehorchen müssen, selbst wenn jedes Teilchen zu jedem beliebigen Zeitpunkt eine Reihe von Werten für jedes einzelne Attribut aufweisen könnte. Würde man ein Teilchen beispielweise in Berlin einfangen und messen, könnte das andere im selben Moment in Bangkok sein. Plötzlich sind Werte des in Berlin angetroffenen Teilchens bekannt, und seine Wellengleichung kollabiert zu bekannten Werten. Das Teilchen in Bangkok, könnte man es gleichzeitig mit dem in Berlin einfangen und messen, müßte die entsprechenden Werte für seine gemessenen Attribute aufweisen, da Energie und Impuls erhalten und die Quanteneigenschaften verbunden bleiben müssen. Das sind fundamentale Gesetze sowohl der Quantenphysik als auch der Newtonschen Physik. Was niemand verstand, war, wie das Teilchen in Bangkok *augenblicklich,* ohne zeitliche Verzögerung, wissen sollte, daß sein Partner eingefangen und seine Wellengleichung zu korrekten spezifischen Werten kollabiert war, ohne die erwiesene relativistische Vorstellung zu verletzen, daß Signale zwischen Berlin und Bangkok nicht schneller sein können als das Licht.

Dieses Rätsel wurde als das *EPR-Paradox* bekannt, nach Einstein, Podolsky und Rosen. Man hielt es nicht nur für entscheidend, sondern auch für regelrecht unheimlich. War der Determinismus und sein Bild von den physikalischen Grundlagen der Realität wirklich gestorben, oder war die Quantentheorie bloß eine Illusion, ein Phantom, das sich aus einem fehlerhaften intellektuellen Spiel ergab? Es schien, als konnte die Natur auf subatomarer Ebene »übernatürlich« wirken. Teilchen konnten ohne zeitliche Verzögerung über Ozeane hinweg kommunizieren. Und ich hatte meine eigenen Gründe, warum ich eine befriedigende Antwort wollte, denn das Verhalten dieser Teilchen warf viele der gleichen Fragen auf wie die von Norbu Chen und Uri Geller demonstrierten Fähigkeiten.

16

Heute wissen wir, daß Einstein, was das Ausmaß seines Vertrauens in die klassische Physik zur Erklärung gewisser Phänomene betrifft, nicht recht hatte. Denn es ist in der Tat so, daß uns die Wahrscheinlichkeitsregeln der Wellengleichung, zu der Einstein ein skeptisches Verhältnis hatte, bei der Abbildung von Quantenprozessen helfen. Das EPR-Paradox wurde 1964 zu einem überprüfbaren statistischen Theorem formuliert, das als Bellsche Ungleichung bekannt ist. Allerdings wurden die Folgerungen daraus erst 1982 durch ein entscheidendes Experiment nachgewiesen. Alain Aspect, ein Physiker an der Pariser Universität, konnte mit einem Team von Wissenschaftlern zeigen, daß die Teilchen (in Berlin und Bangkok) die ihnen eigentümlichen Korrelationen genau beibehielten, wenn die Wellenfunktion durch unabhängige Messungen zum Kollaps gebracht wurde. Statt mit Protonen zu arbeiten, nutzte Aspect die Polarisation von Photonen, was an den Resultaten aber nichts änderte.

Im allgemeinen lassen sich seine Entdeckungen so interpretieren, daß das relativistische Prinzip der Lichtgeschwindigkeit nicht verletzt wird; das heißt, es gibt keine Informationsübertragung von einem Teilchen zum anderen. Es ist vielmehr so, daß die Wellenaspekte der Teilchen in nichtlokaler Weise miteinander verbunden sind und mitschwingen, in »Resonanz« sind, wie man sagt, um die Korrelation ihrer Charakteristika aufrechtzuerhalten. Sie verhalten sich überhaupt nicht wie Teilchen, sondern eher wie *Felder*. Sie füllen den ganzen Raum, wobei ein noch unbekannter vermittelnder Mechanismus mitwirkt, der ihre Eigenschaften beeinflußt. Die Quantentheorie geht nicht darauf ein, vielleicht weil sie es gar nicht kann, wie die Eigenschaften auf nichtlokale Weise so beeinflußt und vermittelt werden, daß ihre Korrelation erhalten bleibt. Es ist eine zusätzliche Theorie nötig, um Nichtlokalität zu verstehen. Doch die alternative Erklärung, daß Information schneller als mit Lichtgeschwindigkeit übertragen wird und daß die einen Teilchen »wissen«, was die anderen machen, ist noch problematischer. Auf alle Fälle zeigte das Experiment in schlüssiger Weise, daß Materie und Information Eigenschaften haben, die nichtlokal korreliert bleiben. Eben diese mysteriöse *Nichtlokalität* läßt zahlreiche Probleme in einem neuen Licht erscheinen, darunter auch solche, die mit vielen rätselhaften subjektiven Bewußtseinseigenschaften zusammenhängen. Dieses Paradox zeigt auch, daß die Methoden der Wissenschaft wirksam genug sind, um die fehlerhaften Annahmen in den Newtonschen und Cartesischen Denksystemen sichtbar zu machen.

Da die Regeln der Quantenlehre nicht nur auf subatomare, sondern eigentlich auf alle Materie anwendbar sein sollen, kommt man durch Ausweitung dieses allgegenwärtigen »Resonanz«-Zusammenhangs zu der Annahme, daß die Natur insgesamt in gewisser Hinsicht etwas Wellenmäßiges, Feldmäßiges und »Geistmäßiges« ist, ohne daß dies bereits ganz verstanden wird. Die experimentellen Ergebnisse enthalten Analogien zu den einfältigen abergläubischen Vorstellungen mittelalterlicher (und neuzeitlicher) Mystiker und kommen der Platonischen Idee von der nichtmanifesten, aus Ideen und perfekter Form bestehenden wirklichen Welt sehr nahe. Resonanz und Nichtlokalität sind fundamentale Schlüssel zur gesamten Funktionsweise der Psyche.

Das zweite große Paradox, das in der Geschichte der Quantentheorie sehr bald aufkam, ist immer noch nicht zur Zufriedenheit der meisten Physiker gelöst. Es ist ein weiteres Gedankenexperiment und wird als »Paradox von Schrödingers Katze« bezeichnet. Erwin Schrödinger formulierte die nach ihm benannte Wellengleichung, aus deren Verwendung sich das Paradox ableitet. Besonders für unser Verständnis von Bewußtsein hat das Experiment erhebliche Bedeutung, da es unmittelbar aus der verwickelten Beziehung von Existenz und Wissen, aus der Verwechslung der Landkarte mit dem Land selbst hervorgeht.

Hält man sich an das Einsteinsche und Bohrsche Verfahren zur genauen analytischen Zerlegung von Gedankenexperimenten, kann man in dem riesigen Labyrinth, das dieses Paradox erzeugte, versteckte Fallen ausmachen, die alle damit etwas zu tun haben, wie wir Informationen in unserem Geist/Gehirn einordnen und mit Bedeutung versehen; Fallen, bei denen es um die feine Trennungslinie zwischen inneren und äußeren Ereignissen geht. Da sich mit Schrödingers Wellengleichung die wahrscheinlichen Eigenschaftswerte von beliebigen Dingen berechnen lassen (man spricht dann im allgemeinen von *Zustand*), ist es durchaus möglich, das Gedankenexperiment auch auf den Zustand einer Katze zu beziehen. Es ist zwar eine eigenartige imaginäre Situation, aber sie hat immense Bedeutung.

Angenommen, eine Katze wird in einen Behälter gesperrt, in dem sich eine radioaktive Substanz, ein Fläschchen mit Gift und ein Auslösemechanismus befinden. Diese merkwürdige Zusammenstellung ist so angeordnet, daß mit dem radioaktiven Zerfall der Substanz eine Wahrscheinlichkeit von fünfzig zu fünfzig entsteht, daß das Giftfläschchen zerbrochen wird und die Katze auf der Stelle tot ist. Teilchen, die aus zerfallenden radioaktiven Materialien entweichen, tun das nicht in konstanten zeitlichen Abständen, sondern wahllos und so, daß die Hälfte der insgesamt ausgestrahlten Teilchen in einem Zeitraum entweicht, den man die Halbwertszeit der radioaktiven Substanz nennt. Die Hälfte der verbleibenden Hälfte entweicht in der zweiten Halbwertszeit usw. Die Apparatur ist so aufgebaut, daß nach einem festen Zeitraum die Wahrscheinlichkeit, daß das Fläschchen zerbrochen ist, genau »1/2« beträgt. Danach hört das Experiment auf. Es erhebt sich also die Frage: Ist die Katze tot oder am Leben?

Die Wellenfunktion der Katze verändert sich nicht mehr mit dem weiteren Verlauf der Zeit, weil das Experiment zu Ende ist und die Wellenfunktion in dem Zustand bleibt, der eine Fünfzig-zu-fünfzig-Chance bietet, daß die Katze am Leben ist. Aber die Katze kann nicht in einem Zustand zwischen halb lebendig und halb tot schweben – sie kann nur ganz tot oder ganz am Leben sein. Oder doch? Der Experimentator weiß die Antwort erst, wenn er in den Behälter sieht und die Katze beobachtet (mißt). Die dem gesunden Menschenverstand entsprechende, Newtonsche Antwort wäre, daß die Katze komplett tot oder komplett am Leben ist und es keine Rolle spielt, was der Experimentator weiß.

Doch die Quantenmathematik hat immer wieder bestätigt, daß die Natur sich weder an den gesunden Menschenverstand noch an die Newtonsche Lösung hält.

Das macht dieses Experiment so interessant. Physiker müssen sich auf Messungen und mathematische Berechnungen verlassen, weil die Gültigkeit einer Theorie nur durch experimentelle Verifikation nachgewiesen werden kann. Die Quantentheorie verlangt eindeutig, daß der Zustand eines Quantenobjekts zwischen den Messungen (Beobachtungen), die die Wellenfunktion in einen effektiv vorhandenen Zustand mit einer Wahrscheinlichkeit von »1« kollabieren lassen, nur in Form von Wahrscheinlichkeiten beschrieben werden kann. Aber was kann als Beobachtung oder Messung gelten, die die Wellenfunktion kollabieren läßt? Eine der Interpretationen der Quantenmechanik hebt nachdrücklich hervor, daß die Überlagerung der Wahrscheinlichkeitswellen, eine für eine lebende und eine für eine tote Katze, die *einzige* Realität ist. Der Kollaps der Wellenfunktion tritt ganz klar ein, sobald der Experimentator den Zustand der Katze kennt. Aber ist diese Kenntnis des Beobachters für die Urteilsvollstreckung nötig? Wäre es anders, wenn wir es statt mit der Katze mit einem Philosophen versuchen?

Vermutlich könnte ein Philosoph seinen Zustand erkennen und dem Experimentator anzeigen. Doch für die Wissenschaft sind subjektive Daten nicht gültig, schon gar nicht die von Philosophen und Mystikern. Deshalb mag die subjektive Selbsteinschätzung des Philosophen hinsichtlich seines eigenen Gesundheitszustandes für den Experimentator nicht akzeptabel sein. Aber wir müssen die Frage stellen, ob das Mißtrauen des Experimentators gegenüber dem Philosophen den Kollaps seiner Wellenfunktion verhindern kann.*

Derartige Gedankenexperimente sind an sich keine Absurditäten; sie regen unser Denken an und lassen es bis an seine Grenzen gehen, so daß wir Fehler erkennen und zu neuen Einsichten kommen können. Sie bringen die Subtilitäten ans Licht, über die ernsthaft nachgedacht werden muß, wenn man die sonderbare Welt der Quantenmechanik – und überhaupt das Universum – zu verstehen versucht. Das Paradox von Schrödingers Katze stellt die Rolle in Frage, die das *Wissen* oder die Kenntnis spielt, wenn Beobachtungen gemacht werden. Dadurch entsteht die Frage, ob bloßes Wissen die physikalische Welt um uns herum verändern kann oder nicht, und wenn ja, wie.

Von einem höheren philosophischen Standpunkt aus betrachtet, führen die Interpretationen des Katzenparadoxes, wonach Wellenfunktionen als eigentliche Realität betrachtet werden können, in einen Sumpf von Absurditäten. Drei Generationen von Physikern haben diese Interpretationen benutzt, ohne sie weiter zu hinterfragen, denn auf praktische Probleme angewandt funktioniert die Quantenmathematik wie ein Kochrezept – Philosophie ist dabei unnötig. Aber die Landkarte ist nicht das Land, und es liegen immer noch Berge unter den Wolken, auch wenn der Pilot sie nicht sehen kann. Es hat mehrere

* Es handelt sich hier um eine Kurzfassung von *Wigners Freund*, einem weiteren paradoxen Gedankenexperiment.

Dekaden gedauert, um mittels experimenteller Nachweise zu zeigen, was es erfordert, um den Folgerungen aus der Quantenmechanik wieder ein gewisses Maß an logischem Zusammenhang zu verleihen. Die wesentliche Aussage hier ist, daß mathematische Beschreibungen nicht in der Natur verankert sind, sondern vom *Geist* erzeugt werden. Die Unterschiede zwischen Existenz und Wissen müssen bei der Betrachtung vom höheren Standpunkt sorgsam im Auge behalten werden.

Zu Zeiten, als wissenschaftliche Hilfsmittel noch relativ einfach und primitiv waren, waren wissenschaftliche Beobachtung und die Messung von Ergebnissen ein einziges Ereignis. Beobachtung und Messung waren im weitesten Sinn das gleiche. Das trifft heutzutage nicht mehr zu.

Nehmen wir zum Beispiel die alte philosophische Frage, ob ein Baum, der im Wald umfällt, ein Geräusch erzeugt oder nicht, wenn niemand da ist, der es hört. Diese Gedankenspielerei hat heutzutage eine neue Wendung genommen. Bei der verfügbaren modernen Technologie, insbesondere durch das Aufkommen von Geräten zur Fernaufzeichnung, muß die Frage anders beantwortet werden. Der umstürzende Baum erzeugt eine Druckwelle, die ein druckempfindliches Instrument, wenn es auf die passenden Frequenzen eingestellt wird, aufzeichnen kann. Aber das ist weder Hören, noch ist es ein Geräusch. Hörvorgänge und Geräusche sind auf die subjektive Erfahrung eines lebenden Organismus bezogen.

Wären weder die Person noch das Aufzeichnungsgerät da, könnte man der Quantenlehre nach nicht wissen oder sagen, was mit dem Baum und seiner Druckwelle ist. Hält man sich an die radikale Interpretation, dann existiert der Baum sogar erst, wenn er beobachtet wird. Wenn wir die Untersuchung nun mit vielen umfallenden Bäumen machen, könnten wir feine Anhaltspunkte bekommen, was passiert, wenn Bäume umfallen, und dann *deduzieren*, was passiert, wenn der Baum mitten im Wald umstürzt, ohne daß ein Beobachter oder ein Aufzeichnungsgerät dabei ist. Das ist das Schöne an der wissenschaftlichen Methode. Aber ist Deduktion dasselbe wie Wissen? Es ist ganz bestimmt nicht dasselbe wie Messen.

Einstein kritisierte die Quantenlehre mit der Feststellung, daß Gott mit dem Universum nicht würfle. Im metaphorischen Sinne dieser Aussage hatte er unrecht: Das Universum gehorcht in der Tat den Regeln der Quantenwahrscheinlichkeit. Aber mit dem Wissen, das wir heute von der Evolution des Universums, seiner Arten, der Sprache und der Gedankenvorgänge haben, kann man sagen, daß er im wörtlichen Sinne absolut recht hatte. Gott würfelt tatsächlich nicht mit dem Universum, denn Würfel, die Regeln der Wahrscheinlichkeit und selbst die Bedeutung und das Wesen Gottes sind Kreationen des Menschen aus den vergangenen Jahrtausenden, und das Universum ist offensichtlich millionenmal älter. Die feinen Nuancen von Wörtern bei wörtlicher oder übertragener Auslegung können die Richtigkeit der Erkenntnis verändern.

Wenn in der Vergangenheit Bäume umfielen, verhielten sie sich wahrscheinlich wie immer, ehe der Mensch ein Problem daraus machte, indem er lästige Fragen stellte. Gleichermaßen entfalteten sich die universalen Prozesse so weiter wie vor der Zeit der Quantenmechanik, Newtonschen Mathematik und der Teleskope – lange bevor die Menschen anfingen, hinter die Vorgänge zu schauen und diese »Landkarten« zu erzeugen. Das abgebildete Territorium dürfte schon lange vor unseren kartographischen Darstellungen und dem anthropoiden Geist, der diese Abbilder hervorgebracht hat, existiert haben.

Das anthropische* Bewußtsein und Denken, das wir heute erleben, wird für die zukünftige Evolution des Universums sicherlich wichtig sein. Wir haben das Gesicht des Planeten vor allem in den letzten Jahren radikal verändert. Wenn Bewußtsein für das Universum von Bedeutung ist, wie ist es dann genau beschaffen, und wie hat es sich manifestiert, als wir Menschen uns noch nicht zu dem Stadium erwachter Bewußtheit, das wir heute besitzen, entwickelt hatten? Untersucht man die Quantenmechanik unter Einbeziehung von Bewußtsein, kommt man zu einigen interessanten und nützlichen Antworten.

Die inzwischen klassische Demonstration der Doppelnatur Welle/Teilchen durch das sogenannte *Doppelspalt-Experiment* hat in den vergangenen Jahren die ungewöhnlichsten Verfeinerungen durchgemacht, die dieses sonderbare Phänomen besser verständlich machen und Licht in die einzelnen Paradoxa der Quantentheorie bringen. Ein möglicher Experimentaufbau besteht aus einer Lichtquelle, einem lichtempfindlichen Schirm, der das Licht auffängt, und einer Vorrichtung, die den Lichtstrahl, bevor er den Aufzeichnungsschirm erreicht, in zwei Strahlen spaltet, wenn es der Experimentator will.

---

* *Anthropisch*: einen engen Zusammenhang zwischen den Naturgesetzen, dem Kosmos und der menschlichen Existenz postulierend (*Duden. Das Große Fremdwörterbuch*).

Im Prinzip ist es ein sehr einfaches Experiment. Hat man nur einen Lichtstrahl, so gruppieren sich alle Photonen in einem Lichtfleck um die Mitte des Schirms herum, wie wenn man mit einer Taschenlampe an eine Wand leuchtet. Wird der Lichtstrahl in zwei Strahlen aufgespalten und dann neu fokussiert, erscheint auf dem Schirm ein Interferenzmuster aus abwechselnd hellen und dunklen Stellen. Alle Wellengleichungen sagen dieses Ergebnis voraus, Teilchengleichungen jedoch kommen zu zwei unabhängigen Lichtflecken – nicht zu einem Interferenzmuster. Das war der ursprüngliche Beweis einer Welle/Teilchen-Dualität.

Bei sämtlichen Weiterentwicklungen des Doppelspalt-Experiments hatte man zumindest eines von zwei primären Zielen im Auge. Das erste Ziel war, das Welle/Teilchen dabei zu erwischen, wie es sich zwischen Messungen als Newtonsches Teilchen verhält, und dadurch zu zeigen, daß klassische Ideen und Vorstellungen von der Realität maßgebend sind. Damit wäre natürlich das lästige Unschärfeprinzip widerlegt, was die Befürworter der klassischen Physik sehr glücklich gemacht hätte. Die zweite Zielsetzung war herauszufinden, wie, was oder wann ein Welle/Teilchen vom anderen weiß. Aber obwohl das Welle/Teilchen ein Rätsel geblieben ist, ist man auf ein paar gewichtige Tatsachen gestoßen.

Mit immer neuen Versionen des Doppelspalt-Experiments hat man sich über ein halbes Jahrhundert lang herumgeschlagen; es gibt sogar Experimente, in denen Photonen mit einer so langsamen Geschwindigkeit abgeschossen werden, daß sie einzeln beobachtbar sind. Ein anderes Experiment, das der *verzögerten Entscheidung*, läßt eine Veränderung in der Apparatur zu, nachdem die Photonen sich vermutlich einen Weg ausgesucht haben, dem sie folgen wollen. Im *Quantenlöscher*-Experiment werden die Daten von einem Computer aufgezeichnet; man kann sie selektiv in ihrer Gänze oder in ihren Teilen betrachten, um zu sehen, welche Photonen welchen Weg eingeschlagen haben.

Aus diesen Experimenten ergibt sich, daß ein Welle/Teilchen immer »weiß«, ob ein Einfach- oder ein Doppelspalt-Experiment durchgeführt wird, und sich in dem Moment, in dem es vom Schirm aufgefangen wird, entsprechend verhält. Es kommt nicht darauf an, wann der Experimentator entscheidet, das Experiment zu ändern, oder wann er sich die Resultate des Experiments ansieht oder ob er die Daten überhaupt betrachtet oder nur einige davon: Das Welle/Teilchen verhält sich immer in Entsprechung zur jeweiligen Situation, wenn es seine

Energie an den Auffangschirm abgibt, egal ob das Experiment einen Weg oder zwei Wege zuläßt. Das bedeutet, daß für ein Welle/Teilchen Zeit kein Faktor ist. Es kommt auch nicht darauf an, was der Experimentator weiß, sondern einzig und allein darauf, ob die Ergebnisse erkennbar werden können, das heißt, ob sie mit einem Instrument aufgezeichnet werden können, etwa wie wenn ein Baum im Wald umstürzt. Die Teilchen aber behalten immer die ihnen eigenen Korrelationen bei.

Die beste Antwort auf diese Rätsel scheint aus dem EPR-Paradoxon und dem Experiment von Alain Aspect (mit Berlin und Bangkok) hervorzugehen. Die Eigenschaften (Zustände) der Photonen müssen in nichtlokaler Korrelation zu den Werten ihrer Wellengleichungen bleiben, egal wo die Photonen sich befinden, bis sie eingefangen werden. Es ist zwar verführerisch, aber irreführend, anthropische Begriffe wie *Wissen* auf Teilchen anzuwenden, wenn sie lediglich Korrelationen beibehalten. Außerdem hat man inzwischen größere Teilchen, die ihre Gegenwart durch Abgabe von Strahlung erkennen lassen, in Doppelspalt-Experimenten eingesetzt, und es ist dabei möglich, den Weg, den das Teilchen einschlägt, zu ermitteln, ohne es darin zu stören. Die Resultate sind die gleichen, doch am wichtigsten ist, wie sich daran zeigt, daß das Welle/Teilchen seine »Existenz« als Teilchen noch behält, selbst wenn es sich wie eine Welle verhält und zwei Pfade gleichzeitig einschlägt: Es ist also nicht nur eine Wahrscheinlichkeitswelle; es hat reale Existenz. Nur können wir nicht sagen, welche Werte die Eigenschaften haben, ohne daß wir sie messen. Aber sie existieren tatsächlich, auch ohne daß wir von ihnen wissen. Die Wellenfunktion eines Welle/Teilchens bricht in dem Moment zusammen, in dem seine Energie an das aufzeichnende Gerät übergeht und seine Position durch den Experimentator *erkennbar* wird.

Das bedeutet, daß Welle/Teilchen auf den *Prozeß*, dem sie der Experimentator aussetzt, reagieren, was immer das für ein Prozeß ist. Zeit hat für sie keine Bedeutung. Zeit hat mit Wissen zu tun, nicht mit Existenz. Jede Veränderung des Prozesses während des Experiments verursacht eine unverzügliche Anpassung durch das Welle/Teilchen, um mit allen Bestandteilen der Versuchsanordnung, die das ganze Experiment hindurch immer sofort aufeinander abgestimmt werden, in nichtlokaler Resonanz zu bleiben. Mit der Abgabe seiner Energie an den Auffangschirm hört das Welle/Teilchen auf, Welle/Teilchen zu sein.

Was ist, wenn wir diese Idee auf das Paradox von Schrödingers Katze anwenden? Nehmen wir anstelle der Katze einen Giftdetektor, der aufzeichnet, wann die Moleküle frei werden und wirken. Registriert der Detektor ein Giftmolekül zum Zeitpunkt, da die Wahrscheinlichkeit fünfzig zu fünfzig beträgt, daß die Katze tot ist, dann können wir deduzieren, daß die Katze umgekommen wäre. *Wann* der Experimentator das Aufzeichnungsgerät abliest und das Ergebnis feststellt, ist unerheblich. Lassen wir den Giftdetektor an Ort und Stelle und holen wir entweder die Katze, einen Philosophen oder einen Wissenschaftler hinzu, dann wäre der einzige Unterschied der, daß eine Wellenfunktion hinzukommt, die ein bewußtes, empfindungsfähiges Quantenwesen repräsentiert.

17

Ich hatte meine Forschung noch nicht lange betrieben, als ich darüber nachzudenken anfing, was ein Lebewesen an sich haben mochte, um damit die Wellengleichung, mit der wir es in einem Experiment repräsentieren, verändern zu können. Bliebe die Wellengleichung eines einfachen Gesteins unverändert, die einer Katze aber nicht? Um die Wirkungen von Bewußtsein und Empfindungsvermögen mit einer Wellengleichung darzustellen, muß man zunächst in der Lage sein, Bewußtsein und sinnliche Wahrnehmungsfähigkeit zu spezifizieren und zu messen.

Ohne zuerst herauszufinden, wie ein Gestein, eine Katze oder ein Philosoph überhaupt etwas wissen kann, erhielte man wahrscheinlich keine nützlichen Antworten auf die Frage, wie und wann der Wissensmodus des Experimentators die Wellenfunktion zum Kollaps bringt. Das Hauptproblem liegt in der Verwechslung von Landkarten mit dem Land selbst. Die Landkarten sind das Wissen, die Bilder, die Gedanken, die Ansichten, die Messungen, eben das, was wir mit uns im Kopf herumtragen. Sie sind in der Tat die einzigen Informationen über die Realität, deren wir gewahr sind. Das Land ist die Welt selbst. Unser *bewußtes Wahrnehmen* macht sich allerdings nicht alle Informationen zugänglich, die dem Geist/Gehirn verfügbar sind, und dieses Gespann von Geist/Gehirn wiederum macht sich nicht alle Informationen zugänglich, die in der Welt um uns herum vorhanden sind. Wenn es so wäre, dann könnte unsere Landkarte das Land präzise wiedergeben; dann wären wir wirklich in der Lage, die Realität zu *erkennen*. In einem sich ständig fortentwickelnden Universum aber kann es nur ein laufender Lernprozeß sein. Wir Menschen neigen dazu, zu glauben, was immer wir in unseren Köpfen haben, sei Realität und wahr, wenigstens größtenteils, weil es die einzige Abbildung ist, die wir haben, und weil wir nicht absichtlich lauter Fehler einfügen.

Aber ich kenne keinen Menschen, für den Leben und Realität immer so waren, wie er sie interpretierte. Das tägliche Leben korrigiert uns ständig und fordert unsere Überzeugungen von einem Moment zum anderen heraus. Unsere Gedankenwelt ist keine perfekte Realität, sondern vielmehr eine Schattenwelt, die auf unvollständiger Information darüber, was Realität ist, beruht. Trotz ihrer Unvollständigkeit bestimmt diese einzige Abbildung, die wir haben, unser Verhalten und Denken, wenn wir unsere persönliche Realität »kreieren«. Sie scheint richtig zu sein, bis irgendwelche Lebenserfahrungen, die in der Regel unerfreulicher Natur sind, uns von der Notwendigkeit überzeugen, neue Informationen hinzuzunehmen und die Bedeutung neu zu interpretieren. Alle Torheiten, die der Mensch begeht, haben ihre Ursache darin, daß wir ein falsches Verständnis von dem Prozeß haben, durch den wir lernen, interpretieren und wissen. Mit Sicherheit haben die meisten Wissenschaftler unseres Jahrhunderts, die die allgemeine Relativität und die Quantenphysik (und andere Bereiche) zu verstehen versuchten, diesen Prozeß nicht richtig verstanden. Das Fehlen eines geeigneten Modells für die interaktiven Prozesse von Existenz und Wissen hat dazu geführt, gewisse Newtonsche Axiome und Ansichten, die als Erkenntnisse hingestellt wurden, einfach beizubehalten, obwohl sie völlig unangebracht waren. In bezug darauf, daß es Existenz auch ohne unser Wissen gibt, stimmt das Newtonsche Modell allerdings.

Aber beeinflußt der Wissensstand des Experimentators den Ausgang von Ereignissen? Sollte die Wellenfunktion das Experiment genau darstellen und der Wissensstand des Experimentators die Wellenfunktion tatsächlich zum Kollaps bringen, dann würde die Entscheidung des Experimentators, wissen zu wollen, wie das Experiment ausgeht, zusammen mit seiner Entscheidung, wann er es wissen will, gezwungenermaßen dazu führen, daß sich das Ergebnis in der Realität manifestiert. Das ist nur eine Haaresbreite von der idealistischen oder platonischen Position entfernt, nach der höchste Realität in der geistigen Welt liegt und sich durch Ideen manifestiert. Die Extremposition eines Vertreters des Idealimus ginge dahin, daß der Experimentator sich nicht nur dafür *entscheidet*, das Ergebnis wissen zu wollen, sondern das ganze Experiment mitsamt seinem Ergebnis lediglich in seiner eigenen geistigen Welt *erzeugt*: Der Materialität geht das geistige Bild voraus. Ein Gedankenexperiment und seine physikalisch-materielle Umsetzung wären demnach ein und dasselbe. Mit anderen Worten, ob die Katze tot oder am Leben ist, hängt von der jeweiligen Laune des Experimentators ab – würde das Experiment tatsächlich durchgeführt.

Der erste große Fehler in diesem Gedankengang ist das Versäumnis, die deutlichen Unterschiede zu sehen, die in der Art und Weise liegen, wie wir die äußere und die geistige Realität erfahren. Es genügt die Feststellung, daß normale Menschen beide Wirklichkeiten unterschiedlich erleben. Eine weitere wichtige Feinheit besteht darin, daß es Unterschiede gibt zwischen den geistigen Zuständen des Gewahrwerdens, des Wissens und des Beabsichtigens. Gewahr werden und wissen unterscheiden sich erheblich: Zu wissen erfordert, einer Information Bedeutung anzuheften, die ein Gefühl von Gewißheit vermittelt, was beim bloßen Gewahrwerden nicht nötig ist. Gewahr werden, ob die Katze tot ist, nur darum geht es hier. Würde es den Zustand der Lebendigkeit der Katze beeinflussen, wenn man seiner gewahr würde? Natürlich nicht.

Die Kausalität hat in unserem Universum immer noch ihren festen Platz, obwohl sie von der Relativitäts- und der Quantentheorie in Frage gestellt wird. Allerdings läßt sich Kausalität heutzutage ganz anders verstehen als mit den alten Denksystemen. Gewahr werden bedeutet, die Leinwand des bewußten Gewahrseins sich mit Informationen füllen zu lassen. Es verursacht nichts anderes, als daß ein paar Millionen Neuronen im Gehirn plötzlich aufhorchen. Keines der traditionellen Denksysteme, übrigens auch keine moderne Untersuchung, gelangt zu der Aussage, daß bloßes Erkennen äußere Aktion verursacht. Es mag sein, daß die bewußte Kenntnis, die der Experimentator mit dem Öffnen des Behälters vom Zustand der Katze erhält, den Kollaps der inneren Abbildung, die er von der Wellengleichung hat, und die Koinzidenz mit dem lebendigen oder toten Zustand verursacht. Die Wellengleichung des Experimentators wird dabei aber nur durch von außen kommende Informationen aktualisiert. Das Einholen der Information an sich hat keinen Einfluß auf den Gesundheitszustand der Katze, da das Energiemuster von der Katze zum Beobachter fließt. Der Experimentator könnte zwar durch nichtlokale Mittel (intuitiv) Kenntnis bekommen haben, aber das hat nichts mit Kausalität zu tun. Wäre der Experimentator psychokinetisch aktiv, könnte er möglicherweise die Apparatur intentional beeinflussen. Sich des Zustands der Katze einfach nur bewußt zu sein kann sie also nicht umbringen, und zu wissen, in welchem sie sich befindet, kann es auch nicht. Was es aber könnte, wäre die Intention.

Wissenschaftler verachten gewöhnlich sämtliche Formen der idealistischen Position, wonach der Geist kausal wirken kann. Immerhin saß Schrödingers Katze 75 Jahre lang in einem Behälter, zusammen mit einer Giftflasche, und wartete darauf, daß irgendein Experimentator entscheiden möge, ob das Hineinsehen in den Behälter den Gnadenstoß verursacht oder nicht – ob die Wahrscheinlichkeitswelle das gleiche ist wie die materielle Realität. Inzwischen ist sie zweifellos an Altersschwäche gestorben, ungeachtet dessen, wie wir darüber denken. Der körperliche Tod scheint unvermeidbar.

Aus dem Katzen-Paradoxon ist ein ganzes System von Interpretationen der Quantenphysik entstanden. Wegen des verworrenen Problems und des fehlenden Verständnisses, wie Geist und Körper interagieren (Newton ging fälschlicherweise davon aus, daß es gar keine Wechselwirkung zwischen beiden gäbe), schossen die Probleme immer mehr ins Kraut. Es gibt eine Interpretation der Quantenmechanik, die wirklich versucht, um das verwirrende Unschärfeprinzip der Quantentheorie und um das fehlende »Bild« für die zugrundeliegende Realität herumzukommen. Gemeint ist die *Vielwelten-Theorie*, worin die Behauptung aufgestellt wird, daß sämtliche Wahrscheinlichkeiten in den Wellengleichungen real sind. Trifft der Experimentator nämlich die Entscheidung, den Behälter zu öffnen, und entdeckt er dabei, daß die Katze entweder tot oder lebendig ist, so verursacht er allein dadurch die Spaltung des Universums in zwei Universen: eines, wo alles genauso ist, nur daß der Experimentator eine tote Katze vorfindet, und ein anderes, wo er die Katze am Leben sieht. Hier ist die Landkarte tatsächlich das Land.

Nach dieser Interpretation zweigt jede Wahl, die wir treffen, das Universum in die vielen verfügbaren Wahrscheinlichkeiten auf. Die Wahrscheinlichkeit, in der wir uns selbst befinden, entspricht der Wahl, für die wir uns entschieden haben; aber die anderen sind vermutlich gleichermaßen real. Nur werden wir ihrer nicht gewahr, weil sie orthogonal (im 90-Grad-Winkel) zu unserer eigenen sind. Physiker tauschen die extreme Position des idealistischen Modells gerne gegen diese Interpretation aus – auch wenn es einigen von ihnen schwerfällt, das zuzugeben.

Die Vielwelten-Theorie ist ein mangelhaftes Konzept, obwohl es seit den sechziger Jahren, als es zum erstenmal aufgestellt wurde, leider immer noch nicht als falsch erwiesen werden konnte. Ich finde es amüsant und zugleich absurd, wenn Physiker glauben wollen, daß sogar kausale Entscheidungen zwischen mehreren Möglichkeiten ganze Universen kreieren können, die zu sehen oder zu verifizieren wir nicht in der Lage sind, und dabei Erhaltungsgesetze verletzen müssen. Andererseits kommen sie nicht um psychische Resonanz oder intentionale

Psychokinese herum, die immerhin beobachtbar und verifizierbar sind und Erhaltungsgesetze nicht verletzen, sobald sie mit nichtlokaler Resonanz und Quantenfluktuationen arbeiten.

Falls die Vielwelten-Interpretation zuträfe, würden wir uns niemals in einem Universum aufhalten, das nicht in Übereinstimmung mit uns wäre, weil wir immer das aussuchen würden, an das wir glauben oder glauben möchten, selbst auf der unterbewußten Stufe unseres Verstands. Selten werden Menschen sich Leid aussuchen, es sei denn, sie glauben, es bringe ihnen Freude. Wenn wir also durch bewußtes Entscheiden zwischen der einen und der anderen Möglichkeit unser Universum aufzweigen und in einem bleiben könnten, das uns gefällt, hätten wir das gewiß längst getan. Wissenschaftler würden in solch einem Universum bald sehen, daß alle ihre Theorien und Experimente aufgingen und gelängen, während die ihrer Kritiker vor ihren Augen scheiterten. In keiner Ausprägung des idealistischen Gedankens scheint die Natur unsere geliebten Ideen ungültig machen zu können, doch genau das tut sie häufig. In einem Vielwelten-Universum fänden sich die meisten von uns im Himmel der Neandertaler wieder, da wir die Verantwortung und die ganze Mühsal, die in der Entwicklung einer Zivilisation stecken, hätten vermeiden können, indem wir uns statt dessen dafür entschieden hätten, üppige grüne Felder und leichte Jagdgründe ausfindig zu machen.

Die mystische Version der Vielwelten ist etwas schwieriger. Hier soll man das bewußte, vom Denken gesteuerte Entscheiden beiseite lassen und mit dem Herzen (dem Unterbewußten) wählen. Im Christentum muß man mit dem Herzen entscheiden und Gottesvertrauen haben. In den meisten ostasiatischen Religionen muß die Entscheidung zwischen den Alternativen ständig geübt werden, bis die Einheit mit der Gottheit (Himmel, Nirvana, Samadhi) in diesem oder im nächsten Leben erreicht wird. Ich habe selbst mit mehreren dieser Ideen eingehend gearbeitet, und meine persönliche, innere Welt ist fortwährend heiterer geworden. Allerdings habe ich nicht bemerkt, daß die Welt, in der ich lebe, entsprechend besser geworden wäre, obwohl ich es mir die meiste Zeit meines Lebens durchaus gewünscht habe. Die bloße Vorstellung vom Weltfrieden erzeugt noch keinen Frieden.

Einstein spöttelte, daß der Mond nicht verschwinde, wenn wir unsere Augen schließen. Nur wenn die idealistische Position wahr wäre, wäre es so, daß materielle Objekte in der Makrowelt verschwänden, wenn wir aufhörten, sie zu betrachten oder an sie zu denken. Das wäre nur dann keine Absurdität, wenn der Mond nur eine Wahrscheinlichkeitswelle in der geistigen Vorstellungswelt wäre. Tatsache ist, daß die Wellengleichung für Makroobjekte den Teilchencharakter hervorhebt und den Wellencharakter solcher Objekte einschränkt; infolgedessen ist die Wahrscheinlichkeit, daß der Mond überall ist, nur nicht da, wo er gemäß Newtonscher Gleichungen sein sollte, verschwindend klein, zumindest für jede endliche Zeitperiode. Wir müssen uns also keine Sorgen machen, daß der Mond beim nächstenmal verschwindet, wenn wir die Augen zumachen. Allerdings schafft die Tatsache, daß er es *könnte*, und sei die Wahrscheinlichkeit noch so gering, anscheinend hinreichenden Spielraum für die Absicht von Uri Geller zu bewirken, daß Edgar Mitchells Krawattennadeln sich wieder einfanden.

18

Was Information ist, wurde erstmals um 1942 von Norbert Wiener vom MIT, dem Vater der Kybernetik, wissenschaftlich festgelegt. Er definierte sie in bestechend einfacher Form: Das Maß der Information ist das numerische Äquivalent zum Negativen von Entropie. In einem berühmten, 1948 erschienenen Aufsatz von James Shannon finden sich die ersten Anfänge der Informationstheorie, aus der sich alle modernen Kommunikationstechniken ableiten. Ingenieure und Wissenschaftler sind sich darin einig, daß Information im Grunde nur ein Energiemuster ist. Es wird stillschweigend davon ausgegangen, daß die Bedeutung der Information im Signal selbst mittransportiert wird. Mit anderen Worten, Informationen sollten von jedem geistigen Wesen in derselben Weise interpretiert werden; wenn es nicht so ist, liegt es daran, daß der betreffende Geist die betreffende Bedeutung nicht kennt. Um zu verstehen, wie Bewußtsein überhaupt etwas wissen kann, müssen wir diese Idee näher untersuchen, da sie einen entscheidenden Fehler enthält.

Stellen wir uns eine Familie mit vier Personen vor: eine Mutter, ein Vater, der bei der Feuerwehr arbeitet, ihr Kind und eine Schwiegermutter, die taub ist. Eines Nachts, während sie alle schlafen, röhrt ein Löschzug von der Wache, wo der Vater arbeitet, mit Sirenengeheul die Straße entlang und an ihrem Haus vorbei. Die Mutter wacht auf, hört das Feuerwehrauto vorbeirasen und denkt: »Gott sei Dank ist es nicht unser Haus.« Der Ehemann wird wach und denkt: »Hört sich an wie Wagen vier. Wahrscheinlich fährt der Hans Richtung Eichenchaussee.« Das Kind wacht auf und fängt an zu schreien, verschreckt durch den Lärm. Es weckt die Schwiegermutter, die hört aber nichts und legt sich wieder schlafen.

Die mit der Feuerwehrsirene verbundene Bedeutung ist üblicherweise: »Mach' schleunigst Platz, ich muß hier durch.« Dennoch hat jede der drei Personen, die die Information empfangen haben, mit den Sirenentönen eine andere Bedeutung verbunden. Die vierte Person empfing überhaupt keine bewußte Information. Die mit der Information verknüpfte Bedeutung wird offenbar nicht von allen, die sie empfangen, in derselben Weise erfaßt. Wenn in dem Signal *intentionale* Bedeutung enthalten ist, so muß diese durch irgendeine Entität absichtlich in das Signal eingebracht worden sein. (Mit Information intentional umgehen zu können ist natürlich eine wunderbare, elementare Definition von Intelligenz.) Wir können deshalb nicht bestimmt sagen, daß die Bedeutung einer Information im Signal enthalten ist. Selbst wenn es so wäre, gäbe es keine Garantie, daß jedes empfangende geistige Wesen ihre Bedeutung kennt.

Die Bedeutung eines Signals muß deshalb als diejenige definiert werden, die der *Perzipient*, also der, der die Information einfach nur wahrnimmt, ihr gibt. Offensichtlich kann es sein, daß die vorgesehene Bedeutung und die, die der Perzipient damit verbindet, nicht ein und dieselbe ist. Nur wenn zwischen Sender und Empfänger durch irgendeine Methode ein Konsens erreichbar ist, kann der Information durch den *Austausch* eine für beide geltende Bedeutung zugewiesen werden.

Die Energiemuster in der Natur enthalten gleichfalls keine erkennbare inhärente Bedeutung. Astrologen des Altertums verbanden mit Himmelsstrukturen eine andere Bedeutung als Astrologen der Neuzeit. Ich meine, daß es eine fundamentale Funktion des Bewußtseins ist, der Information, die der Organismus wahrnimmt, Bedeutung zuzumessen. Bedeutung ist lediglich eine Zusatzinformation, die ein bewußtes Wesen innerlich erzeugt, indem es die alte Information mit der neuen vergleicht, und die dann im Gedächtnis, das aus früheren Erfahrungen besteht, gespeichert wird. Bedeutung ist innerlich erzeugte Information, die die Welt verbindet und erklärt, während wir sie erfahren.

Das Universum hat daher die Bedeutung, die der wahrnehmende Organismus ihm zuweist. Wenn es im Universum *inhärente* Bedeutung gibt, so deshalb, weil der Kosmos in gewisser Hinsicht eine bewußte Entität ist und darauf abzielt, solche Bedeutung zu haben. Um solche Bedeutung zu begreifen, wäre ein Informationsaustausch mit dem Universum nötig – genau das sollen die Gebete, Meditationen und Rituale der Mystiker erreichen. Gebet ist Information, die nichtlokal wahrgenommen werden soll; Meditation bringt den Geist zur Ruhe und erweitert das Bewußtsein, so daß nichtlokale Information lokal empfangen werden kann.

Von den ersten Tagen der Wissenschaft an, also noch vor Newton, versuchten wißbegierige Denker, die natürliche Welt mit einfachen mathematischen Beziehungen und geometrischen Formen zu beschreiben. Sie glaubten, daß das, was sie in der Alltagswelt beobachteten, letztlich eine Realität repräsentierte, die sich in einfachen Begriffen erklären ließ. Vielleicht rührte die Idee von Platons Vorstellung her, daß die wirkliche Welt die des Schönen und Formvollendeten sei und die Welt, die man beobachtete, nur eine schattenhafte unvollendete Imitation darstelle. Vielleicht hat es damit zu tun, daß unser Denken und unser Wissen sich von der einfachen Form zu einer komplexeren entwickeln mußten, die mit der Entstehung gesprochener und geschriebener Sprache einherging.

Welchen Ursprungs auch immer der menschliche Denkprozeß sein mag, er hätte die Welt lieber einfach und erklärbar und so, daß sie in die ordentlichen kleinen Kategorien der Sprache passen würde. Wie sich zeigt, können einfache, gewöhnliche Begriffe und lineare Mathematik aber nur Prozesse, die nahezu im Gleichgewicht sind, beschreiben, etwa wenn sich Wasser auf einem Herd langsam erwärmt oder sanft ein Flußbett hinabfließt. Stark kochendes oder durch Stromschnellen reißendes Wasser können sie nicht beschreiben. Ein nahezu im Gleichgewicht befindlicher Prozeß ist der gesamte Energieaustausch zwischen Sonne, Erde und Weltall, nicht jedoch das heftige Wetter, das über die Erdoberfläche hinwegzieht.

Erst in den späten siebziger Jahren beschrieb ein Physiker namens Ilya Prigogine die wichtigsten und am meisten verbreiteten Prozesse im Makrobereich des Universums als solche, die vom Gleichgewichtszustand weit entfernt sind. Für seine Arbeit über *dissipative Strukturen*, wovon er in seinem Buch *Order Out of Chaos* berichtete, bekam er einst den Nobelpreis. Solche Prozesse zu analysieren erfordert eine im höchsten Maße nichtlineare, komplexe Mathematik. Prigogine weist darauf hin, daß Prozesse, die sich nahezu im Gleichgewicht befinden und sich durch einfache, lineare Mathematik beschreiben lassen, ziemlich selten vorkommen. Die Mathematik zur Berechnung von nahezu im Gleichgewicht befindlichen Prozessen dient im Labor lediglich der groben Approximierung an die interessanteren komplexen Abläufe der Natur. Ich finde es erstaunlich, daß wir mit den einfachen, linearen Hilfsmitteln und Analysen, die in den klassischen Wissenschaften dreihundert Jahre lang verwendet wurden, zu einem so guten Verständnis des Universums gekommen sind. Auch wenn die Komplexitäten nichtlinearer Prozesse von leistungsstarken Computern simuliert werden können und wir dadurch neue Einblicke in die komplexeren physikalischen Prozesse der Natur bekommen, so heißt das nicht, daß diese Probleme dann gelöst sind. Der Computer verschafft uns bloß eine neue Möglichkeit, die geheimnisvolle Landschaft der Natur abzubilden, indem er dieselbe Gleichung tausende Male mit stets verschiedenen Zahlen auswertet.

Der springende Punkt an dem, was Prigogine über dissipative Strukturen herausfand, ist, daß es entropische Prozesse sind, also zeitlich nicht umkehrbare. Sie sind extrem nichtlinear und zudem nicht deterministisch vorhersagbar. Beispiele für unumkehrbare dissipative Prozesse, die wir vom Alltag her kennen, sind solche Ereignisse wie Geburt, Leben, Sterben, das Umkippen eines Wasserglases, das Schälen eines Eies – das kein Mensch je wieder zusammensetzen könnte. Ein bekanntes Beispiel für die Nichtvorhersagbarkeit dissipativer Prozesse ist das Wetter.

Wie Wettermuster sich auf einen bestimmten Ort auswirken könnten, läßt sich am leichtesten beschreiben, indem man wie bei quantenmechanischen Prozessen von Wahrscheinlichkeit spricht. Wir machen uns über die Wettervorhersager lustig, doch im Prinzip sind die kleinsten Bewegungen einer Luftmasse so komplex, daß praktische Lösungen nur als Wahrscheinlichkeiten erkennbar sind. Deshalb spricht der Meteorologe nur von einer 10- oder einer 20prozentigen Aussicht auf Regen oder von einer *örtlichen* Bewölkung. Prozesse, die weit vom Gleichgewichtszustand entfernt sind, besitzen so viel an sich rasch bewegender Energie, daß die geringsten Störungen irgendwo im System, selbst wenn sie aus einer scheinbar unbedeutenden Quelle kommen, große und unvorhersagbare Folgen haben können.

Solche Übergänge von einer vorhersagbaren zu einer unvorhersagbaren Bewegung werden *Bifurkationspunkte* genannt. Beim Wetter kommt es zu einem Bifurkationspunkt, wenn in einer Luftmasse plötzlich ein Wirbel oder ein Tornado entsteht. Die Tatsache, daß das Universum auf der Makrostufe vorwiegend aus diesen entropischen, nichtlinearen, irreversiblen Prozessen besteht und nicht aus den deterministischen, einfachen, zeitlich umkehrbaren Abläufen, wie sie die klassische Wissenschaft vorsieht, hilft uns zu realisieren, daß Zeit hier in der Makrowelt nur in eine Richtung läuft. Mit anderen Worten, die Energie der Natur bewegt sich nur vorwärts gerichtet, durch irreversible Prozesse. Der Prozeß kann nicht rückläufig sein. Die Natur weiß nichts von Zeit; sie kennt nur Prozesse.

Daraus folgt, daß Information, die der Definition nach ein Energiemuster ist, nicht aus der Zukunft kommen und in der Gegenwart bekannt sein kann, nicht einmal durch nichtlokale Mittel. Die Zukunft kann nur als eine Wahrscheinlichkeit vorhergesagt werden, da sie auf der Mikroebene aus Quantenentitäten und auf der Makroebene aus irreversiblen Prozessen besteht. In keinem der beiden Fälle ist es nötig, daß die Natur etwas von Zeit verstehen muß; das ist nur deshalb erforderlich, weil wir Messungen durchzuführen versuchen. Um uns ein gutes Bild von der Physik des Lebens zu machen, stellen wir uns am besten vor, wir wären in einem kleinen Kanu auf einer Wildwasserstrecke mit turbulenten Stromschnellen unterwegs und ließen uns einfach mitreißen. Wir können unseren Weg in dem Gewässer nicht von Minute zu Minute vorhersagen. Obwohl wir den gesamten Prozeß des strömenden Wassers verstehen und wissen, daß wir schließlich zum Ozean gelangen werden, können wir unseren exakten Kurs einfach nicht vorhersagen. Mit der Intention, in ruhigere Gewässer zu kommen, und mit einem Paddel in den Händen können wir den Prozeß beeinflussen, aber nur zu einem gewissen Grad. Das Leben ist selbst ein dissipativer Prozeß.

All das hier zu erzählen ist ebenfalls ein irreversibler Prozeß, der jetzt einen Punkt erreicht hat, an dem er sich gabelt. Ich möchte zwar noch mehr über die Zeit diskutieren, aber auch vom Chaos reden. Gleichzeitig beides machen kann ich nicht, weil auch die Sprache, die ich gebrauche, um nichtlineare Prozesse zu beschreiben, ein linearer, sequentieller Prozeß ist. Deshalb muß ich mich entscheiden.

In der Natur hat Zeit nur eine Richtung. Wir sprechen daher vom Zeitpfeil. Woher der Zeitpfeil kommt, ist immer noch eine etwas illusorische Spekulation, aber höchstwahrscheinlich nahm er seinen Ursprung nach dem Urknall, als das expandierende Universum abzukühlen begann. Der Zeitpfeil ist durch die Richtung irreversibler Prozesse ganz und gar festgelegt. Auf der Makrostufe des Universums gibt es zwei Hauptprozesse: den entropischen und den negentropischen.

Als Norbert Wiener Information als das numerische Negative von Entropie definierte, dachte er an diese beiden irreversiblen Prozesse. Der eine beschreibt mit Zahlen den Verfallsprozeß, der andere den Entstehungsprozeß. Seiner Beobachtung nach macht die Natur beides gleichzeitig. Es gibt Verfallsprozesse, die auf Unordnung hinauslaufen, und es gibt Kreations- und Aufbauprozesse, die zu größerer Komplexität und Ordnung führen. Da der Zeitpunkt, als der Urknall an einem winzigen Punkt passierte, zugleich den Zeitpunkt repräsentiert, als im Universum die höchste Temperatur und der größte Druck herrschten, ist er für Physiker auch der Punkt der größten Ordnung. Von dort ging es bergab – vermutlich dem Hitzetod des Universums entgegen. Zu unserem Glück begann das Universum nach jenem Anfangszeitpunkt mit dem Aufbau komplexer materieller Realität. Der Prozeß, immer komplexere Moleküle und damit eine Makrorealität aufzubauen, ist ein negentropischer Vorgang.

Dieser Prozeß dauert heutzutage noch an. Fortwährend entstehen innerhalb des Universums neue komplexe Strukturen, während das All nach außen hin expandiert. Das gehört in den Bereich der Kosmologie und zu der Frage, wie wir und der Kosmos um uns herum entstanden sind. Aber der Prozeß des Universums, wie wir ihn heute verstehen, besteht in der Transformation des enormen unstrukturierten Potentials zum Zeitpunkt des Urknalls in eine strukturierte Makrorealität, die zehn bis achtzehn Milliarden Jahre später zu menschlichen Wesen führte, die über jenen Prozeß Fragen stellen können. Vielleicht sind wir für einen Stern der Weg, etwas über sich selbst zu erfahren.

Der Zeitpfeil geht also vom Urknall vorwärts gerichtet weiter. Seine Richtung wird durch die auf der *Makrostufe* stattfindenden irreversiblen Prozesse von Verfall und Entstehung bestimmt, die beide nur in einer Richtung verlaufen – vorwärts in die Zukunft. Wir müssen die Makrostufe hervorheben, weil sich Energien auf der Mikrostufe, ob wir sie nun als Welle oder als Teilchen beobachten, reversibel und ohne Verlust gegenseitig beeinflussen. Wenn subatomare Teilchen Verbindungen miteinander eingehen, sich trennen und sonstwie aufeinander einwirken, so kann das in der einen wie in der anderen Richtung vonstatten gehen. Auf dieser Stufe der Natur ist der Zeitpfeil nicht festgelegt; er hat da keine Bedeutung. Allerdings (und das ist ein großes *Allerdings*) verwenden Physiker, wenn sie mit subatomaren Quantenprozessen zu tun haben, immer noch Gleichungen, die Zeit beinhalten – ein Überbleibsel aus unserer klassischen Newtonschen Geschichte.

Eine Möglichkeit, die Tatsache zu umgehen, daß Zeit in Prozessen auf der Mikrostufe nicht wirklich relevant ist, ist die Einführung von sowohl positiver als auch negativer Zeit, die sich dann beide mathematisch aufheben. Genauso kann man mit den Gleichungen der allgemeinen Relativität verfahren, wo Zeit bei Lichtgeschwindigkeit irrelevant ist, aber unterhalb von Lichtgeschwindigkeit ein positives und oberhalb von Lichtgeschwindigkeit (falls solch ein Bereich tatsächlich existiert) ein negatives Vorzeichen bekommt. Mit diesem Verfahren erhält man zwar korrekte mathematische Lösungen, aber es stiftet heillose Verwirrung und zeigt deutlich, daß das eigentliche Geschehen anders interpretiert werden muß. Die Tatsache, daß Prozesse auf der Makrostufe irreversibel sind und zur Entropie führen, während Prozesse auf der Mikrostufe reversibel und nichtlokal sind, jedoch Information hervorbringen, läßt es angebracht erscheinen, Wieners Formulierung neu zu überdenken.

Der Zeitpfeil ist nur auf der Ebene von Makroprozessen erkennbar, wo Energie an die größere Umgebung verlorengeht oder sich durch irreversible Prozesse systematisch zu komplexeren Strukturen aufbaut. Das Zeitmaß, auf das wir Menschen derartig viel Wert legen, ist lediglich eine willkürliche Konvention, die wir übernommen haben, um mit ihrer Hilfe von unserer Beobachtungsebene aus Prozesse zu messen. Zeit hat etwas mit Landkarten (Uhren) zu tun und mit Wissen, nicht mit dem Land selbst (der Realität). Die Natur folgt Prozessen, aber weiß nichts von Stunden, Minuten oder Sekunden. In unserem Sonnensystem messen wir den Tag auf der Grundlage der Konvention, daß er einer Umdrehung unserer Erde um ihre Achse entspricht. Doch in der Welt subatomarer Teilchen ist das irrelevant. In der Newtonschen Welt ist Zeit sowohl etwas Absolutes als auch etwas Umkehrbares und wird als ein fundamentales Existenzmerkmal betrachtet. Dieser Irrtum verstellt immer noch den Blick auf das umfassendere Bild.

Einsteins Theorie der speziellen Relativität sagt uns sogar, wie wir unsere lokalen numerischen Messungen von einem beweglichen Referenzrahmen auf den anderen übertragen können. Das heißt mit anderen Worten, sie sagt uns, wie wir unsere Abbildungen auf unterschiedliche Standpunkte anwenden können. Aber wir irren uns, wenn wir das, was wir über Zeitrichtungen und Zeitmessungen wissen, Ebenen der Natur zuschreiben, die keine Uhren tragen. Die undeutliche Trennlinie zwischen Existenz und Wissen kann wieder einmal die Unterscheidung zwischen außen und innen verwischen. Die innere Realität ist die, *mit* der wir wissen, aber wir versuchen, sowohl *über* die äußere als auch *über* die innere etwas zu wissen.

Von unseren inneren Denkprozessen her gesehen kann Zeit alles, was wir wollen. Psychologische Zeit kann mal vorwärts, mal rückwärts, mal langsamer, mal schneller laufen. In unseren Vorstellungswelten haben wir völligen Freiraum, um mit ihr, so wie wir wollen, zu spielen. Durch unsere Intentionen können Gedanken dieser Art sogar mit den Prozessen der äußeren Realität in eine Wechselwirkung treten. Aber an sich wird äußere Zeit durch solche Gedanken nicht unmittelbar beeinflußt, da sie eben nur eine willkürliche Konvention der Menschen ist. Wir haben eigentlich nur eine einzige Zeit, und das ist das *Jetzt. Jetzt* ist alles, was wir wissen, Imagination hin oder her. Unsere Körper allerdings reagieren auf die täglichen Energiezyklen und auf unsere inneren Prozesse, einschließlich der des Denkens, nicht auf die Uhrzeit.

Wenn wir überlegen, welche Konsequenzen sich aus dissipativen Strukturen für unsere abstrakten Vorstellungen von Zeit ergeben, und sie dann mit manchen Entdeckungen in der Relativitätsforschung und in der Quantenphysik vergleichen, stoßen wir auf interessante Gemeinsamkeiten. Photonen und alle elektromagnetischen Wellen, die sich mit Lichtgeschwindigkeit fortbewegen, befinden sich in einem Bereich, wo Zeit im besagten Referenzrahmen aufhört. Die Relativität liefert uns eine Interpretation: In dem Maße, wie Materie sich der Lichtgeschwindigkeit nähert, verlangsamt sich Zeit, bis sie ganz aufhört, da Materie zur Beschleunigung unendliche Energie braucht. Eine andere Interpretation ist, daß Zeit in jenem Referenzrahmen keine Bedeutung hat und nur die Wellennatur von Materie manifest sein kann. Diese Interpretation ist ganz in Übereinstimmung mit den Experimenten von Aspect, der verzögerten Entscheidung und des Quantenlöschers, in denen die Erhaltungsgesetze und Quantenkorrelate aufrechterhalten bleiben. Aber zugleich ist Zeit in der Welt der Teilchen irrelevant. Von Belang ist Zeit nur innerhalb des Bezugsrahmens der beobachtenden Wissenschaftler und anderer Sterblicher aus der Makrowelt, die bisher Lichtgeschwindigkeit nicht erreichen können.

Die sozialen, politischen und ökonomischen Prozesse unserer Tage beruhen grundsätzlich auf einer Newtonschen Weltanschauung, in der Zeit eine absolute, unabhängige Variable mit konstanter Geschwindigkeit ist. Aber wenn wir an die Ränder unserer Makrowelt-Landkarte gelangen, indem wir das ganz, ganz Kleine, das ganz, ganz Große oder das ganz, ganz Schnelle betrachten, zeigt sich, daß Zeit in diesen Bereichen überhaupt keine Bedeutung hat. Aller Wahrscheinlichkeit nach hat das etwas mit den Vorstellungen der Mystiker von Ewigkeit zu tun.

Während Prigogine sich mit dissipativen Strukturen beschäftigte, fanden andere Wissenschaftler neue Wege, nichtlineare Systeme abzubilden und zu zeigen, wie die Natur nichtlineare Prozesse einsetzt.

Mitchell Feigenbaum, Edward Lorenz und Benoit Mandelbrot, um nur einige zu nennen, arbeiteten anfangs unabhängig voneinander; dank ihrer Entdeckungen in der Mathematik und in den Naturwissenschaften bekam Prigogines Arbeit mehr Substanz. Es gibt eine Reihe bemerkenswerter Fakten, die sich aus Untersuchungen auf den Gebieten der Chaos- und Komplexitätstheorie (so nennt man diese neuen Wissenschaftsbereiche) ergeben und die für unsere Darstellung von Bewußtsein erhebliche Bedeutung haben.

Bei der Betrachtung extrem nichtlinearer Verhaltensweisen in der Natur entdeckten Wissenschaftler gewisse Chaos- und Ordnungsmuster, die sich in unterschiedlichen Größenordnungen wiederholten. Je näher man das scheinbare chaotische Verhalten bestimmter Systeme betrachtet, desto mehr neue Ordnungsstufen scheinen aus den Details hervorzugehen. Und unterhalb jeder Ordnungsstufe befindet sich eine neue Chaosstufe. Sieht man sich zum Beispiel eine lange, ausgefranste Küstenlinie eines Kontinents an und dann die Struktur von immer kleiner werdenden natürlichen Küstenabschnitten, erscheinen die gleichen scheinbar zufälligen Unregelmäßigkeiten. Obwohl auf jeder Beobachtungsebene ein zufälliges Muster erkennbar wird, läßt sich unmöglich sagen, welche Vergrößerungsstufe man gerade beobachtet. Das Bild scheint das gleiche zu sein; vom ganz Kleinen bis zum ganz Großen wiederholt sich das gleiche Muster. Diese Wiederholung von Mustern tritt auch beim Fließen von flüssigen Stoffen auf. Ob man nun den Übergang zwischen ruhigem und turbulentem Fließen in einem kleinen Durchlaß beobachtet, in dem ein scheinbar zufälliges Muster von Wirbeln und Strudeln sichtbar wird, oder auf einer viel größeren Stufe das Strömen der Atmosphäre mit Hurrikanen und Tornados, die Muster, die erscheinen, sind die gleichen.

Als die Beziehung zwischen den Größenordnungen, auf deren unterschiedlichen Stufen sich Muster zu wiederholen scheinen, ans Licht kam, begann man »fraktionale Dimensionen« bzw. *Fraktale* zu verstehen, die heutzutage einen faszinierenden Teil der Chaosforschung ausmachen. Die fraktalen Zahlen für gewisse Prozesse herauszubekommen hilft dem Forscher, wenn er wissen will, wo er in der Natur suchen muß, um Wiederholungsmuster im Naturverhalten zu finden.

Die allgemeine Gleichung für die Bewegung von flüssigen Stoffen, die sogenannte Navier-Stokes-Gleichung, ist schon immer eine der am schwierigsten zu lösenden Aufgaben gewesen, was Makroerscheinungen betrifft. Sie läßt sich nur durch wesentliche Vereinfachungen in ganz spezifischen Problemfällen lösen. Edward Lorenz, ein Meteorologe, machte die Entdeckung, daß selbst mit stark vereinfachten Navier-Stokes-Gleichungen ganz andere Lösungen für Wetterstrukturen herauskamen, sobald der Ausgangspunkt zur schrittweisen Näherung an die Lösung auch nur um einen minimalen Betrag verändert wurde. Da die Gleichungen, die das Fließen wettererzeugender Luftmassen abbilden, für kleine Veränderungen so empfindlich sind, nannte man das Phänomen den *Schmetterlingseffekt.*

Damit sollte angedeutet werden, daß Wettermuster so empfindlich sind, daß der Flügelschlag eines Schmetterlings über Beijing eine Wetteränderung über New York verursachen könnte. Ermöglicht hat diese Art der Entdeckung die erstaunliche Fähigkeit des Computers, eine Kalkulation tausende Male mit enormer Geschwindigkeit zu wiederholen, wobei die Zahlen immer leicht verändert werden. Als es die Computer noch nicht gab, konnte ein Mathematiker sein ganzes Leben aufwenden, um gerade mal eine Reihe von Problemen zu berechnen. Heute aber kann ein Computer innerhalb kurzer Zeit Millionen von Berechnungen durchführen, um die Bewegungen von Energie in der Natur zu simulieren.

Die vielleicht bedeutendste Entdeckung in der Chaostheorie war, daß ein Rückkoppelungsprozeß mit der Mathematik die Entstehungsweise gewisser Formen in der Natur simuliert. Man nehme eine extrem einfache nichtlineare Gleichung, gebe den Variablen einen Wert, berechne das Ergebnis, und nehme die Lösung als Ausgangspunkt für eine neue Berechnung. Wird die Kalkulation hunderte Male wiederholt, werden die Ergebnisse auf einem Graphikdrucker oftmals manche der schönsten Formen, die in der Natur vorkommen, wiedergeben, wie etwa einen Kiefernzapfen oder ein Farnkraut.

Diese Tatsache bedeutet nicht, daß die Natur Mathematik kennt, sondern daß die Natur in buchstäblich Tausenden ihrer Schöpfungsprozesse Rückkoppelungsschleifen verwendet, vor allem *positive* Rückkoppelungsschleifen. Mathematiker verwenden die Ergebnisse einer Berechnung und füttern sie in die nächste ein, um auf diese Weise den Naturprozeß abzubilden. Die Natur aber verwendet Energie, ein Molekül oder eine Gruppe von Molekülen, um Energie in einen neuen Prozeßzyklus zurückzuführen, aus dem am Ende »Form« wird. So wird aus einem bestimmten Fluß von Molekülen in einem Rückkoppelungsprozeß ein Ahornblatt. Ein etwas anderes Molekül in einem etwas anderen Rückkoppelungsprozeß könnte zu einem Farn, einem

Finger oder einer Feige führen. Wie beim Wetter scheint auch hier ein Schmetterling in der Lage zu sein, enorme Veränderungen zu bewirken, indem er bloß mit seinen zierlichen, schwarzgelben Flügeln schlägt.

Vielleicht ist die bemerkenswerteste Idee, die sich aus dieser Beobachtung ableiten läßt, die, daß Lernen auch ein Rückkoppelungsprozeß ist. Denn in der gleichen Art und Weise beobachten wir Menschen, was bei einer Aktion herauskommt, und verwenden das Ergebnis zur Korrektur bei der Eingabe für die neue Aktion, um deren Resultat zu verbessern. Wir alle machen das jeden Tag in unserem Leben. Mit dem Abbilden nichtlinearer Rückkoppelungsprozesse in der Natur ist es ähnlich: Es erinnert an Lernen auf fundamentalsten Stufen.

Ein dyadisches Modell

19

Nachdem ich ein paar Jahre lang Abstand zu den Alltagsgeschäften des Instituts und seinen Projekten gehalten hatte, was mir ganz gelegen war, riefen mich verschiedene Mitglieder des Vorstands an und fragten mich, ob ich mich nicht wieder aktiver beteiligen wollte. Das *Institute of Noetic Sciences* hatte inzwischen über zehntausend Mitglieder, und mit dem frischen Blut kam auch der Druck in Richtung auf eine noch größere Vielfalt an Aktivitäten – und vielleicht drohte infolgedessen der Fokus verlorenzugehen. Immerhin hatten einige Leute diesen Eindruck und meinten, meine diesseitige Einstellung täte da ganz gut.

Während ich anfing, mich mit meinen Ideen langsam an diesen neuen und größeren Vorstand anzupassen, fühlte ich mich mit der Zeit in dieser Umgebung auch wieder wohler. Über die Jahre hatte ich regelmäßig Teile meiner Sammlung an Erinnerungsstücken aus dem Weltraum an das Institut gestiftet und damit geholfen, Gelder zu beschaffen, und außerdem bei meinen Vortragsreisen über die Projekte gesprochen, an denen das Institut arbeitete. Es schien, als machte die breite Masse in ihrem Denken einen großen Wandel durch. Denn Mitte der achtziger Jahre akzeptierte man mehr und mehr die Ideen, die früher nur an den Rändern der amerikanischen Gesellschaft geblüht hatten. Was vor fünfzehn Jahren so überspannt abseitig erschienen war, rückte allmählich in den Mittelpunkt des Interesses.

Aber meine persönliche Forschung hatte ich nie aufgegeben. Eine Frage, die mich beschäftigt hatte, war, wie sich die Auffassung, es gäbe zwischen körperlichen und geistigen Ereignissen eine Trennlinie, historisch entwickelt hatte. Diese Frage war wichtig, weil ich mir allmählich ganz sicher wurde, daß an dieser Trennlinie von Geist und Materie sowohl das Paradigma der klassischen Wissenschaft als auch der theologische Gedanke versagten. Jede der beiden Erklärungen sagt etwas ganz anderes über die Wechselbeziehung von Geist und Körper aus. Es war auch für mich persönlich wichtig, denn ich sah, wie ich in den vergangenen dreißig Jahren versucht hatte, mit beiden Weltbildern zu leben.

Ohne genau zu wissen, wohin es führen würde, konstruierte ich mein eigenes Modell der Realität. In der einen oder anderen Weise tun wir das alle, indem wir Informationen Stück für Stück zusammenfügen, um unsere Welt kohärenter zu machen. Es war mein Wunsch gewesen, meine Erfahrung im All und meine Erlebnisse mit Uri und Norbu in Einklang zu bringen. Ich wollte sehen, wie diese verschiedenen Erfahrungen innerhalb des Universums, das wir um uns herum beobachten, existieren konnten. Ich hatte ein bestimmtes Ziel vor Augen: Ich wollte wissen, was der Samadhi-Erfahrung und den psychischen Phänomenen zugrunde liegt, wodurch sie möglich gemacht werden und was an ihnen so mysteriös und kontrovers ist. Ich wollte auch die Beziehung zwischen den beiden aufdecken, sofern es eine gab. Ich hatte wie jeder Mensch zwei Hilfsmittel: die Wissenschaft und die innere Erfahrung.

Als ich nach jahrelangem Forschen meine eigene Interpretation gefunden hatte, sprach ich zum erstenmal vom *dyadischen Modell.* Eines Tages war mir nämlich der Gedanke gekommen, daß dies das wiederkehrende Konzept war, das im wesentlichen ausdrückte, wie solche Phänomene zusammenhängen und wie sie durch natürliche Prozesse zur Wirkung kommen. Während meiner Arbeit versuchte ich, nicht ins Romantische abzugleiten, um die Grundstruktur der Natur aufrichtiger überprüfen zu können. In mancher Hinsicht war das Modell eine Synthese von allem, was ich in den letzten Jahren gelernt hatte, eine Konstruktion der gesamten Theorie, die mit einem natürlichen Muster zusammenzupassen schien. Es war ein Endprodukt und ebenso eine sich stets weiterentwickelnde Arbeit. In dem Maße, in dem neue Information zugänglich würde, sollte ein solches Modell sie in der einen oder anderen Weise in sich aufnehmen können. Es sollte bescheiden und geschmeidig, aber niemals dogmatisch sein.

Ich hatte meine Untersuchungen auf diejenigen grundlegenden Wissenschaften gerichtet, die sich mit den Strukturen des Universums befassen, und suchte zugleich nach Paradoxien und Inkonsistenzen in den vorhandenen Theorien. Ich wollte mit dem samtigen, tiefschwarzen Dunkel vertraut werden, mit dem ich mich auf dem Rückweg vom Mond so verbunden gefühlt hatte. Also untersuchte ich gleichzeitig das Physikalische und das Mystische. Aber ich erkannte, daß sich das Mystische intellektuell genausowenig erfahren läßt, wie man im Trockenen nicht schwimmen lernen kann. Der Erwerb schamanistischer Kenntnisse kostete ebensoviel Mühe und Zeit wie jede Reise ins Weltall, aber er war auch ebenso lohnend.

Damals glaubte ich, daß es nützlich wäre, die Abfolge von Ereignissen in unserer Evolution zu skizzieren, die auf die Art von Denken hinausliefen, das wir heute erleben. Ich dachte, daß die Abfolge an sich einiges darüber aussagen könnte, wie sich unsere modernen Ansichten und Überzeugungen herausbildeten. Außerdem hoffte ich, auf diesem Wege alles, was ich studiert hatte, in einer Synthese verschmelzen zu können. Daraus wurde rasch ein langer Aussiebungsprozeß, um der Fülle von Daten aus endlosen Informationsquellen Herr zu werden. Ein großer Teil des Problems bestand darin, das, was man seit Jahrhunderten als getrennt erachtete, fest zusammenzufügen.

Ich fand heraus, daß es vor der Aristotelischen und Platonischen Periode in Griechenland diese Trennung im intellektuellen Denken nicht gegeben hatte. In Platons Vorstellung war die reale Welt die Welt der Urbilder und perfekten Form und die Welt unserer Sinne nur eine schattenhafte Projektion dieser Vollkommenheit. Diese Denkweise setzte sich von den Gnostikern bis zu den Alchimisten des Mittelalters fort. Sie erkannte die Fähigkeit des Geistes an, sämtliche physikalischen Ereignisse hervorzubringen. Daraus entstand dann die idealistische Philosophie. Platon stellte im *Höhlengleichnis* ganz richtig dar, daß wir, wenn unsere Information begrenzt ist, auch nur beschränkte und einengende Ansichten über die Wirklichkeit haben können.

Im Gegensatz dazu behauptete Aristoteles, ein Schüler Platons, daß nur die von den fünf Sinnen stammende Information in den Geist gelangt. Diese Idee wurde von Thomas von Aquin aufgegriffen und so ausgefeilt, daß ein übernatürliches Eingreifen durchaus vorkommen kann, eine Auffassung, die dann jahrhundertelang zur vorherrschenden Philosophie der römisch-katholischen Kirche wurde. Die auf dem Thomismus aufbauende Logik war die im Abendland dominierende Kraft und lieferte die logische Grundlage für die damalige Überzeugung, daß die Erde flach und das kosmische Zentrum sei. Die Macht der Kirche sorgte dafür, daß die Verfolgung Andersdenkender gerechtfertigt erschien.

Nachdem die thomistische Lehre feine Veränderungen und Verbesserungen durchgemacht hatte, kam sie in der dualistischen Philosophie von René Descartes Anfang des siebzehnten Jahrhunderts zur vollen Blüte. Geist und Materie, so seine Schlußfolgerung, gehörten zwei unabhängigen Bereichen an, die miteinander nichts zu tun hätten. Die wechselseitige Beziehung zwischen beiden beschränke sich darauf, daß die »Seele« vorübergehend dem Menschen innewohne und daß gelegentlich »Wunder« vorkämen, die übernatürlichen Ursprungs seien. Da Descartes ein in Kirchenkreisen angesehener Philosoph und Mathematiker war, rechtfertigte der von ihm postulierte Dualismus die Erforschung physikalischer Erscheinungen ohne Überwachung durch die Kirche. Nur Wahrsager und Hexen wurden weiterhin verfolgt, da ihre Fähigkeiten weder für menschlich noch für göttlich, sondern für dämonisch gehalten wurden.

Es war diese Art von Toleranz, die dazu führte, daß Wissenschaft und Religion getrennte Wege einzuschlagen begannen. Heute noch bildet die von der Politik der Nichteinmischung und friedlichen Koexistenz geprägte Beziehung zwischen beiden den Kern unseres westlichen Denkens, trotz der Unterschiede in den fundamentalen Annahmen und trotz der wissenschaftlichen Entdeckungen in diesem Jahrhundert, die auf die Notwendigkeit einer Integration hinweisen. Es ist offensichtlich, daß Merkmale, die allein der geistigen Welt zugeordnet werden, wie das Ephemerische, das Miteinander-Verbundensein, das Allgegenwärtigsein und das Kreative, aller Wahrscheinlichkeit nach der Materie selbst eigen sind. Und es ist gleichermaßen wichtig, darauf hinzuweisen, daß viele bekannte Charakteristika von entwickelter Materie die gleichen sind wie die, die in einer geistigen Welt nötig sind – etwa existieren, empfinden, denken, beurteilen. Obwohl am Anfang der Weggabelung, der Trennung von innerem und äußerem Empfinden und Wahrnehmen, Platon und Aristoteles stehen, so waren es doch Thomas von Aquin und nach ihm Descartes, die die Trennung in zwei separate Bereiche von Geist und Materie betonten und festschrieben. Aber Geist und Materie sind keine separaten Bereiche; sie sind eher zwei untrennbare Aspekte einer einzigen, in fortlaufender Entwicklung begriffenen Wirklichkeit: Sie sind ihrem Wesen nach dyadisch.

Während der vergangenen drei Jahrhunderte haben Newtons Theorien als feste Unterlage für das westliche wissenschaftliche Denken gedient. Sein intellektuelles Fundament fußt auf der Cartesischen Dualität, die das Aufkommen einer materialistischen Philosophie und mithin den Epiphänomenalismus ermöglichte, die Lehre, daß Bewußtsein ein Nebenprodukt der physikalischen und biologischen Gesetzmäßigkeiten sei. Andererseits gehen sämtliche Theologien von der Annahme aus, daß Bewußtsein – zumindest Gottesbewußtsein – der vorrangige, fundamentale »Stoff« sei, aus dem sich das Universum zusammensetzt. Der radikalsten theologischen Auffassung nach ist Materie nur Illusion. Die dreihundert Jahre währende friedliche Koexistenz von klassischer Wissenschaft und Theologie hatte demzufolge ihre Wurzeln in einem scheinbar fundamentalen Konflikt über das Wesen von Bewußtsein.

Doch die Wissenschaft stieß schließlich weit genug in die Struktur von Materie vor, um zwei Dinge zu entdecken: leeren Raum und Energie. Heutzutage ist man der Meinung, daß selbst der leere Raum eine Energie besitzt – Vakuumenergie bzw. das, was man als *Nullpunktsenergiefeld* bezeichnet. Es wird definiert als das Feld von Quantenfluktuationen, das bei einer auf den absoluten Nullpunkt bezogenen Temperatur besteht. In jüngster Zeit jedoch interpretierte man es auch als dasjenige Energiefeld, das sämtlicher Materie zugrunde liegt. Dies ist das grundlegende, unendliche und unstrukturierte Quantenpotential, aus dem der Urknall hervorging. Alles, was wir wissen (und alles, was wir nicht wissen) entsprang dem Nullpunktsenergiefeld.

Unterhalb der Beobachtungsebene läßt sich die Natur zur Zeit anscheinend immer noch nicht ausdrücken, das heißt, nicht vollständig beschreiben. Aber man hat die Entdeckung gemacht, daß Materie untereinander verbunden ist und auf irgendeine mysteriöse Art und Weise im gesamten Universum »mitschwingt« und daß sich Muster wiederholen, so als würde bei unterschiedlichen Größenordnungen immer wieder ein und dieselbe Schablone verwendet. Und was dem Ganzen die Krone aufsetzt, ist, daß es anscheinend grundlegende Rückkoppelungsschleifen gibt, die eine auffällige Ähnlichkeit mit dem Prozeß des Lernens haben. Solche abstrakten Beschreibungen der Natur sind jedoch Konstrukte des menschlichen Geistes und existieren eigentlich nur innerhalb des Verlieses unseres eigenen Bewußtseins. Es mag sein, daß sie akkurate Modelle sind für das, was die Natur wirklich tut; genauso kann es sein, daß sie es nicht sind. Letztlich ist der Geist selbst ein Produkt der Natur, das sich unentwegt fortentwickelt.

Die Natur des Geistes und den Geist der Natur gleichzeitig offenbar zu machen ist ein einziger, beides miteinander verbindender, interaktiver Prozeß. Die Wissenschaft hat das Reich betreten, wo das Abstrakte, Unausdrückbare vorherrscht und alles miteinander verbunden ist, das Reich also, wo früher allein die Theologie herrschte. Aber wir können Geist und Materie in unserem Denken nicht länger trennen: Materie, einst als die *wirkliche* Realität betrachtet, ist im Grunde nichts anderes als leerer Raum, der Energie enthält – eine geistige Abstraktion; und Geist, der einstmals als unabhängiger ätherischer Stoff gegolten hat, ist unsere einzige Quelle, um »Realität« zu entdecken. Zusammen weisen sie darauf hin, daß Natur nur eine einzige Realität darstellt, allerdings mit zwei Aspekten: Materialität und Mentalität – oder, anders gesagt, Existenz und Wissen.

Der Evolutionsprozeß, der alles, was wir kennen, hervorgebracht hat, versah uns mit sechs Sensoren, durch die wir aus der Außenwelt Information beziehen. Der sechste Sensor ist ein inneres »Gefühl«, das wissenschaftlich immer noch nicht recht definiert ist. Der Gefühlssinn im Menschen ist mit intuitiven Prozessen, unterbewußten Erinnerungen, nichtlokaler Wahrnehmung von Informationen und natürlich mit der inneren Bewertung des Zustands körperlichen Wohlbefindens verbunden. Doch über diese magere Beschreibung hinaus hat es in der wissenschaftlichen Literatur wenig detaillierte Analysen gegeben. Abgesehen von der Psychiatrie verliert selbst die moderne Medizin prompt ihr Interesse an diesem Sinn, sobald feststeht, wo einem etwas weh tut.

Mit der Zeit erkannte ich, daß der Sinn für das innere Gefühl wahrscheinlich der älteste und primitivste Prozeß ist, den ein Organismus zur Informationskontrolle hat. Wahrscheinlich ging dieser innere Gefühlssinn von nichtlokalen Resonanzen auf der molekularen und zellularen Ebene aus. Ehe der Mensch im Frühstadium seiner Geschichte die sprachlichen Fähigkeiten einigermaßen entwickelt hatte, gab es bereits die Fähigkeit zu dieser inneren Gefühlswahrnehmung ebenso wie zur Kreativität, zur Imagination und zur Problemlösung. Das zeigt sich nachweislich an der Tatsache, daß Tiere, die nicht so komplex sind wie wir, auf innere Gefühle reagieren. Wir nennen es Instinkt, aber es ist nichtsdestoweniger eine innere Empfindung, die das Pferd dazu bringt, Wasser zu suchen. Visualisierungsvermögen, Kreativität und die Fähigkeit, Probleme zu lösen, sind nötig, um Werkzeuge zu schaffen, bei der Jagd zusammenzuarbeiten oder sich gesellschaftlich zu organisieren – alles Entwicklungen, die im Verhalten der Tierwelt beobachtet werden können, aus der wir hervorgegangen sind. Das ist ein klarer Indikator dafür, daß schon vor der Sprachperiode ein nennenswertes inneres Leben da war. Wir können also den Schluß daraus ziehen, daß die Menschen im primitiven Stadium – und vielleicht alle Tiere – ein inneres Bild der Außenwelt besaßen. Mit der Entwicklung von Sprache wurden Wörter geschaffen, um gewisse innere Bilder darzustellen. Wir nehmen oft an, daß diese Benennungen eigentlich fest mit der Welt um uns herum verbunden sind. Aber diese Denkweise bringt Komplikationen mit sich. Man könnte dann nämlich leicht glauben, sie repräsentierten die absolute Bedeutung von Dingen. Unsere Bezeichnungen für Objekte und Ideen sind lediglich Beschreibungen unserer inneren Bilder. Wir wissen nur, wie die Welt außerhalb des Verlieses unseres Bewußtseins aussieht, wie sie schmeckt, riecht, sich anhört und sich anfühlt. Aber wir wissen nicht, was sie tatsächlich *ist*. Die mit unseren Sinnen aufgenommene Information liefert nur eine begrenzte Reihe von Anhaltspunkten hinsichtlich der Frage, was jenseits unseres Selbst und seines Bereichs liegt.*

Zehntausende von Jahren nach der Entwicklung der gesprochenen Sprache lernten die Menschen den Nutzen des geschriebenen Symbols. Schriftsymbole stellen die Symbole der gesprochenen Sprache dar, die wiederum die vom Gehirn/Geist erzeugten Bilder und Gedanken abbilden. Die zwischenmenschliche Kommunikation, ob mündlich oder schriftlich, wird dann durch die Sinne in den Gedankenprozeß wiedereingeleitet (rückgekoppelt), um einen weiteren Zyklus von innerem Visualisieren und Denken zu erzeugen. Die Folge dieses nichtlinearen Rückkoppelungsprozesses ist eine verwickelte Hierarchie von symbolischen Bedeutungen, die in Wirklichkeit nur eine Hierarchie von Informationen ist. Wenn nicht sorgfältig beobachtet wird, woher die Informationen kommen, entsteht ein Mischmasch, eine Buchstabensuppe. Nur Kunst und Musik werden emotional mit prälinguistischen Funktionen interpretiert, wodurch dieser Mischmasch umgangen wird.

Nichtsdestoweniger versucht der Geist, diesen Mischmasch mit Bedeutung aufzufüllen, umzuarrangieren, aus allem irgendwie schlau zu werden. Der rationale, denkende Teil des Gehirns möchte daraus eine logische, kohärente und konsistente Struktur formen. Sehr wahrscheinlich entwickelte sich die rationale, denkende Funktion des Gehirns nur deshalb, weil mit ihrer Hilfe diese verwickelte Hierachie handhabbar ist. Der Geist stellt Verbindungen her und vergibt Bedeutung in seiner Suche nach Rationalität. Doch die »vernunftgemäße« Struktur, die das eine Gehirn hervorbringt, ist nicht unbedingt die gleiche wie die, die ein anderes Gehirn erzeugt, was die enorm unterschiedlichen Interpretationen verursacht, die wir Menschen für die-

* Die Information, die wir durch unsere Sinne bekommen, ist ziemlich unvollständig. Zum Beispiel registriert das bloße Auge nur einen winzigen Teil des elektromagnetischen Spektrums – eben den sichtbaren. Auch unsere anderen Sinne nehmen nur einen Bruchteil der Information wahr, die in ihren entsprechenden Frequenzbereichen verfügbar sind. Alle zusammen nehmen sie nur eine Probe von einem winzigen Teil der Daten und verschaffen nur ein bruchstückhaftes Bild.

selben Ereignisse haben. Oft finden wir andere »vernunftgemäße« Strukturen völlig unsinnig; und hierin liegt die Wurzel für jede Uneinigkeit und jeden Konflikt zwischen den Menschen. Das Gehirn erzeugt zwar innere Konsistenz und Ordnung, jedoch keine absolute.

Heutzutage wissen wir, daß unser logisches Denken im vorderen Großhirnlappen der linken Gehirnhälfte entsteht, der sich erst in jüngerer Zeit durch den Evolutionsprozeß herausgebildet hat. Wahrscheinlich hat die Entwicklung der Sprache ein Bedürfnis zur Selbstreflexion und kritischen Analyse beschleunigt, das nur wenige Jahrtausende später aufkam. Wenn wir uns von einer geschärften Intuition leiten lassen, bringen wir die extensiven Erkennungsmuster und holistischen Funktionen der rechten Gehirnhälfte ins Spiel, die von dem Durcheinander logischen Denkens und sprachlicher Prozesse ziemlich unabhängig sind. Wir irren uns, wenn wir eine absolute Bedeutung mit den symbolischen Darstellungen verbinden, die sich auf der inneren Leinwand unseres rational oder intuitiv erfassenden Bewußtseins zeigen. Wir irren uns auch, wenn wir annehmen, daß unsere inneren Zustände sich anders entwickelt haben als die unserer Verwandten im Tierreich.

Unsere menschlichen Beschreibungen äußerer Realität stellen einen kulturell festgelegten Konsens dar, welche Bedeutung die Bilder und Symbole haben, die im Zentrum einer Kultur stehen. Erreicht wird ein solcher Konsens durch den Austausch informationshaltiger Symbole. Deshalb ist »Wissen« lediglich eine Bedeutung (also eine weitere innere Bezeichnung), die wir einer Information anheften, wenn wir meinen, uns der zugeteilten Bedeutung jener Information gewiß sein zu können. Aber eine weitere Information kann unser Wissen leicht ungültig machen. Deshalb rät uns unser gesunder Menschenverstand, eine zweite Meinung oder Ansicht einzuholen.

20

Aus den Daten, die ich aus meinen gleichzeitigen physikalischen und mystischen Studien gewonnen hatte, sah ich Parallelen, ähnliche Strukturmuster zwischen Religionen und dieser neuen Art von Physik hervortreten. Sie sind zwar unmerklich, aber dennoch vorhanden.

Jede Religion hat ihre Wurzeln in der mystischen Erfahrung.* Seit den frühesten Schamanen und Medizinmännern haben die Menschen aller Kulturen herausgefunden, daß man offenbar unter gewissen Bedingungen Information, die nicht der unmittelbaren Umgebung entstammt, (nichtlokal) wahrnehmen kann.

Mit Hilfe von Ritualen, durch die der Geist das Irdische transzendieren lernt, kann der Schamane mit den Augen eines Adlers sehen und einen nahenden Feind ausmachen. Er kann mit einem Büffel kommunizieren und den Erfolg einer Jagd sicherstellen und mit der Flora in Resonanz treten, um Heilkräuter zu entdecken. Auf meinen Reisen, die ich die Jahre hindurch unternahm, hatte ich bei vielen Gelegenheiten das Privileg, mit Medizinmännern der nordamerikanischen Indianer, mit den Kahuna Hawaiis, mit Schamanen südamerikanischer Stämme und mit haitianischen Voodoo-Priestern zusammenzukommen.

Ich erfuhr unmittelbar, daß das Verständnis dieser erweiterten menschlichen Fähigkeiten bei allen eine bemerkenswerte Ähnlichkeit hatte, wenn es sich auch nicht bei allen deckte. Die Unterschiede bestehen nur in der kulturellen Metapher und in Einzelheiten der Rituale, die von ihnen verwendet werden, Rituale, die der Umwelt entspringen, in deren Rahmen sich diese Menschen bewegen. Das heißt: Die Unterschiede sind oberflächlicher Natur.

Als ich vor einigen Jahren mit den Kahuna der pazifischen Inselwelt zusammentraf, fiel mir ihr unbefangenes Lächeln auf, mit dem sie mich

---

* Joseph Campbell, der inzwischen verstorben ist, hat in seinem Klassiker *Die Kraft der Mythen* viele dieser kulturellen Fragen eloquent angesprochen.

begrüßten. In ihrer Art, sich zu bewegen und zu denken, schien sich ein harmonisches, enges Verhältnis zu Land und Ozean, zu ihrer üppigen tropischen Inselwelt widerzuspiegeln. Eines Abends sprach ich mit ein paar der älteren Eingeborenen, die mir von den Techniken der »Psychonavigation«, wie sie es nennen, erzählten, mit denen ihre Vorfahren vertraut gewesen waren. Vor Generationen hatten sie in zerbrechlichen Booten weite Strecken über den Ozean zurückgelegt und zielsicher kleine Inseln angesteuert, indem sie ihre Kenntnisse von den Winden, dem Himmel und dem Meer eingesetzt hatten – meistens aber, weil sie sich ihre fein ausgeprägten intuitiven Fähigkeiten zunutze gemacht hatten. Sie sprachen völlig ungezwungen davon, daß ihre Existenz darauf beruhte, freundliche und liebevolle spirituelle Beziehungen zu allem Leben zu unterhalten. Das zeigt sich in ihren anmutigen, sinnlichen Tänzen und an der ausgelassenen Freude, die sie an ihren Zeremonien und Feierlichkeiten haben.

Ähnlich ist es bei den Schamanen der im Südwesten der USA beheimateten Indianer. Auch sie betonen die gegenseitig abhängigen Beziehungen der Natur und reinigen in Ritualen Geist und Körper, ehe sie die Welt der Geister um Erkenntnis, Führung und Beistand anrufen. Aber ihr Land war rauher und bedrohlicher. In ihrem Auftreten drückt sich eine stoischere und entschlossenere Haltung dem Leben, der Welt der Geister und den Ritualen gegenüber aus, die helfen sollen, mit ihnen zusammenzukommen. In diesem rauheren Land scheinen die der Anrufung dienenden Tänze und Rituale eine größere Intensität und Eindringlichkeit zu besitzen.

Unter den Voodoo-Priestern Haitis zeugen die häufigen Stimmungswechsel bei den Aderlaßritualen und Tieropferungen von einer dunkleren, ominöseren Seite der Psyche. Die bösen Geister sollen beschwichtigt und dafür gewonnen werden, den Menschen in ihrem Überlebenskampf zu helfen und ihrer Seele eine sichere Reise durch die Schrecken im Leben nach dem Tode zu gewähren. Die Tänze, die eine emotionale Selbstaufgabe ausdrücken, und das Herbeiführen von Trancezuständen schaffen unter den am Ritual Beteiligten eine elektrisierende, geheimnisvolle Aura, ein Vorgefühl auf eine dunkle, jenseitige Welt.

Aber allen ist der Glaube gemeinsam, daß die Visionen, die in Trancezuständen und in Träumen wahrgenommen werden, genau das sind, was sie zu sein scheinen: nämlich Beistand, erworben entweder durch Wohlwollen oder durch Anflehung, Beistand aus einer Welt der

Geister, die den Menschen helfen und sie leiten. Es werden große Anstrengungen mit Opferungen, Ritualen und Gaben unternommen, um das kooperative Verhältnis zu den Naturgeistern aufrechtzuerhalten, in der Regel aus den gleichen Gründen und mit den gleichen Gefühlen der Verpflichtung, die Abraham veranlaßt haben, Jehowa seinen Sohn Isaak zu opfern (vgl. 1. Mose 22). Die zugrundeliegende Idee ist, die Geister bei Laune zu halten, koste es, was es wolle, da sie mächtiger sind als wir. Visionen dieser inneren Welt sind ebenso real und bedeutend wie naturgesetzliche Ereignisse in der Außenwelt. Und die eine Welt führt in die andere. Man kann Religion vielleicht als die exoterische Deutung der esoterischen mystischen Erfahrung beschreiben, die aus den vorsprachlichen Funktionen des Gehirns hervorgeht.

Die Interpretation oder Bedeutung der mystischen Erfahrung begann sich merklich zu verändern, als man im sechsten Jahrhundert vor Christus in vier verschiedenen Kulturen von einer unkritischen Akzeptanz zu kritischer Prüfung und Analyse überging, um sie zu verstehen. Die Philosophie entstand.

Unter dem Einfluß von Laotse in China, Gautama Buddha in Indien, Zarathustra in Persien und den frühen griechischen Gelehrten konnte sich eine kritische Analyse etablieren. Innerhalb von wenigen Jahrzehnten begann jeder von ihnen unabhängig voneinander, das Wesen innerer Erfahrung zu hinterfragen. Und wie die Parabel von den vier Blinden, die an einem Elefanten Schwanz, Bein, Ohr und Rüssel untersuchen, stellte jede dieser Kulturen einen anderen Aspekt des Ganzen heraus. Gleichwohl gibt es hinsichtlich der Tugenden, die für ein gut geführtes Leben nötig sind, eine bemerkenswerte Übereinstimmung.

Die taoistische Denkweise beobachtet das in sich verflochtene Gewebe aller Existenz und betont das persönliche Einfügen in den harmonischen Rhythmus der Natur. Die Schüler Buddhas lernen, durch Schulung des Geistes und Loslösung vom körperlichen Verlangen die innere Erfahrung zu kontrollieren. Zarathustra lernte, die Kraft der Intentionalität zu nutzen, um den Verlauf natürlicher Ereignisse zu beeinflussen, und hatte bedeutende Anhänger. Aus dem Persien Zarathustras kamen die Magier zu Jesu Geburt, die »Heiligen Drei Könige«, die vermutlich hochbegabte Zauberer waren. Die griechischen Gelehrten konzentrierten sich auf die rationale Denkfähigkeit des Geistes, obwohl Sokrates auch ein Adept der zarathustrischen Schule in Persien gewesen sein soll, bevor er selber eine Berühmtheit in Athen wurde.

Zusammengenommen ergänzen sich diese vier großen Denkschulen und tragen dazu bei, ein breiteres Verständnis von den Fähigkeiten des Geistes und des Bewußtseins zu bekommen. Man braucht sie alle, um sich ein vollständiges Bild machen zu können. Diese Evolutionsfolge läßt darauf schließen, daß unsere emotionalen Reaktionen auf Information der Entwicklung des Intellekts sicherlich vorausgegangen sind; vielleicht könnte man Emotion als eine energetische Reaktion auf ein inneres Gefühl betrachten.

Im Nahen Osten hatte bereits eine andere außergewöhnliche Entwicklung stattgefunden. Die Hebräer hatten nämlich das Vertrauen, das sie früher in die verschiedensten Naturgeister und Gottheiten gesetzt hatten, auf eine einzige Gottheit mit dem verbotenen Namen Jahwe konzentriert. Mit der semitischen Kultur, aus der die hebräische Tradition hervorging, ist natürlich auch die spätere Entstehung des Christentums und des Islam verbunden, die beide auf der Idee eines einzigen allwissenden, allmächtigen, alles erschaffenden, anthropischen Gottes beruhen.

Während ich mich eingehend mit den Ähnlichkeiten und komplementären Grundzügen der mystischen Traditionen befaßte, kam mir der Gedanke, daß die mystische Begegnung von Abram von Ur, dem späteren Vater Abraham, mit der *einen* allmächtigen Quelle der Schöpfung eine esoterische Erkenntnis gewesen sein könnte, in der sich bereits die Idee von bewußter Energie als einzige Quelle der Existenz ankündigte. Allerdings war seine Zeit noch tief in der schamanistischen Stammestradition früherer Jahrhunderte verankert, und so wurde seine Erkenntnis wörtlich genommen und als eine mit den äußeren Sinnen wahrnehmbare, jenseitige und anthropische Erfahrung gedeutet und erklärt. Heutzutage würden wir sie vielleicht als eine innere Vision interpretieren.

Eine radikal andere Erklärung für die Vorstellung von einem einzigen Gott findet sich in den Schriften von Zecharia Sitchin, eines Sumerologen. Sitchins Übersetzungen, obwohl von anderen Gelehrten des Nahen Ostens weitgehend ignoriert, lassen die Vermutung zu, daß die Schöpfungsgeschichte, so wie sie im ersten Buch Mose erzählt wird, eine gekürzte Version ist. Die vollständigere Geschichte steht demnach auf Tafeln geschrieben, die in Sumer und Chaldäa ausgegraben wurden. Diese Tafeln enthalten auch Planetenkonfigurationen, die bis zu diesem Jahrhundert unbekannt waren und deren Details während der letzten zwanzig Jahre nur mit Hilfe von Satelliten, die an den Planeten vorbeiflogen, bestätigt werden konnten. Wenn das stimmt, dann ist es eine erstaunliche Entdeckung. Immerhin verlangt die Wissenschaft, daß eine Theorie erfolgreiche Vorhersagen zuläßt, und genau das haben die Sumerer möglicherweise getan, lange bevor wir ein Mittel hatten, sie zu bestätigen. Unglücklicherweise geht Sitchin in seinen Übersetzungen davon aus, daß die planetarischen Kenntnisse und die monotheistische Vorstellung von außerirdischen Einflüssen in vorgeschichtlicher Zeit herrühre – vor ein paar Jahrzehnten eine noch völlig undenkbare Idee, aber nicht unbedingt heutzutage, falls die Übersetzungen korrekt sind. Jedenfalls brachte die hebräische Tradition die Vorstellung von einem einzigen Gott in die Welt, und diese Idee, wie auch immer sie entstanden sein mag, liegt drei der großen religiösen Traditionen der Gegenwart zugrunde.

Ein gemeinsamer roter Faden, der sich vom sechsten Jahrhundert v. Ch. an durch das taoistische, buddhistische, zarathustrische und griechische Denken zieht, ist, daß der Geist geschult werden kann, die innere Erfahrung zu verstärken und zu erweitern. Während im alten Griechenland die Anhänger der aristotelischen Lehre hervorhoben, daß die für gründliches Denken notwendige Information aus rationaler, sinnlicher Wahrnehmung komme, betonten die anderen Schulen, darunter auch die griechischen Gnostiker, daß die mystische nichtlokale Erfahrung die Quelle für Erkenntnis sei. In der Sprache des zwanzigsten Jahrhunderts ausgedrückt bedeutet das, daß nur die Aristoteliker eine über die fünf normalen Sinne erfolgende sensorische Informationszufuhr und ein in der linken Gehirnhälfte stattfindendes, lineares Denken hervorhoben. Die anderen Denkschulen stellten die Geistesschulung in den Vordergrund, um den intuitiven (mystischen) Zustrom von Information besser wahrzunehmen und auszunutzen – eine Funktion der rechten Gehirnhälfte (oder des vorsprachlichen Gehirns). Für den orthodoxen Judaismus, das Christentum und den Islam hingegen ist der unerschütterliche Glaube an einen Schöpfer anthropischen Typs am wichtigsten.

Während ich der historischen Entwicklung des Denkprozesses nachging, kam es mir wie eine Ironie vor, daß wir in der Welt der Wissenschaften oftmals den gleichen Fehler begehen wie in frühester Zeit die Schamanen. Hatte der Schamane eine innere Vision, dann hielt er ihre Bedeutung für offenkundig, so daß er sie wörtlich nahm und davon ausging, daß die inneren Visionen und die äußere Welt ein und dasselbe wären. Der Wissenschaftler von heute betrachtet die äußere materielle Welt, formt dann in der Regel mit Hilfe der Mathematik ein inneres Bild und setzt, nachdem er es irgendwie experimentell verifiziert hat, voraus, daß die Mathematik tatsächlich ein fester Bestandteil der äußeren Realität sei.

In beiden Fällen gibt es einen feinen, aber wichtigen Unterschied. Es ist nämlich etwas anderes, ob wir erkennen, daß einer Information, die sich aus der Natur ableitet, Bedeutung *verliehen* wird, oder ob wir glauben, eine äußere Wahrheit entdeckt zu haben, die der Natur *innewohnt*. Nur wenn wir die Prozesse des Geistes kritisch prüfen und untersuchen, wie er Information einsetzt, um Meinungen, Ansichten und Abbildungen zu formen, kann die Unterscheidung in beiden Fällen deutlich werden. Selbst heutzutage meinen viele Anhänger der Geheimlehren, daß der Verstand bzw. das Denken das Erreichen der Erleuchtung oder Vereinigung mit dem göttlichen Wesen blockiert. Um die höchste, letzte Realität wahrzunehmen, müsse man demnach das Denken einstellen und dürfe sich nur auf die intuitive Erfahrung verlassen, die man gelernt hat.

Doch diese Vorstellung ist nur teilweise richtig, denn wir brauchen das Denken, um mit seiner Hilfe die verwickelte Hierarchie von Informationen zu entschlüsseln und den Erkenntnissen Bedeutung zu verleihen. Modernen Untersuchungen zufolge können durch Unterdrückung der Betawellen mit ihren 12–24 Zyklen pro Sekunde ganz leicht intuitive Erkenntnisse, visuelle Vorstellungen und mystische Visionen erreicht werden, die alle als Funktionen des rechten Gehirns entstehen. Zu lernen, wie man es zustande bringt, daß beide Gehirnhälften ausgewogen funktionieren, und wie die gesamte Gehirnmasse zusammenhängend genutzt werden kann, ist wahrscheinlich die effektivste Technik für alles weitere Lernen. Statt die Denkfunktionen des Gehirns zu vernachlässigen, um zum Intuitiven zu gelangen, oder das Intuitive zu vernachlässigen, um das Denken zu verstärken, sollten beide Funktionen optimal und zusammenhängend geübt werden, um das Ganze zu verstärken.

Einstein sagte einmal, daß Wissenschaft ohne Religion blind und Religion ohne Wissenschaft lahm sei. Damit traf er ins Schwarze. Wissenschaft stützt sich stark auf lineare, zum linken Gehirn gehörende Funktionen, wohingegen religiöse Erfahrung sich mehr auf Visionen und Intuition verläßt. Daraus läßt sich schließen, daß es sinnvoll wäre, die komplementäre und kohärente Nutzung dieser beiden Fähigkeiten, so wie sie sich entwickelt haben, zu verstehen, zu verbessern und in die

Praxis umzusetzen. Man kann nicht die eine in den Vordergrund stellen und dafür die andere ausschließen. Das ist wieder ein schönes Beispiel für eine Dyade.

Es hatte seinen guten Grund, daß die mystischen Traditionen Meditation, Stille und Selbstreflexion gelehrt haben. Dieser ruhige, ausgeglichene Bewußtseinszustand erzeugt Einsichten, die sonst nicht zugänglich sind, wenn das Gehirn in einem Zustand hoher Energie und mit 24 Zyklen pro Sekunde oder schneller in Hektik ist, um unsere tägliche Routine zu bewerkstelligen. Sobald erfolgreiche meditative Disziplinen im Streben nach Erkenntnis angewendet werden, kommt es zu vermindertem Streß, einem erhöhten Empfinden von Gelassenheit und Heiterkeit, einer größeren Bewußtheit synchroner Ereignisse und einer erhöhten Empfänglichkeit für nichtlokale Informationen. In manchen Fällen kann der einzelne nach langer Praxis anscheinend auch psychokinetisch aktiv werden. Es gibt heutzutage deutliche Anzeichen dafür, daß man *allen* Kindern beibringen kann, diese Fähigkeiten durch einfache Spiele und Übungen stärker zu entwickeln.

Zu Anfang meiner Studien tauchten ständig Fragen auf, die sich auf die relativen Fähigkeiten des früheren und des heutigen Menschen bezogen. Was ist es, das sich in unserem Denkprozeß entwickelt und verändert hat? Es ist ziemlich eindeutig belegt, daß die Intelligenz, grob gemessen an der Gehirnmasse, seit der Cromagnon-Zeit relativ konstant geblieben ist. Was sich allerdings während der letzten Jahrtausende dramatisch entwickelt hat, ist das innere Vermögen – die »Firmware« und »Software«, die Gedanken, Fähigkeiten, Überzeugungen und Kenntnisse hervorbringen.

Das Gehirn ist das einzige Körperorgan, das Fähigkeiten produziert hat, ehe überhaupt Bedarf dafür bestand. Wir wachsen immer noch in unser Gehirn hinein, oder besser gesagt, wir lernen immer noch, wie wir dieses großartige Instrument optimal programmieren können. Von denjenigen, die mit Hydrozephalus oder Wasserkopf – einem Geburtsfehler, bei dem nur ein kleiner Teil des Hirngewebes vorhanden ist – bis ins Erwachsenenalter überlebt haben, wissen wir, daß nur ein winziger Teil der verfügbaren Gehirnmasse nötig ist, um ein normales menschliches Funktionieren zu gewährleisten. Es scheint, daß die meisten von uns ihre Gehirnmasse recht uneffektiv nutzen – so als hätte man einen Cray-Supercomputer zum Führen des Girokontos. Die an einem Wasserkopf leidenden Menschen, die die Krankheit überleben, müssen allerdings nahezu die maximale Kapazität ihrer Gehirnmasse nutzen.

Die erstaunliche Fähigkeit des menschlichen Gehirns/Geistes, ebenso das winzigste Detail wie die Weite des Himmels wahrzunehmen – nach innen zu schauen wie nach außen und zu beobachten – und über Bedeutungen nachzudenken, ist vielleicht eine der verblüffendsten biologischen Leistungen. Doch das war nicht immer so. Erst in den letzten paar Jahrtausenden hat sich die Fähigkeit zur Selbstreflexion entwickelt und eine Stufe erreicht, die ähnlich der ist, die wir heute kennenlernen. Die entscheidende Frage ist, wie das Gehirn Informationen wahrnimmt und mit Bedeutung anfüllt. Wir irren uns, wenn wir die Erfahrungen und das Verständnis von gestern unkritisch und buchstabengetreu als etwas akzeptieren, das in unserer heutigen Welt genauso gültig und anwendbar ist. In einem evolutionären Universum kann das einfach nicht stimmen, denn es basiert auf Veränderung.

21

Während ich mich mit den Überzeugungen von Mystikern und mit psychischen Phänomenen befaßte, wurde mir absolut klar, daß die in der ersten Person gemachte Erfahrung, das Subjektive, mit all ihrem Potential zur Fehlinterpretation genauso wichtig war, um Realität zu verstehen, wie die wissenschaftlichen Beobachtungen in der dritten Person. Die Natur hat ein breiteres Spektrum von geistigen Fähigkeiten zur Verfügung gestellt, als innerhalb der Normen der westlichen Kulturtradition zu erfassen ist. Wir brauchen, wie Willis Harman mir in dem Dialog, in dem wir weiterhin standen, gesagt hat, eine bessere Möglichkeit zur Verifizierung dieser in der ersten Person gemachten Erkenntnisse.

Ich vermutete, daß die moderne Forschung nützlich sein könnte, um Methoden zu entdecken, mit denen sich die jahrelange asketische Selbstdisziplin, die traditionelle »Geheimlehren« verlangten, verkürzen ließ, um sie mehr Menschen zugänglich zu machen. Natürlich gab es bei der Suche nach Abkürzungen auch Fallgruben. Damals war die Verwendung von halluzinogenen Drogen unter jungen Menschen weit verbreitet. Obwohl solche Drogen jahrtausendelang von Schamanen verschiedener Kulturen verwendet worden waren, wußte ich, daß es eine Sackgasse war. Die Risiken waren viel zu groß und die Vorteile zweifelhaft, sofern die Experimente nicht unter strenger Kontrolle verliefen.

Die vielleicht gründlichste und detaillierteste Abbildung innerer Erfahrung stammt von den buddhistischen und hinduistischen Mystikern. Vor allem die buddhistischen Mönche in Tibet haben sich dem Thema seit Jahrhunderten mit zielbewußter Gelehrsamkeit und Genauigkeit genähert.* Der mit höchster Verzückung verbundene Bewußtseinszustand wird in der mystischen Literatur als *nirvikalpa sa-*

* Ich halte Ken Wilbers Buch *Das Spektrum des Bewußtseins*, in dem er die verschiedenen Arten innerer Erfahrungen großartig erläutert, für eines der besten seiner Art.

madhi beschrieben, eine Bezeichnung, die sich aus dem alten Sankrit ableitet. In diesem Bewußtseinszustand gibt es nur das reine Selbst; der Geist ist frei von Gedanken oder Objekten. Das Selbst wird in den gesamten Bereich des Geistes ausgedehnt und mit ihm verschmolzen, so daß reine Bewußtheit alles ist, was noch zu existieren scheint. Der Zustand wird von einer Ekstase begleitet, die jede Körperzelle zu durchdringen scheint und darin resultiert, daß man die Gewißheit spürt, das Wesen des Selbst sei ewig. Über diese einfache Beschreibung hinaus läßt sich der Zustand nicht ausdrücken. Das heißt, die Beschreibung bleibt hinter dem Zustand zurück und ist keine Hilfe für andere, um ihn zu erreichen (obwohl sie einem hilft, die Erfahrung, wenn sie eintritt, als solche zu erkennen). Man muß den Zustand selbst erleben, um seiner ganzen Essenz habhaft zu werden.

In der christlichen Literatur wird oft vom »Frieden, der höher ist als alle Vernunft« gesprochen, um den unausdrückbaren Charakter der inneren Erfahrung anzudeuten. Die theologische Bedeutung, die diesem Samadhi-Zustand oft gegeben wird, ist die der »Vereinigung mit dem Göttlichen« oder, um mit Paul Tillich zu sprechen, »die Einheit mit dem Grund unseres Seins«. Ich würde allerdings meinen, daß die zugewiesene Bedeutung in der Erfahrung nicht enthalten ist, sondern eher aus dem Versuch resultiert, die Erfahrung in Übereinstimmung mit den persönlichen theologischen Überzeugungen zu beschreiben. Wir »sehen« Gott bei einer solchen Erfahrung nicht. Wir erleben auch keine Vereinigung mit Gott, wenn wir nicht durch unsere Erwartung, daß das die Erfahrung sei, bereits voreingenommen sind.

Meine eigenen jahrelangen Bemühungen, mit diesem Zustand zu experimentieren, brachten mich zu dem Schluß, daß eine das ganze Leben lang geübte asketische Selbstdisziplin nicht der einzige Weg ist, um diese veränderten Bewußtseinszustände auf natürliche Weise erleben zu können. Indem ich meine Ernährungsweise bescheiden umstellte, regelmäßig meditierte und Atemübungen machte, konnte ich miterleben, wie mein ganzes Gehirn und mein ganzer Körper allmählich in die Erfahrung des Samadhi einbezogen wurden. Die Wirkung, die damit verbunden war, daß mein ganzer Körper an der Erfahrung teilnahm, wurde mir immer stärker bewußt. Der Geist ist dabei frei von Gedanken und Bildern, aber in seiner Bewußtheit und Aufmerksamkeit geschärft. Jede Körperzelle trägt dazu bei, daß man intensive Freude empfindet und sich wohl fühlt, Gefühle, die allesamt für eine Aura von Seligkeit oder Ekstase sorgen. Obwohl das Selbst als Beobachter präsent und einbezogen ist, wird es während der Erfahrung eigentlich gar nicht bemerkt. Die Empfindungen, die mit der Freude, der universellen Verbundenheit, Sicherheit und dem Wohlbefinden einhergehen, überfluten das Bewußtsein so sehr, daß das Selbst unbemerkt bleibt. Es löst sich in der Erfahrung auf.

Menschen, die davon berichten, daß sie mystische Begegnungen mit göttlichen Wesen bei veränderten Bewußtseinszuständen gehabt hatten, sind von der »Realität« dieser Begegnungen überzeugt. Die Vision ist in der Tat real genug, doch diejenigen, die die Reise fortsetzen und dann über die symbolischen Bedeutungen dieser Wahrnehmungen hinauskommen, können sich mit einemmal in das undifferenzierte Bewußtsein des Samadhi auf *nirvikalpa*-Ebene versetzt sehen. Erst dann sind sie in der Lage zu erkennen, daß die Begegnung vorher aus kulturell abgeleiteten Bildern bestand, die aus dem Innern des Unterbewußtseins an die Oberfläche gelangten, was dem bewußten Gewahrsein erlaubte, ein visuell wahrgenommenes Bild als eine mystische Begegnung mit einem anderen Wesen zu interpretieren.

Der Atheist erfährt gleichfalls Samadhi, beschreibt es aber lieber nicht mit theologischen Begriffen, sondern mit den Empfindungen und Bildern, die die Erfahrung hervorruft. In dieser Hinsicht ähnelt die *Unausdrückbarkeit* der mystischen Erfahrung der *Unschärfe* in der Quantenphysik. Für den Mystiker wie für den Wissenschaftler ist es schwierig, die tiefere Realität in der Sprache von Alltagsmodellen zu beschreiben, mit denen man die Makrorealität zu verstehen und zu vermitteln versucht. Der Mystiker erfreut sich an der Rätselhaftigkeit des Unausdrückbaren, während der Wissenschaftler sich an den vielen Ungenauigkeiten stößt. Obwohl die Landkarte nicht das Land sein kann, hilft uns die Erkundung von Neuland, eine bessere Landkarte auszuarbeiten und die scheinbare Unausdrückbarkeit der Erfahrung zu verringern.

Beim Versuch, das Wesen von Bewußtsein zu verstehen, müssen wir daran denken, daß wir es mit einem hochentwickelten Organismus tun, nämlich mit unserem Geist/Gehirn/Körper. Doch sind gewisse Aspekte des Bewußtseins und des bewußten Gewahrseins keine ausschließlich auf den Organismus des Menschen beschränkte Merkmale. Andere Organismen, und vielleicht sämtliche Materie, sind in bestimmter Hinsicht ebenfalls bewußt und gewahr. Ein bedeutsamer Fehler in der traditionellen Denkweise des Westens besteht immer noch darin, diesbezüglich zwischen uns und den anderen Spezies einen qualitativen Unterschied zu sehen. Das wiederum hat uns daran gehindert, sowohl die Natur als auch das Bewußtsein richtig zu verstehen. Wie immer wir unser Bewußtsein erfahren, es spricht vieles dafür, daß es sich aus primitiveren Anfangsstadien entwickelt hat und nicht in voller Blüte in das Stadium trat, das wir heute kennen und erleben. Wenn wir andere Lebensformen untersuchen, können wir Hinweise auf unsere primitivere Natur bekommen.

Im idealistischen Glaubenssystem, wo Bewußtsein die einzige Realitätsgrundlage ist, wird das *nirvikalpa samadhi* als Beginn der Schöpfung und als das Ende menschlichen Strebens betrachtet. Es ist Anfang und Ende zugleich. Obwohl ich meine, daß das idealistische System Mängel aufweist, bietet es eine ausgezeichnete Methode, um die psychologische Struktur verschiedener Zustände unserer bewußten Prozesse zu überprüfen. Im Zustand des *nirvikalpa samadhi* sähe man die Entstehung eines Objekts (eines Gedankens) dann nicht als Selbst, sondern als etwas vom Selbst getrenntes.

Die Unterscheidung zwischen dem erzeugten Objekt und dem Selbst, das das Objekt erzeugt hat, ist der erste Dualismus. Das Selbst wird nun zum seiner selbst bewußten Beobachter. Die Erzeugung dieses Dualismus, indem wir die Dinge als vom Selbst getrennte Objekte beobachten, verursacht unsere Aufgabe des Samadhi-Zustands und läßt uns statt dessen in einen Bewußtseinszustand kommen, in dem »Dinge« existieren. Man nennt das den *existentiellen Zustand.* Nur auf der existentiellen Ebene oder darunter kann es dazu kommen, die Dinge als vom Selbst getrennte Objekte wahrzunehmen.* Der Dualismus von Subjekt/Objekt trennt und unterscheidet den existentiellen Zustand von den Zuständen des Samadhi und »erschafft« die Welt, in der Dinge voneinander getrennt sind und unterschieden werden. Auf diese Weise erschafft Gott die Welt; die Welt ist nur ein Gedanke in Gottes Geist.

Zwischen den Ebenen des *nirvikalpa samadhi* und des existentiellen Zustands befindet sich eine nicht unbedeutende Ebene, auf der die Dinge zwar als vom Selbst getrennte Objekte beobachtbar sind, es aber auch erkennbar ist, daß sie alle sowohl miteinander als auch mit dem

---

* Ich gebrauche das Wort *darunter* lediglich als eine Konvention, um willkürlich eine Richtung anzuzeigen, nicht im hierarchischen Sinne. Mir ist aufgefallen, daß die Bewußtseinszustände einfach vorhanden sind, also keiner erhabener oder göttlicher ist als die anderen, aber manche im Alltag eindeutig kohärenter, willkommener und befriedigender sind.

Selbst verbunden sind, mithin Trennung nur eine Illusion ist. Diese Stufe ist das sogenannte *savikalpa samadhi*. Auch dieser Zustand wird von der Erfahrung der Ekstase und Ewigkeit begleitet. Diesen Zustand erlebte ich spontan im Weltraum, als wir vom Mond zurückkehrten, obwohl ich damals nicht wußte, wie man es nennt oder daß es dafür überhaupt einen Namen gibt.

Die alten Mystiker, die diese psychologischen Zustände als erste erkundeten, definierten Samadhi als Gottzustand, da sie glaubten, die gesamte Schöpfung entspringe den entstehenden Gedanken. Die anderen Zustände resultieren aus der Erzeugung zusätzlicher Dualismen (Illusionen), die uns von den reinsten Bewußtseinszuständen trennen. Wahrscheinlich hat jeder Mensch, wenn auch nur für einen Moment in seinem Leben, die Erfahrung von Samadhi gemacht. Ab und zu bekommen wir diese ekstatischen Zustände flüchtig mit, in denen nur Einheit innerhalb des Selbst vorherrscht. Es wäre bedauerlich, wenn sie seltener wären.

Die Erfahrung hat mich gelehrt, daß die menschliche Motivation großenteils ein unterbewußter Trieb ist, die Ekstase des Samadhi wiederzuerleben. Das Samadhi ist die Urform für die lustvolle Seite der fundamentalen Schmerz-/Freude-Reaktion, die jedes Verhalten menschlicher und anderer Natur antreibt. Gewöhnlich aber ist die Erinnerung daran uns nicht bewußt, sondern wird nur als archetypische Erinnerung im Unterbewußtsein aufbewahrt. Vielleicht erfahren wir sie zum allerersten mal im Mutterleib, wo wir nur Materie mit undifferenziertem Bewußtsein sind, zwar unserer selbst noch nicht bewußt, aber aus dem Innern einer warmen, wäßrigen Ekstase immerhin schon Erfahrungen machen und Informationen im Unterbewußtsein speichern. Sie könnte sogar noch grundlegendere Ursprünge haben.

Die Alten entdeckten, daß es zwischen dem existentiellen Zustand und den Samadhi-Zuständen Bewußtseinsebenen gibt, auf denen sich die übersinnlichen Ereignisse abspielen. In diesem Bereich des Geistes wird Information nichtlokal wahrgenommen und die direkte Aktion in der materiellen Welt mit psychokinetischer Wirkung manifestiert. Die psychischen Zustände, die zwischen dem existentiellen Zustand und den Samadhi-Zuständen existieren, sind weniger anerkannt, vor allem in westlichen Zivilisationen. Ob sie weniger erfahren werden oder bloß weniger anerkannt sind, darüber ließe sich streiten.

Wie es scheint, sind gewisse gut entwickelte Nervenfunktionen im Gehirn notwendig, damit so starke übersinnliche Ereignisse vorkommen können, wie ich sie mit Geller, Chen, Schamanen und den zahlreichen Kindern, die wir in Gruppen untersucht haben, miterlebt habe. Moderne neurologische Forschungen lassen darauf schließen, daß wir alle in der Kindheit diese Funktionen haben. Es ist in der Tat so, daß uns die Natur ein größeres Spektrum an Gehirnfunktionen mitgibt, als es irgendein Individuum wahrscheinlich nutzen kann. Aber wenn die Fähigkeiten nicht geübt werden, gehen sie ein und sind damit verloren. Entweder nutzen wir sie, oder wir verlieren sie. Bis zu einem gewissen Grad jedoch erschaffen wir alle tagein, tagaus unsere materiellen Realitäten, indem wir unsere inneren Zustände lenken und kontrollieren. Viele der subtileren Manifestationen psychokinetischer Fähigkeiten sind also bei uns allen auf unterbewußter Ebene unaufhörlich wirksam.

Der Bewußtseinszustand unterhalb des existentiellen wird als Ego-Zustand bezeichnet. In diesem Zustand (oder unterhalb dessen) befinden sich die meisten von uns, wenn wir wach sind. Der Ego-Zustand wird vom existentiellen Zustand aus (im idealistischen System) durch Erzeugen eines weiteren Dualismus erreicht. Dieser zweite Dualismus ist dadurch gekennzeichnet, daß das Gefühl des Ewigen verloren oder vergessen wird; mit ihm geht der Verlust der Ekstase einher. In der religiösen Literatur des Christentums entspricht dieser Dualismus dem Sündenfall, der Trennung des Menschen von Gott. Die im ersten Buch Mose niedergeschriebene Geschichte des Sündenfalls, als die ersten zwei Menschen vom Baum der Erkenntnis im Garten Eden aßen, ist eine schöne Allegorie dafür.

Die psychologische Interpretation dieses Prozesses ist, daß der Zustand des existentiellen Bewußtseins von Subjekt/Objekt sich weiter teilt, wenn man erkennt, daß man unvermeidlich dem physischen Tod entgegengeht. Die Kenntnis vom Tod, zusammen mit all den Ängsten, die durch dieses Erkennen hervorgerufen werden, markiert den Unterschied zwischen dem existentiellen und dem Ego-Zustand. Während man im existentiellen Zustand einerseits die Getrenntheit der Dinge durch Beobachtung feststellt, *erinnert* man sich andererseits an die Ekstase, die Verbundenheit und das ewige Wesen des Selbst. Man ist darin auch fähig, eine losgelöste Perspektive von der Welt einzunehmen und sich über sie zu amüsieren. Der Ego-Zustand, der die Ekstase, die Verbundenheit und die Ewigkeit verloren hat, ist ein Zustand andauernder Angst und Unsicherheit. Hierin (oder in den tieferen Zuständen) stecken wir die meiste Zeit unseres Lebens und hoffen inbrünstig, daß das nicht alles ist, was das Leben uns zu bieten hat.

Die alten mystischen Denker legten diese bemerkenswerten Landkarten der Bewußtseinszustände ohne genaue Kenntnis der physischen Evolution an. Sie hatten keine Möglichkeit zu verifizieren, ob ihre Karten das gesamte Land enthielten oder nicht und ob das menschliche Bewußtsein sich in irgendeiner Weise fortentwickeln konnte. Mir wurde jedoch klar, daß es für diese Bewußtseinszustände eine physische Interpretation gibt. Erst als ich der mystischen Darstellung von Bewußtsein die physische Evolution hinzufügte, begann sich mein eigenes Bild auf subtile Weise zu verändern.

Die Neandertaler hinterließen die ersten Aufzeichnungen von rituellen Bestattungen, und deswegen ist die Auffassung begründet, daß die evolutionäre Entwicklung eines den Ego-Zustand betreffenden menschlichen Bewußtseins während dieser Epoche zum erstenmal stattgefunden haben mag. Allerdings trauern andere Spezies ebenso um ihre Toten; Elefanten beispielsweise wandern am Ende ihres Lebens zu bestimmten Orten, um sich dort zum Sterben zu legen. Aber die Trauer um die Toten und die rituelle Bestattung sind nicht unbedingt gleichbedeutend mit der persönlichen Erkenntnis, daß »*ich*« sicherlich sterben werde, obwohl sie letztlich zu dieser Erkenntnis führen. Wenn wir die Entwicklung eines Kindes als eine persönliche Wiederholung der Evolution unserer Spezies auffassen, dann hat ein Kind zunächst ein undifferenziertes Bewußtsein, ehe es im Alter von einigen Monaten seiner selbst bewußt wird und die Erfahrung von Schmerz machen kann, wenn es ein geliebtes Lebewesen verliert. Diese Erfahrung bezieht das Kind aber erst später auf sein eigenes Leben und fängt an, Angst davor zu haben, selbst zu sterben. An diesem Punkt hat die Selbstreflexion – das heißt die Prüfung des Bewußtseinsinhaltes – bereits begonnen.

Dieser Denkweise nach scheint die Annahme durchaus vernünftig zu sein, daß sich das menschliche Ego – zusammen mit der individuellen Erkenntnis, daß der eigene Tod unvermeidbar ist – wahrscheinlich eher später als früher entwickelte. Es entwickelte sich bestimmt erst, nachdem der Mensch sich seiner selbst bewußt wurde, denn es erfordert ein gewisses Maß an Selbstreflexion, und die ist eine spätere Entwicklungserscheinung. Das Bewußtsein seiner selbst und des Ego sind nicht ein und dasselbe.

Das kritische Problem, das hier auftaucht, betrifft die getrennte Existenz des »Selbst«. Gibt es, wie die alten Mystiker lehrten (und die meisten noch heute glauben), einen »verborgenen Beobachter« in unserem Innern, einen, der nichtkörperlicher Natur ist – einen »Geist« in der physischen Maschine? Wie es scheint, erfahren wir dieses Selbst, diesen inneren Beobachter, den wir »Ich« nennen. Aber ist es *real?* Kann es getrennt von unserer Erfahrung physischer Realität existieren?

Das Mysteriöse an unserem Bewußtsein ist, daß es im Gehirn keinen Ort für diese Art von *Ich* gibt. Die Wissenschaft hat keinen Beweis für einen unabhängigen, den Prozeß dirigierenden Beobachter gefunden, noch hat sie einen Weg entdeckt, wie er mit der materiellen Realität in Wechselbeziehung treten könnte, sollte er tatsächlich existieren. Auch die Gelehrten des tibetanischen Buddhismus haben (nahezu als einzige unter den mystischen Gelehrten) niemals behauptet, daß es ein getrenntes Selbst gibt.

Weil wir, so Descartes, erkennen, daß es Dinge gibt, die getrennt von uns existieren, können wir auch denken, »*ich* bin« oder »*ich* existiere« (wenn wir uns im Ego-Zustand oder darunter befinden). Bevor wir dies erkennen, ist das Bewußtsein undifferenziert, ohne Unterscheidung zwischen dem Selbst und dem anderen. Der Organismus ist lediglich bewußte Materie, also noch nicht Materie, die sich *ihrer selbst* bewußt ist. Es gibt zwar einfache Reaktionen auf Schmerz-/Freude-Reize, und es wird bereits während der Phase im Mutterleib Information gespeichert, aber noch fehlt das Gefühl des »Ich bin«.

Diese Idee scheint sowohl durch die Entwicklung eines Kindes zur Selbstreflexion als auch durch die Evolutionsgeschichte der menschlichen Spezies gestützt zu werden. Das *Ich*-Gefühl resultiert daraus, daß die bewußte Materie notwendigerweise sensorische Informationen in kohärenter Weise organisieren muß und dabei entdeckt, daß gewisse wahrgenommene Informationen anscheinend von außen kommen und nicht Teil ihrer selbst sind. Bei diesem Prozeß besteht die Tendenz, daß die von außen kommende sensorische Information das subtilere innere Empfinden und die nichtlokalen Resonanzen verschleiert, die in den Samadhi-Zuständen dominieren und für das Verbundenheits- und Ewigkeitsgefühl sorgen. Das Selbst-Gefühl taucht erst auf, nachdem es angefangen hat, die Umwelt mit den fünf physischen Sinnen zu erleben, und gewisse Dinge entdeckt, die mit ihm selbst nicht verbunden zu sein scheinen. Das heißt, wir existierten physisch sowohl als Individuen wie auch als eine sich fortentwickelnde Spezies, bevor wir überhaupt unsere Existenz persönlich erkannt oder darüber nachgedacht hatten. Was wir als »Selbst« identifizieren und erfahren, ist das, was übrigbleibt, nachdem wir identifiziert haben, was alles »Nicht-Selbst« ist.

Die Alten stellten die verschiedenen inneren Zustände ziemlich genau dar, obwohl sie über keinerlei Daten verfügten, die ihnen sagten, daß es in der geistigen Entwicklung des Menschen Parallelen zur biologischen Evolution gibt. In dem Maße, in dem sich die physischen Organismen zu größerer Komplexität entwickelten, brauchten sie auch komplexere Möglichkeiten, um die in der Umwelt verfügbare Information zu verarbeiten. Der Wissenschaftler würde sagen, daß das Leben auf der Erde »intelligenter« wurde, während es sich auf der Evolutionsleiter nach oben zum *Homo sapiens* bewegte. Das ist ein Standpunkt der dritten Person. Von einem Standpunkt der ersten Person aus können wir sagen, daß die progressiven Dualismen, die die Bewußtseinszustände des Mystikers trennen, ihre Entsprechungen in der physischen Evolution des Bewußtseins selbst haben. Sowohl Materie als auch Bewußtsein werden im Laufe ihrer Entwicklung komplexer. Die Darstellung des Bewußtseins, die der Mystiker gibt, bezieht sich auf »Wissen« und »Erkennen«. Im Gegensatz zu uns heute hatten die Alten jedoch keine Möglichkeit zu erkennen, daß es gleichzeitig eine existentielle Evolution gab, die unsere Fähigkeit des Wissens und Erkennens hervorbrachte.

Der Idealist sieht Bewußtsein als abwärts gerichtete Progression, die von der göttlichen Erfahrung hinab zur irdischen verläuft. Dazwischen liegt eine Reihe von Dualismen (Illusionen). Interpretieren wir diese Progression als eine Weiterentwicklung vom Einfachsten zum Komplexeren, dann spiegelt sie den fortschreitenden Verlauf der physischen Evolution wider. Daraus folgt natürlich, daß die Erfahrung des bewußten Gewahrseins (vor der Erfahrung der Selbst-Bewußtheit) eigentlich die grundlegendste Erfahrung von Bewußtsein überhaupt ist. Sie ist zumindest allen lebenden Organismen, selbst den einfachsten, inhärent. Sollten wir herausfinden, daß das Selbst von der Materialität getrennt existieren kann, wie die meisten esoterischen Traditionen meinen, dann müßte der Mechanismus dafür bei allen Lebewesen, die sich ihrer selbst bewußt sind, der gleiche sein.

Als Junge war ich von der Beziehung, die mein Vater zu den Tieren auf der Ranch hatte, beeindruckt. Seine Rinder zeigten Persönlichkeitsmerkmale, mit denen er innig vertraut war. Sie schienen deutlich ein rudimentäres Selbstbewußtsein an den Tag zu legen. Die Art und Weise, wie er mit den Tieren in Resonanz war, erkannte ich später bei den Schamanen wieder, mit denen ich mich befaßte. Obwohl er von sich selbst nie in solchen Begriffen dachte, so fand er doch seine Spiritualität in den Abläufen der Natur. Er konnte intuitiv erkennen, wenn mit einem Tier in seiner Herde etwas nicht stimmte. Es konnte sein, daß er mitten in der Nacht aufwachte und nach einer Kuh suchen ging, die Schwierigkeiten beim Kalben hatte. Und dann war es tatsächlich so. Mit sicherem Gespür fand er sie mitten in der Nacht, auch wenn sie sich im Unterholz sicher versteckt hatte. Diese nichtlokalen Resonanzen funktionieren nicht nur innerhalb einer Spezies, sondern auch zwischen den Spezies.

Die neuesten Untersuchungen mit Primaten lassen den Schluß zu, daß diese Tiere insofern eine Art von Selbst haben, als sie in der Lage sind, den Forschern ihre Wünsche und inneren Zustände in ganz subjektiven Ausdrucksformen zu signalisieren. Darüber hinaus haben sie ein Langzeitgedächtnis. Wir wissen allerdings nicht, inwieweit sie ihrer eigenen Bewußtheit gewahr sind. Wir können ziemlich sicher davon ausgehen, daß ein zur Selbstreflexion fähiges Bewußtsein, das den Menschen auszeichnet, eine hochentwickelte Funktion ist, die wahrscheinlich nicht in Lebensformen präsent ist, deren Gehirn für Sprache nicht geeignet ist. Wahrscheinlich haben die meisten Tiere, deren Gehirn multisensorische Informationen verwerten kann, zumindest eine rudimentäre Art von Selbst. In einfacheren Organismen existiert wahrscheinlich eine Grundform von undifferenziertem Bewußtsein, und diese Art Grundbewußtsein könnte die ganze Leiter organisatorischer Komplexität hinabreichen – sogar bis zu leblosen Strukturen. Zumindest halte ich dies für recht wahrscheinlich, und das ist auch die These des dyadischen Modells, das ich mit der Zeit aufstellte.

Ich erinnere mich an die Jahre, als mein jüngerer Bruder Jay und ich mit unseren Familien unsere Eltern auf der Ranch besuchten. Zusammen mit Jays Sohn Michael, der damals noch ein kleines Kind war, begleiteten wir unseren Vater morgens zu seiner täglichen Arbeit auf der Weide. Ich hielt den Kleinen, während Jay und Paps den Tieren Futter gaben.

Mein Vater war der Typ von Viehzüchter, der dem Land, um das er sich kümmerte, und dem Vieh, das er aufzog, nahestand – ein Rancher aus einer anderen Zeit im amerikanischen Westen. Während wir gemeinsam zur Weide hinausfuhren, erzählte er Jay und mir, daß er sein besonderes Vergnügen an einer Kuh habe. Solch ein Gespräch überraschte weder Jay noch mich, denn es war ein Teil unserer Erziehung. Land, Vieh, Wetter, die fortschreitenden Jahreszeiten, darum drehten sich die Gespräche am Frühstückstisch und beim Abendbrot. Jedenfalls gab es da diese Favoritin meines Vaters, die Leitkuh in der Herde, und ich erkannte sie sofort, als im dunstigen Morgenlicht das Vieh im Gänsemarsch auf uns zutrottete, sie mit ihrer gesunden Körperfülle vorweg durch das reife grüne Gras stapfend und etwa fünfzig andere Kühe ihr hinterher. Sie kam sofort heran, um jeden Neuankömmling aus der Nähe zu beschnuppern, mit ihrer weichen ledernen Schnauze, die sie nur ein paar Zentimeter von unseren ausgestreckten Händen entfernt hielt. Ihre übermäßige Neugier war der Grund, warum mein Vater seinen besonderen Gefallen an ihr hatte.

Normalerweise, so erzählte er uns, hätte sie als Anführerin dieser sanftmütigen Gesellschaft ihr Privileg genutzt und als erste gefressen. Aber nach der Begegnung mit mir, während ich meinen kleinen Neffen in den Armen hielt, den sie besonders sorgfältig beschnupperte, war sie deutlich verwirrt. Sie schien zu spüren, daß das kleine Kind und ich nicht zusammengehörten. Ohne zu fressen, marschierte sie zu meinem Bruder und meinem Vater zurück und beschnupperte sie noch einmal nacheinander. Dann schien sie zufrieden zu sein. Vermutlich hatte sie das Dilemma hinsichtlich der Beziehung des Kindes gelöst. Nun erst bahnte sie sich ihren Weg zum Futtertrog und begann mit den anderen zu fressen. Meiner Meinung nach zeigte sie Führungsqualitäten, eine überraschende Intelligenz, Neugier, die Fähigkeit, Probleme zu lösen, und sicherlich ein Subjekt/Objekt-Bewußtsein.

Trotz unserer traditionellen Überzeugung, daß das Bewußtsein von Tieren sich fundamenatal von unserem eigenen unterscheidet, erkennen diejenigen, die mit Tieren gearbeitet haben, an, daß auf den grundlegendsten Ebenen ähnliche Prozesse ablaufen. Ein Zitat aus der Sanskrit-Überlieferung deutet darauf hin, daß sogar die Alten es für notwendig hielten, diese Rätsel zu lösen: Gott schlummert in den Steinen, erwacht in den Pflanzen, wandelt in den Tieren und denkt im Menschen.

Bewußtes Funktionieren erfordert, was seine organisierteren Abläufe betrifft, ein hochkomplexes, aus dem Evolutionsprozeß hervorgegangenes Gehirn. Dieser evolutionäre Aspekt kann als *Geistigkeit* bezeichnet werden. Je entwickelter das Gehirn ist, desto komplexer sind die Funktionen, die es in sich aufnehmen und durchführen kann. Der Begriff Geistigkeit kommt der materialistischen Vorstellung, die in der Doktrin des Epiphänomenalismus enthalten ist, am nächsten.

Trotzdem könnten allem Anschein nach auch einfache Organismen wie Amöben, die überhaupt kein Gehirn haben, immer noch Bewußtsein besitzen. Schließlich *empfangen* sie aus der Umwelt ganz klar Information. Aber *nehmen* sie Information *wahr*? Nimmt eine Sonnenblume Sonnenlicht wahr oder maximiert sie lediglich dessen Energie, indem sie sich der Sonne mittels einer mechanistischen Rückkoppelungsschleife zuwendet?

Ein entscheidendes Detail steckt darin, zwischen Informationswahrnehmung und ohne Bewußtsein geschehende Informationsaufnahme zu unterscheiden. Ich glaube, daß ein undifferenziertes Bewußtsein auf einfachen Ebenen organisatorischer Komplexität besteht. Der wahre uranfängliche Bewußtseinszustand ist undifferenziert; die Vorstellung von »Ich/Du« ist erst danach entstanden. Wir können jedoch Bewußtsein nicht unmittelbar aufspüren, da Bewußtsein ein subjektives Attribut ist, das dem jeweiligen Organismus in einzigartiger Weise eigen ist. An das Bewußtsein in Objekten heranzukommen erfordert, aus anderen Beobachtungen Rückschlüsse zu ziehen. So bewegen sich beispielsweise manche einfachen Organismen, die mobil sind, weder wahllos noch deterministisch. Sie scheinen sich intentional zu bewegen – hin zur Nahrung und weg von Gefahren, hin zu einer Gelegenheit der Paarung und weg von Rivalen. Doch das ist nicht immer so.

Es ist viel einfacher, durch Beobachtung von Organismen in der Natur *Intention* als *Bewußtsein* zu deduzieren. Auf Intention deutet hin, wenn eine Bewegung weder wahllos noch deterministisch ist, sondern eher einen Zweck zu haben scheint. Aus der Chaos- und Komplexitätstheorie wissen wir jedoch, daß komplexe Prozesse in der Natur nur mit nichtlinearen Gleichungen und Rückkoppelungsschleifen, die an Lernprozesse erinnern, abzubilden sind. Und Lernen erfordert eine Rückkoppelungsschleife, die Bewußtsein und Intention mit einbezieht. Wenn in den Verhaltensweisen eines Organismus Intention liegt, dann ist wahrscheinlich auch Bewußtsein vorhanden. Lernen erfordert beides. Bewußtsein ist die Wahrnehmung von Energie (oder von Energiemustern, sprich Information), während Intention die willentliche Energieausbreitung ist. Lernen muß stattfinden, um die Nutzung von Bewußtsein zu bewirken. Bewußtsein ohne Intention ist unbeweglich, und Intention ohne Bewußtsein ist blind. Und ohne Gedächtnis sind alle beide chaotisch.

In meinem sich entwickelnden Modell erkannte ich, daß Bewußtsein und Intention eine dyadische Verbindung bilden – wie zwei Seiten einer Münze findet man sie stets zusammen, und in Gegenwart einer Rückkoppelungsschleife führen sie zum Lernen. Selbst im ersten Kapitel des ersten Buch Mose erkannten die Alten dieses fundamentale Prinzip, denn nach jedem Schöpfungsakt heißt es: »Und Gott sah, daß es gut war.« Es ist ganz einfach ein Prozeß von Intention, Bewußtsein und Evaluation (der Bewertung von Bedeutung). Aber wenn auch einfache Organismen lernen, so wie entwickeltere es tun, dann ist die Natur selbst ein Lernprozeß.

22

In vielen religiösen Traditionen (einschließlich der christlichen Religion) besteht der Glaube, daß sich die subjektive Erfahrung durch die Reinkarnation der Seelen in die folgenden Lebenserfahrungen fortsetzt. Die Vorstellung der Seelenwanderung von niedrigeren zu höheren Lebensformen kann möglicherweise sowohl als ein Mittel zur Übertragung von Erfahrung betrachtet werden wie auch als eine mystische Metapher für die Evolution des bewußten Gewahrseins.

In manchen kulturellen Traditionen glaubt man, daß die Seele eines Menschen in niedrigere Lebensformen zurückkehren muß, um erneut zu lernen, falls das Verhalten in einem bestimmten Leben in irgendeiner Weise unakzeptabel ist. Solche Vorstellungen sind allerdings fest in dem Glauben verankert, daß Seelen unabhängig von der physischen Form, die sie einnehmen, existieren und daß es eine externe Instanz gibt, die richtet, Entscheidungen trifft und mithin das Schicksal der Seele bestimmt. Derartige Annahmen wissenschaftlich zu verifizieren, scheint nahezu unmöglich zu sein. Wenn wir jedoch Lebenserfahrungen als reine Information betrachten, dann tun sich andere Wege auf, um diese Fragen anzugehen.

Was ich bei dieser Beschreibung des Lernprozesses ausgelassen habe, ist die Informationsspeicherung. Ohne Gedächtnis kann kein Lernen stattfinden. Mit Hilfe der Wissenschaft haben wir erkannt, daß die Natur Informationen in vielerlei Weise speichert, etwa als DNS-Kode. Auch atomare Materie, also organisierte Energie, ist ein Informationsträger. Die Gesetze der Physik und Chemie sind lediglich vom Menschen gemachte Landkarten der Naturprozesse, doch wie sie entstanden sind, wissen wir nicht. In gewisser Weise wiederholt die Natur im gesamten Universum immer wieder diese selben Prozesse. Es ist so, als ob sie mit einer Schablone erzeugt worden wären und als sollte die Information, die darin enthalten ist, kontinuierlich verfügbar sein. Die Wissenschaft hat die *Mechanismen*, die die Gesetzmäßigkeit der Natur ausmachen, nicht dargestellt, sondern einfach nur die Regeln kodifiziert, denen die Natur zu gehorchen scheint. Sehr wahrscheinlich gibt es in der Natur eine Vielzahl von noch unentdeckten Methoden zur Informationsspeicherung.

Die Wissenschaft ist bislang nicht auf die Frage eingegangen, wie die individuelle subjektive Erfahrung eines Menschen gespeichert wird, wenn das überhaupt passiert. Die alten Mystiker erklärten das Speichern von Informationen über menschliche Erfahrungen und Entscheidungen mit der Vorstellung, es gäbe sogenannte *Akasha*-Aufzeichnungen. Aber sie entwickelten dieses Konzept, um der Bevölkerung Angst vor der Vergeltung für ein vertanes Leben einzuflößen, nicht unbedingt deshalb, um den Aufbau der Natur zu enthüllen.

Der Biologe Rupert Sheldrake spricht bezüglich gewisser Methoden der Informationsspeicherung von *morphogenetischen Feldern.* Den Mechanismus für den Zugang zu ihnen nennt er *morphische Resonanz.* Ich nehme an, daß morphische Resonanz und nichtlokale Korrelation von Teilchenattributen zwar derselbe Prozeß sind, aber auf unterschiedlichen Komplexitätsebenen wirken. Rückkoppelungsschleifen, nichtlokale Resonanz und ihre mögliche Anwendung auf das Lernen stehen im krassen Widerspruch zur evolutionären Biologie, die über ein Jahrhundert lang behauptet hat, jede Evolution sei wahllose Mutation und natürliche Adaption. Mit anderen Worten: Nach dem Darwinschen Modell mutiert die Natur durch wahllose Prozesse. Jene Organismen, die sich der Umwelt zufällig am besten anpassen, gedeihen, während die anderen sterben. Aber mittlerweile ist die nichtlokale Resonanz ein bewiesenes physikalisches Prinzip, das in den Informationsprozessen der Natur zweifellos eine fundamentale Rolle spielt.

Die Präsenz von rein zufälligen oder deterministischen Prozessen in der Natur ist bei weitem nicht so offenkundig wie die von Lernprozessen und intentionalem Tun und deren Übertragung durch nichtlokale Resonanz. Das heißt, die Natur scheint Zwecke zu verfolgen. In den letzten paar Jahren mußten wir aufgrund der Vorstellung von dissipativen Strukturen und der Chaostheorie gezwungenermaßen anerkennen, daß die Wissenschaft hauptsächlich durch ihre einseitige Beschäftigung mit einfachen und linearen Modellen die eigentliche Komplexität der Natur unter den Teppich gekehrt hat. Gleichfalls hat das Bedürfnis, das menschliche Bewußtsein zu verstehen, demonstriert, daß die Natur enger verbunden, bewußter und zweckgerichteter ist, als ehedem angenommen. Die Vorstellung von Fraktalen in der Chaostheorie deutet darauf hin, daß das Bewußtsein und die Intention entwickelter Organismen wahrscheinlich auch eine Wiederholung des Bewußtseins und der Intention auf niedrigeren Stufen organisatorischer Komplexität sind, wobei die nichtlokale Resonanz hinsichtlich der Frage, wie sich Information zwischen den Ebenen verschiedener Größenordnungen fortpflanzt, durchaus eine Rolle spielt.

Ich erörtere hier »Lernen« nicht im selben Sinne, wie man es bei Computern versteht, von denen man ja auch sagt, daß sie »lernen«. Intention erfordert die Vorstellung von Willen, der Fähigkeit, sozusagen nach Lust und Laune zu wählen, ja sogar irrationale Entscheidungen zu treffen. Computer sind immer noch Rechenapparate, die entsprechend irgendwelchen Algorithmen (Rechenschemata) operieren, auch wenn der Programmierer möglicherweise nicht weiß, wohin die Berechung führt. Sie sind letztlich deterministisch. Ich halte mich an das Argument von Roger Penrose, das er in seinem Buch *Schatten des Geistes* ausführt, daß »Wissen« mehr ist als Rechnen, obwohl aus unterschiedlichen Gründen. Wenngleich auch unbelebte Materie Nichtlokalität aufweist und wahrscheinlich sogar rudimentäres Bewußtsein erkennen läßt, wenn wir das Phänomen eines Tages verstehen sollten, so ist es eigentlich sicher, daß die nichtlokalen Charakteristika eines menschlichen Organismus qualitativ etwas anderes sind als die nichtlokale Resonanz und das Bewußtsein eines bloßen Computerchips.

In der philosophischen wie auch in der gelehrten mystischen Literatur finden sich überall Verweise auf die »große Kette des Seins« und die »immerwährende Weisheit«.* Diese abstrakten Begriffe stehen für feste, dauerhafte Überzeugungen hinsichtlich der Existenz und der Werte, an denen sich die Menschheit orientiert. Sie sind das Destillat aus jahrhundertelanger menschlicher Erfahrung und philosophischer Suche. Mit der Erörterung der quantenphysikalischen Probleme begann ich am einen Ende der großen Kette des Seins, dort, wo Energie sich in der unbelebten, wenn auch nicht notwendigerweise mechanistischen, materiellen Realität manifestiert. Mit der Erörterung der Samadhi-Zustände bewegte ich mich zum anderen Ende der großen Kette des Seins, zur Wahrnehmung des Gottzustands. In einem dyadischen Modell aber werden diese beiden Enden miteinander verbunden.

* Die Begriffe *gelehrt* und *mystisch*, die hier zusammen gebraucht werden, deuten den Wunsch an, gleichzeitig rational und in kohärenter Weise intuitiv zu sein.

Ich verstehe die große Kette des Seins als ein geschlossenes evolutionäres System, das sich selbst organisiert. Sein Aufbau spiegelt die Struktur des Universums wider. Es ist eine mit sich selbst verbundene Kette, keine hierachische Struktur, die am einen Ende mit Materie beginnt und zu Gott am anderen Ende führt. Von der Physik bis zur Neurobiologie sind die Naturwissenschaften zwar auf dem besten Wege, die Geheimnisse der physikalischen Aspekte von Materie aufzudecken, aber zweifellos werden sie noch besser vorankommen, wenn die Rolle, die das Bewußtsein als vereinigende Größe spielt, in die Gleichung mit eingebracht wird.

Die große Kette des Seins ist nicht mit dem »Spektrum des Bewußtseins« synonym, außer man legt den Idealismus ganz radikal aus, wonach sämtliche Materie nur Illusion ist. Mit der Idee des Spektrums wird die Fähigkeit des entwickelten Gehirns/Geistes hervorgehoben, sämtliche Zustände von Materie und Geist sowohl wahrnehmen als auch darüber reflektieren zu können. Außerdem wird damit betont, daß Bewußtsein nicht nur im menschlichen Gehirn existiert, sondern auch in anderer Materie. Mit der großen Kette des Seins wird herausgestellt, daß alles, was existiert, von träger Materie bis zur Gottheit, miteinander verbunden ist. Ich möchte diese Ideen noch einen beträchtlichen Schritt weiter führen.

Die Idee von einem in der Materie weilenden und Materie wahrnehmenden Bewußtsein läßt sich am besten durch das abstrakte Bild des Bewußtseinsspektrums ausdrücken. »Immerwährende Weisheit« soll heißen, daß es dauerhafte, in allen Zeitaltern und Kulturen vorherrschende Ideen und Erkenntnisse gibt, Weisheit, die sich nicht aus dem rationalen Denkprozeß ableiten läßt, sondern die in erster Linie aus den tiefen Geheimnissen des Intuitiven kommt. Abstrakte Vorstellungen von der immerwährenden Weisheit entstehen, obgleich in etwas unterschiedlicher Weise, wenn die große Kette des Seins als »geschlossenes«, sich selbst organisierendes und evolutionäres System betrachtet wird und Wissen als Information, und zwar als bewußt wahrgenommene Information, die innerhalb des Bewußtseins durch ihre Beziehung zu anderen Informationen Bedeutung bekommt.

Obwohl ich das Wort *Bewußtsein* bislang in seiner normalen Verwendung gebraucht habe, ist es nötig, in der Wahl der Wörter klarer und präziser zu sein. In den vergangenen Jahrzehnten hat das Wort *Bewußtsein* infolge des Einflusses östlichen Denkens im Westen eine breitere Verwendung bekommen. Heutzutage umfaßt es die ganze Palette geistiger Phänomene – Bewußtheit, Intentionalität, die Fähigkeit, Probleme zu lösen, wie auch seine strenge Bedeutung von bewußtem Gewahrsein bzw. dessen, daß man sich bewußt ist, gewahr zu sein. Deshalb ist der Begriff *Geistigkeit* notwendig, um solche Gehirnfunktionen wie etwa das Lösen von Problemen, Selbstbewußtsein und selbstreflexives Bewußtsein einzuschließen, die von der evolutionären Komplexität der Materie abhängen. Gewahrsein oder undifferenzierte Bewußtheit impliziert ein Naturmerkmal, das sich meiner Meinung nach nicht auf eine Gehirnfunktion zurückführen läßt, sondern wahrscheinlich eher mit sämtlicher Materie, vor allem mit ihren nichtlokalen Eigenschaften assoziiert ist. Ebenso ist *Intention* ein Begriff, der sich auf nichts anderes zurückführen läßt.

Falls der Ursprung des Universums tatsächlich weder dem wahllosen Zufall überlassen noch deterministisch war, so muß er zweckbestimmt gewesen sein. Der irreduzible Aspekt der Intentionalität ist eine Forderung, die sich aus der Tatsache ergibt, daß wir unsere Intentionalität erfahren und daß unmittelbare psychokinetische Ereignisse existieren; höchstwahrscheinlich sind sie in allen Menschen latent vorhanden. Wenn so etwas in uns heutzutage latent vorhanden ist, dann muß es auch auf vormenschlicher Stufe so gewesen sein und davor in morphischer Natur und so weiter bis zurück zum Anfang des Universums. Intention kann Materie nicht unmittelbar beeinflussen, es sei denn, das Potential zur Intention existiert als ständiges Grundmerkmal von Materie. Unbelebte Materie kann von ihrem komplexen Produkt, dem Gehirn, ohne Intentionalität nicht unmittelbar beeinflußt werden. Dieser Gedanke war die Ursache dafür, daß in der materialistischen Philosophie das Dogma des Epiphänomenalismus entstand und innerhalb der Religionen verschiedener Kulturen der Glaube an übernatürliche Vorkommnisse. Wenn wir die Psychokinese auf ihre Gültigkeit hin überprüfen und Beweise dafür finden, daß sie eine allgemeine menschliche Fähigkeit ist, dann müssen wir daraus schließen, daß sie ursprünglich aus der fundamentalen Struktur des Universums stammt.

Zu beachten ist jedoch, daß die Begriffe *Gewahrsein* oder *undifferenzierte Bewußtheit* und *Intention* ebenso gebraucht werden, wie die Quantenphysiker die Begriffe *Teilchen* und *Welle* gezwungenermaßen gebrauchten, um damit Phänomene zu beschreiben, die sie weder sehen noch messen konnten. In der Makrowelt machen wir die Erfahrung, daß unser lernendes Selbst sowohl Bewußtheit (im Sinne einer kognitiven Fähigkeit) als auch Intentionalität (im Sinne einer Willensäußerung) braucht, um so zu funktionieren, wie wir es tun. Was diesen Benennungen auf Ebenen natürlicher Organisation, die nicht so komplex sind wie ein Gehirn, subjektiv entspricht, können wir uns kaum vorstellen. Außerdem haben wir keine Sprache, um es zu beschreiben. Wir könnten, wie bereits erwähnt, vermutlich ganz einfach Äpfel und Heugabeln als Benennungen gebrauchen, wenn diese nicht schon vergeben wären. Aber Welle/Teilchen verhält sich zur Existenz so wie Bewußtheit/Intention zu Wissen. Beide bilden ein unzertrennliches Paar: Dyaden.

Bei der Beschreibung des Bewußtseinsspektrums wird oftmals der Begriff *Dualismus* gebraucht, um den psychologischen Prozeß zu unterscheiden, der mitbeteiligt ist, wenn von einem Zustand in den anderen gewechselt wird. Häufig wird der Dualismus als eine Illusion ausgelegt. Ein Dualismus unterscheidet den Zustand des *nirvikalpa samadhi* vom existentiellen Zustand – wobei der erste Dualismus die Spaltung in Subjekt/Objekt oder Ich/Du ist. Im existentiellen Zustand werden alle Objekte als voneinander getrennt wahrgenommen; daß alles miteinander verbunden ist, wird nicht erkannt. Ob die Verbundenheit vergessen (sublimiert) oder nie erkannt worden ist, ist ein wichtiger Punkt. Der Platoniker und Idealist würde behaupten, daß sämtliches Wissen und jede vollendete Form bereits existieren und der Mensch die Aufgabe habe, sich dieser Tatsache bewußt zu werden. In einem mechanistischen Universum im Sinne Newtons könnte es so sein, doch in einem sich fortlaufend weiterentwickelnden Universum mit gleichzeitig ablaufenden entropischen und negentropischen Prozessen ist es nicht möglich, daß alles Wissen a priori vorhanden ist; tatsächlich gibt es »alles Wissen« gar nicht.

Immer muß die Zukunft sich erst noch entfalten. Sie ist nicht geschaffen und läßt sich nicht vorhersagen und nicht erkennen. Die Vergangenheit läßt sich erkennen, aber nicht unbedingt durch unmittelbare Empfindung. Ließe sich die Vergangenheit unmittelbar erkennen, hätten die alten Mystiker sie so erkennen können wie wir heutzutage. Aber das konnten sie nicht. Dazu bedurfte es intuitiver Erkenntnis und rationalen Denkvermögens, zusammen mit wissenschaftlichen Instrumenten, um vergangene Realitäten zu entschlüsseln. Die Vergangenheit existiert nur als Information, die auf verschiedene Weisen gespeichert ist – manche davon müssen noch entdeckt werden – und die, um Bedeutung zu erhalten, Interpretation erforderlich macht. Das Universum selbst existiert in Form von Energie und wird durch seine Energiemuster erkannt, aber das Interpretieren der Bedeutung von Information ist eine Funktion des Bewußtseinszustandes des Interpretierenden sowie der vorhandenen Informationsbank. Je weiter die Geistigkeit entwickelt ist und je mehr Informationen verfügbar sind, desto inhaltsreicher kann die Bedeutung sein, die mit der Information verknüpft wird.

Wir können daraus folgern, daß weder der existentielle Zustand noch die Samadhi-Zustände noch jene, die dazwischen liegen, Allwissenheit bringen. Ein auf der Makrostufe sich entwickelndes Universum erzeugt sich immer noch selbst, durch nichtlineare dissipative Prozesse, die durch zugrundeliegende Quantenprozesse unterstützt werden. Die Samadhi-Zustände verschaffen eindeutige Gefühle von Ekstase, Frieden und eine Ahnung vom Ewigen, die sogar lebhaft heraufbeschworen werden, wenn man nicht im Samadhi weilt. Die Alten deuteten diese Gefühle als Beweis, daß der Schöpfer ewige Existenz zusichere. Aber wir können uns nicht sicher sein, woher diese Gefühle kommen. Sind sie nur eine schattenhafte Erinnerung an die Geborgenheit des Mutterleibs, oder gehen sie tiefer? Es gibt Grund anzunehmen, daß sie ein informationelles Echo des Grundzustands des Seins sind, des Bewußtheitszustands des uranfänglichen unstrukturierten Universums, wo nichts außer Möglichkeit existiert.

Die Wahrnehmung, daß im Grundzustand alles Selbst ist, wird weitgehend auch als *All-Seiendes* interpretiert. Die subjektiven Erfahrungen von Ekstase sind wahrscheinlich ursprüngliche Formen, die sich durch alle Ebenen organisierter Raum/Zeit-Systeme hindurch schablonenmäßig wiederholen. Warum sollten wir sie sonst haben? Das Gefühl von Ewigkeit wird von allen empfindungsfähigen Wesen, die Samadhi erfahren, als sichere Garantie aufgefaßt, daß Bewußtsein ein ewiges Phänomen ist. Das Gefühl von Ewigkeit könnte tatsächlich eine Erinnerung an den Mutterleib sein, aber selbst dann würde ich meinen, daß wahrscheinlich sowohl die Ekstase als auch die Ahnung vom Ewigen durch die Bewußtheit jeder Körperzelle hervorgerufen werden, die alle mit dem zeitlosen Grundzustand des Seins in kohärenter Weise mitschwingen. Schließlich ist »Fühlen« oder jede innere Empfindung lediglich Information, die der Organismus mit Bedeutung versieht, in diesem Fall mit einer angenehmen. Aber diese Empfindung ist allumfassend und betrifft den ganzen Körper; sie wird verwirklicht, indem einfach ein besonderer ruhiger Geisteszustand erreicht wird.

Diese Kohärenz, für die es einen möglichen Mechanismus in der Quantenphysik gibt, nämlich das sogenannte *Bose-Einstein-Kondensat*, könnte es der gesamten Struktur des Organismus gestatten, als zusammenhängendes Ganzes zu funktionieren und gleichzeitig sowohl intensive Ekstase als auch ein starkes Gefühl der Geborgenheit zu erleben. Die Erfahrung der Samadhi-Zustände dient dem Mystiker zum selben Zweck wie dem Kosmologen die Entdeckung der Hintergrundstrahlung aus dem Urknall: als Beweis für die Existenz des Universums, seines Ursprungs und seines Wesens. Sie bestätigt die Theorie. In beiden Fällen allerdings liefert die Erfahrung nur Information, der erst vom Geist Bedeutung verliehen wird.

Wenn wir die Behauptung aufstellen, daß die Erfahrung des *nirvikalpa samadhi* die Erfahrung ist, mit dem Grundzustand sämtlicher Materie mitzuschwingen, so würde das die große Kette des Seins wieder mit ihren Wurzeln in der Quantenpotentialität der Materie verbinden. Der moderne Begriff für dieses Energiefeld ist *Nullpunktsenergie* oder *Vakuumenergie*. Vakuumenergie ist das mutmaßliche Energiefeld, das mit Materie in ständigem dynamischen Austausch steht, wodurch die Form und Existenz von Materie auf der Quantenebene unterstützt wird. Des Nullpunkts gewahr zu sein bedeutet soviel wie, nur des Bewußtseins an sich gewahr zu sein.

Vakuumenergie ist seit der Arbeit von Nikola Tesla zu Beginn dieses Jahrhunderts ein packendes Thema. Tesla, der Thomas Edisons Rivale war, soll, so die weitverbreitete Ansicht, Energie durch die Atmosphäre gesandt haben – und zwar möglicherweise Energie, die sich im Nullpunktsfeld befindet. Zwar hat niemand seine mühevollen Versuche wiederholen können, aber in den letzten Jahren haben sich Wissenschaftler mit dem Nullpunkt als einer Realität auseinandergesetzt. Nullpunktsenergie wird auch als unendliches Meer unstrukturierten Energiepotentials interpretiert, aus dem das Universum entstand, ein Meer, das den ganzen Raum des Universums (und wahrscheinlich auch den außerhalb davon) erfüllt. So gesehen entstand das Universum nicht ex nihilo, sondern es ging aus dieser zugrundeliegenden Quantenpotentialität hervor, wurde daraus erschaffen oder »intendiert«. Da das Nullpunktsenergiefeld nur eine mathematische Abstraktion von Wellenformen ist, die proportional zur Frequenz der Welle Energie transportieren, könnte an sich auch über Materie in diesen abstrakten Begriffen nachgedacht werden. Ich denke, was in der Natur passiert, ist, daß die Geistesqualitäten, die wir Menschen als Bewußtsein und Intention erfahren und über die ganze Kette organischer und anorganischer Komplexität zurückverfolgen können, ihre Wurzeln im Grundlegendsten haben, im Vakuumenergiefeld. Folgt man diesem Gedanken, dann ist die Natur selbst in mancher Hinsicht bewußt und intentional.

23

Anfang der siebziger Jahre hörte ich von dem neuen Gedanken des britischen Biologen James Lovelock, daß die Erde und ihr Ökosystem als ein einziger Organismus betrachtet werden sollten statt als separate und unabhängige Systeme. Man sprach hinfort von der *Gaia-Hypothese.* Die Vorstellung fiel bei mir auf fruchtbaren Boden, da sie einer neuen Metapher Ausdruck verlieh, die auch ich verwenden konnte.

Im Weltraum erscheint das Universum eher wie ein intelligenter Organismus als wie ein lebloses Gefüge aus getrennten Teilen. Aber in den Jahren unmittelbar nach dem Mondflug tat ich mir schwer, diese Vorstellung zum Ausdruck zu bringen. Den Begriff *Gaia* so auszudehnen, daß darin die umfassendere Realität enthalten wäre, schien ein vernünftiger Weg zu sein, um diese Vorstelllung zu vermitteln, obgleich die Detailfragen, wie dies zu bewerkstelligen sei, immer noch unklar waren. Denn letztendlich müssen sich intelligente Organismen aus etwas Grundlegenderem entwickeln.

Der Physiker David Bohm, der das Problem zu lösen versuchte, wie Struktur und Ordnung im Universum entstanden, stellte den Gedanken zur Diskussion, daß unterhalb der Ebene der Quantenunschärfe eine »implizite« Ordnung läge. In diese Ordnung sei die Struktur, die im Universum hervortritt, eingebettet. Seine Idee war der idealistischen Philosophie Platons entnommen, wonach Schönheit und perfekte Form bereits existieren und sich nur in der materiellen Welt zu manifestieren brauchen. Bohm suchte nach dem physikalischen Mechanismus, durch den Form und Ordnung in der Makrowelt zum Vorschein kämen. Doch dieser Lösungsvorschlag hält nur auf, ohne direkt auf die verzwickte Frage einzugehen, wodurch Ordnung ursprünglich entsteht, was die physikalischen Gesetzmäßigkeiten anfänglich hervorruft und wie es dazu kam, daß die Natur die Gesetze einhält.

Auch wenn das Universum von Grund auf wie ein Organismus beschaffen ist, muß Ordnung nicht notwendigerweise a priori vorhanden sein. Es muß nur etwas existieren, womit die Strukturierung durch

Versuch und Irrtum gelernt werden könnte. Das Universum muß nicht wissen, wie Ordnung geschaffen wird; es muß nur die Fähigkeit haben zu *lernen*, Ordnung zu erzeugen. Nichtlokalität liefert einen Ansatz, um die Frage zu lösen, wie sich Ordnung aufrechterhält. Und Lernen verweist auf die Eigenschaft, die wir als *Bewußtsein* bezeichnen. Es ist doch so, daß sich ganz einfache Kombinationen quantisierter Energie zu Molekülen formen und dann in Verbindung mit anderen Molekülen außergewöhnliche Strukturen hervorbringen – von Eiskristallen bis zur Doppelhelix der DNS. Wäre zufälliges Geschehen der grundlegende Impuls in der Makrowelt, dann würden Prozesse, die auf eine größere Ordnung hinauslaufen, divergieren, nicht konvergieren.

Die Chaostheorie und die Komplexitätstheorie zeigen uns, daß sich die komplexen atomaren Ordnungsprozesse auf größeren wie auf kleineren Stufen wiederholen. Aber dies sind nach wie vor deterministische Theorien. Das heißt, geht man in einem Prozeß von genau demselben Punkt aus, so erhält man immer die gleichen Resultate. Und es hat sich auch gezeigt, daß sie deterministische, sich selbst organisierende (autopoietische) Systeme erzeugen. Aber wie sollen wir uns das Entstehen von Intentionalität und Kreativität vorstellen können, wenn alles Geschehen kausal vorbestimmt ist?

Wenn das Universum tatsächlich ein lernendes Universum ist, in dem Versuch und Irrtum vorherrschen, werden erfolgreiche Aktionen immer mehr zunehmen und sich fortsetzen, erfolglose Aktionen dagegen scheitern und im Nichts verlaufen. Daraus ergibt sich notwendigerweise, daß es ein Mittel geben muß, Ergebnisse zu bewerten, und damit muß es zur *Wahrnehmung* von Dualismen kommen. Kommt es erst einmal zur Existenz materieller Objekte und setzt sich die Selbstorganisation zu immer komplexeren Strukturen fort, so werden manche Prozesse weiterhin erfolgreich verlaufen, während andere verschwinden. Die erfolgreich verlaufen sind, beschreiben wir mit den Gesetzen der Physik, Chemie, Biologie, etikettieren sie entsprechend und versehen sie mit kulturellen Werten. Sie haben überlebt, und wir leben jeden Tag mit ihnen. Ebenso mag es sein, daß erfolglose Prozesse kaum oder gar keine sichtbaren Spuren ihrer ehemaligen Existenz hinterlassen. Es ist interessant zu überlegen, wie dieses Universum aussähe, wären die Anfangsbedingungen etwas anders gewesen.

Wenn die Prozesse des Universums nur leicht variiert hätten und die physikalischen Konstanten etwas größer oder kleiner ausgefallen wären als die uns bekannten, könnte das Universum nicht in seiner jetzigen

Form existieren; Atome, Sterne und Galaxien könnten sich nicht so entwickelt haben, wie es der Fall ist. Man kann also sagen, daß wir in einem »erfolgreichen« Universum leben. Erfolg und Scheitern sind Bezeichnungen, die wir auf das mögliche Ergebnis jedes Prozesses anwenden, sofern wir den Prozeß erfahren und die Fähigkeit haben zu lernen. Erfolg und Scheitern sind nicht nur ein Dualismus, sondern eine Dyade, zwei unvermeidliche Möglichkeiten eines jeden intentionalen Prozesses. Wirft man eine Münze, so wird sie höchstwahrscheinlich auf einer ihrer beiden Seiten zu liegen kommen. Der existentielle Bewußtseinszustand ist vom Ego-Zustand dadurch getrennt, daß in ihm der Tod bewußt ist; der existentielle Zustand von Materie im Universum kann sich entweder erfolgreich selbst organisieren oder nicht. Ein Scheitern in diesem Sinne läuft auf den Tod hinaus. Das unterscheidet ein potentielles Ergebnis, was aus der existenten Struktur werden könnte, von der Alternative – der Nichtexistenz.

Der springende Punkt hierbei ist, daß gegensätzliche mögliche Ergebnisse eines jeden Lernprozesses nicht nur einen Dualismus, sondern eine Dyade bilden. Das Bewußtsein, das den Prozeß erfährt, kann jedoch nur das eine oder das andere Ergebnis wahrnehmen – nicht beide gleichzeitig. Die beiden Grenzergebnisse eines jeden Prozesses könnten als Dyade betrachtet werden: Erfolg/Scheitern, Leben/Tod, gut/schlecht, Freude/Schmerz. Natürlich bedarf es eines erfolgreichen, hochentwickelten, erkennenden und empfindenden Systems wie des unsrigen, um die Bezeichnungen zu verwenden, zurückzublicken und eine solche Analyse zu machen. Weniger komplexe lernfähige Systeme werden die Prozesse dennoch durchleben und von ihrem Ergebnis abhängig sein. Sie werden soweit wie möglich Ergebnisse wählen, die Erfolg einbringen. Die übergeordneten Systeme aber werden aus den Erfahrungen des Scheiterns, von Tod, Unheil und Schmerz lernen. Was bewußte Systeme durchleben, formt die ihren Erfahrungen zukommende Bedeutung.

Die Unterscheidung zwischen Leid und Freude könnte die erste Unterscheidung sein, die ein bewußter Organismus trifft; wahrscheinlich unterscheidet er so zwischen Erfolg und Scheitern. Aufgrund eines rückkoppelnden Lernprozesses wäre die Selbstorganisation ungemein effizienter als die zufällige Mutation und in größerem Einklang mit dem raschen Fortschreiten der evolutionären Prozesse und ihren Diskontinuitäten, wie wir in natura sehen können. Energiemuster liefern Information. Information ist eine unmittelbare Folge des natürlichen

Organisationsprozesses und die Antriebsfeder, die die Prozesse des Bewußtseins, der Intentionalität, des Lernens und der Geistigkeit in Gang hält.

Ich kann mir nicht vorstellen, daß die Naturprozesse nicht bereits im Frühstadium der Selbstorganisation des Universums Information verwertet hätten, um den Prozeß des »Erkennens« und des »Wissens« zu entwickeln. Welche Form die primitivsten Bewußtseins- und Intentionsprozesse auch annahmen, wahrscheinlich ist es so, daß sie durch Lernen komplexer werden sollten. Ist das Bewußtsein eines Kohlenstoffatoms komplexer und »geistiger« als das eines Elektrons? Als Kohlenwasserstoffe anfingen, sich in der primordialen Suppe der Erde zu organisieren, tauchten sicherlich auch allmählich Bewußtsein und Intentionalität auf, und zwar auf einer Stufe, die wir mit unseren heutigen Instrumenten nachweisen könnten, wenn wir sorgfältig hinsähen. Das Darwinsche Dogma verliert einfach an Glaubwürdigkeit. Sind die Paarungsrituale, die jede Spezies hat, oder die Wackelbewegungen, die Bienen mit ihrem Hinterteil vollführen, ein Beleg für ein subjektives Innenleben? Sind solche Verhaltensweisen etwa nicht intentional? Obgleich wir vorsichtig sein müssen, die Natur nicht zu anthropomorphisieren, frage ich mich, ob Bienen so vorsichtig sind, wenn sie uns entomologisieren.

In einem Universum, das einen natürlichen Prozeß darstellt, und in dem Bewußtsein und Intentionalität existieren, sind dyadische Beziehungen grundsätzlich notwendig. Materie und Bewußtsein bilden eine untrennbare Dyade, nicht einen Dualismus mit zwei unvereinbaren Bereichen.

Wenn wir postulieren, daß Dyaden eine grundlegende Konfiguration in unserer Abbildung der Natur darstellen, dann fragt es sich, warum man nicht schon vorher darauf gekommen ist. Eine Antwort ist, daß wir den Vorteil haben, auf einige Jahrtausende selbstreflexiven Lernens zurückschauen zu können, und daß die Alten so gut wie keine detaillierte Information über die Struktur des Universums besaßen. Eine weitere Antwort ergibt sich aus der Art und Weise, wie unser Bewußtsein mit Information umgeht – dem Fokus unseres Bewußtseins bzw. unserer »Aufmerksamkeit«.

Wir können unsere Aufmerksamkeit weiten, wie wir es tun, wenn wir den Himmel ansehen, oder auf Details richten, wie wenn wir durch ein Mikroskop schauen. Wir können unsere Aufmerksamkeit auf die inneren Ereignisse unseres Bewußtseins richten oder auf das, was sich in der Außenwelt abspielt und durch die Sinne wahrgenommen wird. Aber wir können unsere Aufmerksamkeit nicht gleichzeitig auf mehr als einen dieser Bereiche richten, obwohl unser Bewußtsein die Hintergrundinformation rund um seine Peripherie dennoch im Auge behält. Es scheint so zu sein, daß das Spektrum unserer Aufmerksamkeit oder, sagen wir, seine »Leinwand«, nur eine relativ begrenzte Menge an Information aufnehmen kann. Diese Information kann sehr detailliert oder sehr umfassend sein. Aber die Menge, die uns zu jedem beliebigen Zeitpunkt verfügbar ist, ist ziemlich konstant. Dies ist eine Funktion der *Geistigkeit*, der im Laufe der Evolution gewachsenen Komplexität des Gehirns. Je einfacher das Bewußtsein von Lebensformen ist, desto begrenzter ist das Spektrum der Aufmerksamkeit. Wahrscheinlich sind auf niedrigen Organisationsstufen Bewußtsein und Aufmerksamkeit dasselbe.

Seltsamerweise ist Aufmerksamkeit monadisch, nicht dyadisch. Sie ist monokular, kein Multiprozessor; der Versuch, Aufmerksamkeit anderweitig zu fokussieren, verursacht tendenziell Disorientierung. Wenn wir unsere Aufmerksamkeit von einem Objekt zum anderen verlagern, werden wir abgelenkt. Eine wirksame Form der Meditation, mit der Kohärenz und Gelassenheit erzeugt werden, besteht in der Konzentration auf das, was zwischen den Dingen, zwischen den Gedanken liegt, und in dem Versuch, die Aufmerksamkeit an nichts festzumachen. Diese Methode läßt Gedanken und geistige Bilder einfach unser Bewußtsein passieren und verklingen, bis die Aktivität des Gehirns zur Ruhe kommt und Stille und Leere einkehren. Mit einiger Übung läßt sich damit der Samadhi-Zustand erreichen. Eine andere Methode besteht in der kontinuierlichen, ununterbrochenen Konzentration auf ein Objekt. Dies läßt den Geist Details entdecken, die sich ihm zuvor entzogen haben. Geübtheit in dieser Methode läßt die Empfindung entstehen, mit dem Objekt zu verschmelzen. Beide Wege sind wirkungsvoll und helfen, geistige Prozesse zu kontrollieren und zu disziplinieren, Fragmentierungen und Ablenkungen zu verringern und Bewußtsein zu erweitern.

Albert Einstein machte sich letztere Technik in einer abgewandelten Weise zunutze, um sich beim Lesen wissenschaftlicher Texte besser konzentrieren zu können. Er entwickelte dabei einen »Ablenkungsindex«, wie er es nannte. Jedesmal, wenn seine Aufmerksamkeit von dem Text, den er las, abgelenkt wurde, notierte er es und zählte dann die Ablenkungen in einem gewissen Zeitraum. Nach jeder Ablenkung sagte er sich zur Bekräftigung: Ich werde mich nicht wieder ablenken lassen. Durch Übung, wie er bemerkte, reduzierte sich die Zahl der Ablenkungen schnell bis auf Null.

Eine der Folgen, die sich aus dem limitierten monokularen Fokus unserer Aufmerksamkeit ergibt, ist das Auftauchen von Dualismen. Die dyadische Beziehung aber entgeht uns. Während wir auf ein Objekt konzentriert sind, erfassen wir nicht seine Verbindung zu etwas anderem. Wenn wir uns eine Seite einer Münze ansehen, ist die Rückseite nicht sichtbar. In dem Moment, in dem wir unsere Aufmerksamkeit auf irgendein Objekt richten, scheint das übrige Universum weniger real zu sein oder weiter weg.

24

Das *Institute of Noetic Sciences* steckte immer noch in den Kinderschuhen, als ich mir zusammen mit Brendan O'Regan häufig Gedanken über die Fälle machte, in denen von außergewöhnlichen menschlichen Funktionen berichtet wurde. Wir erörterten die zugrundeliegenden Mechanismen, die derartige »Wunder« möglich machten, und hofften, dabei auf Anhaltspunkte für unsere normaleren Fähigkeiten zu stoßen.

Gelegentlich sprachen wir über solche Menschen, die in ihren normalen Denkfunktionen meist sehr limitiert, in einem bestimmten Bereich, wie beispielsweise in der Musik oder Mathematik, aber hochbegabt sind und erstaunliche Leistungen vollbringen. Manche können im Nu komplexe arithmetische Probleme lösen – etwa aus einer willkürlich gewählten, fünfzehnstelligen Zahl die dritte Wurzel ziehen. Diese Funktionen spielen sich nicht im bewußten Gewahrsein ab, sondern innerhalb der tiefen Winkel des Unterbewußten. Auf eine Frage hin schnellt auch schon die Antwort an die Oberfläche des Bewußtseins. Es ist wie ein Gedanke, der hochschießt, weniger so etwas wie das Ergebnis einer anstrengenden Kopfrechnung – und oftmals viel schneller als bei einem modernen Computer.

Solche unterbewußte Geistigkeit zu nutzen erfordert kein selbstreflexives Bewußtsein, sondern einen primitiveren Prozeß, der sich wahrscheinlich sehr viel früher entwickelt hat. Bekommt ein Mensch eine Frage gestellt, ist seine Reaktion die, daß er eine »Intention« entwickelt, eine Antwort hervorzubringen, und in kurzer Zeit wird vom Unterbewußtsein eine Antwort produziert. Ist der Prozeß bei einfacheren Organismen einfacher? Die Biene, die mit ihrem Hinterteil wackelt, hat keine Instrumente erfunden, um Richtung und Distanz zur Blumenwiese zu messen, und wahrscheinlich macht sie auch keine intentionalen Kopfrechnungen. Aber sie hat gewisse Anhaltspunkte gespeichert, und die agiert sie aus, wobei ihr Tanzen auf Informationen basiert, die in einem, wie wir es nennen würden, unbewußten oder unterbewußten Gedächtnis gespeichert sind. Was auch immer der

Mechanismus sein mag, es ist Bewußtsein bei ihr vorhanden, und es gibt bei ihr eine Absicht, Information zu speichern und zu vermitteln. Die traditionelle Erklärung, es sei ein mechanistischer »Instinkt«, der da am Werke sei, reicht einfach nicht aus.

In meinen Untersuchungen habe ich Experimente beobachtet, in denen Bohnen in einer kontrollierten Umgebung gezogen wurden, und die einzige Variable war die freundliche und liebevolle Aufmerksamkeit, die der Experimentator ihnen schenkte. Der Effekt des »grünen Daumens« deutet klar darauf hin, daß positive nichtlokale Intention Wachstum fördert und beschleunigt, und umgekehrt bedrohliche Gedanken und Handlungen Wachstum hindern. Selbst in Pflanzen mit den einfachsten Sinnessystemen und ohne den Dualismus von Subjekt/Objekt scheint undifferenziertes Bewußtsein in der Lage zu sein, alles, was über die Sinne an Dyadischem wie Schaden/Nutzen und Schmerz/Freude eingeht, zu unterscheiden. Zu dem Dualismus von Subjekt/Objekt und dem Erkennen anderer Dinge außer dem Selbst haben wahrscheinlich zwei Entwicklungen geführt: die Evolution von Mehrfachsensoren für den Organismus und die Einrichtungen zur Verarbeitung größerer Informationsmengen.

Das Modell des Bewußtseinsspektrums definiert zusätzliche Stadien unterhalb des existentiellen Zustands, indem es weitere Dualismen einführt bzw. Fragmentierungen des einheitlichen Bewußtseins vornimmt. Der Zustand unterhalb des Ego trägt die Bezeichnung *Persona* und ist in therapeutischer Hinsicht für den Menschen von Belang. Oftmals werden die Charakteristika dieser Zustände von Depression, Ängsten, Unbehagen und verschiedenen Persönlichkeitsstörungen begleitet. Ich spreche nicht von jenen Leiden, die einen reinen chemischen Ursprung haben. Es geht mir hier vielmehr um solche, die aus einem emotionalen und psychologischen Trauma resultieren (die möglicherweise chemische Fehlfunktionen hervorrufen), oder auch einfach um tief einprogrammierte Überzeugungen, die mit der sich verändernden Umwelt des einzelnen nicht mehr im Einklang sind. Diese letztere Form des Leidens betrifft vermutlich die meisten Menschen. Der allgemeine therapeutische Effekt ist der, daß die Wiederaufdeckung sublimierter Erfahrung, die Neuinterpretation, welche Bedeutung oder Ursache die Erfahrung hat, und ihre Integration in ein neues Mosaik eine Heilung des Dualismus zur Folge haben. Vergangene Erfahrung bekommt neue Bedeutung. Als Ergebnis ist man besser gestimmt, fühlt sich wohler und hat mehr Freude.

Aber warum sollte sich das Wohlbefinden verbessern, wenn verlorene oder falsch gedeutete Information aus dem Unterbewußtsein wieder nach oben gebracht wird? Warum sollte ein Glücksgefühl daraus resultieren, wenn nur ein Dualismus im Geist transzendiert wird?

Es ist ein Prozeß, der Information umordnet und auf etwas Abstraktes abzielt, auf *Heilung*, wie wir sagen. Es ist ein ganz und gar subjektiver Prozeß. Glück, Freude, Wonne, das alles sind, wie auch ihre unerfreulichen Rückseiten, »Gefühlszustände« oder, anders gesagt, Existenzzustände, die den gesamten Organismus durchdringen und vom Verstand mit dem Siegel »beglückend« versehen werden. Es ist ganz einfach so, ohne viel Psychojargon, daß nur durch einen inneren subjektiven Prozeß, bei dem Materie und die subjektive Seite des Geistes unlösbar zu einer Dyade vereint werden, eine Verbesserung des Wohlbefindens eintreten kann. Den Körper gedanklich zu beeinflußen unterscheidet sich von der gedanklichen Beeinflussung der Außenwelt lediglich in einem: nämlich in der wahrgenommenen Trennung, wobei ein lokaler Prozeß einem nichtlokalen gegenübersteht. Aber aus der Sicht einer Körperzelle im Zeh ist auch das Gehirn nichtlokal.

Das Heilen von Dualismen, die aus dem Schattenreich unterhalb des Ego-Zustands kommen, obliegt denen, die mit der geistigen Gesundheit anderer Menschen beruflich zu tun haben. Aus dem Ego- bis zum Samadhi-Zustand herrührende Dualismen zu heilen ist traditionell die Aufgabe der Religionen gewesen – das heißt, dem einzelnen zu helfen, die materielle Welt zu transzendieren und spirituelles Bewußtsein zu erlangen. Doch das eine wie das andere ist immer mehr eine Sache der »Selbsthilfe« geworden. Mit dem Transzendieren der Dualismen auf dem Weg zum Samadhi bekommen all die Abstufungen von Glücklichkeit, Zufriedenheit und Ekstase eine höhere Qualität. In einem natürlichen Universum, in dem sich Dinge dem Wissen erschließen, bedeutet das, Information zu integrieren, um ein ganzheitlicher verflochtenes Wissen offenbar zu machen. Information zu integrieren und daraus inhaltsreichere Bedeutung abzuleiten führt in diesem Universum zur Ekstase. Aber es sollte nur zur Ekstase führen, wenn das das erlernte erfolgreiche Ergebnis eines natürlichen Prozesses ist, eines Prozesses also, der mit den Prozessen der Natur absichtlich in Gleichklang ist. Welchen anderen Grund könnte es sonst geben, daß die Natur uns mit Gefühlen der Freude und des Unbehagens ausstattet? Warum sollten wir überhaupt Gefühle haben? Wären wir nur eine deterministische Ansammlung von Atomen, dienten Gefühle und Emotionen keinem Zweck.

Es ist ein gewagtes Unterfangen, zu versuchen, all das Vorangegangene in einen Realitätsentwurf zu integrieren, der das von uns im ausgehenden zwanzigsten Jahrhundert erlebte Universum beschreiben könnte. Ich habe 25 Jahre gebraucht, um meine vorgefaßten Meinungen aufzugeben und all jenes zu einem dyadischen Modell zu formen; ich hoffe, es hier auf wenigen Seiten darstellen zu können.

Mindestens drei Jahrzehnte lang haben Forscher beobachtet, daß in Faradaysche Käfige eingeschlossene Versuchspersonen trotz der elektromagnetischen Abschirmung eine bestimmte Art von Kommunikation zustande bringen können. Rhine, H. Schmidt, Puthoff und Targ, Zellerbaum sowie andere haben auf diese Weise positive Resultate erzielt. Andere, vor allem Backster in den USA und etliche Forschungslabors in der ehemaligen Sowjetunion, haben demonstriert, daß niedrigere Formen von Organismen ebenfalls miteinander nichtlokal in Verbindung treten können. In allen traditionellen Kulturen bildeten Volksmedizin, nichtlokale Kommunikation, universales Verbundensein und das Überwiegen geistiger Kräfte über das rein Körperliche und Materielle die Basis für kulturelle Kosmologien und Existenztheorien. Bis zu diesem Jahrhundert war das ausnahmslos der Fall.

Heute jedoch werden die wissenschaftlichen Bemühungen, diese Effekte und den kulturellen Wissensschatz schlechthin zu verstehen, von der vorherrschenden Wissenschaft auf der Basis ignoriert und verunglimpft, daß es keine wissenschaftliche Theorie gibt, die derartige Phänomene untermauert. Und jeder Versuch, eine zusammenhängende Theorie aufzustellen, wird als Bedrohung des sorgsam gehegten Dogmas des materialistischen Determinismus betrachtet. Das, was man als fehlendes Glied bezeichnen kann, wurde 1982 in der Physik mit dem Experiment von Alain Aspect gefunden. Es konnte darin nämlich bewiesen werden, daß Materie im Grunde nichtlokal korreliert ist, und das in einer Weise, wie es der vorherrschenden klassischen Theorie nach nicht sein konnte.

Die Maßstäbe, aufgrund derer wir »wissen«, wie das Universum funktioniert, versagen an den äußersten Enden unserer im Alltag erlebten Makrowelt. Auf der subatomaren Ebene verschwinden Strukturen im dynamischen Energieaustausch mit dem Nullpunktsfeld. Hier herrscht Nichtlokalität vor. In diesem Bereich hört Raum/Zeit zu existieren auf, da alle Energieaustauschprozesse reversibel, kontinuierlich und unvorhersagbar sind. In einer anderen Größenordnung, aber in ähnlicher Weise, ist eine über einem Teich schwebende Wolke aus Wasserdampf Teil eines dynamischen Austausches der Wassermoleküle mit dem Teich. Was jenseits der Grenze des ganz, ganz Großen (des Universums) liegt, können wir uns nicht vorstellen – vielleicht nichts außer dem Nullpunktsfeld. An der Grenze des ganz, ganz Schnellen (der Lichtgeschwindigkeit) wird Zeit bedeutungslos, da Materie den gesamten Raum ausfüllt (ein Wellenmerkmal) und zu reiner Energie wird. An der Grenze des ganz, ganz Heißen löst sich alle Materie in Hochtemperaturenergie auf. An der Grenze des ganz, ganz Kalten fängt Materie an, sich kohärent zu verhalten, als ob sämtliche Moleküle auf der Makrostufe nichtlokal verbunden sind.

Unser Makrouniversum ist ein einzigartiger Ort, wo Materie und Wissen zusammen existieren und miteinander unlösbar verflochten sind. Soweit wir es verifizieren können, existieren Materie, Raum, Zeit und Wissen nirgendwoanders. An den Enden unserer Welt verlieren all die mathematischen Beschreibungen der Natur ihren kontinuierlichen Zusammenhang, werden imaginär, bedeutungslos oder laufen auf Singularitäten hinaus – eine Folge, die jene Physiker und Mathematiker in Not bringt, die noch immer an der Auffassung festhalten, die ganze Realität ließe sich letztlich mathematisch präzise und einfach darstellen. Aber das Universum weiß nichts von Mathematik. Das Universum ist einfach Prozeß, ein Prozeß, den wir zu verstehen versuchen.

Wie wir inzwischen wissen, ist Energie die Grundlage aller Materie und Information die Grundlage von Wissen. Beide, Energie und Information, waren im Moment der Entstehung des Kosmos gegenwärtig. So wie aus Energie materielle Strukturen entstanden, die wir in unserer Makrowelt als Wellen und Elementarteilchen erkennen, war wahrscheinlich auch Bewußtsein im Keim vorhanden, um Bewußtheit und Intentionalität entstehen zu lassen. Ich meine, daß diese fundamentalen Eigenschaften der Natur in unserem Universum dyadisch verbunden sind. Sie haben ihre Basis in der Grundlage aller Existenz, im Nullpunktsfeld, das außerhalb von Raum und Zeit existiert. Unsere Beschreibungen sowohl der Existenz als auch des Wissens sind nur in der materiellen Welt festgelegt und haben nur innerhalb des Universums *und* innerhalb unseres Geistes Bedeutung. Seinen Merkmalen nach ist das Nullpunktsfeld nichts anderes als Energie, jedoch Energie, die Bewußtsein und Intentionalität enthält, die Keime, aus denen Lernen erwächst. Es hat nichts, was auf Zeit und Raum hinweist; Lokalität und Nichtlokalität gehen aus demselben Punkt hervor. Alle Punkte und alle Materie im materiellen Universum haben ihren Ursprung im Nullpunktsfeld, dem sie ihre Existenz verdanken. Während es gleichzeitig überall und dennoch nirgends ist, liefert es das Quantenpotential für die Existenz aller materiellen Strukturen und das Grundpotential für die Existenz von Bewußtsein und Willen. In einem dyadischen Modell der Realität sind Existenz und Wissen verbunden, so wie Bewußtsein und Intention ein Paar bilden und viele andere Attribute der Naturprozesse zusammengehören. Das heißt, sie stehen in unauflösbarer Beziehung zueinander.

Auf den ersten Blick erscheint eine solche Vorstellung, gelinde gesagt, fremdartig, so wie sie mir vor etwa zehn Jahren vorkam. Allerdings scheint sie nach jahrelangem Überlegen und Nachdenken vernünftiger zu sein, als von einem Universum zu sprechen, das durch Zufall entstand oder von einer ewigen, präexistenten, omnipotenten, anthropischen göttlichen Wesenheit (oder Wesenheiten) erschaffen wurde. Sie scheint auch vernünftiger zu sein als die Vorstellung von einem Universum, in dem die Gesetze der Physik a priori kodifiziert und gespeichert wurden, ohne daß man eine Erklärung dafür hat, wie die Natur »weiß«, wie sie den physikalischen Gesetzen gehorchen soll; oder als die Vorstellung von einem Universum im Sinne Platons, in dem Schönheit und perfekte Form präexistent sind; oder als die Vorstellung von einem Komplex aus Vielwelten-Universen, die sich jedesmal aufzweigen, wenn wir uns anders entscheiden. Es scheint unendlich vernünftiger zu sein, von einem Universum zu sprechen, in dem alle materielle Struktur und alle Geistigkeit durch den Rückkoppelungsprozeß des Lernens unauflösbar miteinander verflochten sind und daher gemeinsam zutage treten.

Nichts war präexistent außer dem Quantenpotential und dem Potential zum Lernen – die Keime von Existenz wie von Wissen. Für dieses Modell spricht, daß sich daraus ein Universum ergibt, das so ist wie das, in dem wir leben, und daß es in der Natur vorkommende Lernprozesse korrekt abbilden kann. Und was vielleicht noch wichtiger und zwingender ist, es läßt anormale Phänomene zu, die von älteren Modellen ausgeschlossen wurden; hinzu kommt, daß viele Paradoxa wie beispielsweise Schrödingers Katze mit ihm einfach verschwinden.

Porträts der Realität

25

Wenn ich heute in den Himmel schaue, frage ich mich oftmals, wieviel wir vom Universum je erkunden können, gebunden wie wir sind durch die Lichtgeschwindigkeit und die vorhandenen Energiequellen. Wir würden Milliarden Jahre brauchen, um die entferntesten Galaxien zu erreichen, und Jahrtausende, nur um unsere eigene zu erforschen. Allerdings sind wir gerade in unserer Zeit erst zu einer raumfahrenden Zivilisation geworden. So träumen wir den unmöglichen Traum und hoffen, uns mehr Klarheit über die Realität zu verschaffen und möglicherweise zu entdecken, daß der Traum gar nicht so unmöglich war, wie wir dachten.*

Unser Wunsch, das All zu erkunden, ist in Wirklichkeit unsere Sehnsucht, den Aufbau des Universums zu entschleiern und vielleicht zu verändern. Insgeheim hoffen wir, unseren Platz in dem unermeßlichen Schema der Dinge zu finden. Das ist nach wie vor die höhere Zielsetzung jeder Mission in den Weltraum, letztlich auch der höhere Zweck von Wissenschaft und Religion. Bildlich gesprochen, wollen wir eines Tages das Antlitz Gottes berühren.

Wenn wir unsere Welt erkunden, sei es, daß die Reise ins All geht oder in den Kern eines Atoms, konstruieren wir von dem, was wir gefunden haben, Modelle. In der wissenschaftlichen wie mystischen Literatur unserer Zeit wird viel über die Existenz eines mehrdimensionalen Universums spekuliert, über bislang unsichtbare Geisterwelten, Vielwelten-Interpretationen und ähnliches. Der Wissenschaftler sucht nach irgendeiner allumfassenden Theorie, einer Theorie, die das Universum

---

* Wenn wir die Energie des Nullpunktsfeldes im Weltraum nutzbar machen könnten, stünde uns für die Reise, die mit annähernder Lichtgeschwindigkeit erfolgen könnte, unbegrenzte Energie zur Verfügung. Für diejenigen, die sich auf die Reise begeben, könnte sich die lokale Zeit relativistisch ausdehnen, so daß sie um einige Male langsamer altern würden als auf der Erde. Praktisch gesehen bedeutet das jedoch, daß es für die Erkundenden Reisen ohne Rückkehr wären, während die, die zurückblieben, von ihnen für immer Abschied nähmen.

in einem konsistenten, symmetrischen, mathematischen Gesamtentwurf behandelt. Ein Ergebnis dieser Suche war die Idee eines mehrdimensionalen Universums, ein anderes die Spekulation über das Verschwinden der Welt, wenn niemand da ist, der sie betrachtet.

Wenn Existenz und Wissen gleichermaßen fundamentale Seiten unseres Universums sind, wie es dieses dyadische Modell vorsieht, dann sind Existenz und Wissen in Wechselbeziehung stehende Prozesse, und nicht unabhängige und absolute, wie man ehemals dachte. In einem solchen Universum werden wir schließlich alles entdecken, was es über das von uns Erfahrene zu wissen gibt.

Etwas ganz Erstaunliches (dessen Wunder uns aber selten auffällt) ist unsere Fähigkeit, uns Dinge vorstellen zu können, die gar nicht existieren. Wir können geistige Bilder von Einhörnern und Zentauren erschaffen, uns Dinge erhoffen und an Dinge glauben, die möglicherweise verwirklicht werden können oder nicht, und Träume haben, die eigentlich absurd sind, sinnbildlich jedoch große Bedeutung haben. Allein diese Fähigkeit macht deutlich, daß wir mehr sind als nur deterministische Materie auf der einen Seite oder schöpferischer Geist in einem endlos gestaltbaren Universum auf der anderen. Vielmehr haben wir etwas von beiden Elementen.

Der wissenschaftliche Theoretiker hofft, daß das Platonische Ideal von Schönheit und vollendeter Form mit mathematischer Einfachheit und Symmetrie entschleiert wird, wo auch immer es sich hinter dem Durcheinander der materiellen Welt versteckt. Der Mystiker sucht einfach nach einer Erklärung, wohin die Geisterwelt geht, wenn man die Augen aufmacht und die Schönheit, Ekstase und Ewigkeit des Schöpfers in noch nie gesehenen Dimensionen vorfindet, die nur dem Geist zugänglich sind. Eine sehr weit verbreitete Überlegung ist, daß Wissenschaft und Religion sich genau in diesen noch nie gesehenen Bereichen treffen. Wissenschaftler, Zukunftsforscher, Mystiker und UFO-Jäger, sie alle erwarten sich andere Dimensionen, um damit das Unerklärte zu erklären.

Es gibt jedoch an sich keinen Grund, warum das Universum mathematisch präzise, schön, einfach, symmetrisch, ekstatisch oder vielfach sein sollte, außer daß diese Qualitäten aus den Erfahrungen, Bezeichnungen und Wünschen des Betrachters folgen. Für ein Warzenschwein liegt die Schönheit in anderen Warzenschweinen; für einen Hammer ist der Nagel die ganze Welt. Die Bedeutung unserer Erfahrungen liegt in der Interpretation.

Die mehrdimensionalen Welten des Wissenschaftlers und des Mystikers scheinen unterschiedlichen Realitäten zu entspringen. In Wahrheit aber haben die Ideen beider denselben Ursprung – sie sind die Folge des kreativen Prozesses, seines Bestrebens, zu *wissen*, und der Fehlannahme, daß Geist und Materie völlig unterschiedliche Dinge seien. Die Erzeugung eines Gedankens, eines jeden Gedankens, ist nichts anderes als lediglich der Prozeß, Energie in Information zu verwandeln, und dann deren bewußt zu werden. Trotzdem ist es ein wundervoller Prozeß, der bereits stattgefunden hat, als wir noch lange kein selbstreflexives Bewußtsein besaßen. Es ist leider so, daß das menschliche Denken größtenteils kaum mehr ist als eine Turbulenz in der verwickelten Hierarchie. Im undisziplinierten Gehirn läuft es auf eine Art unproduktiven Geplauders hinaus, dem emotionale Reaktionen folgen. Die kreative Turbulenz in kohärente Strukturen zu verwandeln, das ist die Essenz von Wissen. Ein Schüler einer meditativen Disziplin kann lernen, die störenden Interferenzen zu unterdrücken und sämtliche Gehirnfunktionen zu steigern, vor allem die, die vermutlich in der rechten Hemisphäre und im vorsprachlichen Gehirn ihren Ursprung haben. Wer sich in den Denkdisziplinen ausbildet, steigert tendenziell Funktionen der linken Gehirnhälfte, während sich in beidem zu schulen die Entwicklung großer, wertvoller Vorteile bedeutet, die zusammen mehr sind als die bloße Summe der beiden.

Im einen wie im anderen Fall taucht, wenn der Geist mit neuer Information gefüttert wird und eine Zeitlang mit Fragen schwanger gehen kann, auf wundervolle Weise zusätzliches kreatives Denken auf, um Probleme zu lösen und auf dem Wege der Intuition Bedeutung zum Ausdruck zu bringen. Man kreiert einen neuen Gedanken nicht bewußt, sondern denkt eher über zusammenhängende Informationsbündel nach, die im Gedächtnis geblieben sind. Nach einer Zeit tritt dann aus dem Prozeß, der die neue Information *unterhalb* der Ebene des bewußten Gewahrseins systematisch ordnet, ein neuer Gedanke ins Bewußtsein.

Dieser Denkweise nach überrascht es nicht, wenn aufgrund der Spontaneität, mit der Gedanken zutage treten, sowohl der Wissenschaftler als auch der Mystiker aus alten Tagen neu auftauchende Bilder und Gedanken vordergründig und absolut aufgefaßt und so interpretiert haben, als wären sie geradewegs aus dem Grundstoff der Existenz hervorgegangen. In gewisser Hinsicht ist es ja auch so. Aber dann sind daraus auch Einhörner hervorgegangen.

Wenn ich dieses dyadische Modell weiterführe, dann ergibt sich daraus, daß die verwickelte Hierarchie von Informationen, die sich im Laufe der Menschheitsgeschichte herausgebildet hat, nicht nur unsere Fähigkeit gestärkt hat, Informationen bewußt zu handhaben und kreative Gedanken hervorzubringen, sondern auch die Anzahl der Möglichkeiten erhöht hat, die wir haben, um Ideen Bedeutung zu geben. Das heißt, wir haben zusätzliche Wege geschaffen, um völlig vom Kurs abzukommen. Nur die Verifizierung kann entscheiden helfen, ob unsere kreativen Gedanken über die Realität der Natur sie auch in der Tat korrekt beschreiben. Und selbst wenn die Beschreibung in gewissen Einzelheiten Gültigkeit besitzt, so mag die größere, umfassendere Bedeutung dennoch Schwierigkeiten bieten und in Sackgassen führen, wie es mit bestimmten Interpretationen der Quantentheorie und der mystischen Erfahrung der Fall gewesen ist. Man muß zusätzliche Information erhalten und sich zu einer breiteren Perspektive aufschwingen, um das weite und komplexe Terrain darunter besser zu sehen. Auf diese Weise läßt sich die Dualismus- und Dogmafalle erkennen und vermeiden.

Das Problem der Mehrdimensionalität unseres Universums ist ein hübsches Beispiel dafür. Dimensionalität schließt sowohl Existenz als auch Wissen mit ein. Der Kern der wissenschaftlichen Methode ist nämlich der: Gemessene Größen müssen eine Dimension haben. Sämtliche Grundmaße wie Länge, Masse oder Zeit werden als Dimensionen betrachtet.

Wir erleben uns als dreidimensionale Körper in einem Universum mit drei räumlichen Dimensionen, in erster Linie weil wir einen visuellen Sensor besitzen und weil es tatsächlich drei Dimensionen im Raum gibt. Der Sehsinn ist der einzige Sensor, der einen Teil der elektromagnetischen Energien, nämlich das Licht, direkt wahrnimmt. Die Wissenschaft hat überzeugend nachgewiesen, daß elektromagnetische Energie die Grundlage ist, auf der materielle Realität aufbaut; man kann heutzutage sagen, daß alle materielle Existenz in der Organisation und im Austausch elektromagnetischer Energie besteht. Diese Tatsache auf elegante und einfache mathematische Weise zu demonstrieren ist der Grund, warum Physiker nach einer einzigen, allumfassenden Theorie suchen. Denn noch gibt es einige sehr unschöne Widersprüchlichkeiten in der Wissenschaft.

Aber stellen wir uns einmal vor, die gesamte Menschheit wäre blind, und das schon immer. Hätten wir keinen Sehsinn entwickelt, besäßen jedoch all die anderen Sinne, hätten wir unsere Welt vielleicht dadurch entdeckt, daß wir glaubten, sie hätte fünf verschiedene Dimensionen, eine für das Anfühlen, eine für das Schmecken, eine für das Riechen, eine für das Hören – und eine für jenes geheimnisvolle innere Gefühl, das wir mit Intuition verbinden. Ohne den Sehsinn, diesen unmittelbaren Schlüssel zur Existenz des elektromagnetischen Spektrums, wäre die Entdeckung, daß die Grundlage von Existenz Energie ist, die in elektromagnetischer Form manifest wird, ein noch längerer und mühseligerer Prozeß gewesen. Vielleicht würden wir immer noch versuchen zu demonstrieren, daß Geruch und Geschmack von Objekten sowie die Art und Weise, wie sie sich anfühlen, mit einer einzigen, allumfassenden Theorie der Geschmacksobjekte vereinheitlicht und simplifiziert werden könnten. Überdies wäre es sehr schwierig gewesen zu zeigen, daß unsere Welt allem Anschein nach wirklich aus drei räumlichen Dimensionen besteht, wenn als fundamentale Maßeinheiten der Dinge als erste die Maße des Riechens, Schmeckens, Fühlens und Hörens aufgestellt worden wären.

Unsere Überzeugungen und Ansichten über das Wesen von Existenz beruhen darauf, wie wir Information oder Reize aus der Außenwelt beziehen. Erst wenn es konsistente Theorien für alles gibt (das heißt, für alle grundlegenden Prozesse), können wir sicher sein, daß unsere Landkarten Gültigkeit haben. Das bedeutet jedoch nicht, daß alle Dinge in ein und derselben universalen mathematischen Theorie untergebracht werden müssen. Es ist in der Tat zu bezweifeln, daß es so sein könnte. Zwar scheint unsere Spezies für die Aufgabe gerüstet, zumal sie adäquate Sensoren besitzt und in der Lage ist, Informationen zu verarbeiten, aber was die Wissenschaft bei ihrer Beschreibung von Realität übersehen hat, ist dieses mysteriöse innere Wahrnehmungsvermögen, die nichtlokale Informationsquelle. Allumfassende Vereinheitlichungstheorien können nicht vollständig sein, ohne ebenso jene Information zu verstehen. Es ist möglich, daß das, was der Mystiker erfährt und jahrhundertelang als »Chi« oder »Lebensenergie« beschrieben hat, etwas ist, das der elektromagnetischen Beschreibung spottet, obgleich ich persönlich bezweifle, daß das der Fall ist. Unsere Erfahrung von innerer Energie resultiert wahrscheinlich aus der Art und Weise, wie die Moleküle des Körpers mit dem Nullpunktsfeld interagieren. Das ist allerdings eine spekulative Idee, die erst noch verifiziert werden muß.

Sowohl der Wissenschaftler als auch der Mystiker können jedoch dem zustimmen, was wir unter räumlicher Dimension verstehen. Sie ist die Eigenschaft, wodurch wir die Ausdehnung unserer Welt messen oder kennen. Das beste Beispiel ist der Raum, in dem wir existieren, der nach Länge, Breite und Höhe – drei räumlichen Dimensionen – gemessen wird.

Es heißt, ein Punkt hat null Dimensionen, eine Gerade eine, eine Ebene zwei und ein Würfel drei. Mathematiker sagen, jeder beliebige Punkt auf einer Geraden kann durch eine einzige Zahl beschrieben werden, jeder beliebige Punkt in einer Ebene durch zwei Zahlen und jeder beliebige Punkt in einem Würfel durch drei Zahlen. Gekrümmte Räume erfordern zusätzliche Zahlen, um die Krümmung zu beschreiben, und eine zusätzliche Dimension, in die sich der Raum krümmen kann. Sowohl der Mathematiker als auch der Mystiker werden zustimmen, daß es jenseits des dreidimensionalen Raums Räume gibt, in denen Dinge existieren können. Der Physiker wird sich im Prinzip damit einverstanden erklären, sollte aber auf dem experimentellen Nachweis bestehen, daß Existenz tatsächlich zu höherdimensionalen Räumen Zugang haben und darin sein kann. Es ist schwierig, dies anschaulich zu machen, da unser Gehirn nicht mehr als drei räumliche Dimensionen visuell wahrnehmen kann; und vielleicht können wir es deswegen nicht, weil es nicht mehr gibt oder weil wir sie noch erfahren müssen. Also müssen wir ein einfacheres Schema anwenden, das sich Mathematiker ausgedacht haben.

Man hat entdeckt, daß durch schematisches Verteilen von Zahlen in einer quadratischen Anordnung nach Art eines Schachbretts ein Raum mit einer beliebigen Anzahl von »Dimensionen« mathematisch beschreibbar ist. Punkte in der nächsthöheren Dimension werden durch Hinzufügung einer weiteren Reihe und Spalte von Zahlen, die an der richtigen Stelle stehen müssen, dargestellt.* Das Erstaunliche daran ist, daß die gesamte Zahlenanordnung (Matrix), statt mehrere separate Gleichungen notwendig zu machen, als eine einzige Gleichung behandelt werden kann – ein mathematisch eleganter und einfacher Weg, um eine ganze Reihe von komplexen wissenschaftlichen Problemen zu beschreiben. Es handelt sich hier um die einfachste Grundform, die sogenannte Matrixalgebra; in der verallgemeinerten Form spricht man

* Diese Methode der Analysis wurde 1854 von dem Mathematiker Georg Bernhard Riemann eingeführt. Riemann war es, der die abstrakte Topologie gekrümmter Räume zu untersuchen begann, da die euklidische Geometrie derartige Oberflächen nicht richtig erklären konnte. Man spricht deshalb vom *Riemannschen* bzw. *metrischen Tensor*.

von Tensoralgebra. Der Trick ist, die Zahlen in der richtigen Gruppierung anzuordnen und die mathematischen Beziehungen zwischen ihnen zu beschreiben.

Ein Faktor, der unter nicht wissenschaftlich bewanderten Lesern populärwissenschaftlicher Abhandlungen häufig für Konfusion sorgt, ist die Tatsache, daß alle wissenschaftlichen Messungen eine »Dimension« haben müssen. So werden zusätzlich zu räumlichen Dimensionen auch andere Größen wie Zeit, elektrische Ladung, Quanteneigenschaften, oder was es sonst noch so gibt, als »Dimensionen« betrachtet, die zur mathematischen Beschreibung gehören. Konfusion entsteht, weil man bei einer bestimmten Interpretation der Tensormathematik meint, man könne diese Zahlen so behandeln, als seien sie effektive räumliche Dimensionen. Daraus folgt dann der Gedanke, unsere Welt sei ein mehrdimensionales Universum und die physikalischen Gesetze ergäben sich einfach aus dem Verdrehen und Verkrümmen eines mehrdimensionalen Raums. Obwohl diese geometrische Interpretation der physikalischen Gesetze höchst umstritten ist, hat sie aufgrund der mathematischen Eleganz großen Reiz.

Einstein wandte solche Tensormathematik zur Beschreibung allgemeiner Relativität an, und es funktionierte, obwohl eine seiner »Dimensionen« Zeit darstellte, die natürlich keine räumliche Dimension ist. Mittels dieser Methode sagten seine Gleichungen unter anderem in korrekter Weise voraus, daß sich Licht um massive stellare Objekte krümmen würde, was darauf schließen ließ, daß das All selbst gekrümmt sei, da Photonen wegen ihrer Masselosigkeit nicht zu Masse anziehenden Objekten wie Sternen hingezogen werden können.

Einsteins Relativitätstheorie ist eine geometrische Interpretation des Universums. In der relativistischen Sichtweise besteht zwischen Raum und Zeit eine unlösbare, gegenseitige Beziehung, woraus sich ein vierdimensionales Raum/Zeit-Universum ergibt: mit drei räumlichen Dimensionen und einer Zeitdimension. Die Vorhersagen aufgrund dieser Theorie sind mittlerweile fast ein Jahrhundert lang durchweg auf ihre Gültigkeit hin überprüft worden. Das hat andere Wissenschaftler dazu bewegt, komplexere Geometrien und Topologien zu schaffen, durch die vielleicht noch mehr mathematische Eleganz und Einfachheit an den physikalischen Gesetzen zum Vorschein kommen könnten.

So verband Theodr Kaluza 1919 Clerk Maxwells elektromagnetische Gleichungen mit Einsteins Gravitationstensor. Durch Darstellung jedes beliebigen Punktes im Universum mittels einer fünfdimensionalen

Matrix demonstrierte er, daß Maxwells und Einsteins Theorien sich zusammenschließen und vereinfachen ließen. Einstein brauchte zwei volle Jahre, um darüber nachzudenken, bevor er von der Bedeutsamkeit dieser Matrix überzeugt war. Erst wenige Jahre zuvor hatte man die Entdeckung gemacht, daß sämtliche Materie sowohl Welle als auch Teilchen ist, und nun gab es hier zwei hauptsächliche Kräfte, Gravitation und Elektromagnetismus, deren Interpretation verwandt zu sein schien – ein bizarrer und beunruhigender Gedanke damals für diejenigen, die noch immer in der Newtonschen Realität steckten. Später versuchte man sogar, alle Gesetze der Physik zu vereinen.

Für den Mathematiker, der mit Geometrien höherer Ordnung arbeitet und an der physikalischen Interpretation kein sonderliches Interesse hat, repräsentieren die Reihen und Spalten des Tensors wirkliche physikalische Dimensionen. Aber die Zahlen sind dieselben wie die, die sich aus der Schwerkraft, der elektromagnetischen Wellentheorie und aus der Quantenmechanik ableiten. Ob mehr als drei räumliche Dimensionen tatsächlich vorhanden sein müssen, um unsere Welt zu erklären, oder ob der metrische Tensor einfach eine ausgefallene Methode für den Umgang mit Zahlen ist, bleibt zu prüfen. In wissenschaftlichen Kreisen haben Vertreter beider Standpunkte leidenschaftlich debattiert, als Physiker versuchten, sämtliche bekannten physikalischen Gesetze in einem mehrdimensionalen Tensor unterzubringen. Es ist allerdings schon aufregend und eindrucksvoll, wenn die physikalischen Gleichungen sich durch solches Anordnen derart vereinfachen, daß an die Stelle mehrerer Gleichungen eine einzige tritt, die alle diese enthält. Hier zeigten sich die Eleganz und Einfachheit, die Platons perfekte Welt beispielhaft illustrieren würden. In unserer realen Welt jedoch sind all diese Beziehungen *nicht* symmetrisch und deshalb immer noch ziemlich ungeordnet.

Ob man sie nun mit mathematischen oder mystischen Termini beschreibt, im einen wie im anderen Fall sind die Dimensionen räumlicher Existenz dieselben. Die zusätzlichen räumlichen Dimensionen der Mathematik sind ebenso abstrakt, flüchtig und unsichtbar wie »spirituelle« Dimensionen, und die einen wie die anderen sind Schöpfungen des Geistes, die dazu dienen, uns und unser Universum zu verstehen. Selbst wenn diese anderen Dimensionen tatsächlich in der materiellen Realität existieren sollten, wären sie entweder unendlich klein und/oder erforderten Mengen an Energie, die völlig über das hinausgingen, was derzeit oder in absehbarer Zukunft auf der Erde verfügbar ist. Selbst wenn wir glauben, sie existieren, gibt es kein bekanntes Mittel, sei es spiritueller oder physikalischer Art, mit dem sie uns ohne weiteres zugänglich wären.*

Doch es gibt andere Gründe, die Existenz von Dimensionen oder Bereichen zu bezweifeln, die zwar von Wesen bewohnt, von uns aber nicht erschlossen werden können. Einer ist, daß das Universum, wahrscheinlich vom allereinfachsten Ursprung ausgehend, offenbar immer größere Komplexität entwickelt. Um es vorweg zu sagen, die Annahme eines mehrdimensionalen Universums umgeht einfach die Frage, wie es am Anfang solche Strukturen bekam und wie es dann so instabil wurde, daß es zu dem Universum, das wir beobachten, und zu einem unendlich kleinen, zu dem wir nicht vordringen können, kollabierte. Wichtiger aber ist, daß die allgemeine Relativität die Krümmung von Licht um große Himmelskörper vorhersagt, was ja tatsächlich so ist. Dreidimensionalen Raum zu krümmen erfordert eine vierte Dimension, in die er sich krümmen kann. So ist dieses Phänomen oftmals dahingehend interpretiert worden, daß es eine vierte Dimension geben muß.

Wie sich jedoch durch jüngste Arbeiten herausstellte, sagt auch die Theorie der Nullpunktsenergie die Krümmung von Licht in Gegenwart von Himmelskörpern voraus – aber nicht, weil unser dreidimensionaler Raum gekrümmt ist. Zwar lassen sich in beiden Fällen die gleichen eleganten, metrischen Gleichungen anwenden, aber die Bedeutung wird physikalisch anders interpretiert. Der Weltraum muß nicht gekrümmt sein, damit Licht sich um gravitierende Körper beugt. Das Nullpunktsfeld liegt nicht in einer anderen Dimension, sondern bildet die Grundlage der Quantenstruktur der Makrowelt. Man kann vielleicht sagen, daß es keine räumliche Dimensionalität besitzt. Daraus ist der Schluß zu ziehen, daß räumliche Dimensionen, die nicht zu sehen sind, wahrscheinlich weder dem Wissenschaftler noch dem Mystiker als verifizierbare Erklärung für Phänomene der Makrowelt dienen können, auch wenn diese Idee von allgemeinem und wissenschaftlichem Reiz ist.

---

* In seinem Buch *Hyperspaces* legt Michio Kaku die Argumente und Erklärungen für eine zehndimensionale geometrische Interpretation des Universums hervorragend dar sowie für eine damit verbundene Kosmologie, die die Wirkungen von Schwerkraft, Elektromagnetismus und Quanten einschließt. Die Zusatzdimensionen befinden sich auf einer Stufe, die kleiner als der Durchmesser von Atomkernen ist, und um an sie heranzukommen, ist enorme Energie erforderlich.

Ein dyadisches Modell geht nicht auf Ebenen und Dimensionen ein, die nicht wahrgenommen werden. Es führt vielmehr zu der Annahme, daß das Universum eher aus dem Nullpunktsfeld hervorging, als daß es aus einem mehrdimensionalen Raum heraus kollabierte. Demnach ist es mit größerer Wahrscheinlichkeit das, was es zu sein scheint – ein dreidimensionales Universum physikalischer und informationeller Prozesse, die eine Vielzahl von Beschreibungen notwendig machen, die sich alle aufeinander beziehen und sich teilweise durch einen metrischen Tensor elegant vereinfachen lassen. Die mathematischen Beschreibungen für die Relativität, Quantentheorie und Biologie haben sich in der Tat experimentell bestätigt; sie bilden die natürlichen Prozesse in gewissen Bereichen exakt ab. Doch an den Rändern der Makrorealität schweifen wir von der Landkarte unserer gegenwärtigen Theorien ab – und treffen auf das Nullpunktsfeld. Die Karte des zugrundeliegenden Vakuumenergiefelds (bzw. des Nullpunktsfelds) wird erst jetzt ausgearbeitet, obwohl es etwas ziemlich Einfaches ist, aus nichts anderem zusammengesetzt als aus unstrukturiertem Quantenpotential. Die Eigenschaften dieses Felds bieten eine einfachere und physikalischere Interpretation der Welt an als ein verdrehter und gekrümmter, mehrdimensionaler Weltraum.

Das Nullpunktsfeld als Ansatzpunkt zu nehmen, ist vor allem deshalb interessanter, weil Variable wie Zeit, Masse, räumliche Dimensionen, Geschwindigkeit und Impuls dort anscheinend keine Bedeutung haben. Es ist ein Punkt, ein nulldimensionaler Bereich. Hier haben nur Energieaustauschprozesse Bedeutung – von allen Konzepten ist das das grundlegendste.

Insbesondere Zeit, sofern man sie als absolute Maßeinheit betrachtet, ist ein hartnäckiges Überbleibsel aus der Newtonschen Denkungsart. Die Relativität demonstriert, daß Zeit nicht absolut ist. Dissipative Strukturen zeigen, daß sie sich auf der Makrostufe der Dinge nur nach vorne bewegt; Doppelspalt-Experimente belegen, daß Zeit im subatomaren Bereich überhaupt keine Bedeutung hat. Und die spezielle Relativität beweist, daß Zeit für ein Photon nichts bedeutet.

In einer 1994 veröffentlichten wissenschaftlichen Arbeit wird von Harold Puthoff und Kollegen die Theorie vertreten, daß sogar auch Masse, Gravitation und Trägheit eigentlich keine fundamentalen Attribute von Materie seien, aber möglicherweise als Eigenschaft der Wechselwirkung zwischen der Energie von Materie und der des Nullpunktsfelds betrachtet werden könnten. Man könnte sich diese Interaktion ähnlich dem Widerstand eines durch eine Flüssigkeit sich bewegenden Körpers denken, nur daß es in diesem Fall Energie ist, die sich durch ein Energiefeld bewegt. Diese Theorie, sollte sie sich tatsächlich bestätigen, gibt der Idee des Nullpunkts als Ursprung von Nichtlokalität einen zusätzlichen Anstoß und reduziert die Zahl der Grundmerkmale von Materie, von deren Existenz man zuvor überzeugt war.

26

Mindestens 5000 Jahre lang haben Menschen vermutet, daß unser Wesen aus mehr als nur dem körperlichen Selbst besteht. Das Geistige kann nicht so einfach abgetan werden, wie der strenge Materialist es gerne hätte. Wenn aber die Geisteswelt getrennt vom Körper existiert und Kreativität, Denken und andere derartige Funktionen hervorbringen kann, warum brauchen wir dann ein Gehirn? Ja, warum brauchen wir überhaupt einen Körper? Es erscheint ziemlich zweifelhaft, daß die Natur fünfzehn Milliarden Jahre benötigte, um eine Methode selbstreflexiven Wissens zu entwickeln, die all die komplexen Funktionen des Informationsmanagements erfüllen kann, die wir in einem Gehirn/Körper vorfinden, und dazu ein paralleles System heranbildete, das nichtkörperlich ist.

Die Energiedichte am hochfrequenten Ende des elektromagnetischen Spektrums reicht aus, um eine Vielfalt von unentdeckten materiellen Strukturen zu bieten. Vielleicht ließen sich ja manche der mystischen Erkenntnisse und Visionen durch diese Energien erklären. Aber in unserer Raum/Zeit-Welt sind solche hohen Energien für Strukturen der Makrowelt zerstörerisch. Frequenzen oberhalb der Röntgenstrahlen (selbst zu langes Ausgesetztsein ans Sonnenlicht oder Infrarotstrahlung) sind für unseren Körper schädlich. Atomstrukturen mit Kernladungszahlen größer als 92 sind instabil und in der Natur nicht anzutreffen. Es ist deshalb sehr schwierig, sich vorzustellen, wie die Natur Energiestrukturen im Universum aufgebaut haben könnte, die wir nicht enthüllen können, zumal wir das gesamte elektromagnetische Spektrum nachweisen können. Zudem gibt es keine bekannte Grundlage für irgendeine andere fundamentale Form von Energie. »Lichtwesen« oder Engel oder gar körperlose Menschen, wie sie in mystischen Schriften zu allen Zeiten häufig vorgekommen sind, hätten die zerstörerische Strahlung eines Atomreaktors, wären sie aus hochfrequenter Energie. Wo Engel hinträten, wäre tödliche Zerstörung die sichere Folge.

Das Sparsamkeits- oder Ökonomieprinzip wiederum führt zu dem Gedanken, daß Bereiche, Dimensionen, Energien und Daseinsformen, die sich aus dem Makrouniversum heraus nicht nachweisen lassen, als Metaphern für neu zu interpretierende Erfahrungen betrachtet werden müssen. Bei einem dyadischen Modell gibt es andere Interpretationen. Das traditionelle Beweismaterial für die Existenz solcher Entitäten ist wahrscheinlich eher ein Produkt begrenzter Kenntnisse, verworrener Gedanken und Einbildungen als einer unabhängigen Verifizierung. Ein natürliches Universum sollte dem Wissen erschließbar und experimentell verifizierbar sein.

Aber wie erklärte sich einem solchen Modell nach die in allen Kulturen vorkommende Erfahrung von Personen, die für sich in Anspruch nehmen, nichtlokale Information wahrzunehmen, die glauben, sie haben vergangene Leben gelebt, die Dimensionen und Daseinsformen erfahren, die gar nicht zu sehen sind, und in der Lage zu sein scheinen, Materie nichtlokal zu beeinflussen, wie Uri Geller? Zwei scheinbar in keiner Beziehung zueinander stehende Konzepte, nämlich das der holographischen Information und das des Nullpunktsfeldes, nimmt man sie zusammen, könnten darauf Antworten bieten.

Wir haben alle die erstaunliche Demonstration der Lasertechnologie gesehen, die dreidimensionale Bilder erzeugen kann, die sich uns allerdings entziehen, sobald wir sie durch Berührung erfahren wollen. Mit anderen Worten, man kann sie sehen, aber auch durch sie hindurchgehen. Das zweidimensionale Hologramm, das durch kohärente, auf eine Fotoplatte fokussierte Laserstrahlen entsteht, ist inzwischen ein überall verbreiteter Modeartikel. Die holographische Technologie ist einfach eine sehr ungewöhnliche Erweiterung des ominösen Doppelspalt-Experiments, obwohl kohärente Laserstrahlen eingesetzt werden, um ein Interferenzmuster zu erzeugen, das in diesem Fall ein holographisches Bild ist. Nun läßt ein großer Teil der Forschung vermuten, daß das Gehirn in ähnlicher Weise mit Information verfährt, was natürlich sehr bedeutsam ist.

Die Analogie mit einem Hologramm gilt nicht nur für den Sehsinn, sondern für alle Sinne. Das Gehirn (und jede Körperzelle) ist ein Quantensystem. Und jede Quantenentität hat sowohl einen lokalen (Teilchen-) als auch einen nichtlokalen (Wellen-)Aspekt. Auf holographische Art und Weise können gewaltige Informationsmengen aufgenommen werden, theoretisch sogar einschließlich der gesamten Raum/Zeit-Geschichte des lernenden Organismus. Man kann sich, mit anderen Worten, die Gesamtheit unserer subjektiven Erfahrungen als ein multimediales Hologramm denken, das mit dem Nullpunktsfeld in Resonanz ist.

Wir können die Resonanz beobachten, wenn in der Nähe einer Violinsaite ein Ton angeschlagen wird, der ihrer natürlichen Frequenz entspricht, oder wenn ein Vokalist mit einem starken Falsett ein Glas zum Zerspringen bringt. Aber es ist ein bißchen schwieriger, sich vorzustellen, daß jede Struktur und jeder Punkt im Universum mit der zugrundeliegenden unendlichen und unstrukturierten Energie des Nullpunktsfeldes mitschwingt. Die Resonanz quantenmechanischen Typs ist ein Energieaustausch mit dem Nullpunktsfeld in der Weise, daß der »Phasenwechsel« (das Interferenzmuster) der Quantenenergie die komplette Information über die Geschichte des Systems transportiert.* Mit anderen Worten, man könnte die Quantenresonanz so verstehen, daß sie die Information mit sich führt, um ein Hologramm von der gesamten inneren Erfahrung eines Individuums zu erzeugen. Dieses Phänomen liefert eine mögliche Erklärung für eine ganze Menge von Visionen, Erscheinungen und Begegnungen mit anderen »Wesen«. Es kann auch C. G. Jungs Vorstellung des kollektiven Unbewußten erklären und begründen, warum archetypische Symbole in Träumen, in der Regressionstherapie und in schamanistischen Ritualen wiederkehren.**

Wäre es physikalisch möglich, einen sinnlich wahrnehmungsfähigen Beobachter an den Nullpunkt zu plazieren, so würde er von seiner außerhalb der Raumzeit befindlichen Warte beim Betrachten der Makrowelt die Energieaustauschprozesse in der zugrundeliegenden Struktur im elektrodynamischen Gleichgewicht und in Resonanz mit dem Selbst erkennen und die Verbundenheit von allen Dingen erfahren. Diejenigen, die die Samadhi-Zustände erkunden, berichten genau von diesem Phänomen, das sie als aufleuchtende Punkte darstellen, wenn sie das All-Seiende erfahren.

---

* Diese Fähigkeit nennt man die *Berry-Phase* oder *geometrische Phase* eines Quantensystems; sie wurde experimentell bestätigt. Peter Marcer stellte diesen Mechanismus, mit dem das Gehirn arbeitet, erstmals in *World Futures*, Band 44, Seite 149–159, Jahrgang 1995, öffentlich zur Diskussion.

** Frühe Arbeiten von Harold Puthoff (in den achtziger Jahren) und jüngste Untersuchungen des Physikers Peter Marcer und von Professor Ervin Lazlo, die mir in einer privaten Diskussion (1995) mitgeteilt wurden, helfen, meine Auffassung zu bestätigen, daß eigentlich alle »übersinnlichen Ereignisse« als Quantenaustauschprozesse, die im Gehirn zwischen dem Nullpunktsfeld und Objekten der Makrowelt stattfinden, mathematisch abbildbar sind.

Meine eigenen Erfahrungen im meditativen Zustand bestätigen diese Darstellungen. Aber ist das möglich? Sind unsere sensorischen Mechanismen empfindlich genug, diese doch sehr, sehr kleinen Energieaustauschprozesse festzustellen? Ein etwas rätselhaftes Experiment, das wir an Bord von Apollo 14 auf dem Rückweg vom Mond ausführten, zeigte mir, daß es durchaus sein kann. Die Natur besitzt tatsächlich die Mittel dafür.

Während wir uns im Barbecue-Modus der Erde rasch näherten, bekamen wir aus Houston die Anweisung, die Kabinenlichter auszumachen und Augenklappen überzuziehen, so daß wir kein Restlicht sehen konnten. Dabei beobachteten Stu, Al und ich etwas sehr Außergewöhnliches. Nachdem wir ein paar Sekunden abgewartet hatten, flammte etwas vorbei, das wie der Schweif eines Meteors aussah. Es waren die einzelnen Spuren von Sonnenteilchen in Form von Gammastrahlen auf ihrem Weg durch das Vakuum des Weltraums, die quer durchs Auge schossen und dabei eine optische Reaktion stimulierten.*

Die Gammateilchen hatten die Wände der Kommandokapsel, die Augenklappen und unsere Augenlider durchdrungen, vielleicht sogar unsere Schädel, um vom optischen Nerv registriert zu werden. Das zeigte mir, daß wir sehr wohl die Mittel haben, kleine Energiemengen, die mit unserem Körper in Wechselbeziehung treten, zu registrieren.

Ich glaube, daß das Wahrnehmen von Quantenaustauschprozessen in tief versunkener Meditation genau das ist, was die asketischen Disziplinen jahrhundertelang gemacht haben. Das Nullpunktsfeld schwingt mit jedem Punkt im Universum mit, ist aber außerhalb von Raumzeit; es kann nur als etwas Unendliches und Ewiges beschrieben werden. Wenn man seinen Blickpunkt vom Samadhi zum existentiellen Zustand verschiebt, in dem Existenz und Aufenthaltsort in der Raumzeit die stärker hervortretende Realität sind, dann existiert das Nullpunktsfeld anscheinend an jedem Punkt im Makrouniversum. Man kann vom Nullpunkt oder von der Makrowelt aus beobachten, aber nicht gleichzeitig von beiden aus. Mit anderen Worten, indem man einfach seinen Blickpunkt innerlich verschiebt, bewegt man sich vom nichtlokalen, göttlichen zum lokalen, menschlichen Blickpunkt, ohne sich irgendwo hinbegeben zu müssen. Die Erfahrung, die man macht, hängt ganz von

---

* Natürlich ist solche Strahlung gefährlich, da sie durch Metallwände genauso leicht hindurchgehen kann wie durch den menschlichen Körper.

dem Blickpunkt ab, den das Gewahrsein wählt, um ihn innerhalb des Bewußtseinsspektrums zu erfahren.

Es ist nahezu sicher, daß die Wissenschaft weitere verfeinerte Möglichkeiten finden wird, um die Eigenschaften des Nullpunkts zu beschreiben und um Quantenkonzepte besser zur Abbildung der Erfahrungen bewußten Gewahrseins anzuwenden. Nichtlokale Resonanz mit jedem Teil des Raumzeit-Universums sollte dadurch erreichbar sein, daß man seinen Fokus zum Nullpunkt hin verlagert – da er mit sämtlicher Materie mitschwingt. Damit wäre die Quantenholographie als Träger nichtlokaler Information für den einzelnen verfügbar. Manchen Menschen scheint diese Bewußtseinsverschiebung selbstverständlicher zu sein und leichter zu fallen als anderen. Sie können nichtlokale Information bewußt wahrnehmen, da ihr Gehirn das Rauschen unterdrückt und sich auf das Signal einstellt. Aber man kann sicher sein, daß konträre dogmatische Überzeugungen und Ansichten diese Wahrnehmungsfähigkeit schwächen, da man bewußt wählen kann, ob man auf die von außen kommende Information und rationalen Gedanken hört oder eher auf das, was innere Zustände einem auf subtile Art und Weise zuflüstern.

Das Phänomen visueller Fernwahrnehmung, eine Fähigkeit, die ein jeder mit ein bißchen Übung erlangen kann, läßt die Erklärung zu, daß der Geist der betreffenden Person sich mit dem nichtlokalen Objekt, auf das ihre Aufmerksamkeit gerichtet ist, in Resonanz befindet. Es gibt zahlreiche Wege, Resonanz herzustellen: durch Befragung seines Unterbewußten, durch Visualisierung eines assoziierten Objekts oder etwas anderes, das die Aufmerksamkeit irgendwie fokussiert. Das Komplizierte daran ist natürlich, das bewußte Denken zu umgehen und das intuitive Gefühl aufsteigen zu lassen. Ich habe selbst miterlebt, wie durch Gruppenleistung archäologische Funde, versunkene Schiffe und eine vermißte Person lokalisiert werden konnten. Läßt man geschultes Personal unabhängig arbeiten und kombiniert man dann ihre intuitiven Eindrücke, kommen gültige Daten zustande. Ich konnte auch die Wirksamkeit eines Gruppengebets sehen, das auf bestimmte Individuen gerichtet war. Herkömmlicherweise würde man das für ein Wunder halten, aber ich denke, es ist eher das Resultat von Resonanz und menschlicher Intentionalität, die auf ganz natürliche Weise wirken.

Ich fand es faszinierend, mit zahlreichen begabten Leuten zusammenzuarbeiten, für die sowohl visuelle Fernwahrnehmung als auch die sogenannte außerkörperliche Erfahrung (AKE) etwas ganz Alltägliches war. Aber mir fiel ein Unterschied zwischen den beiden Phänomenen auf. In der außerkörperlichen Erfahrung gibt es ein Gefühl, dort zu *sein*; der Fokus der Aufmerksamkeit ist enger – so als gucke man durch eine schmale Linse. Das würde bedeuten, daß mehr vom Körper/Geist in die Resonanz einbezogen und die gesamte Aufmerksamkeit enger ausgerichtet ist. In dem häufig herangezogenen Fall der auf einem Operationstisch liegenden Person, die das Gefühl hat, plötzlich an der Zimmerdecke zu sein und zuzusehen, wie die Ärzte an ihrem Körper arbeiten, transponiert das Gehirn Information in einer solchen Weise, daß ihr Blickpunkt weiter weg und vom Körper getrennt zu sein scheint. Das Bewußtsein wird von der fürchterlichen oder schmerzlichen Qual automatisch abgekoppelt und verschafft das Gefühl, an zwei Orten gleichzeitig zu sein. Das ist höchstwahrscheinlich ein Trick der Psyche, die Transposition eines unangenehmen Blickpunkts zu einem distanzierteren und behaglicheren. Der subjektive Eindruck aber ist, daß das Selbst den Körper verlassen hat. Wahrscheinlich ist das ein uralter Mechanismus der Natur, um in einer sich fortentwickelnden Welt, die von einer brutalen Beute/Räuber-Nahrungskette beherrscht wird, mit Traumata umzugehen. Diese Interpretation der außerkörperlichen Erfahrung stimmt ganz mit der holographischen Art des Informationsmanagements überein, das das Gehirn leistet.

Es gibt einen sehr praktischen Weg, wie man diese Interpretation überprüfen und die Kenntnis in der täglichen Erfahrung einsetzen kann. Um mit den kleineren Reibereien im Leben fertig zu werden, kann man die Situation, durch die die seelische Verletzung zustande kam, noch einmal unmittelbar erzeugen und auf diese Weise Körper und Geist direkt mit dem schmerzlichen Ereignis konfrontieren. Die Alternative ist, den Geist von dem Ereignis völlig abzutrennen, was manchmal das Gefühl entstehen läßt, dem Körper zu entschweben. Ich habe den Konfrontationsprozeß bei meinen Kindern und bei mir selbst hunderte Male angewandt, um mit den üblichen Traumata des täglichen Lebens fertig zu werden. Ich verknüpfe die seelische Verletzung einfach wieder mit dem verletzenden Objekt und konzentriere das Bewußtsein auf den Schmerzpunkt, bis der Schmerz nachläßt. Gewöhnlich ist das eine Sache von Sekunden. Neurophysiologen haben mir erklärt, daß diese Vorgehensweise die Freisetzung einer Gruppe von Endorphinen verursacht, die das Schmerzgefühl lindern und die Heilung in Gang setzen, und ich bin sicher, das stimmt. Aber im Grunde hat es damit zu tun, daß man kontrolliert, worauf das Bewußtsein gerichtet ist, und Verantwortung für die Beherrschung des Schmerzes übernimmt. Das autonome Nervensystem macht dann das übrige.

Die klassische Nahtod-Erfahrung scheint lediglich eine Erweiterung der außerkörperlichen Erfahrung zu sein. Sie hat aber etwas vom Samadhi an sich, und es tauchen mit ihr archetypische Bilder auf, die Wohlbefinden und ewiges Weiterleben zu garantieren scheinen. Die Tatsache, daß Nahtod-Erfahrungen in allen Kulturen vorkommen und daß die Entitäten, die dem Individuum Sicherheit und Unterstützung geben, Entitäten aus der religiösen Tradition der jeweiligen Kultur sind, sagt allerhand aus. Ich würde solche Bilder eher als archetypische Informationen interpretieren, die entweder aus dem tiefen Unbewußten oder aus nichtlokaler Erinnerung hervorgeholt wurden, denn als Erscheinungen körperloser Entitäten aus anderen Bereichen.

Arbeiten von Stephen LaBerge und seinen Kollegen auf dem Gebiet des Klarträumens weisen auf noch andere Mechanismen hin. Der Klartraum ist ein Verschmelzen bewußten Gewahrseins mit dem Traumzustand, aber ohne die Beschränkungen äußerer materieller Realität. Im Zustand des Klartraums kann die jeweilige Person lernen, das Geschehen, seinen Verlauf und daher sein Ergebnis zu beeinflussen.

In der buddhistischen Tradition Tibets ist der Klartraum eine wichtige Disziplin bei der Vorbereitung auf den sogenannten *Bardo*, den Übergang aus diesem Leben. Man kann die klassische Nahtod-Erfahrung als einen Klartraum erklären, in dem die Sehnsucht des einzelnen Menschen nach Sicherheit und einem Gefühl des Ewigen lebhaft zum Ausdruck gebracht wird. Für diejenigen, die mit den Samadhi-Zuständen keine Erfahrung haben, ist die Nahtod-Erfahrung zwar eine unwillkürliche, spontane Einführung in ebendiese Bewußtseinszustände, aber es geschieht mit Bildern und Archetypen, die für den einzelnen bereits Bedeutung haben. Diese archetypischen Bilder wiederum leiten sich aus der religiösen Tradition ihrer jeweiligen Kultur her. Ich habe mit jeder dieser Techniken (natürlich mit Ausnahme der Nahtod-Erfahrung) unzählige Male experimentiert, um für mich eine Bestätigung zu finden, was andere berichten, und um die Empfindungen persönlich zu erfahren. Mit etwas Übung kann jeder einen kleinen Eindruck von diesen nichtlokalen Wahrnehmungen bekommen.

In einem dyadischen Modell kann womöglich auch die Idee der Reinkarnation als eine Erfahrung der Nichtlokalität betrachtet werden. Die Erfahrungen eines jeden Lebens, sowohl die inneren als auch die äußeren, könnten als Informationen gelten; jedes Ereignis vor dem »Jetzt« ist lediglich im Gedächtnis aufbewahrte Information. Die Zukunft existiert noch nicht. Sie ist zum jeweils gegenwärtigen Zeitpunkt nur eine Hoffnung oder ein Traum.

Alles, was wir erfahren können, ist das »Jetzt« und nur das Jetzt. Welche Zeit die Uhr auch anzeigt und in welchem Bewußtseinszustand wir uns auch immer befinden, das Jetzt ist die einzige reale, echte Zeit, die für uns existiert. Es ist noch nicht geklärt, wie detailliert die Speicherung von Erfahrung ist und aus welchen Gründen manche Erfahrungen gespeichert werden und andere signifikante Erfahrungen dagegen nicht, noch kennen wir genau alle Methoden und Arten der Speicherung, vor allem durch nichtlokale Mittel. Gewiß gibt es Anzeichen, die vermuten lassen, daß Erinnerung, und zwar lokale ebenso wie nichtlokale, nicht nur im Gehirn ihren Sitz hat, sondern auch mit jeder unserer Zellen verbunden ist. Rupert Sheldrake ist der Frage des Gedächtnisses auf den Grund gegangen und gebraucht die bereits erwähnten Begriffe *morphische Resonanz* und *morphogenetisches Feld*, um damit anzudeuten, wie in der Natur Information gespeichert und abgerufen wird.

Dies geht zweifellos in die richtige Richtung. Aber im Gegensatz zu Sheldrake, der meint, daß das morphogenetische Feld unabhängig von der Spezies sei, würde ich denken, daß eine weiterentwickelte Spezies wie die unsrige auch zu Informationen von einfacheren Organismen Zugang haben könnte. Wir können die bewußte Absicht fassen, mit einem Tier oder einem Objekt in Resonanz zu kommen, und die holographischen Informationsprozesse des Gehirns/Geistes werden auf die Absicht entsprechend reagieren. Menschen wie mein Vater, die zu Tieren eine außergewöhnliche Beziehung haben, sind ein Beispiel dafür. Gewisse Leute sind nachweislich in der Lage, wie im Falle bestimmter namhafter Tierpsychologen, durch intuitives Diagnostizieren von Traumata, die von weniger einfühlsamen Menschen nicht erkannt werden, und durch deren Linderung das Wohlbefinden und die Funktionsfähigkeit von Tieren zu verbessern.

Dieser Zugang zu nichtlokaler Information ist dem dyadischen Modell nach der Schlüssel zur Erfahrung der Reinkarnation. Ian Stevensons gelehrte Arbeit auf diesem Gebiet zeigt deutlich, daß viele Menschen nachweisbare Erinnerungen an ein vergangenes Leben haben, vor allem in den Kulturen, deren religiöse Tradition eng mit Reinkarnation verbunden ist. In welcher Art und Weise auch immer

Information, die die Lebenserfahrungen darstellt, erhalten bleibt, sie steht den nachfolgenden Individuen, die in der Lage sind, sie durch nichtlokale Mittel sich zugänglich zu machen, zu Gebote. Erinnerungen an vergangene Leben scheinen subjektive Eindrücke ebenso wie äußere Ereignisse einzuschließen, was darauf hindeutet, daß sowohl die über die Sinne aufgenommene Information als auch ihre emotionale Interpretation gespeichert werden. Vom Standpunkt des lebenden Individuums her gesehen sind alle Ereignisse vor dem »Jetzt« einfach Erinnerung. Dennoch müssen diese Erinnerungen, die aus der Zeit vor der Geburt herzurühren scheinen, vom Gehirn irgendwie rational erklärt werden. Die traditionelle Erklärung ist, daß die einzelne »Seele« in einem früheren Körper lebte.

Die Reinkarnationshypothese ist eine rationale Erklärung innerhalb der ostasiatischen Glaubenssysteme. Stevensons Arbeit macht zwar deutlich, daß viele der von ihm untersuchten Fälle verifiziert werden konnten, aber sie bestätigt nur, daß die Information nichtlokal wahrgenommen wurde. Sie bestätigt nicht die Gegenwart einer »Seele« oder dessen, was wir uns unter körperloser Existenz vorstellen. Es sind nur Interpretationen, wie das Phänomen möglich ist. Ein dyadisches Modell liefert eine bessere Erklärung, warum manche Menschen behaupten können, eine Reinkarnation desselben, vor langer Zeit lebenden Individuums zu sein, und warum historische Berühmtheiten wie Kleopatra, Jeanne d'Arc und andere bekannte Persönlichkeiten in mehreren, gleichzeitig lebenden Individuen zu »reinkarnieren« scheinen – das gegenwärtig lebende Individuum holt die Erinnerungen aus einer nichtlokalen Quelle hervor.

Psychologische »Regression« wird oftmals als gültiger Beweis sowohl für die Existenz der Seele als auch für die Reinkarnationshypothese herangezogen. In Wirklichkeit findet Regression in eigentlicher Zeit nicht statt. Die betreffende Person holt bloß Information aus dem Gedächtnis hervor und erinnert sich an sie »jetzt«. Sie ist bereits ihrer selbst bewußt und wahrscheinlich selbstreflexiv bewußt, sofern sie die Pubertät hinter sich hat. Die Ebenen eines sich ständig weiterentwickelnden Bewußtseins sind irreversible Prozesse, da man Selbstbewußtsein nicht verlernen kann. Wenn man unter Hypnose in die Kindheit oder gar in das vorgeburtliche Stadium zurückgeht, hat man das absolute Gefühl, in jener Zeit und an jenem Ort zu sein. Jedoch trügt das Gefühl, da man immer noch all das Wissen und all die rationalen Fähigkeiten des Erwachsenen besitzt. Information, die vor der Geburt, ehe sich Selbstbewußtsein entwickelt hat, gespeichert und danach in Erinnerung gerufen wird, bestätigt weder pränatales Selbstbewußtsein noch die Existenz einer Seele. Auch die Erinnerung an die zwischen den Inkarnationen verbrachte Zeit, die einige angeblich haben, ist nicht verifizierbar.

Das Ziel therapeutischer Regression in ein »vergangenes Leben« ist es, Information hervorzuholen (oder gar zu kreieren), die einem alten Trauma neue Bedeutung gibt. Die Bedeutungen, die mit der verwickelten Hierarchie von Information verbunden sind, müssen erinnert, umgeschichtet und neu zugewiesen werden, um ein übereinstimmenderes und vernünftigeres Verständnis des Selbst zu erbringen. Die Regressionstherapie zeigt durchweg, daß durch Herbeiführung eines neuen und höhergradig integrierten subjektiven Verständnisses vergangener Traumata, selbst wenn sie durch äußere Mittel nicht zu verifizieren sind, das Wohlbefinden gestärkt wird.*

* Für ein informationelles Persönlichkeitsmodell spricht u.a. das Phänomen der multiplen Persönlichkeitsstörung. Jemand mit multipler Persönlichkeitsstörung (oftmals eine Folge von Mißhandlung in der Kindheit) hat gespaltene Persönlichkeiten, die unabhängig voneinander den Körper vollständig zu kontrollieren scheinen. Jede der Persönlichkeiten hat das Gefühl, sie sei eine andere Person, und zeigt ganz unterschiedliche äußere Verhaltensweisen; häufig unterscheiden sich sogar physiologische Merkmale. Die Therapie besteht darin, Wege zu finden, die verschiedenen gespaltenen Persönlichkeiten in ein ganzheitlicheres Muster zu integrieren, neben einer akzeptablen inneren Begründung, warum das gemacht wird, was gewöhnlich mit einbezieht, sich der schrecklichen Realität, als Kind vergewaltigt worden zu sein, zu stellen und sie zu akzeptieren.

27

Das Leben derjenigen, die Samadhi, außerkörperliche Ereignisse oder Nahtod-Erfahrungen erlebt haben, ist nie wieder das, was es einmal war. Die mystische Literatur, und inzwischen auch die allgemeine, ist voll von solchen Berichten. Die Sehnsucht, das Leben voll auszuschöpfen, immer mehr Kenntnisse zu erwerben, aus der ökonomischen Tretmühle herauszukommen, all das sind typische Reaktionen auf diese in veränderten Bewußtseinszuständen erlebten Erfahrungen. Bezeichnend ist, daß die einstige Angst vor dem Tod überwunden wird. Bleibt der Betreffende danach generell im Zustand existentieller Bewußtheit, ist das innere Gefühl der Ewigkeit ganz tief und unerschütterlich. Diejenigen aber, die derartige Erfahrungen nicht gehabt haben, leben gewöhnlich mit einer größeren Angst und in Ungewißheit darüber, was nach diesem Leben kommt, selbst wenn sie sich zum Glauben an eine traditionelle Religion bekennen.

Die meisten von uns verbringen ihr Leben im Ego-Zustand, auf jener Bewußtseinsstufe, wo das Gefühl für das Ewige verlorengegangen ist. Man kann auch sagen, das Ego ist dasjenige Bild von uns, das wir anderen und zuweilen auch uns selbst vorführen und von dem wir glauben, es definiere, wer wir sind. Die äußere Präsentation ist gewöhnlich nur eine Maske oder eine Verzerrung der darunterliegenden, umfassenderen subjektiven Realität. Wenn wir an ein Leben nach dem Tode denken, dann ist es dieses beschränkte innere Selbstbild, auf dessen Überleben wir hoffen. Wir wollen im nächsten Leben dieselbe Person sein wie in diesem. So wie wir in diesem Leben sind, so glauben wir, *wirklich* zu sein. Das ist das Bild, das uns gleicht, wie wir meinen. Wer jedoch den Ego-Dualismus geheilt oder transzendiert hat, ist überzeugt, daß das Weiterleben, welche Form es auch immer annimmt, gesichert ist. Der genaue Mechanismus ist etwas, das zwar vorübergehend neugierig macht, den zu kennen aber im Grunde nicht wichtig ist; es ist ein Vertrauen in den Prozeß vorhanden, was auch immer der Prozeß ist. Dem dyadischen Modell nach gehen Energie und Erfahrung (Information) nicht verloren, sondern werden lediglich in eine neue Form transformiert.

Der Tod ist nur der Weg, auf dem die Natur sich erneuert und die Kreativität des Evolutionsprozesses weitergehen läßt. Einem dyadischen Modell zufolge könnte man sagen, daß selbst subatomare Teilchen »sterben«, sobald sie ihre Energiemenge und individuelle Existenz aufgeben, um sich in andere Formen von Materie zu transformieren, wie sie es regelmäßig tun. Das ist notwendig, damit sowohl die entropischen als auch die negentropischen Prozesse weitergehen können. Aber bei der Interaktion wird nicht nur Energie übertragen; auch die Quanteneigenschaften der Teilchen werden transferiert, und so setzt sich die historische Entwicklung der Interaktion weiter fort. Insofern ist der Kreislauf von Geburt und Tod ein Muster, das auf den fundamentalsten Ebenen der Existenz vorkommt und sich auf allen Stufen, von der kleinsten bis zur größten, wiederholt. Aber zugleich wird alles bewahrt und nichts geht je verloren.

Besonders Lernen und Erfahrung gehen nicht verloren, wenn ein Organismus oder ein Teilchen stirbt. In den Augen der Menschen ist das der Bereich der Seele, obwohl der zugrundeliegende Prozeß seinem Muster nach eher dem Kreislauf der Energie entspricht, der zu immer neuen Formen von Information führt. In einem dyadischen Universum ist die menschliche Seele die zusammenhängende Informationsstruktur, die man sein ganzes Leben lang erfährt, und sie ist damit weitaus mehr als nur die Ego-Struktur. In den meisten klassischen Glaubenssystemen schließt die Seele jedoch körperlose Existenzen des Ego mit ein sowie einen Glauben an andere Dimensionen, innerhalb derer sie vermeintlich weilt. Zudem statten die religiösen Traditionen das Körperlose mit all den inkarnierten, körperhaften Eigenschaften sensorischer Mechanismen und mit Denkvermögen aus. Da aber der Mensch sich wohl nicht allzusehr von anderen Tieren unterscheidet, sieht man von unserer entwickelteren Fähigkeit zur Selbstreflexion ab, ist es unwahrscheinlich, daß unsere postmortale Information ganz anders behandelt wird als ihre.

Die Vorstellung einer *Seele* hat auf diejenigen in den wissenschaftlichen Kreisen Einfluß ausgeübt, die darüber theoretisieren, wie die ferne Zukunft aussehen wird. Frank Tipler spekuliert in seinem Buch *Die Physik der Unsterblichkeit*, das sicherlich ein Klassiker werden wird, daß die Menschen ihre Präsenz wahrscheinlich über das ganze Sonnensystem, die Milchstraße und schließlich über das gesamte Universum ausdehnen werden. Er argumentiert, obgleich von einer materialistischen Perspektive, daß Information mit dem Tod nicht verlorengeht und auf außerordentlich leistungsstarken Computern der Zukunft festgehalten und wiedergegeben werden könnte. Er glaubt, und führt als wichtiges Argument die artifizielle Intelligenz an, daß mit dem Speichern der Information in diesen gigantischen Computern der Mensch von heute perfekt nachgeahmt werden könnte und daß die inneren Erfahrungen, die die virtuelle Welt dann habe, sich nicht von denen eines realen menschlichen Wesens unterscheiden würden.

Auch wenn er mit seiner ambitionierten Argumentation sehr weit geht, macht er doch einen grundsätzlichen Denkfehler, einfach weil unsere subjektiven Erlebnisse unsere einzigen authentischen Erfahrungen sind und weil die nichtlokalen Charakteristika und Resonanzen eines Systems aus Computerchips sich ganz gewiß von denen eines sich biologisch entwickelnden Organismus unterscheiden werden. Es kann sein, daß es im Universum entwickelte und intelligente Organismen gibt, die eine andere natürliche Biologie nutzen als unsere auf Kohlenwasserstoff beruhende. Es ist zwar denkbar, aber doch unwahrscheinlich, daß Silikon einer der Grundbestandteile in einer anthropisch-evolutionären Anatomie sein wird. Hinzu kommt, daß Tipler seine Menschen und Computer der Zukunft die Kontrolle über das materielle Universum gewinnen läßt und damit stillschweigend über die Linie rutscht, die der Epiphänomenalismus zieht, indem er ein mechanistisches System, das seiner inneren Natur nach deterministisch ist, den Prozeß, aus dem es hervorging, kontrollieren läßt. Aber das ist den Interpreten der Quantenmechanik auch passiert. Die subjektive Erfahrung ist das, was lebende Systeme von Maschinen deutlich unterscheidet, nicht die Energieprozesse in der Außenwelt.

Die beste Chance für ein Überleben unserer Spezies bietet meiner Meinung nach ein Szenarium, das dem von Tipler vorgeschlagenen letztlich ähnlich ist. Ich verspreche mir allerdings mehr davon, wenn wir, statt auf bionische Computer zu bauen, die natürlichen Evolutionsprozesse sich kontinuierlich fortsetzen lassen, unterstützt und beschleunigt durch eine kundige, wohlwollende und intentionale Wissenschaft, die die Bewußtseinsprozesse voll und ganz versteht. In einem dyadischen Szenarium haben die bionischen Prozesse nach wie vor nur eine unterstützende, keine schicksalhafte Funktion.

Die Vorstellung eines persönlichen Weiterlebens, die sich aus einem dyadischen Informationsmodell ergibt, ist die, daß Menschen der Zukunft mit ihren stark erweiterten natürlichen Fähigkeiten in der Lage sein werden, sich Informationen, die vergangenes individuelles Leben repräsentieren, zugänglich zu machen. Für ein Individuum ist es sogar grundsätzlich unmöglich zu unterscheiden, ob es eine »alte Seele« ist oder nur eine sehr bewußte, intelligente »neue Seele« mit Erinnerungen an Erfahrungen aus einem früheren Leben. Als Menschen, die mit einem Willen ausgestattet sind, können wir jetzt praktisch mithelfen und daran arbeiten, daß unsere Erfahrungen und unser Verständnis an zukünftige Generationen weitergereicht werden.

Die Vorstellung des tibetischen Buddhismus, daß unser gegenwärtiges Leben weitgehend der Vorbereitung auf das Sterben gewidmet werden sollte, zielt genau auf diesen Punkt: nämlich zu gewährleisten, daß die Weisheit von heute »reinkarniert« und an die nächste Generation bewußter und denkender Materie übertragen wird. Der letzte Akt in diesem Prozeß des Sterbens ist es, das passende Individuum, das geboren werden soll, durch nichtlokale Resonanz und Klarträumen auszuwählen. Auf diese Weise wird die erfahrene Weisheit des vorangegangenen Lebens verfügbar gemacht, so daß die Kette entwickelten Wissens nicht abbricht.

Im Grunde sagt ein dyadisches Informationsmodell voraus, daß das sich entwickelnde, intelligente Bewußtsein, das dem einzelnen Menschen innewohnt, sich kontinuierlich bis zum Gottzustand weiterentwickeln wird. Früher glaubten die Menschen, da sie ein sich kontinuierlich fortentwickelndes Universum nicht verstanden, daß der allwissende Gottzustand bereits existierte, und sahen in einem oder mehreren solchen präexistenten Wesen, das die mit Allmacht ausstatteten, die Ursache aller Dinge. Der Voraussage eines dyadischen Modells nach geht die Evolution weiter, kommt aber unter bewußte Kontrolle, und die Verantwortung für den Erfolg menschlicher Evolution beruht auf den bewußt gewählten Entscheidungen, die die physischen Mitspieler für ihresgleichen treffen.

Der Gedanke, daß die Evolution unter bewußte Kontrolle kommt, impliziert auch, daß sie unter unterbewußter oder unbewußter Kontrolle gestanden ist – das heißt, es fehlte das selbstreflexive Nachdenken. Es gibt überzeugende Anhaltspunkte, die diese Annahme untermauern könnten. Die Mystiker haben stets angedeutet, daß der Schlüssel zu anderen Bewußtseinszuständen darin liegt, das »Denken« zu transzendieren. Moderne Erkenntnisse stimmen darin überein, daß die Erweiterung des Bewußtseins, die zur Wahrnehmung auf subtileren, feinstofflicheren Ebenen befähigt, zugleich stimulierend auf die Bewußtwerdung unterdrückter innerer und nichtlokaler Information wirkt. Wenn es heißt, daß wir unsere eigene Realität »erschaffen«, so findet dieser Vorgang hauptsächlich auf der unterbewußten Ebene statt. Deshalb muß die Erweiterung bewußten Gewahrseins um die im Unterbewußten versunkenen Funktionen Teil unseres Evolutionsprozesses sein.

Aber die Natur hat sicherlich nicht alles auf eine Karte gesetzt. Ob wir Menschen die Verantwortung für unser Leben und für die Geschicke unserer Zivilisation annehmen und knapp oder in Hülle und Fülle überleben oder zu einem kosmischen Mißerfolg werden, was wahrscheinlich ist, wenn wir nicht ein umfassenderes Bewußtsein entwickeln, das ist hauptsächlich für uns selbst von Belang. Sollten wir uns als Unkraut erweisen, so sind doch andere Blumen im Universum sicherlich gediehen. In einem lernenden Universum muß es mißlungene Prozesse geben; ob unser Universum ein Erfolg oder Mißerfolg ist, ist unsere eigene Entscheidung, die wir kollektiv treffen.

Wenn es Personen gibt, die eine erstaunliche bewußte Kontrolle über Prozesse haben, die das Supremat des Geistes über die Materie bezeugen, so repräsentiert das nur die Spitze eines Eisbergs in einem bewußten und intentionalen Ozean. Das unter der Oberfläche ruhende, ungenützte Potential ist auf unserer gegenwärtigen Evolutionsstufe nahezu unvorstellbar. Das ständig wiederkehrende Auftreten von so prickelnden, gespensterhaften und mißverstandenen Vorkommnissen wie Poltergeisteffekten, Gesichten, Wundern, Stigmata, Spukerscheinungen und dergleichen ist immer gleichgeartet und im Rahmen eines dyadischen Modells sehr leicht erklärt. Alle diese Erscheinungen sind entweder auf der bewußten oder auf der unterbewußten Ebene das Resultat menschlicher Intentionalität und spielen sich innerhalb der Quantenprozesse und des Nullpunktsfeldes ab. Und sie lassen ahnen, daß eine größere bewußte Kontrolle über diese Anlagen möglich ist.

Solche Vorkommnisse können nicht als abergläubischer Unsinn aus dem Mittelalter abgetan werden, auch wenn die diesbezüglichen mittelalterlichen und klassischen Interpretationen eindeutig falsch sind. Wenn eine Sängerin mit ihrer Stimme und dem Einsatz von Hifi-Übertragungsgeräten und unsichtbaren Wellen über einen Kontinent hinweg ein Glas zerspringen lassen kann, so sollte das nicht weniger erstaunlich sein, als wenn ein zorniger junger Mensch, der Angst hat, sich seinen Eltern mitzuteilen, mit nichtlokalen Mitteln materielle

Objekte im Zimmer zum Herumfliegen bringen kann. Auch nicht viel anders ist es, wenn ein inbrünstig empfindendes Kind holographische Bilder der Jungfrau Maria hervorrufen kann oder wenn ein sich grämender Vater ganz ergriffen die Erscheinung einer verstorbenen Tochter wahrnehmen kann, die ihm versichert, daß es ihr gutgeht. So wirkt eben die Kraft der Intention in einem bewußten, sich selbst organisierenden Universum, in dem alles miteinander nichtlokal verbunden ist. Diese Ereignisse sind nicht verwunderlicher oder mystischer als das Phänomen eines im menschlichen Geist auftauchenden kreativen Gedankens. Letzteres erleben wir alle und nehmen es als natürlich hin. Aber nicht alle haben solche Ereignisse erlebt, wie oben beschrieben, und deshalb erscheinen sie so außergewöhnlich. Wir müssen jedoch bedenken, daß das Leben selbst eine mystische Bewußtseinserfahrung ist; wir haben uns durch die Jahrtausende hindurch einfach daran gewöhnt.

In einem dyadischen Universum kann die traditionelle abendländische Vorstellung des *Jüngsten Gerichts* mit den Konsequenzen von Himmel oder Hölle einfach nicht mehr aufrechterhalten werden. Wir leben in einem sich kontinuierlich fortentwickelnden Universum; der Prozeß, durch den es in Gang gehalten wird, ist immerwährend. Man kann vielleicht sagen, daß Himmel und Hölle in den lebendigen bewußten Erfahrungen des einzelnen Menschen liegen. Für Nahtod-Erfahrungen ist es häufigen Berichten nach jedoch charakteristisch, daß die Entscheidungen, die man im Leben getroffen hat, im größeren Kontext ihrer Auswirkungen auf das Selbst und andere für einen kurzen Moment Revue passieren. In gewisser Weise ist das eine (nahezu) letzte, endgültige Bewertung der Lebenserfahrungen durch das Selbst. Wenn dieses Ereignis tatsächlich im Augenblick des eintretenden Todes stattfindet (was wir natürlich nicht verifizieren können), wäre es sowohl mit der Vorstellung eines Jüngsten Gerichts als auch mit dem dyadischen Modell der Informationsevolution vereinbar.

Die Idee des Karma, als Ursache und Wirkung interpretiert, ist ebenfalls mit dem dyadischen Modell vereinbar. Wenn jemand Zugang zu Informationen aus »früheren Leben« findet, und sei es unterbewußt, werden diese Informationen Wirkungen hervorrufen, die auf die Verhaltensweisen und sogar auf die Physiologie Einfluß haben, genauso wie Überzeugungen, Entscheidungen und Erfahrungen des gegenwärtigen Lebens Wirkungen auf der unterbewußten Ebene hervorrufen. Die therapeutische Rückführung in »vergangene Leben« hat durchweg gezeigt, daß durch Wiedererinnern traumatischer Erfahrungen aus vergangenen Leben und dadurch, daß die »Erinnerung« eine neue Bedeutung und einen neuen Kontext zugewiesen bekommt, das Trauma gelindert wird, obwohl das Ereignis physikalisch nicht verifizierbar sein mag.

Jene Interpretationen des Karma, die einen äußeren Richter oder ein äußeres Gericht verlangen, sind mit einem dyadischen Modell allerdings nicht vereinbar. In einem Universum wie dem unseren wird durch das sich weiterentwickelnde Lernen und durch die sich akkumulierenden Erfahrungen individuell wie kollektiv ein breiteres Verständnis moralischer und ethischer Fragen geschaffen. Kausalität liegt sowohl in der Stabilität fortlaufender natürlicher Prozesse als auch in der Intentionalität, und aus beiden ergibt sich das Prinzip der Folgewirkung.

In einem Universum, das durch Verbundenheit und Willen gekennzeichnet ist, tun wir das, was wir andern antun, uns selbst an, da das transzendente Selbst des Samadhi die gemeinsame Erfahrung für alle ist. Wenn wir Intentionalität für das Selbst in Abrede stellen, leugnen wir persönliche Verantwortung. Wenn wir hingegen Intentionalität als einen kausalen Faktor anerkennen, folgt daraus nicht nur persönliche Verantwortung, sondern auch die Tatsache, daß Unwissenheit nur ein mildernder Umstand sein kann – niemals eine Entschuldigung. Intentionalität als kausal zu akzeptieren läßt persönliche Verantwortung entstehen. Die De-facto-Geschichte der moralischen Entwicklung des Menschen stimmt mit einem dyadischen Modell genau überein: nämlich durch Erfolg und Mißerfolg zu lernen und es besser zu machen, langsam, aber jahrhundertelang immer wieder, zur Verbesserung des Allgemeinwohls. Das Prinzip der Folgewirkung ist graduell und resultiert aus dem umfassenderen Lernprozeß der Natur. Wie Friedrich von Logau im siebzehnten Jahrhundert bemerkte, mahlen Gottes Mühlen (lies: die Evolution) zwar langsam, aber äußerst gründlich.

Woher diese Fragen kommen und was sie bedeuten, diesbezüglich sind die herkömmlichen Denkstrukturen (der Determinismus im Falle der Wissenschaft, der Glaube an ein kausales göttliches Wesen in den meisten religiösen Traditionen) ein Ausbund an Verworrenheit und Widersprüchlichkeit. Folgewirkung gibt es dabei allenfalls entweder im Jenseits oder als weltliches, politisches Dekret. In den existierenden Glaubenssystemen wird Verantwortlichkeit durch eine kirchliche oder weltliche Autorität auferlegt und nicht als Folgewirkung eines lernenden und natürlichen Prozesses individuell übernommen. Es sieht aber nicht so aus, als sei die Drohung einer Vergeltung oder ausgleichenden Gerechtigkeit ein Abschreckungsmittel gegen unmoralisches Verhalten. Nur *aufgeklärtes* Selbstinteresse scheint durchweg moralisches Verhalten hervorzubringen. Der Lernprozeß ist nicht unzulänglich; er wird allerdings gehemmt, wenn wir dem mechanistischen Determinismus oder entfernten göttlichen Wesen Kausalität zuschreiben. Wir müssen die Spanne von Jahrhunderten überblicken, um den Gesamtverlauf des Lernprozesses zu erkennen. Der Idee persönlicher Verantwortlichkeit stand die uralte angeborene Weisheit, mit der Natur in Harmonie zu leben, gewiß näher.

Und wie steht es mit den zärtlicheren Erfahrungen?

Liebe, Güte, Sympathie und warmherziges Verhalten, für diese Tugenden sind die esoterischen Traditionen mindestens drei Jahrtausende lang eingetreten. Aber die exoterische Praxis dieser Tugenden hinkte weit hinterher. Der christliche Glaube betont die liebende Natur Gottes, an der sich die Menschen ein Beispiel nehmen sollen. Aber sind Liebe, Güte und Sympathie wirklich in der Struktur des Universums verankert? Warum sind sie überhaupt vorhanden, und wie sind sie entstanden?

Die Attribute der Liebe und Güte hängen alle mit der subjektiven Erfahrung des »Wohlfühlens« zusammen. Indem wir diese Erfahrungen zu Tugenden machen, bringen wir sie in einen Kodex kultureller Ethik. Dabei sind sie zweifellos auch ein inneres Signal des körperlichen Wohls. Wenn wir uns infolge tugendhafter und liebevoller Taten oder auch nur solcher Gedanken wohl fühlen, dann müssen wir fragen, warum das so ist.

In einem dyadischen Modell werden all solche Gefühlserfahrungen, gute wie schlechte, als erlernte Verhaltensweisen eines evolutionären Organismus betrachtet. Sämtliche positiven oder guten Gefühle sind, wie immer man sie benennt, eine Schattierung, eine Abstufung der Ekstase der Samadhi-Erfahrung, die selbst schon als Indikator für ein erfolgreiches Ergebnis des Handelns eine Urempfindung ist. Sämtliche negativen oder quälenden Gefühle sind nichts anderes als die Kehrseite der Dyade. Wenn das Modell gültig ist, dann sind gute Gefühle ein Indikator für erfolgreiches Denken und Verhalten und sollten teleologischen Vorteil bringen.

Infolge der erst in jüngster Zeit vollzogenen Evolution selbstreflexiven Denkens, verwickelter Informationshierarchien und einer größeren Reihe von intentionalen Prozessen kommen »gefühlsmäßige« Entscheidungen jedoch oft nicht zum Zuge, da sie gegen rationale Entscheidungsmöglichkeiten und Handlungen ausgespielt werden. Die sexuelle Erfahrung ist ein grundlegendes Beispiel dafür. Die Empfindungen sexueller Vereinigung gleichen fast denen der Samadhi-Erfahrung; aber unkontrollierte sexuelle Aktivität führt zu unheilvollen persönlichen und gesellschaftlichen Konsequenzen. Man halte sich nur das gegenwärtige Dilemma der Weltbevölkerung vor Augen. Sogar die Samadhi-Erfahrung selbst muß im Lichte persönlicher und gesellschaftlicher Bedürfnisse kontrolliert werden. Der einsame Einsiedler, der nur Meditation und Erleuchtung sucht, muß immer noch Holz hacken und Wasser schleppen, und wahrscheinlich ist sein Beitrag zu einer sich weiterentwickelnden Gesellschaft sehr gering, da seine Intentionalität hauptsächlich nach innen gerichtet ist. Es hat demnach den Anschein, daß unser rationales Denken einspringen muß, um zwischen kurzfristigen und langfristigen Freuden zu wählen. Das ist ein weiteres Anzeichen dafür, daß die Evolution unter bewußte Kontrolle kommt.

In der esoterischen und »New-Age«-Denkweise wird häufig empfohlen, daß wir unserem »Herzen« folgen sollen. Das ist ein Euphemismus für die Gefühlswelt des Körpers und des Unterbewußten. In unseren uralten Traditionen war das Herz der Sitz der Sinne, nicht das Gehirn. Wie ich bereits andeutete, ist es kein reiner Segen, sich nur nach den Gefühlen zu richten. Da die Gefühlsempfindungen nicht nur auf bewußtes Denken, sondern auch auf unterbewußte Aktivität, inneres Wohl und nichtlokale Resonanz reagieren, ist es überaus wichtig, daß der einzelne sich der Unterschiede bei diesen inneren Signalen hinreichend bewußt wird, um zu verstehen, woher die Information kommt, wenn sie denn konstruktiv verwendet werden soll. Genau das wollen natürlich die meditativen Disziplinen leisten – erhöhte innere Bewußtheit und Erfahrung, um den persönlichen subjektiven Signalen entsprechende Bedeutung zu verleihen. Aus welcher Disziplin sie auch kommt, die Ermahnung »Erkenne dich selbst« ist ein guter Rat.

Liebe ist vielleicht das am meisten mißbrauchte und überstrapazierte Wort im modernen Sprachgebrauch. Es wird auf so viele Weisen verwendet – angefangen von Passagen in der Heiligen Schrift bis hin zu Schlagern, Kindererziehungsbüchern und als Euphemismus für sexuelle Aktivität –, daß es jede spezifische Bedeutung verloren hat. Den vielleicht unglücklichsten Gebrauch findet es, wenn es als Maske für unerkannte Formen der Abhängigkeit in so gut wie jeder Art von Beziehung verwendet wird. Obwohl die mittelalterliche Artustradition der Ritterlichkeit und romantischen Liebe den edlen Zewck erfüllte, die Stellung der Frau zu heben, indem sie nicht mehr, wie im frühen Mittelalter üblich, als Objekt animalischer Wollust angesehen wurde, so wurde damit doch auch die Bühne in der westlichen Welt bereitet, die bewußten Fähigkeiten, die zur Aufrechterhaltung harmonischer Liebesbeziehung nötig sind, zu trivialisieren. Sie machte uns glauben, daß Liebe etwas ist, das unaufgefordert kommt und irgendwie universal und absolut ist. Die einzigen Male, wo ich mir sicher bin, daß die Bedeutung des Wortes eindeutig so ist, wie sie sein soll, sind die Momente, wenn damit eine spontane Umarmung und Liebkosung von einem Kind gemeint ist, dessen Verständnis von Liebe noch nicht korrumpiert ist. In ihrem erhabensten Sinn kommt Liebe aus einem berauschenden Gefühl von Ekstase, das dem Objekt der Zuneigung gilt, und läuft letzten Endes auf verantwortungsvolle, einfühlende Aufmerksamkeit hinaus. Seltsamerweise wird Liebe nur dann erfahren, wenn keine Angst da ist. Die Ekstase des Samadhi ist die Urform der Liebeserfahrung, und die Natur hat damit vorbestimmt, wie Liebe erfahren werden sollte.

Ein alter Spruch aus dem *Tao Te King* bringt diese Dinge in die richtige Perspektive:

Verliert man das Tao,
bleibt die Tugend.
Verliert man die Tugend,
bleibt die Menschlichkeit.
Verliert man die Menschlichkeit,
bleibt die Gerechtigkeit.
Verliert man die Gerechtigkeit,
bleibt die Moral.
Die Moral
ist nur der äußere Schein von Treu und Glauben
und der Verwirrung Beginn.*

Das Tao wird als *Weg* oder *Sinn* interpretiert. Von Liebe, Ekstase oder anderen subjektiven Empfindungen ist hier nicht die Rede, außer von Treu und Glauben, ganz am Ende der Liste. Obwohl hier Verhaltens-

* Nach Laotse: *Tao Te King*, Zweiter Teil, 38. Ansata-Verlag, Interlaken 1988.

weisen hervorgehoben sind, ist es klar, daß diejenigen, die ein solches wünschenswertes Verhalten zeigen, den inneren Frieden und höheren Bereich positiven Gefühls erfahren müssen, der mit den Wörtern *Liebe, Glückseligkeit, Ekstase* oder sonstigen Bezeichnungen dieser Art beschrieben werden kann. Die besagten Qualitäten erfordern sowohl den Denkprozeß als auch mystisches Verstehen; das heißt, die verwickelte Hierarchie von mystischer *und* rationaler Information muß gut geordnet, mit Bedeutung versehen und verstanden werden. Trotzdem kann das Tao nur erfahren werden.

Zuweilen tauchen in der Natur interessante Anomalien auf, die von ihrem Einfallsreichtum zeugen. Solche Merkwürdigkeiten unterstreichen ihre Anpassungs- und Überlebensfähigkeit. Denken wir beispielsweise an Menschen mit beeinträchtigten Sinnesorganen. Auch sie fabrizieren innere Landkarten, die es ihnen erlauben, in der Außenwelt ganz gut zurechtzukommen, auch wenn das nicht immer leicht für sie ist. Typisch für diese Menschen ist, daß sie, um den Verlust eines Sinnesorgans auszugleichen, die Sensibilität eines anderen stärker ausbilden: die Blinden, die mit ihren Händen lesen (ohne die Brailleschrift), oder jene erstaunlichen Individuen, die akustische Schwingungen, also Töne, Klänge, Geräusche, »sehen« oder Bilder, die sie visuell wahrnehmen, »schmecken« können. Ihr Gehirn verarbeitet subjektive Informationen ganz anders, als das bei »normalen« Menschen der Fall ist, und dennoch finden sie sich in adäquater Weise zurecht, in manchen Fällen vielleicht sogar besser.

Daraus lassen sich einige Ideen ableiten, die für unser Verständnis der Bewußtseinsprozesse wichtig sind. Zunächst gibt es einen bedeutsamen Unterschied zwischen äußerer und innerer Realität, da die Sensoren des menschlichen Organismus keinen genügend großen Radius haben, um die gesamte äußere Realität abzubilden, und, um die Wahrnehmung zu erweitern, moderne Instrumente erfordern. Hingegen können wir all die verschiedenartigen Formen, die Information in unserer Makrowelt annimmt, durchaus wahrnehmen. Unser Verständnis äußerer Realität, was auch immer sie ist, erreichen wir nur durch eine Flut von Information und durch den ihr Bedeutung zuweisenden Prozeß. Das verlangt Kommunikation und Informationsaustausch, damit Individuen zu einem Konsens über äußere Erfahrung kommen können. Aber wir können nicht unsere Erfahrungen direkt vergleichen, sondern nur unsere inneren Abbildungen davon, da es keine objektive Abbildung von Realität gibt, eben nur den Konsens über das Erfahrene. Die evolutionäre Komplexität von Wissen entwickelte sich parallel zu den komplexen Prozessen physischer Evolution. Wenn das so ist, dann sollten eigentlich alle informationellen Prozesse für uns nutzbar sein; und mit kreativem Denken können wir diese Prozesse durch eben die Sinne, die die Natur vorsah, sowie durch die sensorischen Erweiterungen, die wir selbst hervorgebracht haben, erfassen und verstehen.

Der Sprachprozeß ist sowohl in seiner schriftlichen als auch in seiner mündlichen Form eine lineare Funktion der linken Gehirnhälfte, die mit Symbolen arbeitet. Es ist zwar ein sehr spezifischer Prozeß, aber im Ausdrücken unserer inneren Abbildung von Realität notorisch langsam und uneffizient. Kunst und Bildersprache sind nicht nur wirksamer, sondern wirken auch unmittelbarer auf die vorsprachlichen Teile des Gehirns, die den direkten Zugang zum Unterbewußten und zu den aus Urzeiten ererbten und gespeicherten archetypischen Bildern bieten. Sie rufen zuerst Gefühlsreaktionen wach, nicht Gedanken. »Wissen« ist nicht einfach Rechnen, wie man in wissenschaftlichen Kreisen, vor allem unter Forschern der artifiziellen Intelligenz, häufig meint. Es schließt eine enorme und verwickelte Hierarchie von Information mit ein, von Information, die zum einen von den Sinnesorganen herkommt und sowohl lokaler als auch nichtlokaler Art ist und zum anderen dem sinnvollen Denken entnommen wird. Zudem wird Wissen von einem Gefühl der Gewißheit begleitet, das den gesamten Organismus einbezieht, nicht nur die denkenden Teile des Gehirns. Aufgrund dieser subjektiven Erfahrungen muß ich einfach annehmen, daß die Wahrscheinlichkeit, es könnten jemals bionische Maschinen hergestellt werden, die den Menschen genau nachahmen, doch sehr gering ist. Was immer die innere Erfahrung eines Computerchips sein mag, sie wird ganz gewiß anders sein als die eines natürlichen Organismus.

Synthese

28

Ich begann dieses dyadische Modell vor 25 Jahren aufzustellen, ohne vorher zu ahnen, zu was es sich entwickeln würde. Ich ging von keinen anderen Hypothesen aus, als daß das Universum sich durch Prozesse manifestiert, die sich dem Wissen erschließen.

Ich räumte ein, daß die Experimente und die wissenschaftlich angewandte Mathematik ebenso Gültigkeit besäßen wie die inneren Erfahrungen des Mystikers. Allerdings sind sowohl Wissenschaft als auch Mystik in der Sprache, Denkstruktur und politischen Geschichte verwurzelt, die sich alle etablierten, ehe wir lernten, daß unser Universum ein sich fortentwickelndes Phänomen ist. Im Lauf der Jahrhunderte haben sich Hypothesen, Interpretationen, Traditionen und Dogmen angesammelt, die in unserem kollektiven Denken wie dicke Spinnweben in einem Glockenturm hängen. Und diese Spinnweben diktieren heutzutage großenteils unser Verständnis.

Als ich 1972 das *Institute of Noetic Sciences* gründete, um diese Studien zu betreiben, akzeptierte ich die Kämpfe und Triumphe, die Ermunterungen treuer Freunde und die Verunglimpfungen von Lästerzungen als Teil eines umfassenderen Prozesses. Ich erkannte, daß das tägliche Leben an sich das einzige Medium ist, um zu lernen, denn jedes Leben ist Ausdruck eines der Potentiale der Natur, dessen Erscheinen für das Ganze Bedeutung haben kann. Und so begann ich, *dem Prozeß zu vertrauen*, da immer wieder Synchronizitäten eintraten, um einen genauestens entworfenen Plan zunichte zu machen und statt dessen eine kühne neue Richtung vorzugeben, die zuvor nicht zu erkennen war. Ich freundete mich mit dem intuitiven Gefühl an und vertraute ihm, während das rationale Denken und Planen es gewöhnlich mit den Details ergänzte.

Vorstellungen, die Ursprünge für diese überraschenden synchronen Ereignisse lägen im kosmischen Zufall und in allmächtiger Planung, wurden als fragwürdig beiseite gelassen. Unsere Fähigkeit, weiterzuleben und auf diese Weise Kenntnisse zu akkumulieren, und unsere

Willenskraft – sie wären nicht möglich, wenn die Keime für ihre Existenz nicht irgendwie in der Grundstruktur des Universums enthalten wären. Es kann sein, daß andere Universen entstanden und vergangen, expandiert und kollabiert sind, es versucht haben und gescheitert sind, weil sie andere Charakteristika hatten als unser Universum. Aber das werden wir wahrscheinlich nie in Erfahrung bringen.

Unser eigenes Universum hat lange genug bestanden, um fühlende Wesen hervorzubringen, die Willen besitzen und lernfähig sind. Und Wille, so begrenzt er auch sein mag, reicht aus, um Determinismus in seinem strengsten Sinne auszuscheiden. Vor einhundert Jahren gab es keinen Weg, das materialistische Argument in glaubwürdiger Weise zu widerlegen, daß der Wille eine Illusion und wir bloß Bewohner eines sich mechanistisch und unerbittlich auf unser vorbestimmtes Ende hinwälzendes Universums seien – und nicht unter übernatürlicher Fernüberwachung stünden. Es gab keine Möglichkeit, überzeugend darzulegen, daß das Leben kein Filmstreifen ist, bei dem das nächstfolgende Einzelbild die Konsequenzen zeigen würde, die sich aus der in den vorangegangenen Bildern getroffenen Entscheidung ergäben. Zwischen den Möglichkeiten, die die physikalischen Gesetze erlauben, wählen zu können, dieser Erkenntnis öffnete die Quantenmechanik die Tür, ehe sie gegen die Cartesischen Geistesbarrieren stieß.

Existenz erfordert Energie, und Wissen erfordert Information. Diese beiden Komponenten der Materialität waren nach dem Urknall vom ersten Moment an präsent. Erst als ich gewahr wurde, daß Wille Bewußtsein verlangt, und die Hypothese von seiner Allgegenwärtigkeit aufstellte, wurde das dyadische Modell allmählich wirklich interessant. Wissen mußte sich geradewegs mit materieller Struktur zusammen entwickelt haben. Während ich mich durch die verschiedenen Fragen arbeitete, lösten sich Paradoxe auf, und manche Beschreibung der Realität vereinfachte sich. Ich mußte mir nur genügend Mühe geben, die Interaktion zwischen dem, was existiert, und unserer Erfahrungsweise zu verstehen. 1987 schließlich schien das Modell in meinem eigenen Geist seinen festen Platz zu haben, und ich war erstaunt, wie sehr es doch das von uns erfahrene Universum wiederzugeben schien.

Am Anfang dachte ich noch gar nicht an Dyaden, aber mit der Zeit erschienen immer wieder Dualismen: Welle/Teilchen, positive/negative Ladung, Geist/Materie, Leib/Seele, Religion/Wissenschaft, männlich/weiblich, Yin/Yang und dergleichen mehr. Die Dualismen bezogen sich alle entweder auf Existenz oder Wissen oder auf beides, und alle sind sie komplementär und/oder Gegensätze. Das schien mir etwas ziemlich Grundlegendes zu sein. Dualismen, die sich nicht trennen lassen, wie die Vorder- und Rückseite einer Münze, werden besser als Dyaden beschrieben. Dualismen ergeben sich, wenn ein Beobachter die eine oder andere Seite beobachtet und nicht mehr weiterkommt, weil er nicht über die Grenzen der sinnlichen Wahrnehmung hinausgeht und insofern seinen Blickpunkt nicht erweitert.

Dann stieß ich auf etwas anderes, auf das Paradox aller Paradoxe: Determinismus und Wille ergeben sich nämlich ebenso aus dyadischen Betrachtungen. Wille ist ein Existenzattribut, Determinismus ein Wissensprodukt. Wille ist für Kreativität und Veränderung nötig, während Determinismus aus der Entdeckung von Stabilität und Kontinuität in der Natur und aus der anschließenden Fixierung auf stabile, kontinuierliche Prozesse resultiert. Kreativität und Stabilität müssen in unserem Universum nebeneinander existieren, da auch sie ein dyadisches Paar sind. Unbegrenzte Kreativität wäre völlig chaotisch, während strikter Determinismus keine Erneuerung gelten ließe und damit der Evolution den Grundpfeiler nähme. Die Wissenschaft wird dadurch, daß im Universum Wille vorhanden ist, nicht ruiniert, so wie auch die Mystik durch die Präsenz der Wissenschaft nicht zerstört wird. Beide sind lediglich Facetten von Wissen.

Aus einem sich ständig fortentwickelnden und lernenden dyadischen Modell ergab sich in Hinblick auf das Universum jedoch eine beunruhigende Konsequenz: In einer solchen Welt gibt es keine beständigen Wegweiser, an die sich der fehlbare Mensch halten könnte, keine verborgenen absoluten Gesetze – nur Versuch und Irrtum und auf Erfahrung gegründetes Lernen. Das Universum hat bis zum Auftreten des ersten Menschen fünfzehn Milliarden Jahre Erfahrung hinter sich und in dieser Zeit erfolgreiche Verhaltensweisen gelernt. Anstand, Güte und Liebe kamen auf, als Alternativen gegen die Brutalität, Gewalttätigkeit und Machtlosigkeit in unserem primitiveren gesellschaftlichen Milieu. Das unbelebte Universum ist auf allen Stufen gewaltsam und explosiv, und die frühe belebte Welt, in der nur die Fähigsten überlebten, war kaum weniger brutal. Unsere frühesten Götter waren zornige, launische, zur Gewalttätigkeit neigende Mächte, weil die Welt unseren Vorfahren so erschien. Es dauerte sehr lange, bis wir unseren Göttern Weisheit, Liebe und Fürsorglichkeit zusprachen, weil das das Wesen der Welt war, in der wir leben wollten; und so sollte unsere Welt auch werden. Damit taucht ein wichtiger Punkt auf: Letztendlich werden wir nämlich sowohl individuell wie auch als Zivilisation zu dem, was wir im tiefsten Innern erstreben.

Vor ein paar Jahren war ich nicht sicher, ob die Menschheit bereit ist, die für ihr letztendliches Überleben – speziell in einem dyadischen Universum – notwendige Verantwortung zu übernehmen. Und ich weiß es heute noch nicht. Um die volle Willenskraft zu nutzen, bedarf es im höchsten Maße einer persönlichen Verantwortung für das Allgemeinwohl. Meine Mutter gab ihr Augenlicht lieber auf, als die Welt durch die Augen des, wie sie dachte, Bösen zu sehen. Sie erkannte nicht, daß sowohl die Heilung als auch die Fähigkeit, sie zu verweigern, in ihr ruhten, obwohl sie das in späteren Jahren zu vermuten begann.

Ist der Glaube an ein Gericht nach dem Tode mit der Aussonderung der Ungerechten wirklich notwendig, um moralisches Verhalten zu lehren, oder ist moralisches Verhalten an sich selbst schon Belohnung genug? Kann moralisches Verhalten individuelles und kollektives Überleben auf eine höhere Stufe bringen, oder macht es das individuelle Leben einfach zu einer angenehmeren, erträglicheren Erfahrung? Die Übungen aller esoterischen Traditionen sollen ihre Anhänger dazu anhalten, sich über die Ego-Ebene zu erheben und in einem Lebenssinn, der über ihr eigenes Ich hinausgeht, Zufriedenheit und Sittlichkeit zu entdecken. Die Tatsache, daß die Natur denjenigen, die inneren Frieden und edle Gesinnung zu erreichen suchen, ein Mittel dazu verleiht, ist eine bedeutsame evolutionäre Entwicklung. Die Natur respektiert das Individuum nicht; die Zeit geht über die edlen wie über die geringen Menschen hinweg. Nur der Prozeß ist für die Natur relevant; Natur *ist* schließlich Prozeß. Deshalb müssen innerer Frieden und edle Gesinnung auch auf der erhabeneren Stufe Überlebenswert haben.

Doch wie viele sind willens, den äußeren Erwerb von Macht hinzugeben für den Weg des Dienens und innerer Zufriedenheit? Solch einen Weg vorzuzeichnen ist höchst schwierig, und nur ganz wenige haben sowohl den Mut als auch die nötigen Mittel, ihn zu gehen. Jahrhundertelang haben die Machthungrigen und Irregeführten in allen exoterischen Traditionen die Macht, die ihnen aus esoterischen Erkenntnissen erwuchs, in der einen oder anderen Weise pervertiert, eine Politik von Schuld, Sünde und Angst daraus gemacht und zu ihrem persönlichen

Vorteil ausgenutzt. Man kann sein transzendentes Selbst unmöglich in Institutionen finden, deren Zweck es ist, Theokratie zu fördern. Unsere Spezies verließ die Wege des Gemeinsinnes und der Partnerschaft mit der Natur im Anschluß an die Periode der Jäger und Sammler. Sie entwickelte auf dem Ego basierende Kulturen zur Unterwerfung und Ausbeutung der Natur und berief sich darauf, im Einklang mit dem göttlichen Willen zu sein. Sind wir bereit, wieder in Harmonie mit dem natürlichen Prozeß zu leben, oder müssen wir die letzten Bäume fällen und eine globale Ödnis schaffen, bevor wir merken, daß es ein Fehler war? In einem Universum, das durch Versuch und Irrtum lernt, sind menschlicher Wille und die Bereitwilligkeit, ihn zu nutzen, und zwar mit aufgeklärtem Wohlwollen für das Allgemeinwohl, die Schlüssel, um letztendlich zu überleben.

In einem dyadischen Modell geht alle esoterische Erfahrung aus der Resonanz des Körpers mit dem Nullpunktsfeld, das heißt, aus seiner Resonanz mit der Natur selbst, hervor. Je kompletter und kohärenter der Körper in Resonanz ist, desto ausgedehnter ist die wahrgenommene Realität. Völlige Resonanz und Kohärenz führen zum *nirvikalpa samadhi*, einem Zustand, in dem Bewußtsein mit dem Nullpunktsfeld verschmilzt und man das Gefühl hat, das Selbst dehne sich über das gesamte Feld aus. Die Erfahrung reicht aus, um alle Angst aufzuheben und ein Gefühl der Glückseligkeit und Sinnhaftigkeit zu erzeugen – und die Erkenntnis herbeizuführen, daß Unmenschlichkeit dem kollektiven Selbst nur Schaden zufügt.

Eingeweihte, die zum erstenmal das »Aufsteigen der Kundalini« erfahren, berichten immer wieder von einer außergewöhnlichen Empfindung. Sie haben für einen kurzen Augenblick das Gefühl, als stünden sie davor zu sterben, bevor sie zu dem explosionsartig erweiterten Bewußtsein des Samadhi und der Ekstase, das dann natürlicherweise folgt, durchstoßen. In Wahrheit ist das die dunkle Nacht der Seele, auf die der Morgen folgt. Bei der Konfrontation mit dem Tod wird alle Angst aufgelöst und die enge Verbindung zum All-Seienden hergestellt. Ich finde es außergewöhnlich, daß der natürliche Prozeß diese Erfahrung zuläßt und ermöglicht. Die einleuchtendste Erklärung dafür ist, daß die Struktur der Lebenserfahrungen, die das Ego-Selbst ausmachen, in gewisser Weise »stirbt«, während es zur Transzendenz kommt. Jede Körperzelle gerät dann in kohärente Resonanz mit dem Grundzustand des Seins und enthüllt im Kollektiv mit allen anderen eine umfassendere Wahrheit.

Die berühmtesten Mystiker aller Zeiten, von Laotse und Gautama Buddha bis zu Jesus und Mohammed, sprechen von der inneren Erfahrung in auffallend ähnlicher Weise. Die Tatsache, daß ihre Kosmologien nur Metaphern waren, tut der mächtigen Wirkung der persönlichen Erfahrung keinen Abbruch. Auch sollte uns die Tatsache, daß jahrhundertelang Anhänger jede ihrer Metaphern wortwörtlich ausgelegt haben, nicht davon abhalten, die esoterische Erfahrung von neuem zu erforschen.

Betritt man eine der großen Kathedralen der Welt, ist man von der außergewöhnlichen Atmosphäre beeindruckt und wird überwältigt von einem Gefühl des Friedens, der Stille und der Ehrfurcht. Hier, so würde ich sagen, manifestiert sich allgegenwärtige Resonanz. Es ist eine Art von Kommunikation mit denen, die in den Jahrhunderten zuvor hier in Andacht gebetet und ihre höchsten Aspirationen, Hoffnungen sowie ihren Glauben an innere Versenkung und an das Gebet kundgetan haben, wobei das Gebäude die Resonanz der Information, die sie mit ihren Gedanken nach außen trugen, bewahrt. Dies ist ihr spirituelles Vermächtnis.

Seit Jahren hängt für mich die mystische Idee, mit allem verbunden und eins zu sein, unlösbar mit der Vorstellung zusammen, daß das Universum aus einem unbegrenzten Energiefeld hervorgeht, das ohne Zeit, allgegenwärtig, mit jeder Aktion in der manifesten Welt in Resonanz ist und jeden Vorgang in ihr reflektiert. Zudem denke ich, daß das Universum die Keime für Bewußtsein und Willen in sich trägt. Das Nullpunktsfeld ist eine plausible, annähernde Darstellung für das, was sich unsere fernen Vorfahren unter Gottheit, unter göttlichem Sein und Wirken vorstellten, es fehlen ihm nur die anthropische Form und die Allwissenheit. Auf diese Weise haben wir die Götter unserem eigenen Bilde nach geschaffen.

Die Bedeutung des Nullpunktsfeldes und seiner Beziehung zur spirituellen Erfahrung kam mir 1985 eines Nachts, und seltsamerweise hoch über den Prärien von Texas, mit einemmal zu Bewußtsein. Nach einer Konferenz in Kalifornien befand ich mich auf dem Rückflug nach Florida. Außerhalb des kleinen Ovals des Kabinenfensters war es eine mondlose, aber sternklare Nacht. Ich ruhte mich in der Dunkelheit aus, und während ich meinen Gedanken nachhing, mit denen ich irgendwo im Himmel war, der das Flugzeug einhüllte, kamen in mir plötzlich Erinnerungen an Erlebnisse hoch, die ich Jahre zuvor in der Kommandokapsel *Kittyhawk* hatte. Es überkam mich eine seltsame

Vertrautheit. Ich hatte wieder das gleiche Gefühl der Verbundenheit, fühlte mich wieder als Teil des Prozesses um mich herum. Und die Himmelskörper besaßen glitzernde Halos. Erst danach dämmerte es mir: Sterne haben keine Höfe, sie funkeln auch nicht im Weltall, oder wenn man zehntausend Meter hoch ist. Ich wußte, mein Geist spielte mir einen Streich. Aber gleichzeitig machte plötzlich etwas Sinn. Während ich da saß, um mich herum nur Himmel, erlebte ich eine Art intellektueller Synthese. Es war, als ob ich soeben ein geistiges Bild dieses unfaßbaren Energiefeldes kreierte, durch das Materie nichtlokal korreliert ist und Gehirne Information nichtlokal wahrnehmen können. In diesem entspannten Zustand schienen Fragen und Antworten sich zu einem neuen Muster zusammenzufinden.

Obwohl die Erfahrung meine Empfindungen nicht so tiefgreifend veränderte wie vierzehn Jahre zuvor die Erfahrung in der *Kittyhawk*, war sie berauschend genug. Der stille Geist ist in der Lage, Information auf wirksame Weisen zu synthetisieren. Die mystische Erfahrung entstammt Wahrnehmungen, die scheinbar keinen äußeren materiellen Ursprung haben. Dies ist wahrscheinlich die Folge einer Kohärenz im Gehirn, die das »Rauschen« ausschaltet, so daß die Wahrnehmung nichtlokaler Resonanz die Schwelle bewußten Gewahrseins erreicht. Im *nirvikalpa samadhi* befinden sich wahrscheinlich Gehirn und Körper größtenteils in einem mit dem Nullpunktsfeld mitschwingenden Grundzustand von Resonanz. Das Resultat ist reines Bewußtsein und der Verlust des Selbstgefühls.

Auf den psychischen Frequenzbändern von Bewußtsein unterhalb des Samadhi-Zustands wird durch Resonanz mit anderen materiellen Objekten zusätzliche Information bezogen. Während man von einem Zustand zum anderen übergeht, bewegt sich die Resonanz vom Grundzustand des Gehirn/Körper-Bewußtseins zu fortschreitend aktiveren (und differenzierteren) Zuständen, in denen sie mit anderen Objekten in wechselseitige Beziehung tritt. Im existentiellen Bewußtseinszustand und darunter gehen die feineren Wahrnehmungen von Resonanz in der Aktivität unter, die aus der normalen, sinnlich wahrgenommenen Information und den Denkprozessen resultiert. Trotzdem sind diese subtilen Resonanzwahrnehmungen vorhanden; sie laufen nur unterhalb der Ebene des bewußten Gewahrseins ab. Beispiele dafür liefern die Untersuchungen, die zeigen, daß Zwillinge sich häufig übereinstimmend verhalten und kleiden, obwohl sie weit voneinander entfernt leben und ihre Aktivitäten nicht bewußt koordinieren. Genau das ging mir durch den Kopf, als ich damals im Flugzeug saß, hoch über den Prärien von Texas.

Außer einem unveröffentlichten Aufsatz von Harold Puthoff ist mir keine andere wissenschaftliche Arbeit zu diesem Thema bekannt, in der die These vertreten wird, daß die Resonanz mit dem Nullpunktsfeld und die da hindurchgehende der Ursprung aller mystischen Erfahrung und übersinnlichen Effekte ist. Seit einigen Jahren zeigen Laboruntersuchungen, daß es sowohl zwischen Menschen als auch zwischen Mensch und Materie sowie zwischen einfachen Organismen Resonanz gibt. Allerdings fehlt eine zusammenhängende Theorie, die die Resonanz erklärt. Die Resonanz mit dem Nullpunktsfeld, einem Nichtraumzeitfeld, ist heute die einzige Theorie, die das Phänomen im Lichte der Tatsache erklären kann, daß Signale, die Träger solcher Information sind, den elektromagnetischen Gesetzen nicht gehorchen. Die Theorie ist überprüfbar und kann sich natürlich als falsch erweisen. Aber sie erklärt wiederholt gewonnene experimentelle Daten, für die es bislang keine andere Erklärung gibt.

So gesehen resultieren religiöse und mystische Erfahrungen sowie sämtliche übersinnlichen Effekte daraus, daß das Individuum nichtlokale Information auf die Ebene bewußten Gewahrseins bringt. Bei der Wahrnehmung von Information paßt sich sowohl die subjektive Erfahrung des einzelnen als auch deren *Interpretation* an die kulturell konditionierten und dementsprechend für gültig und zulässig erklärten Überzeugungen und Sichtweisen an. Die linke Gehirnhälfte trachtet danach, Wahrnehmungen in einer kohärenten, konsistenten und logischen Weise zu interpretieren. Deshalb wird die nichtlokale Information mit der bereits im Gedächtnis vorhandenen Information verknüpft, um auf diese Weise eine logische, konsistente und sozial akzeptable Gedankenstruktur, wo immer das möglich ist, herbeizuführen. Befindet man sich in diesen Zuständen und beabsichtigt eine bestimmte Aktion, so verändern sich die Feldresonanzen. Vom Nullpunktsfeld aus erhält man Energie, um die gewünschten Effekte zu erzeugen.

Fraglos akzeptieren wir, daß Gedanken, die Wünsche und Absichten ausdrücken, innerhalb unseres eigenen Körpers Aktionen hervorrufen. Jedesmal, wenn wir einen Finger heben oder Durst bekommen und nach einem Glas Wasser greifen, reagieren Gehirn und Körper. Die Nervenverbindungen erledigen das Ihre, und es kommt zu einer beabsichtigten Aktion. Wir wollen jedoch weniger akzeptieren, daß ähnliche Effekte außerhalb des Körpers stattfinden können – das heißt, nichtlokal. Die Nervenverbindungen, die das ermöglichen, sind entweder verlorengegangen, oder sie werden bei den meisten Menschen nach der Kindheit inaktiv, da sie nicht trainiert und gepflegt werden. Neue Untersuchungen machen aber deutlich, daß sie durch Übung erhalten und reaktiviert werden können. Menschen jeden Alters können, wenn sie richtig und mit Eifer üben, aktiv Psychokinese betreiben. Manche machen es sogar spontan. Mozart nutzte ein anderes Nervenmuster als Einstein, und beide Nervenmuster wiederum unterscheiden sich von dem Picassos. Aber ich glaube, es ist sehr wohl möglich, wenn im vorgeburtlichen Stadium eine entsprechende Konditionierung beginnt, Nervenverbindungen und Nervenfunktionen im Gehirn zu aktivieren und aufrechtzuerhalten, die es einem erlauben, die besten Eigenschaften eines Galileo, Mozart, Einstein, Barischnikow, Norbu Chen und Uri Geller zu besitzen. Es geht lediglich darum, mit Übungen zu beginnen, bevor das Gehirn anfängt, ungenutzte Nervenverbindungen im Kindesalter aufzugeben und zu kappen. Und das ist der Schlüssel zu unserer bewußten Beherrschung der Evolution.

Seit über einem Jahrzehnt interessiere ich mich für Entwicklungen zur Beschleunigung des Lernens, und ich bin der festen Überzeugung, daß sich irgendwann ein Weg auftun wird, um unsere latenten Fähigkeiten besser auszunutzen. Ende 1993 ging ich die wissenschaftliche Untersuchung spezifischer Techniken und ihrer Ergebnisse an. Obwohl die Forschung auf dem Gebiet unterschwelligen Lernens mittlerweile über dreißig Jahre lang in verschiedenen Teilen der Welt im Gange ist, kommt einer Arbeit ganz besondere Bedeutung zu, nämlich der des japanischen Pädagogen Makoto Shichida, dessen Ergebnisse heutzutage in den Vereinigten Staaten mit Erfolg angewandt werden.

Mit Hilfe pränataler Techniken, ähnlich denen, die zuerst von Suzuki in bahnbrechender Weise eingesetzt wurden, um einen Fötus mit Musikklängen zu präkonditionieren, benutzte Shichida auch Wörter, um Vorbedingungen für postnatales Lernen zu schaffen – oder anders gesagt, um gewünschte Information im pränatalen Stadium zu speichern. Gleich nach der Geburt werden mit speziellen Karten und Tönen einfache spielerische Übungen gemacht, um durch kurzes Vorzeigen oder Vorspielen das Auffassungsvermögen für Zahlen, Wörter und Ideen anzuregen. Andere Übungen stärken sowohl das Langzeitals auch das Kurzzeitgedächtnis sowie das Erkennen von Mustern. Wie sich anhand der Ergebnisse zeigte, sind enorme Lernfähigkeiten vorhanden, die von der Wiege an aufrechterhalten werden können. Das eidetische Sehen* wird verstärkt und bewahrt, so daß die Kinder bald in der Lage sind, fast so schnell zu lesen, wie sie die Seiten eines Buches umblättern können, und dabei das Gelesene nahezu perfekt zu behalten.

Eines der interessantesten (wenn auch nicht überraschendsten) Ergebnisse aus der Sicht eines dyadischen Modells liefern solche Spiele, in denen Zahlen-, Wörter- oder Bilderkarten einander zugeordnet werden sollen. Shichida fand in seinen Untersuchungen heraus, daß Kinder rasch eine fast perfekte Genauigkeit beim Erraten von zugedeckt liegenden Karten erreichen. Ihre Intuition, das heißt, Kohärenz zwischen bewußten und unterbewußten Funktionen, entwickelt sich schnell dahin, daß Informationen aus dem Unterbewußten, rationale Funktionen und nichtlokale Quellen gleichermaßen verfügbar sind. Es gibt allen Grund für die Annahme, daß auf diese Weise eine ganze Reihe von Disziplinen oder Fähigkeiten kultiviert werden können. Es ist hinreichend dokumentiert, daß die Lerngeschwindigkeit rapide abnimmt, sobald Kinder mit der Schule beginnen und durch mechanisches Auswendiglernen und lautes Vorlesen – von allen Methoden die vielleicht ineffektivste – lesen lernen. Gerade die simultane Entwicklung des Rationalen und des Intuitiven, wobei das gleiche Gewicht auf rechts- und linkshemisphärische Funktionen gelegt wird, erhöht die Lerngeschwindigkeit erheblich. Obwohl die Denkmuster und das grundlegende Glaubenssystem eines Menschen bis zum Zeitpunkt der Pubertät etabliert sind, gibt es umfassendes Forschungsmaterial zur Unterstützung der erwähnten These, daß Gehirnfunktionen, die im Frühstadium des Lebens noch unentwickelt sind, wie das eidetische Sehen, wiedererlangt werden können, wenn man sie richtig trainiert und einübt.

Wenige Menschen beschäftigen sich eingehend genug mit ihrer Gefühlsempfindung, um in der Lage zu sein, die spezifischen Quellen innerlich wahrgenommener Information zu unterscheiden. Das ist in erster Linie so, weil unsere traditionellen Autoritäten in der westlichen Zivilisation, und damit sind die kirchlichen ebenso wie die wissenschaftlichen gemeint, inneres Empfinden als unwichtig abtun. Was wir über alles schätzen, ist die schiere Leuchtkraft des Intellekts. Daher

* »Eidetisches Sehen« nennt man die Fähigkeit, sich an früher Wahrgenommenes, vor allem an Geschriebenes, zu erinnern.

sind wir erstaunt, wenn vollendete Musiker, Künstler, Schriftsteller und Dichter, selbst geniale Mathematiker und Wissenschaftler das leisten, was sie eben leisten. Sie scheinen übernatürliche, magische Kräfte zu haben. Doch ihre Kraft entspringt dem intuitiven Prozeß und der Kreativität des Unterbewußten. Darin liegt ihre Fähigkeit, ob sie davon bewußt Gebrauch machen oder nicht. Und mit Übung kann jeder Mensch intuitiver und kreativer werden; aber zunächst muß man lernen, genau zu unterscheiden, woher dieses innere Empfinden kommt.

Intuitive Information hat zwei Quellen. Die erste resultiert daraus, daß man sein Gehirn mit Information füttert, eine Frage an sich richtet und dann das Problem auf sich beruhen läßt (darüber schläft). Das Unterbewußtsein sucht nach einer Lösung des Problems und präsentiert sie dem bewußten Gewahrsein. Dies geschieht vielleicht durch eine Art *Aha*-Erkenntnis, vielleicht durch Traumsymbolik oder durch Schaffung einer »Synchronizität«. Man muß gehörig aufpassen, um die subtileren Antworten zu erfassen, aber da sind sie immer. Diese unterbewußte Fähigkeit läßt vermuten, daß das Gehirn bereits vor der Entwicklung selbstreflexiven Bewußtseins lernte, wie es Probleme löst und Intentionalität nutzt, um gewisse Resultate zu erzeugen.

Die zweite Intuitionsquelle ist die nichtlokale Resonanz mit einer anderen Person oder mit einem Objekt. Wahre Kreativität könnte definiert werden als das erstmalige Erschaffen von etwas Neuem. Tatsächlich aber könnte es sich bei einer überraschenden »neuen« Erkenntnis, die der Erkennende für absolut ursprünglich hält, um eine nichtlokale Resonanz mit dem wahren Urheber handeln. Im Lichte dessen verwundert es nicht, daß unter Wissenschaftlern, Schriftstellern und Musikern zuweilen einer den anderen bezichtigt, originale Theorien, Geschichten oder Lieder zu stehlen. Wir treten in Resonanz mit den Themen und Ideen, wenn unser Unterbewußtsein nach der Antwort auf eine von uns aufgeworfene Frage sucht. Dies erklärt auch das sogenannte »Phänomen des hundertsten Affen«, das daran erinnert, daß unsere entfernten Verwandten im Tierreich und unsere primitiveren Vorfahren in ähnlicher Weise funktionieren bzw. funktioniert haben.*

Für diejenigen, die mit innerem Empfinden nicht vertraut sind, stellt die Unfähigkeit, zwischen Erinnerungen, die im Unterbewußtsein ge-

* Das »Phänomen des hundertsten Affen« bezieht sich auf die Beobachtung, daß Tiere, die an getrennten Orten leben, durch nichtlokale Resonanz gewisse Verhaltensweisen voneinander lernen.

speichert sind, und wahrem intuitiven Lösen von Problemen zu unterscheiden, eine verhängnisvolle Falle dar. Solche Erinnerungen aus dem Unterbewußtsein können gefühlsmäßig weitgehend den gleichen Eindruck vermitteln. Ein vages Unbehagen, das man beim Zusammentreffen mit einer unbekannten Person spürt, könnte ein intuitives Gefühl sein, daß die Absichten dieses Menschen für die Interessen, die man selbst hat, nicht gerade die besten sind. Oder es könnte einfach eine Art Pawlowscher Reflex sein, weil beispielsweise die Nase dieser Person der Nase von Tante Soundso ähnelt, die ein sehr herrisches Wesen hat. Nicht anders ist es mit der Liebe auf den ersten Blick, denn auch sie könnte prosaischere Ursprünge haben.

29

Heute führe ich ein ganz anderes Leben als früher. Im Laufe der Jahre habe ich mir die innere Welt besser zunutze machen können, eine Welt, in der ich mich mit den natürlichen Prozessen mehr im Gleichklang fühle. Dennoch erstaunt es mich immer wieder über alle Maßen, wenn ich in den Umweltmustern eine neue Komplexitätsebene entdecke. Aber die Entdeckungsreisen in die Welten des Schamanen sind im wesentlichen abgeschlossen. Ich bin heute zufrieden, wenn ich auf meiner Veranda sitze, meine Schnauzer um mich habe und zuschaue, wie sich die Wipfel der Kiefern, die um unser Haus stehen, im leichten Wind, der von der See kommt, wiegen. Hinter der Reihe von Kiefern grast im Schatten eine kleine Pferdefamilie. An den Nachmittagen kommt mein Sohn Adam von der Schule nach Hause, und dann spielen die Hunde erst einmal verrückt. Mit ihm und meiner lieben Frau Sheila verlebe ich einen ruhigen und friedlichen Alltag und plaudere so oft wie möglich mit den Kindern und Enkelkindern. Ohne sie hätten all die Jahre des Forschens keinen Sinn. Nach zwanzig Jahren Stadtleben – das heißt, nach zwanzig Jahre langem Bemühen, die Anforderungen von Geschäft, Forschung, Institut und Familie unter einen Hut zu bringen – hat mein Leben jetzt einen festeren Halt. Esoterisches Gedankengut läßt sich in dieser ländlichen Umgebung leichter erforschen.

Sheilah kam in mein Leben, nachdem ich mein halbes Jahrhundert voll hatte. Sie brachte eine jugendliche Überschwenglichkeit, frische Standpunkte und ungewöhnliche Schönheit in mein Leben. Schon sehr früh hatte sie sich dem Yoga zugewandt und sich an strenge Ernährungsgewohnheiten gehalten, um ihre zarte Gesundheit zu stärken. Diese Interessen teilten wir eifrig. Es entwickelte sich eine wundervoll romantische Beziehung, doch für eine Weile trennten uns enorm unterschiedliche Lebenserfahrungen und eine ganze Generation von Lebensanschauungen. Schließlich setzten sich jedoch gesunder Menschenverstand und der Wunsch durch, unseren Sohn gemeinsam zu erziehen, was uns beiden eine wunderbare Gelegenheit bot, das, was wir gepredigt hatten, in die Praxis umzusetzen. Vielleicht schaffte ich es beim dritten Anlauf.

Wie alle anderen jungen Leute in seinem Alter weiß Adam mit Computern umzugehen. Häufig spielt er mit einem Patience. Im wesentlichen simuliert die Maschine das materielle Spiel ohne Verwendung wirklicher Karten. Eines Tages aber, als ich ihm beim Spielen zusah, fiel mir ein, warum es keine perfekte Simulation ist und warum die Unterschiede für mein Verständnis von Bewußtsein wichtig sind.

Bei beiden Spielen (das mit echten Karten und die Computersimulation) beginnt man mit acht offenen und 44 verdeckten Karten. Angenommen, nach einem gewissen Spielverlauf liegen zwei rote gleichwertige Karten aufgedeckt auf zwei gleich großen Stapeln verdeckter Karten. Es kann nur eine der beiden roten Karten weggenommen werden, um die darunterliegende Karte umzudrehen. Ist es ausschlaggebend, welche der roten Karten gewählt wird? Es kann unter der einen oder unter beiden oder unter keiner eine spielbare Karte liegen. Welche der beiden roten Karten genommen wird, ist gemäß der Mathematik der Wahrscheinlichkeitstheorie unwesentlich, da eine spielbare Karte mit gleich großer Wahrscheinlichkeit unter beiden vorhanden ist.

Die Computersimulation einer Patience arbeitet mit Pseudo-Zufallswahrscheinlichkeiten, um den Wert einer bestimmten Karte, die aufgedeckt wird, auszuwählen. Der Computer teilt die Karten vor Spielbeginn nicht aus und legt sie nicht übereinander, wie es bei einem richtigen Spiel geschieht, selbst wenn es auf dem Bildschirm so aussieht. Beim Computerspiel ist es wahrhaftig gleichgültig, welche rote Karte weggenommen wird, da die Wahrscheinlichkeit bei allen übrigen Karten gleich groß ist, als nächste selektiert und aufgedeckt zu werden. Im Spiel mit materiellen, gut gemischten Karten kann unter einer oder unter beiden roten Karten bereits eine spielbare Karte vorhanden sein. Sie kam an diese Stelle, als die Karten verteilt wurden. Es handelt sich also darum, etwas zu wissen, was bereits existiert.

Ohne nichtlokale Intuition können wir allein mit unseren fünf externen Sinnesorganen nicht wissen, welche Karte wir wählen sollen. Wenn nur die fünf Sinne vorhanden sind, sind Computerspiel und wirkliches Spiel mathematisch äquivalent. Doch mit Resonanz und *Gefühl* lassen sich die wahrscheinlichen Chancen, die richtige Karte auszusuchen, wenn die eine vorteilhafter ist als die andere, oftmals enorm erhöhen. Versuchspersonen haben die wahrscheinlichen Chancen beim Auswählen von Karten immer wieder übertroffen, seit J. B.

Rhine mit seinen Untersuchungen in den dreißiger Jahren begann. Und schon lange davor waren sich Spieler in Las Vegas dieses rätselhaften und flüchtigen Sinnes bewußt.

Bei der Computersimulation sind die Karten jedoch nicht wirklich vorhanden, so daß die Intuition nicht den Ausschlag gibt. Trotzdem können Menschen, die in der Shichida-Methode geübt sind, im wirklichen Kartenspiel fast jedesmal die günstigere Karte auswählen. Das Computerspiel ist folglich keine richtige Simulation des wirklichen Spiels. Die auf Zufallszahlenberechnung basierende Wahrscheinlichkeitstheorie sagt die korrekte Antwort nicht voraus, wenn nichtlokale Intuition im Spiel ist.

Das ist genau das gleiche Problem, wie wir es mit Schrödingers Katze hatten. Tatsächlich *existierte* die Katze in dem einen oder anderen Zustand; nur war nicht bekannt, in welchem. Doch war der Zustand *erkennbar*, entweder durch Öffnen der Kammer oder durch nichtlokale Resonanz. Die Mathematik und das Wissen befanden sich insgesamt im Geist; der Existenzzustand wurde mit der Wahrscheinlichkeit, den Zustand wissen zu können, verwechselt. Im computergenerierten Patiencespiel ist es nicht möglich, die nächste Karte zu kennen, weil sie noch gar nicht existiert. Das Selektieren der Karte ist ein Pseudo-Zufallsprozeß, und deshalb hilft Intuition bei der Computerversion nicht weiter.

Was jedoch weiterhelfen kann, ist *Intention*. Robert Jahn an der Princeton-Universität, der Physiker Helmut Schmidt und einige andere haben Rhines frühe Arbeit seit über zwei Jahrzehnten bestätigt. Wie ihre Statistiken zeigen, können Zufallsprozesse in mechanischen Apparaturen durch Intention beeinflußt werden. Zwar sind die Statistiken verglichen mit dem, was Geller und Chen bewirken können, längst nicht so erstaunlich und sonderbar, aber sie sind für unser Verständnis der Realitätsgrundlage gleichermaßen bedeutsam.

Das führt uns zu dem weitverbreiteten Mißverständnis unter den Menschen, die einen Hang zur Mystik haben, daß Vorauswissen oder Wahrsagen möglich sei. Nicht in einem dyadischen Universum. Sogar in manch einer der frühen wissenschaftlichen Arbeiten, in denen das Erraten von Karten untersucht wurde, war die Rede von präkognitivem Raten, was nur möglich gewesen wäre, wenn die Karten bereits geordnet gewesen wären. In einem dyadischen Modell der Realität würden die gleichen Ergebnisse als psychokinetisch interpretiert werden – als Intention statt als Wissen. Da Zeit sich nur nach vorne bewegt und sämtliche Lebensprozesse nichtlinear sind und Wahlmöglichkeiten enthalten, ist die Zukunft nicht festgelegt und insofern nicht erkennbar. Aber sie kann bis zu einem gewissen Umfang beeinflußt oder sogar geschaffen werden. Korrekte Weissagung ist in Wirklichkeit häufiger selbsterfüllte Prophezeiung. Was sich durch nichtlokale Intuition und erweitertes Bewußtsein erkennen läßt, ist ein erweitertes Verständnis für das *Jetzt*, nicht ein Wahrnehmungsvermögen für die Zukunft. In Gang befindliche Prozesse, die ein bestimmtes Maß an Stabilität besitzen, können von einem Individuum mit erweitertem Bewußtsein ein begrenztes Stückchen in die Zukunft vorhergesagt werden. Dieses erweiterte Bewußtsein für existierende, bereits in Gang befindliche Prozesse gibt empfänglichen Menschen das Gefühl, Information aus der Zukunft zu erhalten, Vorahnung zu haben. Da aber Wille etwas Reales ist und Menschen wählen können, haben ihre getroffenen Entscheidungen auf die Zukunft des Prozesses Einfluß. Und die Fähigkeit, die Zukunft im voraus zu wissen, nimmt rapide ab, je weiter die Zeit in die Zukunft reicht, außer wenn ganz stabile Prozesse beteiligt sind. Ein bestimmtes zukünftiges Ereignis ist bis zum tatsächlichen Eintreten bestenfalls nur eine Wahrscheinlichkeit.

In der New-Age-Kultur und in Selbsthilfe-Wochenendkursen ist es mittlerweile gang und gäbe, solche Aphorismen zu gebrauchen wie »Denke nur positive Gedanken«, »Gib acht, was du dir erbittest; du könntest es bekommen«, »Du schaffst dir deine eigene Realität«, »Materie ist nur ein verdichteter Gedanke« und dergleichen. Aber haben derartige Vorstellungen irgendeine Gültigkeit? Meiner Meinung nach kommen sie nahe an die Sache heran. Aber sie müssen sorgfältiger untersucht werden.

Ein zu großer Teil unseres menschlichen Denkens kommt dem Flimmern auf dem Fernsehschirm gleich. Unser Gehirn erzeugt Energieimpulse, die wir als Information erfahren. Gedanken sind einfach Information, die auf der Leinwand des bewußten Gewahrseins erscheint; und sich der Information bewußt zu sein erlaubt einem an sich nur, zu wissen, womit man in Resonanz ist. Es bringt Schrödingers Katze nicht um. Es hat wenig Sinn zu versuchen, das Negative zu unterdrücken und es mit positivem Denken und mit dem, was einem gefällt, zu übertünchen, wenn immer wieder beunruhigende Gedanken auftauchen. In diesem Fall sublimieren wir bloß ein Problem, das unter Streß wahrscheinlich an die Oberfläche treten wird. Wir müssen akzeptieren, daß wir für unsere Gedanken selbst verantwortlich sind, egal was wir denken. Es sind allein unsere Gedanken, und mit denen müssen wir zurechtkommen. Wenn wir sie nicht leiden können oder wenn sie nicht produktiv sind, können und sollten wir sie ändern. Wenn wir es wirklich nicht können, ist professionelle Hilfe nötig.

Aber gründliches und sorgfältiges Denken zahlt sich aus. Von Kindesbeinen an bis zum Ende meiner Karriere bei der NASA bekam ich dieses Konzept eingeprägt. Es ist wirklich ein recht erstaunliches Phänomen, daß das Einüben von Mustern bewußter Aktivität das Unterbewußtsein veranlaßt, sich an diese Gedankenmuster zu gewöhnen. Ein Großteil meiner Ausbildung im Rahmen des Weltraumprogramms hatte mit »Was ist, wenn ...«-Situationen zu tun. Was ist, wenn dieses oder jenes schiefgeht oder wenn diese oder jene Komponente ausfällt? Diese mentalen Übungen waren in gewisser Weise negatives Denken. Mit solchen Überlegungen konnten wir zeigen, welche Bestandteile eines Systems ausfallen könnten. Das war ein notwendiger intellektueller Prozeß, mit dem wir uns befassen mußten. Aber leisteten wir damit möglichen Systemausfällen etwa Vorschub? Natürlich nicht.

Das ist nicht negativer, als nach dem Wetter zu schauen, um zu prüfen, ob man einen Regenschirm braucht, und dann den Regenschirm zu untersuchen, um zu sehen, ob er ein Loch hat. Wir wurden uns gefahrvoller Situationen und potentieller Probleme einfach bewußt und bereiteten uns dann darauf vor, sie im Falle ihres Eintretens im Griff zu haben. Die *Intention* war, Erfolg herbeizuführen und Mißerfolg zu vermeiden. Indem wir vorbereitet sein und die Sache durchziehen wollten, wurden nahezu unmögliche Situationen durch konzertiertes Planen und Handeln vor dem Scheitern gerettet. Wichtig ist die Intention, die hinter einer Aktion steht; alles übrige ist lediglich mechanischer Ablauf. Die Systeme, um die wir uns am meisten sorgten, fielen selten aus; Probleme verursachten die, bei denen wir eine gewisse Selbstgefälligkeit an den Tag legten.

Ein weitverbreitetes Vorurteil ist, daß schon das bloße Nachdenken über potentielles Mißgeschick ausreicht, um Mißgeschick hervorzurufen. Natürlich ist auch das falsch. Obwohl die Fehlermodusanalyse bei organisatorischen wie auch bei mechanischen Problemen erfolgreich eingesetzt werden konnte, sind kommerzielle Anwendungen infolge des genannten Vorurteils schwierig zu vermarkten. Nur in idealistischen Realitätsmodellen könnte eine solche beiläufige mentale Aktivität jene Wirkung haben. Es ist allerdings wahr, daß man wahrscheinlich keinen Erfolg haben kann, wenn man in Negativität versinkt und *jede* Situation unter dem Aspekt betrachtet, warum sie gar nicht gelingen kann. Dadurch, daß man Ideen verstärkt und ihnen zusätzliche Energie gibt, wird man selbst in die Richtung der Idee getrieben. Die eigene Weltanschauung wird durch die Ideen und Erinnerungen genau definiert, die im Unterbewußtsein enthalten sind, das den Verlauf bewußten Denkens dirigiert. Phobien sind exzellente Beispiele dafür. Befindet man sich auf der Ego-Ebene und darunter, so vergrößert sich die Angst, und man wird zu Situationen hingetrieben, in denen das, wovor man am meisten Angst hat, bei jeder Gelegenheit gegenwärtig ist. Man lernt irrationale Angst am besten zu bezwingen, indem man sich ihr unmittelbar stellt und erkennt, daß sie lediglich ein Schatten ist, der im Lichte des Verstehens verschwindet.

Es ist durchaus möglich, die Idee positiven Denkens ins Extrem zu führen und in einer bukolischen Nebelwolkel durch das Leben zu schweben. Das Leben hat nun mal seine traumatischen und kummervollen Seiten, seine Leiden und Traurigkeiten, und es ist nichts gewonnen, wenn man das, was einem nicht gefällt, übertüncht. Das erfolgreichste Rezept, um mit den negativen Aspekten des Lebens fertig zu werden, liefert der erfahrene Mystiker, der die emotionale Abnabelung von den Wechselfällen des Lebens übt und dabei mit heiterer Gelassenheit gleichermaßen über Erfolg und Mißerfolg wacht. Wer das beherrscht, hat die Kontrolle über sein Leben gewonnen und versteht, daß wir alle Mitwirkende in dem anscheinend ewigen kosmischen Spiel sind, ein Universum durch Versuch und Irrtum zu erschaffen.

Der Weg in die Zukunft

30

Seit Jahren verdiene ich nun meinen Lebensunterhalt mit Vortragsreisen und als Berater. Während dieser Zeit habe ich die Ergebnisse der laufenden Bewußtseinsforschung, sofern es mir angebracht erschien, in meine Arbeit integriert, meist um Menschen dabei zu unterstützen, selbst eine breitere Perspektive zu finden. Infolgedessen werde ich regelmäßig zu meinen Ansichten über diverse und zuweilen weithergeholte Themen befragt. Das reicht von der Frage, ob uns auf unserer Reise zum Mond UFOs folgten, bis zu der nach dem Wesen von Schutzengeln. Da ich mich um die Einstellung bemühe, daß es so etwas wie eine dumme Frage nicht gibt, sondern nur dumme Antworten, versuche ich, auf jede Frage ernsthaft einzugehen. Leute, die den Mut beweisen, unkonventionelle Fragen zu stellen, zeigen damit nur an, daß sie ein echtes Verlangen danach haben, Antworten zu finden, auch wenn sie manchmal an seltsamen Plätzen suchen.

Gegen Ende der achtziger Jahre beobachtete ich eine auffällige Veränderung in den allgemeinen Einstellungen der Leute und in den Fragen, die sie an mich richteten. Bewußtsein wurde zu einem Thema, das Wissenschaftler ernsthaft beschäftigt. Auch aus der Geschäftswelt und aus den Fachberufen, wo man an solchen esoterischen Themen wenig Interesse gezeigt hatte, kamen plötzlich Fragen. Es schien, als wäre weltweit ein tiefsitzendes Unbehagen zutage getreten, da die Leute anfingen, ihre oft nur intuitive Besorgnis um den zukünftigen Lauf der Zivilisation zum Ausdruck zu bringen. Sie waren verwirrt und spürten, daß traditionelle Antworten nicht mehr adäquat waren. Wenn ich es von meinen persönlichen Beobachtungen her beurteile, so war es ein globales Phänomen, und das ist es heute noch.

Einige von uns haben seit mehr als zwanzig Jahren über Paradigmenwechsel gesprochen, und wie es aussieht, kommt er jetzt allmählich zum Vorschein. Plötzlich gibt es ein neubelebtes Interesse an spirituellen Angelegenheiten und am Wert der Familie, aber auch an wissenschaftlichen Erklärungen für die mystische Erfahrung. Wir wollen wissen, wie wir diese Welt, in die wir hineingeboren wurden, verbessern können, und wir wollen wissen, wie wir das, was viele als das Nahen einer vom Menschen verursachten Apokalypse sehen, abwenden können. Wir wollen auch mehr Ordnung in unserem Leben. Die primitive Kampf-oder-Flucht-Reaktion auf Bedrohung und Konflikt hat sich durch die Jahrtausende nur im geringen Maße gewandelt, um zu vernünftigen Ergebnissen und wohlüberlegten Vereinbarungen für die menschliche Gesellschaft zu kommen. Die heutigen, zu unserer Kultur gehörigen Kosmologien und Wertesysteme, die sich mit einem expandierenden und evolvierenden Universum, das mit einem Urknall begann, nicht vereinbaren lassen, müssen angesichts dessen weichen, daß die Wissenschaft immer wieder neue Bestätigungen für diese Theorie findet.* Aber die Religionen, aus denen sich unsere persönlichen Werte traditionell ableiten, machen nach wie vor keine Anstalten zur Veränderung.

Die Verdoppelung der Weltbevölkerung in jedem Vierteljahrhundert und die folgende Inanspruchnahme der Ressourcen unseres Planeten für einen akzeptablen Lebensstandard dieser explodierenden Menschheitsmasse bringt uns in eine schwierige Lage. Und da die meisten Menschen in dieser Welt den Lebensstil und den Überfluß der Industrieländer suchen, steckt die Zivilisation des gesamten Globus in einem Dilemma. Meiner Meinung nach ist die Besorgnis, die viele empfinden, eine Art Widerhall der monumentalen Größe dieses Problems auf der intuitiven Ebene.

Viele sagen voraus, daß das Ende dieses Jahrtausends eine Apokalypse mit sich bringen wird, die in ihrer Art der Wiederkunft Christi nach dem Jüngsten Gericht gleichen soll. Andere glauben, die Jahrtausendwende wird eine Intervention durch außerirdische intelligente Wesen einleiten, und andere wiederum erhoffen sich weise Lösungen von Schutzengeln und »gechannelten« Wesenheiten. Manche halten unser Dilemma bloß für politisch. Durch welche Prozesse auch immer die einzelnen zu ihren Schlußfolgerungen gelangen, es besteht immerhin ein allgemeiner Konsens, daß die Probleme real sind. Im Laufe der Jahre ist mir klar geworden, daß die Probleme der postindustriellen

---

* Jüngste Entdeckungen mit dem Hubble-Teleskop lassen auf neue Abweichungen und Widersprüche im relativen Alter des Universums und bestimmter Galaxien schließen. Wahrscheinlich werden diese Sachverhalte eher dadurch gelöst, daß man neue Berechnungen anstellt, als daß man die Urknalltheorie selbst in signifikanter Weise zu revidieren versucht.

Zivilisation nicht nur real, sondern schwerwiegend sind und sich verstärken.

Allerdings sind solche Probleme hausgemacht und können nur von Menschen gelöst werden, die ihre individuellen und kollektiven Kreativkräfte konstruktiver einsetzen, und wir besitzen reichliche Begabungen, um die Aufgabe zu bewältigen. Aber als erstes ist eine Neueinstellung unseres Denkens an der Reihe, eine weltweite Veränderung mit dem Interesse, eine fortdauernde Zivilisation zu schaffen, nicht nur für uns selbst als Individuen, sondern in einem umfassenderen Sinne.

Schutzengel, »gechanneltes Wissen« und göttliche Offenbarung sind traditionelle Erklärungen für die Wahrnehmung der verborgenen kulturellen Resonanzen und des kollektiven Bewußtseins, die jedes Individuum jederzeit nichtlokal nutzen kann. Natürlich wird solche Information den Überzeugungen und Vorurteilen des Wahrnehmenden entsprechend interpretiert und mit Bedeutung behaftet. Je reichhaltiger und vielseitiger das Informationsarchiv ist und je mehr der Glaube an jene traditionellen Erklärungen mit dem natürlichen Prozeß übereinstimmt, desto weiser und bedeutungsvoller kann die Interpretation sein. Ich bin sowohl erfreut als auch amüsiert darüber, daß »gechanneltes Wissen« in den dreißig Jahren, in denen ich solche Phänomene beobachtet habe, irdischer und praktischer geworden zu sein scheint. Zeitlose Weisheit auf der Grundlage von Rechtschaffenheit, Toleranz und Güte gehört eben immer noch zur modernen Erfahrung.

Ich bin oft nach meiner Meinung gefragt worden, ob das Ende dieses Jahrtausends irgendein außergewöhnliches Ereignis mit sich bringen werde oder nicht oder ob darin von Natur aus irgendeine spezielle Bedeutung läge. Es scheint eine Vermutung oder Hoffnung zu bestehen, daß wir durch irgendein außerordentliches Eingreifen von außen gleichsam auf magische Weise von unseren Problemen auf der Erde entbunden werden. Für viele hat schon das Datum an sich eine tiefe Bedeutung. Wenn ich gefragt werde, ob ich das glaube oder nicht, gebe ich generell eine ziemlich knappe Antwort: Nur wenn man ihm Bedeutung verleiht. 2000 Jahre – das ist lediglich eine willkürliche Zahl in einem vom Menschen aufgestellten Kalender. Wie gesagt, die Natur kennt keine Zeit, sondern nur Prozeß.

Der Übergang vom herkömmlichen Vertrauen in äußere Autorität, sei es Gott oder eine Regierung, in der man einen Rettungsanker zu haben glaubte, ist nicht leicht. Unser Ego-Selbst versteht es meisterhaft, Verantwortlichkeit zu vermeiden und von anderen Befriedigung zu erwarten, was oftmals den grundlegenden Impuls für Kampf-oder-Flucht-Verhalten wachruft. Ähnlich geschickt versteht es das Ego, die Anerkennung unseres gegenseitigen Verbundenseins zu umgehen, da es ihm vorzugsweise nur um die Befriedigung des Ich geht. Doch solche Impulse sind in der heutigen überfüllten Welt unangebracht. Schutzengel, »gechannelte« Information, Besuche von Außerirdischen oder auch bloß staatliche Subventionen, das alles sind nur Formen, den unvermeidlichen Tag hinauszuschieben, an dem wir uns offen eingestehen müssen, daß wir für das große Selbst, sprich die Weltseele, Verantwortung tragen und verpflichtet sind, unsere inneren Gaben und Ressourcen für das Allgemeinwohl voll auszuschöpfen.

Man hat uns aus Tradition beigebracht, Autorität zu respektieren. Allerdings ist »Autorität« selbst in einem Dilemma, denn herkömmliche Institutionen sind nicht dafür strukturiert, diese modernen Problemstellungen zu behandeln. Es überrascht also nicht, daß wir heutzutage sehen, wie Respekt, nicht nur für Autorität, sondern auch für zivilisiertes Verhalten selbst, zusammenbricht. Die Interpretation, daß die Verhältnisse einen Paradigmenwechsel ankündigen, ist zwar ganz richtig, aber sie kennzeichnen auch einen Bifurkationspunkt, eine Weggabelung, von der sich nicht vorhersagen läßt, wohin sie führen wird. Es ist sowohl eine Existenz- als auch eine Wissenskrise: Zuviel Existenz steht zuwenig Wissen gegenüber. Das Gegenmittel liegt in Bildung, Bewußtsein, in der Sinnfindung für die eigene Existenz, die über das eigene Selbst, das Ich, hinausgeht, und in der anschließenden Übernahme persönlicher Verantwortung, um seinen Lebenssinn zu erfüllen. Es scheint klar, daß es tolldreist ist, weiterhin nur den materiellen Nutzen zu erstreben und unbegrenztes Wirtschaftswachstum zu verherrlichen, angesichts der Risiken, die eine solche Weltanschauung nach sich zieht. Ich bin ganz zuversichtlich, daß wir als Spezies diese Beschränkungen transzendieren und eine dauerhaft überlebensfähige Gesellschaft schaffen können, auch wenn die Herausforderung nicht einfach ist.

Unsere Spezies scheint dazu befähigt zu sein, die einst Göttern zugeschriebenen Eigenschaften auf evolutionärem Wege heranzubilden. *Gott schlummert in den Steinen ... und denkt im Menschen.* Aber ist die Menschheit tatsächlich bereit, die Verantwortung für diesen Evolutionssprung zu akzeptieren? Sind wir bereit, gottgleichen Status anzunehmen? Wir sind sicherlich nicht weit entfernt davon, vorausgesetzt, wir schaffen eine Umwelt, die uns nährt, am Leben erhält, in der wir die natürlichen Abläufe verstehen und mit ihnen harmonisch leben können; und vorausgesetzt, wir bringen all die Fähigkeiten, die bereits in uns sind, zur Entfaltung. Aber noch müssen wir erst in das Gehirn, mit dem die Natur uns ausstattete, hineinwachsen.

Da wir wirklich im Besitz von Willen sind, können wir auch durch Torheit oder durch Unkenntnis über natürliche Prozesse unser Dasein ein für allemal beenden. Das ist im Verlauf meines Lebens nicht nur möglich geworden, sondern auch nicht mehr von so ganz geringer Wahrscheinlichkeit. Wir leben in einem Universum, das auf Versuch und Irrtum basiert; was nicht funktioniert, ist für intelligente Wesen eine ebenso wertvolle Lektion wie das, was Erfolg hat. Sollte der *Homo sapiens* sich zu einem Verhalten nach Art der Lemminge entscheiden, wird das Wachstum und die Evolution des Universums zu einem weisen, selbstreflexiven Bewußtsein insofern also nicht zu Ende sein.

Wenn wir die nukleare Apokalypse und/oder den völligen wirtschaftlichen Zusammenbruch während des nächsten Jahrhunderts verhindern, wohin führt dann die Zukunft? Was ist unser Los als Zivilisation? Es gibt einige in unserer fernen Zukunft liegende Gewißheiten. Irgendwann müssen wir die Erde verlassen – wenigstens eine gewisse Anzahl unserer Nachkommen werden es tun müssen, da unsere Sonne auf das Ende ihres solaren Lebenszyklus zugeht. Aber so wie Entdecker auf der Erde stets vor den Siedlern kamen, wird es auch im extraterrestrischen Raum sein. Die Erde ist unsere Wiege, nicht unser endgültiges Schicksal. Das Universum ist an sich unser größeres Zuhause. Und zweifellos werden wir auf unserem Weg auf andere Spezies treffen, wenn wir das nicht schon getan haben, die wie wir mit der Erkundung des Kosmos begonnen haben.*

Werden sie uns feindlich gesinnt sein? Wahrscheinlich nicht. Zu dem Zeitpunkt, da eine Spezies in der Lage ist, die Weiten des Weltraums zu erkunden, hat sie sicherlich mehr über sich selbst gelernt als wir und gewiß auch mehr über den Wert friedlicher Gesinnung. Man kann mit

* Ich hatte keine persönlichen Begegnungen mit UFOs, obgleich ich wünschte, ich hätte sie gehabt, so daß ich aus eigener unmittelbarer Erfahrung sprechen könnte. Ich habe jedoch glaubwürdige Fachleute in zwei unserer ehemaligen Regierungen getroffen, die ihre eigenen Erfahrungen aus erster Hand mit »Begegnungen der dritten Art« während ihrer Diensttätigkeit bezeugt haben. In den militärischen und nachrichtendienstlichen Archiven sind Unmengen von Informationen zu diesem Thema unter Verschluß, die meiner Ansicht nach für die Öffentlichkeit freigegeben werden sollten.

Sicherheit sagen, daß sie intelligente Geschöpfe sein werden, die bereits uneingeschränkt erkannt haben, daß alles Leben zusammenhängt, obwohl es eine andere Form und Erscheinung haben kann. Sie sollten bereits wissen, daß der einzige Weg, das Universum zu erobern, darin besteht, seine Eigenheiten zu kennen und sich danach zu richten.

Die Zukunft läßt sich jedoch nicht erkennen, allen Propheten und Wahrsagern zum Trotz. Wir werden unsere Zukunft nicht entdecken; wir werden sie schaffen. In seinem Buch *Die Physik der Unsterblichkeit* spielt Tipler mit dem Gedanken, daß die Menschheit ihre Präsenz eines Tages von der Erde über das Sonnensystem, vom Sonnensystem über die Milchstraße und von der Milchstraße über das gesamte Universum ausdehnen werde. Im Laufe dieses Prozesses würden wir von der größeren Ausnutzung der in jedem Stadium zur Verfügung stehenden Energieressourcen profitieren. Und er hält es sogar für möglich, daß wir Energie und Wissen nutzen könnten, um den *Big Crunch*, wenn sich alles zusammenpreßt, was nach Ansicht einiger Kosmologen das Ende dieses Universums ankündigt, zu verhindern. Wie schon erwähnt, spekuliert er auch darüber, daß die objektive Information von jedem Wesen, die immer noch durch die gesamte Raumzeit hindurch nachschwingt, wieder zusammengefaßt und in eine gigantische Maschine einprogrammiert werden könnte, um dadurch von jedem Individuum, das je gelebt hat, eine Nachschöpfung zu erschaffen. Grundsätzlich könnte man aus dem Maschineninneren keinen Unterschied zwischen dem originalen Ich und der späteren Nachschöpfung ausmachen. Damit wäre physische Unsterblichkeit erreicht: Jeder, der je gelebt hat, würde eines Tages wieder »leben«.

Aber ich bezweifle solch ein Szenario. Ich stimme Tiplers Einschätzung zu, daß das Schicksal der Menschheit darin besteht, das Universum zu erkunden, vielleicht sogar seine fundamentalen Prozesse zu regeln. Sein Argument für Unsterblichkeit basiert jedoch darauf, »objektive« Information über das Individuum zu erfassen. Er zieht dazu das schlagkräftige Argument von Forschern der artifiziellen Intelligenz heran, daß sich Wissen einfach auf Rechenprozesse reduzieren ließe und objektive Information die einzig gültige Information darstelle. Aber ich glaube, daß Information subjektiv wahrgenommen werden muß und daß die einzig gültigen Bedeutungen von unserem bewußten Selbst kommen. Wir mögen keine unsterblichen Körper haben, trotzdem sind wir ewige Wesen, weil nämlich die Information darüber, daß wir diesen Weg durchschritten haben, als Schwingung bereits überall im Universum vorhanden ist. Wir brauchen keinen Computer, um ihrer habhaft zu werden. Ich kenne Leute, die das schon längst tun.

Mein Lebensweg ist weitgehend von einer Tendenz bestimmt worden, unausweichlichen Impulsen zu folgen, die mich Tätigkeitsfelder und Steckenpferde finden ließen, die mir lagen. Mein ganzes Leben lang war ich mit der mechanischen Welt der Technik und Wissenschaft vertraut und habe mich darin wohl gefühlt. Obwohl ich mich von Religion nicht gerade aus tiefstem Herzen angezogen fühlte, machte sie mich mein Leben lang neugierig. Schließlich war sie ein bedeutsamer Teil meiner Erziehung. Das heißt, ich konnte mich mit ihr irgendwie auf die gleiche sachliche Art und Weise auseinandersetzen, wie ich das mit der Dynamik von Flugzeugen oder mit dem Modell eines Atoms konnte. Außerdem wurden meine wissenschaftlichen Studien von einer Tendenz beeinflußt, Phänomene im Kontext des größeren Ganzen zu sehen – vielleicht hatte ja ein Gott seine Hand im Spiel und nahm im stillen Einfluß auf die Maschine. Es ist so, als ob mich etwas unweigerlich dahin zog, die Relevanz und Verbindungen zwischen scheinbar grundverschiedenen Welten zu sehen, in zwei Sprachen zu Hause zu sein, in der Sprache der Physik und in der der religiösen Schriften. Die Quantenphysik ist die Sprache, die der abendländische Wissenschaftler gebraucht, um den Geist in der Maschine der Alltagswelt zu finden, den er ohne sie nicht so ganz erklären kann. Die Quantenphysik ist die Sprache, die man gebraucht, um das Geheimnis und Wunder einfachen Sonnenlichts auszudrücken.

Alle Mysterien werden vom Menschen erzeugt. Sie sind das Produkt unseres Verlangens nach Wissen und im umfassenderen Sinne sogar des Verlangens der Natur nach Selbsterkenntnis, und deshalb bleibt es auch dem Menschen überlassen, alle Geheimnisse zu lösen. Da in unserem Denken Dualismen und Paradoxien auftauchen, wird es notwendig, die alte Sprache zu erweitern oder eine neue zu schaffen und eine neue, höhere Perspektive einzunehmen. Paradoxien werden nicht auf derselben Denkstufe gelöst, auf der sie erzeugt wurden – diese Bedingung gilt sowohl für die Welt der Quantenphysik als auch für die der mystischen Erfahrung. Zuweilen ist mehr erforderlich als These, Antithese, Synthese. Hier scheint der Physiker die Sprache des Mystikers und der Mystiker die Erkenntnisse der Wissenschaft zu brauchen. Die wissenschaftliche Reise ist ebenso wie die religiöse in Wirklichkeit inneres Erkunden.

Ich glaube, der Mensch unternimmt die meisten großen Reisen aus Gründen, die im unterbewußten Strom des Lebens verborgen liegen – und die die unausweichlichen Impulse geben. Oft ziehen wir los, um Antworten zu finden, und schaffen uns damit neue Fragen. Wir erkunden den Weltraum, um uns im Gesamtzusammenhang eines unermeßlichen Universums besser selbst zu erkennen. Erkunden bedeutet, den Horizont zu erweitern. Durch diesen Prozeß sind wir auf mehr Fragen gestoßen, als wir gegenwärtig beantworten können. Aber in diesem grandiosen Bestreben haben wir zu einem größeren Einklang mit dem Tao gefunden. Kundschafter in den Weltraum zu entsenden bedeutet, an dem uralten menschlichen Drama mitzuwirken und die Sphäre unserer menschlichen Wahrnehmung und Intention zu vergrößern. Insgeheim träumen wir den Traum, den Schleier um unsere eigene Bedeutsamkeit zu lüften, das Universum unserer eigenen Idee nach zu gestalten, so wie wir die Götter nach unserem Ebenbild geschaffen haben. Aber wir müssen erst einmal dorthin.

Diese Reisen in der heutigen modernen Zeit sind die Verwirklichung der mystischen Reise, genauso wie die in früheren Zeiten. Obwohl das Hubble-Weltraumteleskop dazu beigetragen hat, ein unfaßbar großes und kontinuierlich expandierendes Universum deutlicher zu machen, beharren wir Menschen auf unserer eigenen göttlichen Bedeutung. Vor Jahrhunderten entdeckten wir, daß wir nicht das geographische Zentrum unseres winzigen Sonnensystems sind, viel weniger das des Kosmos; heute ist es ganz sicher, daß wir auch nicht das biologische Zentrum sind. Angesichts dessen versuchen wir, für uns selbst Bedeutung zu finden. In dem Bewußtsein, daß die individuelle Lebensspanne gerade mal ein kurz anhaltender Funke in dem unendlichen Dunkel ringsum sein kann, bestehen wir hartnäckig darauf, daß das individuelle menschliche Leben im umfassenderen Zusammenhang der Dinge einen bestimmten Sinn und Zweck hat. Und den hat es tatsächlich, wenn wir unsere begrenzte Zeit dazu nutzen, ihn herzustellen.

Damals in den sechziger Jahren gab es für mich eine Zeitlang Grund zu der Hoffnung, ich könnte einer der Astronauten sein, die den nächsten logischen Schritt im Heldenepos von der Eroberung des Kosmos durch den Menschen vollziehen würden. In meiner Dissertationsarbeit schlug ich einen Flugplan für eine solche Mission vor. Und die Hoffnung, daß unsere Regierung darin eine entsprechende Dringlichkeit sah, nachdem unsere Nation serienweise heldenhafte Missionen zum Mond geflogen hatte, war nicht unbegründet. Das von Präsident Kennedy 1961 erlassene Mandat wurde nicht nur pünktlich, sondern auch im Rahmen der ursprünglich vorgesehenen Mittel erfüllt – eine Leistung, die für die US-Regierung heute nahezu unerhört ist. Nach einem solchen Erfolg war es meiner Meinung nach durchaus denkbar, daß ich an einer Mission zum Mars teilnehmen könnte. Man war mit den Plänen für den Raumgleiter längst über das Entwurfsstadium hinaus, denn es liefen schon Tests mit den ersten Prototypen. In der NASA hofften damals viele, es würde eine Raumstation geben, um in der Folge zum nächsten Riesensprung für die Menschheit anzusetzen.

Aber es sollte keine Marsmission geben.

Von unseren nationalen Anstrengungen in den sechziger und siebziger Jahren ist nicht mehr übriggeblieben als ein paar Raumgleiter, die in die Kritik gerieten, weil sie weder kostengünstig noch besonders vielseitig einsetzbar seien, sowie ein paar unbemannte Missionen, die von unseren Nachbarplaneten im Sonnensystem Bilder zurückschicken. Viele Wissenschaftler übten überaus laute Kritik am Shuttle-Programm, wobei sie behaupteten, daß bemannte erdnahe Weltraummissionen auf kaum etwas anderes hinausgelaufen seien als ein paar Clownerien in der Schwerelosigkeit. Das ist natürlich absurd, zumal der kommerzielle Nutzlastraum des Shuttles sehr gesucht ist. Hauptsächlich wurde auf den Gebieten der Kommunikation, Grundlagenforschung und medizinischen Forschung gearbeitet, für die sich nicht so leicht Werbung machen läßt wie für einen kühnen Flug zum Mond oder für die visuell beeindruckenden Bilder von einer relativ preiswerten unbemannten Sonde, die zu einem farbenreichen fernen Planeten fliegt.

Das heißt nicht, daß mit der Unterbrechung in der bemannten Weltraumerkundung die Gelegenheit vorbei ist. Das Sonnensystem wird sich bis zu dem Zeitpunkt, da wir wieder bereit sein werden, unseren nächsten Streifzug zu unternehmen, wenig verändert haben. Vielleicht wird sich im Laufe der Geschichte zeigen, daß sich diese Zeit, in der wir uns notwendigerweise den Problemen des Planeten zugewandt haben, eines Tages insofern als nützlich erweist, als wir zu einem Konsens darüber kommen, was wir wollen, und eine neue gemeinschaftliche Anstrengung unternehmen. Das sollte es uns erlauben, Ressourcen mit anderen Nationen zusammenzufassen, so daß es schließlich eine Reise ist, die in Wahrheit von Erdbewohnern unternommen wird, nicht von Nationen.

Wenn wir uns eines Tages zu dem roten Planeten aufmachen und die Kameras auf den schimmernden blauen Punkt zurückschauen, so meine ich, werden die Entdecker an Bord des Raumschiffs sich weder als Astronauten noch als Kosmonauten bezeichnen, noch irgendeine Nationalität mit tiefempfundenem patriotischem Stolz beanspruchen wollen bzw. können. Ihre Nationalität wird sich verflüchtigen, je mehr die Erde aus der Sicht ist und von Menschen gezogene Grenzen mit der Entfernung schwinden. Sie werden sich nur Entdecker nennen können, die vom Erdplaneten kommen.

Aber bis dieser Zeitpunkt kommt und bis eines Tages Präsidenten und Premierminister rund um die Welt den Auftrag dafür erteilen, daß die Menschheit jenen nächsten Riesensprung machen wird, bis dahin werden wir davon träumen und fortfahren, bescheidene Ausflüge in Erdnähe zu machen. Der Tag, an dem wir mehr Ambition zeigen, wird unvermeidlich kommen. Vielleicht werden es unsere Kinder oder Enkelkinder sein oder erst deren Kinder, aber eines Tages wird ein Raumschiff von diesem schimmernden blauen Fleck aus hinein in den hellroten Horizont des Mars fliegen und aufsetzen. Die Triebwerke werden den Oberflächenstaub aufwirbeln, und unsere Nachkommen werden sich auf die Schwerkraft einer anderen Welt einstellen, bevor sie langsam die Tür ihres Raumschiffs öffnen und dann unter derselben Sonne spazierengehen, die an jenem Morgen über New York, Moskau, Peking und Neu-Delhi aufgegangen ist. Sie werden es tun, damit die Kinder ihrer Kinder dort eines Tages leben und arbeiten können.

Nach Monaten oder Jahren werden sie zu ihrem Heimatplaneten zurückkehren, wo man ihnen dankbar sein wird. Sie werden darüber schreiben, wie es war, sich in jener Welt zu bewegen, und man wird ihre Berichte in die verschiedenen Sprachen der Welt übersetzen. Es werden mehr Männer und Frauen folgen und mit ihnen immer mehr Erfahrungen und Geschichten gesammelt werden. Unterdessen werden neue Technologien entstehen und die inneren wie äußeren Grenzen etwas weiter vorgeschoben. Unmerklich, aber unausweichlich wird dann der schimmernde blaue Punkt allmählich ganz aus der Sicht des Raumschiffes schwinden, mit dem die Kinder unserer Kinder das gespenstische Weiß der Milchstraße durchqueren werden. Stets werden andere folgen und mit ihnen die alten Geschichten ihrer Vorgänger. Danach werden sie die Galaxie verlassen, um sich im Ebenbild Gottes zu erschaffen.

Aber diese Zukunft ist nur eine vorgestellte, imaginäre. Sie muß jetzt in die Tat umgesetzt werden. Unsere Nachkommen werden die Unermeßlichkeit, Schönheit, Komplexität und Intelligenz des Kosmos aus ihrer fernen Perspektive ebenso deutlich wahrnehmen können, wie ich es einst getan habe. Dem Mystiker und dem Theologen kann ich nur sagen, daß unsere Götter zu klein waren – sie füllen das ganze Universum aus. Und dem Wissenschaftler kann ich nur sagen, daß die Götter existieren – sie sind das ewige, mit allem verbundene und bewußte universale Selbst, das alle intelligente Wesen erfahren.

Literatur

Materie und Geist; Physik, Kosmologie

Abbott, Edwin A.: *Flächenland: ein mehrdimensionaler Roman, verfaßt von einem alten Quadrat.* Klett-Cotta Verlagsgemeinschaft, Stuttgart 1982

Barrow, John D.: *The World Within the World.* Oxford University Press, New York 1988

Barrow, John D./Tipler, Frank: *The Anthropic Cosmological Principle.* Oxford University Press, Oxford 1986

Bentov, Itzhak: *Töne, Wellen, Vibrationen: Qualität und Quantität des Bewußtseins.* Dianus-Trikont-Buchverlag, München 1984

Bohm, David: *Die implizite Ordnung: Grundlagen eines dynamischen Holismus.* Dianus-Trikont-Buchverlag, München 1985

Boslough, John: *Masters of Time: Cosmology at the End of Innocence.* Addison-Wesley, Reading, Massachussetts 1992

Briggs, John P./Peat, F. David: *Looking Glass Universe: The Emerging Science of Wholeness.* Simon & Schuster, New York 1984

Butterworth, Eric: *The Universe Is Calling.* HarperCollins, San Francisco 1993

Casti, John L.: *Complexification.* HarperCollins, New York 1994

Casti, John L.: *Szenarien der Zukunft: Was Wissenschaftler über die Zukunft wissen können.* Klett-Cotta Verlagsgemeinschaft, Stuttgart 1992

Cohen-Tannoudji, Gilles: *Universal Constants in Physics.* McGraw-Hill, New York 1993

Darling, David: *Equations of Eternity.* Hyperion, New York 1993

Davies, Paul: *About Time: Einstein's Unfinished Revolution.* Simon & Schuster, New York 1995

Davies, Paul: *Gott und die moderne Physik.* Bertelsmann Verlag, München 1986

Davies, Paul: *The Last Three Minutes.* Basic Books, New York 1994

Davies, Paul: *Der Plan Gottes: die Rätsel unserer Existenz und die Wissenschaft.* Insel-Verlag, Frankfurt am Main 1995

Davies, Paul/Gribbon, John: *The Matter Myth.* Simon & Schuster, New York 1992

Davies, P. C. W./Brown, Julian: *Superstrings, kosmische Fäden: die Suche nach der Theorie, die alles erklärt.* Hoffmann und Campe, Hamburg 1989

Dyson, Freeman: *Infinite in All Directions.* Harper & Row, New York 1988

Edelglass, Stephen / Maier, George / Gebert, Hans / Davis, John: *Matter and Mind – Imaginative Participation in Science*. Lindisfarne Press, New York 1992

Gell-Mann, Murray: *Das Quark und der Jaguar: vom Einfachen zum Komplexen – die Suche nach einer neuen Erklärung der Welt*. Piper-Verlag, München 1994

Gleick, James: *Chaos – die Ordnung des Universums: Vorstoß in Grenzbereiche der modernen Physik*. Droemer Knaur, München 1988

Goswami, Amit: *Das bewußte Universum: Wie Bewußtsein die materielle Welt erschafft*. Verlag Alf Lüchow, Freiburg i. Br. 1995

Greenstein, George: *Die zweite Sonne: Quantenmechanik, Rote Riesen und die Gesetze des Kosmos*. Deutscher Taschenbuch-Verlag, München 1991

Gribbin, John: *Schrödinger's Kittens and the Search for Reality: Solving the Quantum Mysteries*. Little, Brown, Boston 1995

Gribbin, John: *In Search of the Big Bang*. Bantam, Toronto 1986

Hawking, Stephen: *Einsteins Traum: Expeditionen an die Grenzen der Raumzeit*. Rowohlt Verlag, Reinbek bei Hamburg 1993

Hawking, Stephen: *Eine kurze Geschichte der Zeit: die Suche nach der Urkraft des Universums*. Rowohlt Verlag, Reinbek bei Hamburg 1988

Herbert, Nick: *Elemental Mind*. Dutton, New York 1993

Herbert, Nick: *Faster Than Light: Superluminal Loopholes in Physics*. Penguin, New York 1988

Kafotos, Menas / Nadeau, Robert: *The Conscious Universe*. Springer-Verlag, New York 1990

Kaku, Michio: *Hyperspaces: eine Reise durch den Hyperraum und die zehnte Dimension – Einsteins Rache*. Byblos-Verlag, Berlin 1995

Lewin, Roger: *Die Komplexitätstheorie: Wissenschaft nach der Chaosforschung*. Hoffmann und Campe, Hamburg 1993

Mishlove, Jeffrey: *The Roots of Consciousness*. Council Oak Books, Tulsa, Oklahoma 1993

Morris, Richard: *Cosmic Questions, Galactic Halos, Cold Dark Matter and the End of Time*. Wiley, New York 1993

Overbye, Dennis: *Das Echo des Urknalls: Kernfragen der modernen Kosmologie*. Droemer Knaur, München 1991

Peat, F. David: *Einstein's Moon, Bell's Theorem and the Curious Quest for Quantum Reality*. Contemporary Books, Chicago 1990

Peat, F. David: *The Philosopher's Stone*. Bantam, New York 1991

Peat, F. David: *Synchronizität: das sinnvolle Zusammentreffen kausal nicht verbundener Geschehnisse – die moderne Wissenschaft auf der Suche nach dem zeitlosen Ordnungsprinzip jenseits von Zufall und Notwendigkeit*. O. W. Barth Verlag, Weilheim 1989

Penrose, Roger: *Computerdenken. Die Debatte um künstliche Intelligenz, Bewußtsein und die Gesetze der Physik*. Spektrum Akademischer Verlag, Heidelberg 1991

Prigogine, Ilya: *Order out of Chaos.* Bantam, New York 1984
Riordan, Michael/Schramm, David N.: *Die Schatten der Schöpfung: dunkle Materie und die Struktur des Universums.* Spektrum Akademischer Verlag, Heidelberg 1993
Rosen, Joe: *The Capricious Cosmos.* Macmillan, New York 1991
Rubik, Beverly (Hrsg.): *The Interrelationship Between Mind and Matter: Proceedings.* The Center For Frontier Sciences, 1989
Russel, Peter: *Im Zeitstrudel: die atemberaubende Erforschung unserer Zukunftschancen.* Integral-Verlag, Wessobrunn 1994
Sheldrake, Rupert: *Sieben Experimente, die die Welt verändern könnten: Anstiftung zur Revolution des wissenschaftlichen Denkens.* Scherz-Verlag, Bern, München u. a. 1994
Smoot, George/Davidson, Keay: *Das Echo der Zeit: auf den Spuren der Entstehung des Universums.* Bertelsmann Verlag, München 1995
Stewart, Ian: *Spielt Gott Roulette? – Chaos in der Mathematik.* Birkhäuser-Verlag, Basel u. a. 1990
Talbot, Michael: *Das holographische Universum: die Welt in neuer Dimension.* Droemer Knaur, München 1992
Talbot, Michael: *Mystik und neue Physik: die Entwicklung des kosmischen Bewußtseins.* Heyne Verlag, München 1989
Thorne, Kip: *Gekrümmter Raum und verbogene Zeit: Einsteins Vermächtnis.* Droemer Knaur, München 1994
Tipler, Frank J.: *Die Physik der Unsterblichkeit: moderne Kosmologie – Gott und die Auferstehung der Toten.* Piper Verlag, München 1994
Waldrop, M. Mitchell: *Inseln im Chaos: Die Erforschung komplexer Systeme.* Rowohlt Verlag, Reinbek bei Hamburg 1993
Weinberg, Steven: *Die ersten drei Minuten: der Ursprung des Universums.* Deutscher Taschenbuch-Verlag, München 1992
Wolf, Fred Alan: *Parallele Universen: die Suche nach anderen Welten.* Insel-Verlag, Frankfurt am Main 1993
Wolf, Fred Alan: *Star Wave, Mind Consciousness and Quantum Physics.* Macmillan, New York 1984
Zajonc, Arthur: *Die gemeinsame Geschichte von Licht und Bewußtsein.* Rowohlt Verlag, Reinbek bei Hamburg 1994

TOD UND DAS WEITERLEBEN VON BEWUSSTSEIN

Atwater, P. M. H.: *Beyond the Light.* Carol Publishing Group, Secaucus, New Jersey 1994
Darling, David: *Soul Search: A Scientist Explores the Afterlife.* Villard, New York 1995
Eadie, Betty J.: *Licht am Ende des Lebens: Bericht einer außergewöhnlichen Nah-Todeserfahrung.* Knaur, München 1994

Grof, Stanislav/Grof, Christina: *Jenseits des Todes: an den Toren des Bewußtseins.* Kösel-Verlag, München 1984
Grosz, Anton: *Letters to a Dying Friend.* Quest Books, Wheaton, Illinois 1989
Harpur, Tom: *Life after Death.* McClelland & Stewart, Toronto 1993
Hulzer, Hans: *Life Beyond.* Contemporary Books, Chicago 1994
Liverziani, Filippo: *Life, Death, and Consciousness.* Shambhala, Boston 1991
Lorimer, David: *Die Ethik der Nah-Todeserfahrungen.* Insel-Verlag, Frankfurt am Main 1993
Lund, David H.: *Death and Consciousness.* Ballantine, New York 1989
Meek, George W.: *After We Die, What Then?* Ariel Press, Columbus, Ohio 1987
Moody, Raymond A.: *Blick hinter den Spiegel: Botschaften aus der anderen Welt.* Wilhelm Goldmann Verlag, München 1994
Moody, Raymond A.: *Das Licht von drüben: neue Fragen und Antworten.* Rowohlt Verlag, Reinbek bei Hamburg 1989
Morse, Melvin: *Zum Licht: was wir von Kindern lernen können, die dem Tode nahe waren.* Zweitausendeins, Frankfurt am Main 1993
Morse, Melvin/Perry, Paul: *Parting Visions, Uses and Meanings of Pre-Death, Psychic and Spiritual Experiences.* Villard, New York 1994
Morse, Melvin/Perry, Paul: *Verwandelt vom Licht: über die transformierende Wirkung von Nah-Todeserfahrungen.* Droemer Knaur, München 1994
Perrish-Harra, Carol W.: *The New-Age Handbook on Death and Dying.* IBS Press, Santa Monica 1982
Ring, Kenneth: *Den Tod erfahren – das Leben gewinnen: Erkenntnisse und Erfahrungen von Menschen, die an der Schwelle zum Tod gestanden und überlebt haben.* Scherz-Verlag, Bern, München u.a. 1985
Ring, Kenneth: *The Omega Project.* Morrow, New York 1992
Rinpoche, Sogyal: *Das tibetische Buch vom Leben und Sterben.* O. W. Barth Verlag, Bern, München u.a. 1993
Viney, Geoff: *Surviving Death.* St. Martins's, New York 1993
Warter, Carlos: *Soul Remembers.* Light Technology Publishing, Sedona, Arizona 1992
Whitton, Joel L./Fisher, Joe: *Das Leben zwischen den Leben.* Wilhelm Goldmann Verlag, München 1989
Woolger, Roger J.: *Die vielen Leben der Seele: Wiedererinnerungen in der therapeutischen Arbeit.* Hugendubel, München 1992

GEHIRN, GEIST, BEWUSSTSEIN

Bateson, Gregory: *Geist und Natur: eine notwendige Einheit.* Suhrkamp Verlag, Frankfurt am Main 1982
Beakley, Brian / Ludlow, Peter (Hrsg.): *The Philosophy of Mind.* MIT Press, Cambridge, Massachussetts 1992

Blakeslee, Thomas R.: *Das rechte Gehirn: das Unbewußte und seine schöpferischen Kräfte*. Aurum-Verlag, Freiburg i. Br. 1982
Bucke, Richard Maurice: *Kosmisches Bewußtsein*. Kampmann, Celle 1925
Crick, Francis: *Was die Seele wirklich ist: die naturwissenschaftliche Erforschung des Bewußtseins*. Artemis und Winkler, München u. a. 1994
Cytowic, Richard E.: *The Man Who Tasted Shapes*. Putnam, New York 1993
Damasio, Antonio R.: *Descartes' Irrtum: Fühlen, Denken und das menschliche Gehirn*. List-Verlag, München u. a. 1995
Damiani, Anthony: *Looking Into Mind*. Larson Publications, Burdett, New York 1990
Davidson, John: *Am Anfang ist der Geist: die Geburt von Materie und Leben aus dem schöpferischen Geist*. O. W. Barth Verlag, Bern; München u. a. 1994
Dennett, Daniel C.: *Philosophie des menschlichen Bewußtseins*. Hoffmann und Campe, Hamburg 1994
Denton, Derek: *The Pinnacle of Life: Consciousness and Self-Awareness in Humans and Animals*. Harper, San Francisco 1993
Donaldson, Margaret: *Human Minds – An Exploration*. Penguin, New York 1992
Edelglass, Stephen/Maier, George/Gebert, Hans/Davis, John: *Matter and Mind*. Lindisfarne Press, Hudson, New York 1992
Edelman, Gerald M.: *Göttliche Kraft, vernichtendes Feuer: wie der Geist im Gehirn entsteht – die revolutionäre Vision des Medizin-Nobelpreisträgers*. Piper Verlag, München u. a. 1995
Falk, Dean: *Braindance oder warum Schimpansen nicht steppen können: die Evolution des menschlichen Gehirns*. Birkhäuser-Verlag, Basel, Berlin u. a. 1994
Fezler, William: *Creative Imagery*. Simon & Schuster, New York, 1989
Gardner, Howard: *Abschied vom IQ: Die Rahmentheorie der vielfachen Intelligenzen*. Klett-Cotta Verlagsgemeinschaft, Stuttgart 1991
Gazzaniga, Michael S.: *Mind Matters*. Houghton Mifflin, Boston 1988
Goleman, Daniel/Davidson, Richard J.: *Consciousness: Brain States of Awareness and Mysticism*. Harper & Row, New York 1979
Griffin, Donald R.: *Animal Minds*. University of Chicago Press, Chicago 1992
Grof, Stanislav: *Geburt, Tod und Transzendenz: neue Dimensionen in der Psychologie*. Kösel-Verlag, München 1985
Grof, Stanislav/Bennett, Hal Zina: *Die Welt der Psyche: neue Erkenntnisse aus Psychologie und Bewußtseinsforschung*. Kösel-Verlag, München 1993
Harman, Willis/Rheingold, Howard: *Die Kunst, kreativ zu sein: wie wir unser Unbewußtes aktivieren können, um unseren schöpferischen Fähigkeiten zum Durchbruch zu verhelfen*. Scherz-Verlag, Bern, München u. a. 1987
Harth, Erich: *The Creative Loop – How the Brain Makes a Mind*. Addison-Wesley, Reading, Massachussetts 1993
Hartman, Ernest: *Boundaries of the Mind: A New Psychology of Personality*. Basic Books, New York 1991

Hauper, Judith/Teresi, Dick: *The Three-Pound Universe*. Tarcher, Los Angeles 1986
Howe, M. J. A.: *Fragments of Genius*. Routledge, London 1989
Jahn, Robert C./Dunne, Brenda J.: *Margins of Reality: The Role of Consciousness in the Physical World*. Harcourt, San Diego 1987
Johnson, George: *In den Palästen der Erinnerung: wie die Welt im Kopf entsteht*. Droemer Knaur, München 1991
Kosslyn, Stephen M./Koenig, Oliver: *Wet Mind: The Cognitive Neuroscience*. Free Press/Macmillan, New York 1992
LaBerge, Stephan/Rheingold, Howard: *Exploring the World of Lucid Dreaming*. Ballantine, New York 1990
Laughlin, Charles D. / McManus, John / d'Aquily, Eugene G.: *Brain, Symbol and Experience*. Shambhala, Boston 1990
Lockwood, Michael/Blackwood, Basil: *Mind, Brain and the Quantum*. Oxford University Press, Oxford 1989
Nadeau, Robert L.: *Mind, Machines and Human Consciousness: Are There Limits to Artificial Intelligence?* Contemporary Books, Chicago 1994
Ornstein, Robert: *Evolution des Bewußtseins: Ursprünge und Perspektiven*. VAK, Verlag für Angewandte Kinesiologie, Freiburg i. Br. 1995
Penrose, Roger: *Schatten des Geistes: Wege zu einer neuen Physik des Bewußtseins*. Spektrum Akademischer Verlag, Heidelberg 1995
Pinker, Steven: *Der Sprachinstinkt: wie der Geist die Sprache bildet*. Kindler-Verlag, München 1996
Restak, Richard: *The Brain Has a Mind of Its Own*. Crown, New York 1991
Restak, Richard, M. D.: *Geheimnisse des menschlichen Gehirns: Ursprung von Denken, Fühlen, Handeln*. mvg-Verlag, Landsberg am Lech 1988
Rose, Steve: *The Conscious Brain*. Paragon, New York 1973
Rosenfeld, Israel: *The Invention of Memory*. Basic Books, New York 1988
Searle, John R.: *Die Wiederentdeckung des Geistes*. Artemis und Winkler, München 1993
Silver, Todd: *Breaking the Mind Barrier*. Simon & Schuster, New York 1990
Smith, Adam: *Powers of Mind*. Ballantine, Toronto 1975
Stine, Jean/Benares, Camden: *It's All in Your Head*. Prentice Hall, New York 1994
Tart, Charles T.: *Open Mind, Discriminating Mind*. Harper & Row, San Francisco 1989
Wills, Christopher: *The Runaway Brain*. Basic Books, New York 1993
Wolf, Fred Alan: *The Dreaming Universe*. Simon & Schuster, New York 1994

PHILOSOPHIE UND METAPHYSIK

Abraham, Ralph/McKenna, Terence/Sheldrake, Rupert: *Denken am Rande des Undenkbaren: über Ordnung und Chaos, Physik und Metaphysik, Ego und Weltseele*. Scherz-Verlag, Bern, München u. a. 1993

Appleyard, Bryan: *Der halbierte Mensch: die Naturwissenschaften und die Seele des modernen Menschen*. Knaur, München 1994

Barrow, John D.: *Theorien für Alles: die philosophischen Ansätze der modernen Physik*. Spektrum Akademischer Verlag, Heidelberg 1992

Bateson, Gregory: *Ökologie des Geistes: anthropologische, psychologische, biologische und epistemologische Perspektiven*. Suhrkamp Verlag, Frankfurt am Main 1981

Capra, Fritjof: *Das Tao der Physik: die Konvergenz von westlicher Wissenschaft und östlicher Weisheit*. Scherz-Verlag, Bern, München u. a. 1984

Capra, Fritjof: *Wendezeit: Bausteine für ein neues Weltbild*. Scherz-Verlag, Bern, München u. a. 1983

Capra, Fritjof/Steindl-Rast, David: Wendezeit im Christentum: Perspektiven für eine aufgeklärte Theologie. Scherz-Verlag, Bern, München 1991

Casti, John L.: *Verlust der Wahrheit: Streitfragen der Naturwissenschaften*. Droemer Knaur, München 1990

Chopra, Deepak: *Die unendliche Kraft in uns: Heilung und Energie von jenseits der Grenzen unseres Verstandes*. Heyne-Verlag, München 1994

Combs, Allan/Holland, Mack: *Die Magie des Zufalls: Synchronizität – eine neue Wissenschaft*. Rowohlt Verlag, Reinbek bei Hamburg 1992

Ferris, Timothy: *Das intelligente Universum: ein Blick zurück auf die Erde*. Byblos-Verlag, Berlin 1992

Gribbin, John/Rees, Martin: *Ein Universum nach Maß: Bedingungen unserer Existenz*. Birkhäuser Verlag, Basel u. a. 1991

Harman, Willis: *Bewußt-Sein im Wandel*. Edition Phönix im Verlag Bauer, Freiburg i. Br. 1989

Harman, Willis/Clark, Jane: *New Metaphysical Foundations of Modern Science*. Institute of Noetic Sciences, Sausalito, California 1994

Jastrow, Robert: *God and the Astronomers*. Norton, New York 1992

Krishnamurti, Jiddu / Bohm, David: *Vom Werden zum Sein: der große Weisheitslehrer des Ostens im Dialog mit einem der führenden Physiker des Westens*. O. W. Barth Verlag, Bern, München u. a. 1987

Kuhn, Thomas S.: *Die Struktur wissenschaftlicher Revolutionen*. Suhrkamp Verlag, Frankfurt am Main 1973

Martin, Graham Dunston: *Shadows in the Cave*. Penguin/Arkana, New York 1990

Morris, Richard: *The Edges of Science*. Prentice Hall, New York 1990

Nagel, Thomas: *Über das Leben, die Seele und den Tod*. Hain-Verlag, Königstein i. Taunus 1984

Ornstein, Robert/Ehrlich, Paul: *New World, New Mind*. Simon & Schuster, New York 1989

Pearce, Joseph Chilton: *The Crack in the Cosmic Egg*. Dutton, New York 1988

Rucker, Rudy V.: *Die Wunderwelt der Vierten Dimension: ein Kursbuch für Reisen in die höhere Wirklichkeit*. Scherz-Verlag, Bern, München u. a. 1987

Sheldrake, Rupert: *Das Gedächtnis der Natur: das Geheimnis der Entstehung der Formen in der Natur*. Scherz-Verlag, Bern, München u.a. 1988

Sheldrake, Rupert: *Die Wiedergeburt der Natur: wissenschaftliche Grundlagen eines neuen Verständnisses der Lebendigkeit und Heiligkeit der Natur*. Scherz-Verlag, Bern, München u.a. 1991

Talbot, Michael: *Jenseits der Quanten: wie die neue Physik die Kluft zwischen Wissenschaft und Glauben überbrückt*. Heyne Verlag, München 1990

Talbot, Michael: *Das holographische Universum: die Welt in neuer Dimension*. Droemer Knaur, München 1992

Tart, Charles T.: *Hellwach und bewußt leben: Wege zur Entfaltung des menschlichen Potentials*. Scherz-Verlag, Bern, München u.a. 1988

Thagard, Paul: *Conceptual Revolutions*. Princeton University Press, Princeton 1992

Theobald, Robert: *The Rapids of Change*. Knowledge Systems, Indianapolis 1987

Weber, Renée: *Wissenschaftler und Weise*. Aquamarin-Verlag, Grafing bei München 1987

Wilber, Ken: *Die drei Augen der Erkenntnis: auf dem Weg zu einem neuen Weltbild*. Kösel-Verlag, München 1988

Wilber, Ken: *Das holographische Weltbild: Wissenschaft und Forschung auf dem Weg zu einem ganzheitlichen Verständnis*. Scherz-Verlag, Bern, München u.a. 1986

Wilber, Ken: *Das Spektrum des Bewußtseins: ein metapsychologisches Modell des Bewußtseins und die Disziplinen, die es erforschen*. Scherz-Verlag, Bern, München u.a. 1987

Zohar, Danah/Marshall, Ian: *The Quantum Society: Mind, Physics and a New Social Vision*. Morrow, New York 1994

GEIST/KÖRPER-VERBINDUNG

Becker, Robert O./Selden, Gary: *The Body Electric*. Morrow, New York 1985

Borysenko, Joan: *Gesundheit ist lernbar: das klinisch getestete Programm zur Steigerung der Abwehrkräfte des Körpers und zur Förderung der Selbstheilungskraft*. Scherz-Verlag, Bern, München u.a. 1989

Chopra, Deepak: *Die Körperzeit: mit Ayurveda jung bleiben, ein Leben lang*. Droemer Knaur, München 1996

Chopra, Deepak: *Die heilende Kraft: das ayurvedische Wissen vom Leben und die moderne Naturwissenschaft*. Droemer Knaur, München 1995

Cousins, Norman: *Anatomy of an Illness*. Bantam, New York 1985

Dacher, Elliott S.: *PNI, The New Mind/Body Healing Program*. Paragon, New York 1993

Dienstfrey, Harris: *Where the Mind Meets the Body*. Harper Perennial, New York 1991

Dossey, Larry: *Healing Words.* HarperCollins, San Francisco 1993
Dossey, Larry: *Meaning and Medicine.* Shambhala, Boston 1991
Dossey, Larry: *Die Medizin von Raum und Zeit: ein Gesundheitsmodell.* Sphinx-Verlag, Basel 1984
Epstein, Gerald: *Gesund durch die Kraft der Vorstellung: ein Übungsbuch.* Kösel-Verlag, München 1992
Franklin, Jon: *Molecules of the Mind.* Dell, New York 1987
Garfield, Patricia: *Healing Power of Dreams.* Simon & Schuster, New York 1991
Goleman, Daniel/Gurin, Joel (Hrsg.): *Mind Body Medicine.* Consumer Reports Books, Yonkers, New York 1993
Green, Elmer/Green, Alyce: *Beyond Biofeedback.* Knoll, New York 1977
Hodgkinson, Neville: *Will to Be Well.* Samuel Weiser, York Beach, Maine 1984
Institute of Noetic Sciences: *The Heart of Healing.* Turner, Atlanta 1993
Justice, Blair: *Wer wird krank?: Der Einfluß von Stimmungen, Gedanken und Gefühlen auf unsere Gesundheit.* Wilhelm Goldmann Verlag, München 1991
Moskowitz, Reed C.: *Your Healing Mind.* Avon, New York 1992
Ornstein, Robert/Sobel, David: *Healing Brain.* Simon & Schuster, New York 1987
Ornstein, Robert / Sobel, David: *Gesund durch Lebensfreude.* Hugendubel, München 1994
Rossman, Martin L.: *Healing Yourself.* Pocket, New York 1989
Siegel, Bernie S.: *Peace, Love and Healing.* HarperCollins, New York 1989

SPIRITUALITÄT UND PHILOSOPHIE

Borysenko, Joan: *Fire in the Soul.* Warner, New York 1993
Capra, Fritjof: *Das neue Denken: Aufbruch zum neuen Bewußtsein – die Entstehung eines ganzheitlichen Weltbildes im Spannungsfeld zwischen Naturwissenschaft und Mystik.* Scherz-Verlag, Bern, München u. a. 1987
Harner, Michael: *Der Weg des Schamanen: ein praktischer Führer zu innerer Heilkraft.* Ariston-Verlag, Genf, München 1995
Hastings, Arthur: *With the Tongues of Men and Angels.* Holt, Rinehart & Winston, Fort Worth 1991
Hofstadter, Douglas R./Dennett, Daniel C.: *Einsicht ins Ich: Fantasien und Reflexionen über Selbst und Seele.* Klett-Cotta Verlagsgemeinschaft, Stuttgart 1986
Huxley, Aldous: *Die ewige Philosophie: philosophia perennis.* Piper-Verlag, München 1987
Kalweit, Holger: *Urheiler, Medizinleute und Schamanen: Lehren aus der archaischen Lebenstherapie.* Kösel-Verlag, München 1987
Keys, Ken, Jr.: *Handbook to Higher Consciousness.* Living Love Publications, New York 1975

Monroe, Robert A.: *Ultimate Journey*. Doubleday, New York 1994
Ravindra, Ravi: *Science and Spirit*. Paragon, New York 1991
Spalding, Baird T.: *Leben und Lehren der Meister im Fernen Osten*. Sammelband. Drei-Eichen-Verlag, München 1984–1993
Tart, Charles T.: *Living the Mindfull Life*. Shambhala, Boston 1994
Tart, Charles T.: *Transpersonale Psychologie*. Walter Verlag, Olten, Freiburg i. Br. 1978
Vaughan, Frances E.: *Intuitiver leben: wie wir unser inneres Potential entwikkeln können*. Kösel-Verlag, München 1988
Watts, Alan: *Zen: Tradition und lebendiger Weg*. Zero, Rheinberg 1981

EVOLUTION, KOGNITIONSWISSENSCHAFT

Abraham, Ralph: *Chaos Gaia Eros*. HarperCollins, San Francisco 1994
Asimov, Isaac: *Wie alles anfing: auf den Spuren der Evolution – die Entstehung des Menschen, der Erde und des Universums*. Heyne Verlag, München 1990
Bloom, Howard: *The Lucifer Principle*. Atlantic Monthly Press, New York 1995
Calvin, William H.: *The Ascent of Mind*. Bantam, New York 1991
Carey, Ken: *Das dritte Jahrtausend*. Falk-Verlag, Planegg bei München 1991
Cornwell, John (Hrsg.): *Nature's Imagination*. Oxford University Press, Oxford 1995
Dawkins, Richard: *Der blinde Uhrmacher: ein neues Plädoyer für den Darwinismus*. Deutscher Taschenbuch-Verlag, München 1990
Donald, Merlin: *Origins of the Modern Mind*. Harvard University Press, Cambridge 1991
Van Doren, Charles: *Geschichte des Wissens*. Birkhäuser-Verlag, Basel u. a. 1996
Dozier, Rush W.: *Codes of Evolution*. Crown, New York 1992
de Duve, Christian: *Vital Dust – Life as a Cosmic Imperative*. Basic Books/ HarperCollins, New York 1995
Edey, Maitland A. / Johnson, Donald C.: *Blueprints: Solving the Mystery of Evolution*. Little Brown, Boston 1989
Gardner, Howard: *Dem Denken auf der Spur: der Weg der Kognitionswissenschaft*. Klett-Cotta Verlagsgemeinschaft, Stuttgart 1989
Gifford, Don: *The Farther Shore*. Vintage Books, New York 1991
Gribbon, John: *Am Anfang war ...: Neues vom Urknall und der Evolution des Kosmos*. Birkhäuser-Verlag, Basel u. a. 1995
Harris, Marvin: *Menschen: wie wir wurden, was wir sind*. Klett-Cotta Verlagsgemeinschaft, Stuttgart 1991
Henderson, Hazel: *Paradigms in Progress*. Knowledge Systems, Indianapolis 1991
Johnston, Charles M.: *Necessary Wisdom*. ICD Press, New York 1991
Korten, David: *Getting to the 21st Century*. Kumarian Press, West Hartford, Connecticut 1990

Layzer, David: *Die Ordnung des Universums*. Insel-Verlag, Frankfurt am Main 1995

Litrak, Stuart/Senzee, Wayne A.: *Towards a New Brain*. Prentice Hall, Englewood Cliffs, New Jersey 1986

Maturana, Humberto/Varela, Francisco J.: *Der Baum der Erkenntnis: die biologischen Wurzeln des menschlichen Erkennens*. Wilhelm Goldmann Verlag, München 1990

Moravec, Hans P.: *Mind Children: der Wettlauf zwischen menschlicher und künstlicher Intelligenz*. Hoffmann und Campe, Hamburg 1990

Murphy, Michael: *Der Quanten-Mensch: ein Blick in die Entfaltung des menschlichen Potentials im 21. Jahrhundert*. Integral-Verlag, Wessobrunn 1994

Paepke, C. Owen: *The Evolution of Progress*. Random House, New York 1993

Pearse, Joseph Chilton: *Evolution's End*. HarperCollins, San Francisco 1992

Rao, K. Ramakrishna (Hrsg.): *Cultivating Consciousness*. Praeyer, Westport, Connecticut 1993

Sahtouris, Elisabet: *Gaia: Vergangenheit und Zukunft der Erde*. Insel-Verlag, Frankfurt am Main 1993

Swimme, Brian/Berry, Thomas: *The Universe Story*. HarperCollins, San Francisco 1992

Taylor, Gordon Ratray: *Die Geburt des Geistes*. S. Fischer Verlag, Frankfurt am Main 1982

Thomas, Lewis: *The Fragile Species*. Macmillan, New York 1992

Varela, Francisco J./Thompson, Evan/Rosch, Eleanor: *Der mittlere Weg der Erkenntnis: die Beziehung von Ich und Welt in der Kognitionswissenschaft – der Brückenschlag zwischen wissenschaftlicher Theorie und menschlicher Erfahrung*. Scherz-Verlag, Bern, München u. a. 1992

Wheatley, Margaret J.: *Leadership and the New Science*. Berrett-Koehler, San Francisco 1992

Wills, Christopher: *The Wisdom of the Genes*. Basic Books, New York 1989

Young, Louise B.: *Die Selbstschöpfung des Universums: vom Chaos zum Kosmos*. Wilhelm Goldmann Verlag, München 1991

UFOs, Parapsychologie und psychische Phänomene

Bova, Ben/Preiss, Byron (Hrsg.): *Erstkontakt*. Wilhelm Goldmann Verlag, München 1982

Drake, Frank/Sobel, Dava: *Signale von anderen Welten: die wissenschaftliche Suche nach außerirdischer Intelligenz*. Bettendorf-Verlag, Essen, München u. a. 1994

Mitchell, Janet Lee: *Out-Of-Body Experiences*. Ballantine, New York 1981

Monroe, Robert A.: *Der zweite Körper: außerkörperliche Reisen und Erfahrungen*. Wilhelm Goldmann Verlag, München 1989

Puharich, Andrija (Hrsg.): *The Iceland Papers: Experimental and Theoretical Explorations into the Relation of Consciousness and Physics.* Essentia Research Association, Amherst, Wisconsin 1979

Randle, Kevin D.: *UFO Casebook.* Warner, New York 1989

Randle, Kevin D./Schmitt, Donald R.: *UFO Crash at Roswell.* Avon, New York 1991

Rao, K. Ramakrishna (Hrsg.): *The Basic Experiments in Parapsychology.* McFarland, Jefferson, North Carolina 1984

Vallée, Jacques: *Konfrontationen: Begegnungen mit Außerirdischen und wissenschaftliche Beweise.* Droemer Knaur, München 1996

Vallée, Jacques: *Enthüllungen: Begegnungen mit Außerirdischen und menschliche Manipulationen.* Droemer Knaur, München 1997

Weiss, Brian L.: *Die zahlreichen Leben der Seele: die Chronik einer ungewöhnlichen Rückführungstherapie.* Wilhelm Goldmann Verlag, München 1994

ÖKOLOGIE

Gore, Al: *Wege zum Gleichgewicht: ein Marshallplan für die Erde.* S. Fischer Verlag, Frankfurt am Main 1992

Lovelock, James E.: *Gaia: die Erde ist ein Lebewesen – was wir heute über Anatomie und Physiologie des Organismus Erde wissen und wie wir ihn vor der Gefährdung durch den Menschen bewahren können.* Scherz-Verlag, Bern, München u. a. 1992

Meadows, Donella H./Meadows, Dennis L./Randers, Jorgen: *Die neuen Grenzen des Wachstums: die Lage der Menschheit – Bedrohung und Zukunftschancen.* Deutsche Verlagsanstalt, Stuttgart 1992

WELTRAUM

Chaikin, Andrew: *A Man on the Moon – The Voyages of the Apollo Astronauts.* Penguin, New York 1994

Shepard, Alan/Slayton, Deke, mit Jay Barbree und Howard Benedict: *Moonshot.* Turner, Atlanta 1995

Register

Bitte fordern Sie Ihr kostenloses Gesamtverzeichnis an bei:
Lüchow, c/o Brockhaus Commission
Postfach 1220, D-70803 Kornwestheim

Bewußtsein ist die Grundlage allen Seins

Wie kommt ein Physiker dazu, Bücher über Bewußtsein zu schreiben? Was hat Physik mit Spiritualität und Psychologie zu tun? Ist es nicht absurd, so etwas wie »Glückseligkeit« aus physikalischer Perspektive untersuchen zu wollen? Amit Goswami, Professor der Physik am Institute of Theoretical Sciences der Universität von Oregon, zeigt in seinem Buch, warum die modernen Physiker gar keine Wahl mehr haben, als sich auch dem Bewußtseinsproblem zuzuwenden. Theoretische und neuerdings auch empirische Befunde der Quantenphysik scheinen nahezulegen, daß das Universum ohne einen Betrachter nicht existiert. Wenn der Physiker diese Hypothese als ein Faktum betrachtet, so wie es Goswami tut, gerät er sofort in die Gesellschaft uralter mystischer Traditionen - Spiritualität, Geist und Kreativität gehören dann auch zu seinem Arbeitsbereich. Sein Entwurf einer neuen idealistischen Wissenschaft besagt in Kurzform: »Bewußtsein ist die Grundlage allen Seins, und unser Selbst-Bewußtsein ist eben dieses Bewußtsein«.

Dank des erzählerischen Talents des Autors, der immer wieder auch Anekdoten und kurze Geschichten einfügt, wird die schwierige Materie auch für den Laien anschaulich.

Amit Goswami
Das bewußte Universum
Wie Bewußtsein die materielle Welt erschafft
328 Seiten • Gebunden
ISBN 3-925898-42-5

Dr. Amit Goswami, *gebürtiger Inder aus einer Brahmanen-Familie, ist Professor der Physik an der Universität von Oregon und hat zahlreiche wissenschaftliche Arbeiten und zwei Physikbücher verfaßt, eines davon über Quantenphysik.*

Lüchow

Wissenschaft & Religion

Jahrhundertelang wurde die Wahrheit über die materielle Welt im Westen allein durch das Denken erschlossen. Auf der Grundlage der Ideen von Aristoteles und Thomas von Aquin erließ die mächtige Kirche alsbald das entsprechende Dekret: Mittelpunkt des von Gott erschaffenen Universums war die Erde. 1543 erklärte Kopernikus hingegen, daß die Erde um die Sonne kreise. Als Galilei mit seinem Teleskop sah, daß sich die Sonnenflekken bewegten, während die Erde ihre Bahn um die Sonne zog, schloß er daraus, daß Kopernikus recht gehabt hatte und die Kirche im Irrtum war. Galilei hatte die allein aus dem Denken gewonnene Wahrheit experimentell überprüft, und damit war die Naturwissenschaft geboren – eine neue Art und Weise, sich der Wahrheit zu nähern.

Als Galilei lehrte, daß die Erde um die Sonne kreise, brachte ihn die Kirche 1633 wegen »dringenden Verdachts der Ketzerei« vor ein Inquisitionsgericht. Sie erzwang seine Widerrufung und stellte ihn die letzten acht Jahre seines Lebens unter Hausarrest. Erst in neuester Zeit wurde Galilei von der »Ketzerei« freigesprochen. Den Wissenschaftlern war das Tribunal eine unvergeßliche Lehre. Hinfort beschränkten sie sich auf die materielle Welt und überließen alles Metaphysische der Kirche. Da immer mehr Beweise zusammenkamen, daß die Kirche in bezug auf die materielle Welt irrte, verlor sie allmählich an Glaubwürdigkeit, bis in diesem Jahrhundert der Wissenschaftler für die Menschen im allgemeinen an die Stelle des Priesters als Wahrheitsvermittler trat.

Noch heute ist dieser Konflikt zwischen Wissenschaft und Religion lebendig. Das wird an der negativen und argwöhnischen Einstellung offenkundig, mit der sich Wissenschaftler und spirituell Gesinnte begegnen. Wissenschaftler tendieren dazu, Mystizismus mit Aberglaube und Selbsttäuschung gleichzusetzen. Sie fragen: Wie kann der Mystiker zu bedeutsamem Wissen gelangen, wenn er nicht die mathematische Präzision im logischen Denken anwendet, die für die Wissenschaft kennzeichnend ist? Der Autor glaubte das in den ersten Jahren seiner Laufbahn als Physiker nicht, wie viele seiner Kollegen.

Auf der anderen Seite sagen etliche der spirituell und humanistisch Gebildeten, daß die Naturwissenschaft, die Erforschung der materiellen Welt, uns niemals Kenntnisse über das Seelische und Geistige vermitteln kann. Sie fragen: Wie kann der Geist zu etwas vorstoßen, das höher und jenseits von ihm ist? Abraham Maslow bemerkte: »Die Nichtwissenschaftler, die Dichter, die Künstler und die Menschen im allgemeinen ... haben oft das Gefühl, daß die Wissenschaft all das bedroht, was sie als wunderbar und heilig empfinden ... Junge Mädchen grausen sich oft bei dem Gedanken, daß sie einen Wissenschaftler heiraten sollen, so als ob das eine Art respektables Ungeheuer wäre.«

Maslow erkannte, daß wir über diese Kluft zwischen Wissenschaft und Religion hinwegkommen müssen, als er schrieb, »daß die orthodoxe Wissenschaft und die orthodoxe Religion in eine sich gegenseitig ausschließende Dichotomie institutionalisiert und eingefroren wurden ... (und) in eine verkrüppelte Halb-Wissenschaft und eine verkrüppelte Halb-Religion auseinandergerissen wurden.« Ohne feste Verankerung auf beiden Seiten ist eine Überbrückung nicht möglich.

Dr. Henry Swift aus: Naturwissenschaft, Materie und Bewußtsein (C)1995, unveröffentlicht.